PUERTAS

A LA LENGUA ESPAÑOLA · SECOND EDITION

John G. Copeland
University of Colorado

Ralph Kite
University of Colorado

Lynn A. Sandstedt
University of Northern Colorado

Vivian Vargas
Arvada West High School, Colorado

RANDOM HOUSE NEW YORK

This book was developed for Random House by Eirik Børve, Inc.

Library of Congress Cataloging-in-Publication Data

Main entry under title:

Puertas a la lengua española.

   Chiefly Spanish with some English.
   Includes index.
   1. Spanish language—Text-books for foreign speakers—
English.   2. Spanish language—Grammar—1950-
I. Copeland, John G.
PC4129.E5P84   1985   468.2'421   85–18382
ISBN 0-394-34247-X

Manufactured in the United States of America

Production: Stacey C. Sawyer, San Francisco
Text design: Janet Wood
Cover design: Dare Porter
Copyeditor: Lisa Haugaard
Line drawings: Bill Border
Photo research: Judy Mason
Typesetting: Interactive Composition Corporation

SOURCES AND ACKNOWLEDGMENTS

Photos:

Cover photo: *Península, España,* Peter Menzel; **p. 1** Peter Menzel/Stock, Boston; **p. 5 (lower left and lower right)** Peter Menzel; **p. 5 (upper right)** Stuart Cohen, **p. 5 (upper right)** Mark Antman/The Image Works; **p. 7** Rogers/Monkmeyer Press Photo Service; **p. 13** Peter Menzel; **p. 27 (bottom)** Peter Menzel; **p. 27 (top)** Mimi Forsyth/Monkmeyer Press Photo Service; **p. 37** George Holton/Photo Researchers Inc.; **p. 61** Peter Menzel/Stock, Boston; **p. 73 (top)** Stuart Cohen; **p. 73 (bottom)** Peter Menzel; **p. 83** Stuart Cohen; **p. 93** Peter Menzel/Stock, Boston; **pp. 94 (top and bottom), 95 (top), 107** Stuart Cohen; **p. 95 (bottom)** Mark Antman/The Image Works; **p. 120** Peter Menzel; **p. 121** David Kupferschmid; **p. 122** David Rosenfeld/Photo Researchers Inc.; **p. 133** Carl Frank/Photo Researchers Inc.; **p. 149 (bottom)** Stuart Cohen; **p. 150** Owen Franken/Stock, Boston; **p. 164** Lynn McAfee/LGI; **p. 166** AP/World Wide Photos; **pp. 167, 182** Stuart Cohen; **p. 183 (top and bottom)** Cynthia E. D. Kite; **p. 184 (top)** Kent Reno/Jeroboam; **p. 184 (bottom)** Rogers/Monkmeyer Press Photo Service; **p. 193** Sybil Shelton/Monkmeyer Press Photo Service; **p. 195** Jim Harrison/Stock, Boston; **p. 206 (top)** Peter Menzel; **p. 206 (bottom)** Cynthia E. D. Kite, **p. 207** Rene Burri/Magnum; **p. 217** Stuart Cohen; **p. 244** Peter Menzel/Stock, Boston; **p. 255** Peter Menzel; **p. 256 (top)** Barbara Rios/Photo Researchers Inc.; **p. 256 (bottom)** Stuart Cohen; **p. 257** Peter Menzel; **p. 267** Mike Ranzell/The Image Works; **p. 278 (top)** Crusade for Justice; **p. 278 (bottom)** Bettye Lane/Photo Researchers Inc.; **p. 279** UPI/Bettman Newsphotos; **p. 289** Ira Kirschenbaum/Stock, Boston; **p. 300** from *Mexico: A History in Art,* Bradley Smith/Gemini Books (also Museo Regional de Antropología e Historia, Villahermoso, Tabasco); **p. 310** Peter Menzel, **p. 313** Michael Kagan, Monkmeyer Press Photo Service; **p. 323** Peter Menzel; **p. 324** Denver Art Museum, New World Department; **p. 333** Victor Englebert, Photo Researchers Inc.; **pp. 342, 343 (top and bottom), 344 (top and bottom), 351** Peter Menzel; **p. 359** Spanish Ministry of Information and Tourism; **p. 360 (top)** Spanish Ministry of Information and Tourism; **p. 360 (bottom)** Cynthia E. D. Kite; **p. 365** Kent Reno/Jeroboam Inc.; **p. 366** Peter Menzel; **p. 367** Stuart Cohen.

Reprint Illustrations:

pp. 36, 43, 46, 66, 69 © Joaquín Salvador Lavado (Quino), Ediciones de la Flor, Buenos Aires; **p. 82** *Lecturas,* Barcelona; **p. 101** © Joaquín Salvador Lavado (Quino), Ediciones de la Flor, Buenos Aires; **p. 106** Editorial Nueva Imagen, Mexico City; **pp. 110, 122** © Joaquín Salvador Lavado (Quino), Ediciones de la Flor, Buenos Aires; **p. 154** Editorial Nueva Imagen, Mexico City; **p. 157** © Joaquín Salvador Lavado (Quino), Ediciones de la Flor, Buenos Aires; **p. 162** Editorial Nueva Imagen, Mexico

(continued on page A36)

PREFACE

Puertas a la lengua española, Second Edition, is a textbook designed for introductory college courses in Spanish. It contains several new and unique features that make it more suitable for use in today's foreign language classrooms, where there is an effort to personalize learning and a greater awareness of students' individual needs and interests. This textbook stresses flexibility and brevity, yet presents the basic essentials of the language that enable the first-year student of Spanish to develop truly *communicative* language skills. In the past, too much has been included between the covers of first-year college textbooks, limiting the freedom of choice of both student and teacher. In the modern, humanized, personalized classroom this range of choice must be expanded if the student is to achieve his or her objectives in studying a foreign language. This textbook has been specifically designed to help students to realize their objectives.

Puertas a la lengua española serves as the core text of a first-year Spanish program that includes other, related texts. It is accompanied by a workbook, a laboratory manual with tapes, a computer-assisted instruction component, a cultural reader (*Puertas al mundo hispánico*), and an activities manual (*Puertas a la comunicación*). All of the related texts are coordinated with the core text unit-by-unit in theme, structure, and vocabulary. The program offers the instructor flexibility, since the brevity of the core text allows the selection of one or more related texts for use in the classroom, depending upon the needs of the students. The careful integration of all of the component texts with the core grammar text forms a well-articulated program, providing the student with a wide variety of activities through which to practice and develop the four language skills of listening, speaking, reading, and writing within a cultural context.

Organization of the Core Text (Second Edition)

The core text begins with a two-part introductory unit (*Unidad preliminar*), which presents the student with greetings, the alphabet and sound system of the Spanish language, some basic vocabulary, and useful classroom expressions. This is followed by 15 units, each of which is divided into two lessons. Unit 15, the final unit, includes a comprehensive review of the most important structures presented throughout the text. After Units 6, 9, 12, and 15, a *Revista* section is included. These sections contain brief, lively cultural readings, using a modern magazine format. They are followed by discussion questions. Three appendices are included: 1: VERBS, 2: GRAMMATICAL TERMS, 3: SYLLABICATION AND STRESS.

One of the unique features of the core text is the early introduction of the subjunctive mood, in Unit 4. The presentation and practice of the subjunctive mood runs parallel to that of the indicative throughout the remainder of the text. This has been done to allow the student to develop more authentic speech patterns during the early stages of the language learning experience. The presentation of the subjunctive is accomplished through a carefully organized, systematic approach. Only the use of the present subjunctive in noun clauses is taught in Units 4 through 8. In Unit 8, a complete review of the formation and use of the present subjunctive in noun clauses is included in both the core text and workbook. The formation of the imperfect subjunctive and the remaining uses of the subjunctive mood are presented in the second half of the core text.

Unit Organization

Each of the fifteen units in the core text is divided into two lessons, according to the following format:
OBJETIVOS, on the title page of each unit, state the theme of the unit and outline the grammar and communication objectives for each lesson within the unit.
DIÁLOGO introduces the first lesson in each unit and focuses on the use of Spanish in an everyday, culturally authentic situation. The dialogue introduces most of the new vocabulary of the first lesson of each unit, but reviews and reinforces primarily the structures of the preceding unit.
PREGUNTAS review the students' comprehension of the dialogue. A second set of personalized questions allow the students to express their own ideas in regard to the theme of the dialogue.
PRONUNCIACIÓN (in the first six units) explains and drills the individual sounds of Spanish that are most difficult for the native speaker of English to master.
ESTRUCTURA, which begins with a MINIDIÁLOGO that illustrates the new structural concept, contains a series of grammar explanations with examples, and ends with a PRÁCTICA section: a combination of controlled and personalized, open-ended exercises.
¿CÓMO SE DICE? includes useful expressions and many points usually included in grammar sections (for example, numbers, telling time, expressions with *tener*).
VOCABULARIO is a comprehensive listing of the new vocabulary items presented for mastery in each lesson.
    The second lesson of each unit is similar in format to the first lesson with the following additions and substitutions:
ENSAYOS FOTOGRÁFICOS introduce the lesson with photographs related to the cultural topic of the unit and short, descriptive essays and discussion questions. This section also introduces new vocabulary that will be used in the lesson.
REPASO includes additional exercises to review and reinforce the main points of grammar presented in both lessons of the unit.
INTERCAMBIOS, a highly personalized section, emphasizes creativity, conversation, and humor. All activities in the section are designed to enhance communicative skill development.

Major Changes in the Second Edition

· An attempt has been made throughout the text, and in the earlier units in particular, to increase the opportunities for meaningful communication. The *Unidad preliminar* has been expanded, with the inclusion of vocabulary for the days, months, and seasons and some brief communicative exercises. High-frequency vocabulary groups (for example, demonstratives, affirmative and negative words, irregular verbs) have been moved toward the beginning of the text. Almost all of the exercises are now contextualized, and many others have been adapted to partner or personalized formats.

- In response to suggestions by users of the First Edition, several changes in the order of presentation of verb forms have been made: the subjunctive mood is now introduced in *Unit 4* and occupies fewer **Estructura** sections; the preterite is now presented earlier (*Unit 7*) and before the imperfect (*Unit 8*); the present progressive is introduced much earlier (*Unit 5*); the command forms begin earlier and their presentation is divided between two units; the reflexive verbs are now presented in *Unit 4*. There are now four fewer **Estructura** sections overall, and the presentation of the verbal system is now achieved in a more balanced manner for both semester and quarter calendars.

- Several culture topics have been either eliminated or condensed, and two new topics have been added: *Unit 4* (*La vida diaria*) and *Unit 10* (*La tecnología moderna*). A number of the main dialogues and photo essays have been changed in format and content to provide more variety of language models, and all cultural information has been updated.

- Finally, a number of minidialogues have been replaced with cartoons, and more cartoons and realia have been used in the *Intercambios* and *Revista* sections in an effort to increase the student's contact with "real" Spanish.

Related Materials

Puertas a la lengua española may be used most successfully with some or all of the following components:

1. The WORKBOOK and LABORATORY MANUAL, which provide additional practice, both oral and written, of the vocabulary and structures presented in each unit. The laboratory manual includes pattern practice, listening comprehension exercises, dictations, and pronunciation practice. The workbook includes a variety of written exercises related to vocabulary study, use of grammatical structures, guided composition, and other writing activities.

2. The INSTRUCTOR'S MANUAL, which includes suggestions for the teaching of each lesson, additional oral and written exercises that may be used to supplement the exercise material of the core text, and sample examination questions for each unit.

3. PUERTAS A LA COMUNICACIÓN, the activities manual, which contains a variety of highly personalized activities related to the cultural topic of each unit. All activities are carefully integrated with the vocabulary and structures of each lesson of the core text to provide additional review and reinforcement. Conversation, creativity, and humor are emphasized, with ample opportunity provided for the student to participate actively in free, open-ended conversation. DE VIAJE sections (new to the Second Edition) provide students with vocabulary and strategies for dealing with situations typically encountered when traveling abroad.

4. PUERTAS AL MUNDO HISPÁNICO, the cultural reader, which provides further in-depth study of the cultural topics presented in the core text through a series of cultural essays and literary and journalistic readings. Accompanying the readings are a wide variety of activities and reading exercises, including discussion questions, word study sections, reading comprehension exercises, and additional practice that focuses on the recognition of grammar structures. Instructors using the cultural reader with the grammar will discover that many important grammar structures are presented for recognition in the reader *before* their introduction in the grammar. Extensive sections on cognates and new sections on reading strategies help to expand students' ability to read selections that are adult in tone and content.

Acknowledgments

The publishers would like to thank again those instructors who participated in the various reviews that proved indispensible in the development of the first edition of *Puertas a la lengua española*. In addition, the input of all those who completed revision questionnaires is gratefully acknowledged. Special thanks are due those instructors who participated in an in-depth review that served as the basis for the revision outline and plan. The use of their names does not constitute an endorsement of the text or its methodology.

Clayton Baker
*Indiana University-Purdue University
at Indianapolis*

Olivia Lopez Carter
Metropolitan State College, Denver

Eileen W. Glisan
University of Pittsburgh

José R. Martínez
Florida Southern College

M. Patricia Mosier
University of Houston-Downtown

Ruth A. Nixon
University of Wisconsin-La Crosse

Audrey O'Hare
Hudson Valley Community College

Karen L. Smith
University of Arizona

Gregory B. Stone
University of Minnesota-Duluth

Mildred Wilkinson
Southern Illinois University

The authors would like to acknowledge in particular the contributions of two individuals in shaping the second edition: Marie Sheppard (University of Massachusetts), whose insightful comments about the strengths and weaknesses of the first edition helped us make important decisions about the direction the revision needed to take; Judith L. Shrum (Virginia Polytechnic Institute and State University), whose reading of the manuscript for the second edition called our attention to both broader concepts and fine details.

We would also like to express our thanks and appreciation to the persons who read the manuscript of the second edition for linguistic and cultural authenticity: Laura Chastain (El Salvador) and María José Ruiz Morcillo (Spain). For sections of the text retained from the first edition, the help of these individuals is also gratefully acknowledged: Reina Barbosa (Venezuela), Olivia López Carter (Cuba), and Pedro S. Meléndez (Chile).

Finally, we wish to express our special thanks to Thalia Dorwick, our editor at EBI, whose suggestions and observations continue to be invaluable. Her encouragement and patience made this edition of the series possible.

CONTENTS

. . . When we pass through a doorway
we become involved in what lies beyond.

VAL CLERY

Universidad de Puerto Rico, San Juan

LECCIÓN A
Saludos
Puntuación
Los días de la semana
Los meses del año y las estaciones

LECCIÓN B
El alfabeto español
Pronunciación
Me gusta…
Expresiones útiles para la clase

In this brief unit you will learn some simple vocabulary and practice greeting people so that you can start to communicate in Spanish from the first day of class.

Saludos

A. —¡Hola! ¿Cómo estás?

—Muy bien, gracias, ¿y tú?
—Regular, gracias.
   (Muy mal. ¡Terrible!)

—Adiós.
—Hasta luego.

B.   Buenos días.

Buenas tardes.

Buenas noches.

C. —¿Cómo te llamas?

—Me llamo María, ¿y tú?

—Me llamo Carlos.

Greetings **A.** 1. Hello! How are you? 2. Very well, thanks, and you? OK, thanks. (Awful. Terrible!) 3. Good-bye. See you later. **B.** 1. Good morning (Good day). 2. Good afternoon. 3. Good evening (Good night). **C.** 1. What's your name? 2. My name is María, and yours? 3. My name is Carlos.

Preguntas

A. Complete the following conversation by giving a logical response to each of the questions.

Estudiante A: ¡Hola! ¿Cómo estás?
Estudiante B: _____ , ¿y tú?
Estudiante A: _____
Estudiante B: ¿Cómo te llamas?
Estudiante A: _____ , ¿y tú?
Estudiante B: _____

B. With a classmate, carry out the following conversation in Spanish.

1. Good afternoon. What's your name?
2. My name is _____ . And yours?
3. My name is _____ . How are you?
4. OK, thanks. And you?
5. Terrible!

Puntuación

A. In Spanish, an inverted question mark or exclamation mark precedes all written questions and exclamations. The usual right-side-up marks are placed at the end of questions or exclamations. Sometimes only part of the sentence will be enclosed by these marks.

¿Cómo estás?   *How are you?*
Bien, ¿y tú?   *Fine, and you?*
¡Terrible!   *Terrible!*

B. A change of speakers in a dialogue is indicated with a dash (instead of with quotation marks, as in English).

—Buenos días. ¿Cómo estás?   *"Good morning. How are you?"*
—Bien, gracias.   *"Fine, thanks."*

Práctica

What punctuation marks are needed to complete this brief conversation?

Hola   Tomás   Cómo estás
Regular   gracias   y tú
Muy bien   Hasta luego
Adiós

Los días de la semana

Note that **lunes** (*Monday*) is the first day of the week on the Hispanic calendar. The days of the week are capitalized in Spanish only when they are the first word of a sentence.

lunes	*Monday*
martes	*Tuesday*
miércoles	*Wednesday*
jueves	*Thursday*
viernes	*Friday*
sábado	*Saturday*
domingo	*Sunday*

SEPTIEMBRE

L	M	M	J	V	S	D
1	2	3	4	5	6	7
8	9	10	11	12	13	14
15	16	17	18	19	20	21
22	23	24	25	26	27	28
29	30					

¿Qué día es hoy (mañana)?	*What day is today (tomorrow)?*
Hoy (Mañana) es lunes.	*Today (Tomorrow) is Monday.*
Si hoy es sábado, mañana es domingo.	*If today is Saturday, tomorrow is Sunday.*
Hay clases de español los lunes (martes).*	*There are Spanish classes (on) Mondays (Tuesdays).*

Práctica

A. Answer the following questions.

1. ¿Qué día es hoy? ¿Qué día es mañana? Si hoy es lunes (martes,...), ¿qué día es mañana?
2. ¿Qué días de la semana hay clases de español? ¿Qué días no hay clases de español?

B. Practice the following exchange with a classmate.

MODELO: —Si hoy es _____ , ¿qué día es mañana?
           —Mañana es _____ .

---

*Use **los** with days of the week to express *on* (*on Mondays, Tuesdays,* etc.). With Saturday and Sunday, the forms used are **los sábados/domingos**. You will learn more about this construction in Unit 1B.

Los meses del año y las estaciones

otoño septiembre octubre noviembre

invierno diciembre enero febrero

primavera marzo abril mayo

verano junio julio agosto

Like the days of the week, the months are capitalized in Spanish only when they are the first word of a sentence.

¿En qué mes (estación) estamos?	*What month (season) is it (are we in)?*
Estamos en septiembre (otoño).	*It's (We're in) September (autumn).*
¿Hace calor (frío, fresco) en julio?	*Is it hot (cold, cool) in July?*
Sí, hace calor en julio.	*Yes, it's hot in July.*
No, no hace frío en julio. Hace calor.	*No, it's not cold in July. It's hot.*
¿Qué tiempo hace hoy?	*How's the weather today?*

Práctica

A. Answer the following questions.

1. ¿En qué mes estamos? ¿En qué estación estamos? ¿Qué tiempo hace hoy?
2. ¿En qué meses hace frío? ¿En qué meses hace calor? ¿En qué estaciones hace fresco?

B. Practice the following exchanges with a classmate.

—¿Hace frío en _____*(month)*_____ ?
—Sí, hace frío en _____ . (—No, no hace frío en _____ .)

—¿Qué tiempo hace en _____*(city)*_____ en el/la _____*(season)*____ ?
—Hace _____ en _____ en el/la _____ .

El alfabeto español

There are thirty letters in the Spanish alphabet—four more than in English. The **ch, ll,** and **rr** are treated as single letters; the **ñ** is also an extra letter. Practice pronouncing the letters and example words, imitating your instructor.

LETTER	NAME	EXAMPLE
a	a	astronomía
b	be	biología, tabaco
c	ce	café, ciencias
ch	che	chocolate
d	de	distancia, radio
e	e	elegante
f	efe	física
g	ge	garaje, geometría
h	hache	historia
i	i	inglés
j	jota	julio
k	ka	kilo
l	ele	literatura
ll	elle	millón
m	eme	medicina
n	ene	nutrición
ñ	eñe	compañía
o	o	ópera
p	pe	petróleo
q	cu	química
r	ere	comercio
rr	erre	guitarra
s	ese	sociología
t	te	tomate
u	u	universidad
v	ve, uve	vista, aventura
w	doble ve	whiski
x	equis	examen, experto
y	y griega	yo, Uruguay
z	zeta	plaza

DIRECTORIO

7 PLANTA	CAFETERIA JAPON INSOLITO AGENCIA DE VIAJES
6 PLANTA	OPORTUNIDADES
5 PLANTA	TIENDA JUVENIL
4 PLANTA	CANASTILLAS COLEGIOS NIÑAS Y NIÑOS HASTA 15 AÑOS
3 PLANTA	SEÑORAS - PELUQUERIA LOS NUEVOS CREADORES ESPAÑOLES
2 PLANTA	TEJIDOS - MERCERIA - LANAS DE LABOR LENCERIA - CORSETERIA SERVICIO AL CLIENTE CUADROS
1 PLANTA	CABALLEROS VIAJE - PELUQUERIA
ENTRE PLANTA	ZAPATERIA DE SEÑORAS - NIÑOS Y CABALLERO MARROQUINERIA - GUANTES - CINTURONES MEDIAS - PAÑUELOS - SOMBREROS - BOLSOS
PLANTA BAJA	PERFUMERIA - BISUTERIA - JOYERIA RELOJERIA - ABANICOS - PARAGUAS TURISMO - FUMADOR ESTANCO
ESTA VD. EN LA PLANTA SOTANO	JUGUETES - CAZA - PESCA - LIBRERIA PAPELERIA FOTOGRAFIA DISCOS RADIO TELEVISORES - DEPORTES - MATERIAL ESCOL ACCESORIOS DE AUTOMOVIL

Madrid, España

Pronunciación

A. Spanish Vowel Sounds.   The vowel system of Spanish is less complicated than that of English. The sounds of the five English vowels (*a, e, i, o, u*) depend on their position within a word or a phrase. There is also a tendency within the English-speaking world to diphthongize vowel sounds, that is, to pronounce a single vowel as if it were a combination of two vowel sounds. This results in an elongated, gliding sound. In contrast, each of the five Spanish vowels has only one sound; they are not diphthongized. They sound crisp and clear, almost staccato in rhythm.

The diagram shows you the approximate place in the mouth where each of the Spanish vowel sounds is produced.

The Spanish vowels are similar in sound to the English vowels in the following examples:

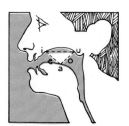

a   similar to English *car, part;* never as in *cat, gate, ball, sofa*
e   similar to English *fate* (without the glide sound); never as in *he, between*
i   similar to English *machine, he;* never as in *sin, fill, fine*
o   similar to English *hoe, oh;* never as in *rot, honey, to*
u   similar to English *to, flute, tool;* never as in *but, mule*

Práctica

Practice each of the Spanish vowel sounds by repeating the following words after your instructor.

a	e	i	o	u
casa	que	mi	foto	sur
baja	mes	fin	otro	un
taza	tres	sin	olor	tu
papá	este	gris	tonto	sus
hasta	desde	Pili	costoso	zulú

B. The Sounds of the Spanish Consonants.   Practice pronouncing each of the consonant sounds by repeating the following words after your instructor. (Detailed presentations of the more difficult consonant sounds will appear in later chapters of this book.)

b	Beatriz	banda	Bilbao	boca	biblioteca
	también	hablo	libro	diablo	árbol
c	ciencia	cine	ciento	Patricia	central
	curso	clase	coca	costa	carro
ch	chico	echo	chiste	mucho	muchacho
d	día	distancia	de	dictar	doble
	estudiante	verdad	educación	humanidades	ciudad
f	fama	familia	fiesta	gafas	café

g	gente	religión	general	Gibraltar	geografía
	gusto	preguntas	amigo	inglés	gracias
h	hola	ahora	historia	hermana	hotel
j	José	ejemplo	justo	viaje	mujer
k	kilo	Kremlín	kilómetro	Kodak	kerosén
l	libro	letra	calma	lápiz	alto
ll	llamo	valle	millón	milla	calle
m	mucho	mamá	matemáticas	militar	alumno
n	nunca	noche	Ana	necesidad	universidad
ñ	señor	mañana	español	compañía	año
p	papel	principal	capa	plástico	papá
q	que	Quito	Enrique	aquí	quien
r	caro	pero	trabajar	cuaderno	francés
rr	carro	perro	cigarrillo	Roberto*	radio*
s	sincero	simple	sensual	clase	escuela
t	todo	total	terrible	tardes	televisión
v	valor	Valencia	vano	vocal	varios
	lavar	bravo	universal	uvas	favor
w	whiski	wat	Wagner	Oswaldo	Wilma
x	extra	expresión	externo	excursión	excelente
	examen	éxito	exótico	exacto	exageración
y	yo	playa	yerba	neoyorquina	hay
z	plaza	Zaragoza	lápiz	zona	zapato

C. Diphthongs.   In Spanish, the weak vowels are **i** and **u**; the strong vowels are **a**, **e**, and **o**. Diphthongs are formed by a combination of two weak vowels, or by a strong vowel in combination with a weak one. Two strong vowels do not form a diphthong; they are two distinct sounds and form different syllables.

Diphthongs formed by a strong and a weak vowel:

aire   s**ei**s   **au**to   Eur**o**pa   **oi**go

Diphthongs formed by a weak and a strong vowel:

s**ie**te   rad**io**   antig**uo**   b**ue**nos   g**ua**po

Diphthongs formed by two weak vowels:

tr**iu**nfo   c**iu**dad   L**ui**s   c**ui**dado

When two strong vowels or a strong vowel and an accented weak vowel occur next to each other in the same word, no diphthong is formed.

real	Rafael	Leonor	extraordinario	Lisboa	poeta
día	Raúl	continúe	frío	país	

---

*As you will learn in Unit 1A, the single **r** at the beginning of a word is pronounced like **rr**.

D. Stress

• Words ending in a vowel or in **-n** or **-s** are pronounced with the primary stress on the next-to-last syllable.*

chi-ca   **li**-bro   pro-fe-**so**-ra   **ha**-blan   **cla**-ses

• Words ending in a consonant other than **-n** or **-s** are pronounced with the primary stress on the last syllable.

to-**mar**   se-**ñor**   es-tu-**diar**   ca-**lor**   us-**ted**   e-fi-**caz**

• All words that are exceptions to the two preceding rules have a written accent on the syllable that receives the primary stress.

lá-piz   ca-**fé**   a-**diós**   fran-**cés**

Práctica

Indicate the stressed syllable(s) in the following words.

1. Gómez
2. garaje
3. coche
4. tardes
5. regular
6. terrible
7. llamar
8. lunes
9. cigarrillo
10. matemáticas
11. universidad
12. mecánico
13. buenos
14. gracias
15. siesta
16. abril
17. sábado
18. estudiante
19. educación
20. material
21. fiesta
22. California
23. marihuana
24. poética
25. cantidad
26. estructura
27. hombre
28. construcción
29. cifra
30. hablante

*For a description of syllabication see Appendix 3.

Me gusta...

—¿Te gusta el otoño?   —Sí, me gusta el otoño.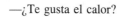
—¿Te gusta el calor?   —No, no me gusta el calor.

Práctica

Repeat the words in the right-hand columns after your instructor. Then practice asking and answering questions with a partner by combining the appropriate phrases from the left-hand column with items from the ones on the right.

—**¿Te gusta**...?
—Sí, **me gusta**...
   (—No, no **me gusta**...)

la música	la historia	el otoño	el calor
la fotografía	la literatura	el verano	el frío
la primavera	la filosofía	el fútbol	el béisbol
la ópera	la televisión	el invierno	el chocolate

Expresiones útiles para la clase

Here are a few expressions that you will probably hear in your Spanish class. Familiarize yourself with them by covering the Spanish and trying to say them as you look at the English equivalents.

Pase usted.	*Come in.*
Siéntese, por favor.	*Sit down, please.*
Voy a pasar lista.	*I'm going to take roll.*
Presente.	*Present.*
Conteste en español.	*Answer in Spanish.*
Repita, por favor.	*Repeat, please.*
Abran el libro.	*Open your books.*
Cierren el libro.	*Close your books.*
Vaya a la pizarra.	*Go to the chalkboard.*
Escriba en español.	*Write in Spanish.* (*continued*)

I like . . . Do you like autumn? Yes, I like autumn. Do you like hot weather? No, I don't like hot weather.

Lea en voz alta.	*Read aloud.*
Tengo una pregunta.	*I have a question.*
¿Cómo se dice ____ en español?	*How do you say ____ in Spanish?*
No entiendo.	*I don't understand.*

Vocabulario

Although you have used many words in the preliminary unit, the following words are the ones considered to be active vocabulary. Be sure that you know all of them before beginning Unit 1.

SUSTANTIVOS

el **año**   *year*
la **clase**   *class*
los **días**   *days* (**lunes, martes, miércoles, jueves, viernes, sábado, domingo**)
el **español**   *Spanish*
las **estaciones**   *seasons* (**otoño, invierno, primavera, verano**)
los **meses**   *months* (**enero, febrero, marzo, abril, mayo, junio, julio, agosto, septiembre, octubre, noviembre, diciembre**)
la **práctica**   *practice*
la **pregunta**   *question*
la **puntuación**   *punctuation*
el **saludo**   *greeting*
la **semana**   *week*
el **tiempo**   *weather*

OTRAS PALABRAS Y EXPRESIONES

adiós   *good-bye*
bien   *well*
buenas noches   *good evening*
buenas tardes   *good afternoon*
buenos días   *good morning*
¿cómo?   *how?*
¿Cómo estás?   *How are you?*
¿Cómo te llamas?   *What is your name?*
¿En qué mes estamos?   *What month is it (are we in)?*
es   *is*
gracias   *thank you*
Hace calor/frío/fresco.   *It's hot/cold/cool.*
hasta luego   *see you later*
hay   *there is, there are*
hola   *hi*

hoy   *today*
mal   *bad, terrible*
mañana   *tomorrow*
me gusta...   *I like . . .*
muy   *very*
no   *no*
¿qué?   *what?*
¿Qué tiempo hace?   *How's the weather?*
regular   *OK, so-so*
si   *if*
sí   *yes*
¿te gusta...?   *do you like . . . ?*
terrible   *awful, terrible*
y   *and*
¿y tú?   *and you?*

A Note about *Puertas a la lengua española* (Doors to the Spanish Language)

This text is divided into fifteen units (**unidades**), each of which focuses on a theme that is important in the Hispanic world. Each unit is divided into two lessons (**lecciones**). The first lesson in each unit begins with a dialogue; the second, with a photo essay. Grammar points are then presented in the section called **Estructura** (*Structure*), with exercises appearing under the heading **Práctica** (*Practice*). The first lesson ends with a section called **¿Cómo se dice?** (*How do you say ____ ?*), which focuses on vocabulary and expressions that are particularly useful for communication. The second lesson ends with **Intercambios** (*Exchanges*), an activities section that encourages conversation. The second lesson in each unit also contains a review section, **Repaso**, that covers the grammar and vocabulary presented in both lessons of the unit. Finally, each lesson has a list of active vocabulary.

Universidad de Valencia, España

1. Gender and number of nouns and articles
2. **Hay**
3. Subject pronouns
4. The present tense of regular **-ar** verbs

¿Cómo se dice?
   • Cognates
   • Adverbs

5. Some uses of the definite article
6. The personal **a**
7. Contractions: **Al** and **del**
8. The present tense of the irregular verb **ser**

Repaso
Intercambios

In this unit you will learn about education at the university level in Hispanic countries. You will also learn to use vocabulary and grammatical structures related to your own academic surroundings and interests.

LECCIÓN A

A. —¿Qué estudias?
—Estudio matemáticas, ¿y tú?

—Estudio comercio.
—¿Qué estudia Teresa?
—Estudia humanidades.

¡Yo estudio mucho!

¿Qué estudias tú?

B. —¿Te gusta la clase de literatura?

—¡Sí, me gusta mucho!

—No, no me gusta.

A. 1. What are you studying? I'm studying mathematics, and you? 2. I'm studying business. What is Teresa studying? She's studying humanities. 3. I study a lot! 4. What are you studying?
B. 1. Do you like the literature class? 2. Yes, I like it a lot! 3. No, I don't like it.

C. Me gusta estudiar.   No me gusta estudiar.   Y a usted, ¿le gusta estudiar?

D. —¿Te gustan más las matemáticas*   —Me gusta más la   —¡Me gusta más escuchar música!
   o la antropología?   antropología.

Preguntas

Pregúntele a un compañero de clase. (*Ask a classmate.*)

1. ¿Qué estudias?
2. ¿Estudias español o francés?
3. ¿Te gusta la clase de matemáticas?
4. ¿Te gusta estudiar español?
5. ¿Te gusta más estudiar o escuchar música?
6. ¿Estudias mucho?
7. ¿Te gusta más la clase de español o la clase de inglés?

C. 1. I like to study.   2. I don't like to study.   3. And you, do *you* like to study?
D. 1. Do you like math or anthropology more?   2. I like anthropology more.   3. I like to listen to music more!

---

*When saying that you like something that is plural in form, the correct verb is **gustan**, rather than **gusta**.
¿Te gusta**n las** matemáticas? Sí, me gusta**n las** matemáticas.

Pronunciación

r The sound of the single letter **r** in Spanish is very different from the sound of English *r*. The sound of Spanish **r** is produced when the tip of the tongue strikes the alveolar ridge once as the air stream passes through the mouth.

Repeat these words, imitating your instructor.

Teresa	tardes	comercio	mujer	literatura
gracias	historia	Carlos	señora	Fernando
universidad	siempre	curso	padre	profesor

rr The **rr** sound consists of two or more rapid taps of the tip of the tongue against the alveolar ridge. In writing, this sound is represented both by **rr** (between vowels) *and* by a single **r** (at the beginning of a word or after the consonants **l, n,** and **s**).

Repeat these words, imitating your instructor.

Roberto	radio	ropa	regular	rosa
Ramón	Israel	Enrique	alrededor	burro
carro	perro	terrible	tierra	horrible

Estructura

Minidiálogo

ROSA: ¿Hay estudiantes interesantes en la clase?
RAMÓN: Sí, hay muchos. La estudiante más interesante es Teresa.
        Estudia idiomas… el inglés, el español, el griego…
ROSA: ¿Y Raúl?
RAMÓN: Bueno, él es interesante también, pero es excéntrico.
        Estudia español… ¡y también estudia el comportamiento
        social de los pingüinos! Es zoólogo.

Complete las frases con las palabras apropiadas del diálogo.

1. *Hay estudiantes interesantes en* _____ *clase.*
2. _____ *estudiante más interesante es Teresa.*
3. *Teresa estudia idiomas…* _____ *inglés,*
   _____ *español,* _____ *griego…*
4. *Raúl estudia* _____ *comportamiento social de* _____ *pingüinos.*

ROSA: Are there interesting students in the class?   RAMÓN: Yes, there are many. The most interesting student is Teresa. She's studying languages . . . English, Spanish, Greek . . .   ROSA: And Raúl?   RAMÓN: Well, he's interesting, too, but he's eccentric. He's studying Spanish . . . and he's also studying the social behavior of penguins! He's a zoologist.

1. Gender and Number of Nouns and Articles

A. All nouns* in Spanish are either masculine or feminine. Definite and indefinite articles also have masculine and feminine forms and must always agree in both gender and number with the nouns they precede.

		SINGULAR		PLURAL	
DEFINITE ARTICLES	MASCULINE	**el** libro	*the book*	**los** libros	*the books*
	FEMININE	**la** casa	*the house*	**las** casas	*the houses*
INDEFINITE ARTICLES	MASCULINE	**un** libro	*a book*	**unos** libros	*some books*
	FEMININE	**una** casa	*a house*	**unas** casas	*some houses*

B. The gender of a noun can usually be determined by its ending. Nouns that end in **-o** are generally masculine; those that end in **-a** are generally feminine.

el curso	*the course of study*	la escuela	*the school*
el cuaderno	*the notebook*	la biblioteca	*the library*
el bolígrafo	*the (ballpoint) pen*	la palabra	*the word*

C. The endings **-ión** and **-d** generally indicate a feminine noun.

la lección	*the lesson*	la universidad	*the university*

D. Nouns that refer to males are masculine and those that refer to females are feminine, regardless of their endings.

el profesor	*the (male) professor*	la profesora	*the (female) professor*
el padre	*the father*	la madre	*the mother*
el estudiante	*the (male) student*	la estudiante	*the (female) student*
el hombre	*the man*	la mujer	*the woman*
el amigo	*the (male) friend*	la amiga	*the (female) friend*

E. The endings of certain nouns do not readily indicate gender; there are exceptions to the **-o/-a** cues, and many nouns do not end in those vowels. For that reason, it is important to learn the correct article along with each noun. Note the gender of the following nouns. Days of the week and months of the year are masculine.

el papel	*the paper*	la foto(grafía)	*the photo(graph)*
el idioma	*the language*	la noche	*the night*
el día	*the day*	la clase	*the class*
el examen	*the exam*	la tarde	*the afternoon*
el lápiz	*the pencil*	el lunes	*Monday*
el café	*the coffee; the café*	el abril	*April*

*Grammatical terms are defined with examples in Appendix 2.

F. To form the plural of Spanish nouns, add **-s** to nouns ending in a vowel; add **-es** to nouns ending in a consonant. Nouns ending in **-z** change the **-z** to **c** before adding **-es.** Sometimes words add or drop accents when changed to the plural.

el amigo	**los** amigos	una amiga	**unas** amigas
un examen	**unos** exámenes	la mujer	**las** mujeres
el lápiz	**los** lápices	una lección	**unas** lecciones

Note that, with the exception of **sábado** and **domingo,** the days of the week have the same form for both singular and plural. Only the article changes in the plural forms.

el lunes   →   **los** lunes   **el** sábado   →   los sábados

2. Hay

The word **hay** means *there is* or *there are,* depending on whether the person or thing named is singular or plural.

Hay un niño aquí.   *There is a boy here.*
Hay muchas niñas.   *There are many girls.*

If an article is required after **hay,** the indefinite article is almost always used.

Práctica

A. Give the definite article for each of these words.

1. _____ libro	8. _____ amigo	15. _____ universidad
2. _____ lápiz	9. _____ día	16. _____ foto
3. _____ cuaderno	10. _____ hombre	17. _____ escuela
4. _____ papel	11. _____ niño	18. _____ mujer
5. _____ bolígrafo	12. _____ café	19. _____ amiga
6. _____ examen	13. _____ casa	20. _____ profesora
7. _____ profesor	14. _____ noche	21. _____ madre

B. Repeat Exercise A, giving the indefinite article for each word.

C. Give the definite article for each of these words. Then change the articles and nouns to the plural.

1. _____ niña	5. _____ domingo	9. _____ clase
2. _____ padre	6. _____ examen	10. _____ lunes
3. _____ curso	7. _____ idioma	11. _____ palabra
4. _____ universidad	8. _____ lápiz	12. _____ estudiante

D. Repeat Excercise C, giving the indefinite article for each word. Then change the articles and nouns to the plural.

E. ¿Qué hay en la clase?

MODELO: Hay un(a) _____ en la clase.

F. Repeat Exercise E, making all nouns and articles plural.

MODELO: Hay unos/as _____ en la clase.

G. You and a friend see Roberto talking to various people after class. Your friend asks their names. With a classmate, form appropriate questions, according to the model.

MODELOS: mujer → —Roberto habla con una mujer.   *Roberto is talking to a woman.*

—¿Cómo se llama la mujer?   *What's the woman's name?*

mujeres → —Roberto habla con unas mujeres.   *Roberto is talking to several women.*

—¿Cómo se llaman las mujeres?   *What are the women's names?*

1. hombre
2. estudiante (*f.*)
3. profesores
4. profesora
5. amigas
6. estudiantes (*m.*)
7. amigo
8. niñas

H. Using the list of words on the following page, ask a classmate if he or she likes certain things better than others. Combine the words in as many ways as possible. Use **gustan** when necessary.

MODELO: —¿Te gusta más el niño o la niña?
—Me gusta más la niña.

el día	las clases de español	la Coca-Cola
la noche	las clases de inglés	el café
un lápiz	los cursos de ciencias	estudiar en la biblioteca
un bolígrafo	los cursos de historia	estudiar en la clase

Minidiálogo

RAÚL: Hola, Juan. ¿Qué buscas?
JUAN: Necesito un libro de chino.
RAÚL: ¿De chino? Tú no estudias chino. Nosotros estudiamos
        español este año.
JUAN: Sí. Pero para mí, ¡en la clase de español, todo es chino!*

Complete los verbos según el diálogo.

1. JUAN: *Necesit* _____ *un libro de chino.*
2. RAÚL: *Tú no estudi* _____ *chino.*
3. RAÚL: *Nosotros estudi* _____ *español.*

3. Subject Pronouns

Subject Pronouns			
SINGULAR		**PLURAL**	
yo	I	**nosotros/as**	we
tú	you (*fam.*)	**vosotros/as**	you (*fam.*)
ella	she	**ellas**	they (*f.*)
él	he	**ellos**	they (*m.*)
usted	you (*form.*)	**ustedes**	you (*form.*)

A. Spanish has more subject pronouns than English. For example, there are several ways to say
you: **tú** and **vosotros/as** are used with children, family members, and friends; **usted** and
ustedes are used in more formal situations to address older people, persons in authority, and
strangers.

RAÚL: Hello, Juan. What are you looking for?   JUAN: I need a Chinese book.   RAÚL: Chinese? You're not studying
Chinese. We're studying Spanish this year.   JUAN: Yes. But for me, in Spanish class everything is Chinese.

*Note that Spanish speakers say *"It's Chinese to me!"* when they want to indicate that something is incomprehensible.

The use of the forms of *you* varies throughout the Hispanic world. In Spain, the plural of **tú** is **vosotros/as,** but in Latin America, those forms are seldom used, and **ustedes** is the plural form of both **tú** and **usted.**

Usted and ustedes are frequently abbreviated as **Ud.** and **Uds.** or **Vd.** and **Vds.** In this book, only the **Ud./Uds.** abbreviations will be used.

B. In Spanish, the subject pronouns **él, ella, nosotros/as, vosotros/as, ellos,** and **ellas** show gender and number. In talking about a group of males or about a mixed group, the masculine forms **nosotros, vosotros,** and **ellos** are used. In talking about a group of females, the **nosotras, vosotras,** and **ellas** forms are used.

4. The Present Tense of Regular *-ar* Verbs

hablar (*to speak; to talk*)		
SINGULAR	PLURAL	
yo hab**lo**	nosotros/as habl**amos**	
tú hab**las**	vosotros/as habl**áis**	
él	ellos	
ella } hab**la**	ellas } habl**an**	
usted	ustedes	

A. There are three categories, or *conjugations,* of Spanish verbs. Infinitives ending in **-ar** belong to the first category. Infinitives do not indicate the time frame or the performer of an action. The time frame of an action and subject of the verb are generally indicated by the ending added to the verb stem.

B. Except for **Ud./Uds.,** subject pronouns are used less often in Spanish than they are in English. In Spanish, they are used mainly for emphasis or clarification.

C. To *conjugate* a regular **-ar** verb in the present tense, the infinitive ending (**-ar**) is removed and the personal (subject) endings **-o, -as, -a, -amos, -áis,** and **-an** are added to the verb stem (**habl-**). Other common **-ar** verbs used in this chapter include the following:

caminar	*to walk*	preparar	*to prepare*
conversar	*to talk, converse*	regresar	*to return*
desear	*to want, desire*	sacar	*to take out*
enseñar	*to teach; to show*	terminar	*to finish*
entrar (en)	*to enter*	tomar	*to take; to drink; to eat*
escuchar	*to listen to*	trabajar	*to work*
estudiar	*to study*	viajar	*to travel*
necesitar	*to need*		

D. Each conjugated form of a verb in the present tense has six possible meanings. Three of the meanings are expressed as statements.

Ella habla español.
$\begin{cases} \textit{She speaks Spanish.} \\ \textit{She does speak Spanish.} \\ \textit{She is speaking Spanish.} \end{cases}$

The other three meanings are expressed as questions.

¿Habla ella español?
$\begin{cases} \textit{She speaks Spanish?} \\ \textit{Does she speak Spanish?} \\ \textit{Is she speaking Spanish?} \end{cases}$

You will learn more about forming questions in Unit 2B. Note that the present tense is used to describe an action or an event in progress, or one that occurs regularly or repeatedly.

E. The present tense may also be used in place of the future, to give an action more immediacy.

Hablan en inglés mañana.   *They'll speak (in) English tomorrow.*
Hablamos en español más tarde.   *We'll speak (in) Spanish later.*

To make a statement negative, simply place **no** (*not*) before the verb.

María **no** habla español siempre.   *María doesn't always speak Spanish.*
No hablamos hoy.   *We're not speaking today.*

Práctica

A. Tell which subject pronoun you would use when talking either *to* or *about* the following people, as indicated.

1. to a friend
2. to a group of children
3. about yourself
4. about a man
5. about a woman

6. about yourself and others
7. to your professor
8. about a group of boys and girls
9. to several professors
10. about a group of women

B. Ask whether the following people also speak English. Follow the model.

MODELO: ¿Y Carlos?   →   —Hablo inglés. ¿Y Carlos?
                           —Sí, él también.

1. ¿Y tú?
2. ¿Y Carlos y María?
3. ¿Y Felipe y Jaime?

4. ¿Y Elena y Cristina?
5. ¿Y Juana?
6. ¿Y el profesor?

7. ¿Y ustedes?
8. ¿Y los estudiantes?

C. Read the following sentences, which tell about the typical activities of Alicia, a university student.

1. Alicia estudia idiomas en la universidad.
2. Por (*In*) la mañana camina a la universidad.
3. Entra en la clase de español.
4. Saca el libro y el cuaderno.
5. Escucha al (*to the*) profesor.
6. Por la tarde prepara las lecciones en la biblioteca.
7. Termina las lecciones pronto (*soon*).
8. Habla español con unos amigos.
9. Trabaja en un café por la noche (*at night*).
10. Mañana regresa a la universidad.

Now retell the sequence from the viewpoint of the following people. Use subject pronouns only in the first sentence.

1. yourself (**Yo estudio...**)
2. yourself and a friend (**Nosotros estudiamos...**)
3. a friend talking about Alfonso and Teresa (**Ellos estudian...**)
4. a friend talking to Alicia (**Tú estudias...**)
5. a friend talking to you and Raúl (**Ustedes estudian...**)

D. Tell what the following people are doing in the classroom right now by completing each sentence with the correct form of the verbs in parentheses. Then change the subject, using the new one suggested.

1. (trabajar)   Ricardo _____ mucho.   (yo)
2. (escuchar)   Unos estudiantes _____ música.   (la profesora)
3. (terminar)   Yo _____ la lección.   (nosotros)
4. (conversar) Pablo y yo _____ .   (ellas)
5. (estudiar)   Ustedes _____ el libro.   (tú)
6. (tomar)   Él _____ un examen.   (ellas)

E. Answer the following questions. (Note the change of word order in questions. You will study this in Unit 2B.)

1. ¿Necesitas el libro de español? ¿el bolígrafo? ¿el cuaderno?
2. ¿Viajas mucho? ¿con los amigos? ¿en el verano?
3. ¿Trabajan mucho los estudiantes? ¿aquí? ¿hoy? ¿mañana? ¿siempre?
4. ¿Enseña José español? ¿francés? ¿inglés? ¿historia?
5. ¿Sacan ustedes los papeles en clase? ¿los lápices? ¿los exámenes?
6. ¿Desea Felipe una Coca-Cola? ¿un café? ¿un caramelo?

F. Complete each sentence here and on the next page in as many ways as possible by using properly conjugated forms of the infinitives in the following list.

estudiar	entrar	escuchar	terminar	desear	regresar
tomar	hablar	conversar	necesitar	trabajar	viajar

1. Ellas _____ en la casa.
2. Carlos _____ el libro.
3. Tú _____ música.

4. Ustedes no _____ medicina.
5. Alicia _____ café.
6. ¿ _____ tú unos papeles?
7. Las mujeres siempre _____ mucho.
8. Yo _____ en inglés y en francés.
9. Los hombres _____ pronto.
10. ¿ _____ ellos café o chocolate esta noche (*tonight*)?
11. ¿ _____ los estudiantes a México?

G. With a classmate, discuss future activities, using the cues provided.

MODELO: hoy/estudiar en la biblioteca   →
            —¿Estudias en la biblioteca hoy?
            —Sí, hoy estudio en la biblioteca.

1. mañana/caminar al café.
2. esta noche/tomar vino (*wine*)
3. más tarde/trabajar mucho
4. pronto/viajar a México
5. hoy/entrar en la cafetería

H. Tell five things that you will do in the near future by completing these sentences.

1. Hoy yo _____ .
2. Pronto yo _____ .
3. Más tarde yo _____ .
4. Esta noche yo _____ .
5. Mañana yo _____ .

¿Cómo se dice?

- **Cognates**

  It will be easier for you to learn Spanish if you understand the concept of *cognates*. These are words that look alike and have similar meanings in two languages. There are at least 2,000 cognates shared by Spanish and English; by watching for them, you will be able to understand a great deal of what you see and hear, even during your first weeks of studying Spanish. Watch for slight spelling differences and use your imagination. You will soon learn to recognize common patterns of variance in spelling. Try to guess the English equivalents of the following cognates.

NOUNS		VERBS		ADJECTIVES	
orientación	estructura	administrar	convencer	interesante	histórico
profesión	espacio	aceptar	educar	ambicioso	lógico
drama	esquí	aplicar	prohibir	famoso	filosófico
teatro	especialidad	contener	transmitir	nervioso	admirable

Not all Spanish words that appear to be cognates have the same meaning as their English counterparts. Words that look alike but have different meanings or usages are called *false cognates*. They may mislead you until you learn their meanings one by one. The following words are common examples of false cognates. It will help you if you learn to recognize them, but you need not learn them all now.

suceso	a *happening* or an *event;* not a success	colegio	a *high school*; not a college
éxito	a *success;* not an exit	facultad	a *school or college within a university;* not a faculty
conferencia	a *lecture*; not a conference	librería	a *bookstore;* not a library
lectura	a *reading;* not a lecture	particular	*private;* not particular
asistir	to *attend;* not to assist		

● Adverbs

One of the many patterns that will help you learn new vocabulary is the adverbial ending **-mente,** which transforms adjectives into adverbs. (The English equivalent of **-mente** is the adverbial ending *-ly*.) When you learn the masculine and feminine forms of adjectives in Unit 2B, you will be able to create adverbs by adding **-mente** to the feminine form of any adjective. For now, learn to recognize adverbs when you see them. Here are some examples.

general	*general*	→	generalmente	*generally*
inmediato	*immediate*	→	inmediatamente	*immediately*
lógico	*logical*	→	lógicamente	*logically*
sincero	*sincere*	→	sinceramente	*sincerely*
inteligente	*intelligent*	→	inteligentemente	*intelligently*
igual	*equal*	→	igualmente	*equally*

Here are several students' statements about their classes. Using what you know about cognates, see if you can guess to which classes they are referring. Use the list of classes on the right to help you.

1. Estudiamos las montañas, los ríos y los océanos en el mapa.   INGLÉS
2. ¡No me gusta estudiar los números!   HISTORIA
3. La orquesta prepara un concierto para (*for*) esta noche.   LITERATURA
4. La profesora conversa inteligentemente en el idioma de París.   MATEMÁTICAS
5. Estudio mucho—¡deseo viajar* a los Estados Unidos!   MÚSICA
6. Hoy el profesor explica muy claramente el movimiento de independencia en Venezuela.   FRANCÉS
   GEOGRAFÍA

---

*Just as in English, when one Spanish verb follows another it is frequently in the infinitive form: **Deseo viajar** (*I want to travel*).

Vocabulario

VERBOS

caminar   *to walk*
conversar   *to talk, converse*
desear   *to want, desire*
enseñar   *to teach; to show*
entrar (en)   *to enter*
escuchar   *to listen to*
estudiar   *to study*
hablar   *to speak; to talk*
necesitar   *to need*
preparar   *to prepare*
regresar   *to return*
sacar   *to take out*
terminar   *to finish, end*
tomar   *to take; to drink; to eat*
trabajar   *to work*
viajar   *to travel*

SUSTANTIVOS

el/la **amigo/a**   *friend*
la **biblioteca**   *library*
el **bolígrafo**   *(ballpoint) pen*
el **café**   *coffee; café*
la **casa**   *house*
el **cuaderno**   *notebook*
el **curso**   *course (of study)*
el **día**   *day*
la **escuela**   *school*
el/la **estudiante**   *student*
el **examen**   *examination, test*
la **foto(grafía)**   *photo(graph)*
el **francés**   *French*
el **hombre**   *man*
el **idioma**   *language*
el **inglés**   *English*
el **lápiz**   *pencil*
la **lección**   *lesson*
el **libro**   *book*
la **madre**   *mother*
la **mujer**   *woman*
la **música**   *music*
el/la **niño/a**   *boy/girl*
la **noche**   *night*
el **padre**   *father*
la **palabra**   *word*
el **papel**   *paper*
el/la **profesor(a)**   *professor,
          instructor*
la **tarde**   *afternoon*
la **universidad**   *university*

OTRAS PALABRAS Y EXPRESIONES

a   *to; at*
aquí   *here*
con   *with*
de   *of; from*
en   *in; on*
esta noche   *tonight*
más   *more*
más tarde   *later*
mucho   *a lot*
o   *or*
pronto   *soon*
siempre   *always*
también   *also*

me gustan _____ *I like* _____
   (pl. subject)
¿te gustan _____? *do you like*
   _____? *(pl. subject)*
¿a Ud. le gusta(n) _____? *do
   you like* _____?

Chihuahua, México

Los estudiantes hispánicos estudian en facultades especializadas.* Unas de las facultades típicas son (*are*) la Facultad de Filosofía y Letras, la Facultad de Medicina, la Facultad de Derecho (*Law*) y la Facultad de Ingeniería (*Engineering*). En unas universidades también hay una facultad donde estudian el comercio (*business*).

¿Hay una Facultad de Derecho en la universidad de Ud.? En la universidad de Ud., ¿hay más estudiantes en la Facultad de Derecho o en la Facultad de Filosofía y Letras? ¿En qué facultad estudia Ud.?

Universidad de Sevilla, España

En las universidades hispánicas con frecuencia la nota final depende totalmente del (*on the*) examen final. El examen final puede (*can*) ser oral o escrito (*written*).

¿Le gusta a Ud. la idea de un solo (*single*) examen en una clase? ¿Hay exámenes orales en la clase de español? ¿A Ud. le gustan los exámenes orales? En general, ¿estudia Ud. mucho para los exámenes?

---

*The introductory photo essay will contain much of the new vocabulary for the lesson. Consult the **Vocabulario** at the end of the lesson for meanings. Other words will be glossed.

Estructura

Minidiálogo

El primer día del semestre, yo camino a clase. Escucho al profesor
García. Hablo con los compañeros de clase.

 Por la noche, ¿preparo la lección? ¡No! Miro la televisión... Y
luego, voy al café.

¿Y Ud.?

1. *¿Camina a clase?*
2. *¿Escucha al profesor?*
3. *¿Habla con los compañeros de clase?*
4. *¿Prepara la lección?*
5. *¿Mira la televisión?*

5. Some Uses of the Definite Article

The definite article is used more often in Spanish than it is in English. Here are some common
uses of the definite article in Spanish.

- With nouns used in a general sense:

Me gusta el café.	*I like coffee (in general).*
La educación es importante.	*Education (in general) is important.*

- With names of languages or academic subjects, except after the prepositions **en** and **de**, or
  when immediately following the verbs **hablar** and **estudiar**:

Hablan muy bien el ruso.	*They speak Russian very well.*
El alemán es interesante.	*German is interesting.*

BUT

En español hay muchas palabras que estudiar.	*In Spanish there are many words to study.*
El libro de portugués es de Juan.	*The Portuguese book is Juan's.*
¿Dónde hablan francés?	*Where do they speak French?*

On the first day of the semester I walk to class. I listen to Professor García. I talk with my classmates.
At night, do I prepare my lesson? No! I watch TV. . . . And then I go to a café.

Note that the names of all languages are masculine.

- With titles of individuals when you are talking *about* them; when you are talking *to* them, the article is not used:

La señora Romero conversa en inglés.   *Mrs. Romero converses in English.*
¿Estudia la señorita Pérez el ruso?   *Is Miss Pérez studying Russian?*
Los señores García viajan siempre.   *Mr. and Mrs. García are always traveling.*

BUT

Señor Olaya, ¿no habla Ud. inglés?   *Mr. Olaya, don't you speak English?*
¿Camina Ud. a casa, profesor Gómez?   *Are you walking home, Professor Gómez?*

Note the following abbreviations for titles: **Sr.** (*Mr.*), **Sra.** (*Mrs.*), **Srta.** (*Miss*), and **Sres.** (*Mr. and Mrs.*).

- With days of the week* to express what happens on a given day:

Viajamos a España el sábado.   *We travel to Spain on Saturday.*
Las clases terminan el viernes.   *Classes end on Friday.*

Note that the definite article is not used with days of the week in the expression **Hoy es lunes (martes,...)**.

- With seasons of the year:

Me gusta la primavera.   *I like spring.*
El profesor Hernández enseña aquí en (el) otoño.   *Professor Hernández teaches here in the fall.*

Note that the use of the definite article with seasons is optional after the preposition **en**. The article is seldom used with seasons of the year after **es,** meaning *it is*.

Cuando es verano aquí, es invierno en Chile.   *When it's summer here, it's winter in Chile.*

Práctica

A. Complete the sentences on the next page with the correct definite articles, if needed. Then substitute the words in parentheses for the italicized words, and repeat the exercise.

---

*Remember that, with the exception of **sábado** and **domingo**, the days of the week have the same form in the singular and plural. Only the article changes in the plural forms.
Hay clases los martes. No hay clases los domingos.
There are classes on Tuesdays. There are no classes on Sundays.

1. _____ *señora Rodríguez* enseña aquí.   (profesor González)
2. Me gusta _____ *español*, pero (*but*) no me gusta _____
   alemán.   (francés, ruso)
3. _____ *señor García,* ¿enseña hoy _____ *literatura?*
   (señorita Moreno, matemáticas)
4. Nosotros hablamos _____ *inglés*, pero deseamos hablar muy bien
   _____ *español.* (portugués, francés)
5. ¿Estudian _____ *señores Guzmán* _____ *historia?*
   (señoritas Guzmán, geografía)

B. With a classmate, ask and answer the following questions. Be sure to use complete sentences.

1. ¿Te gusta la música? ¿la literatura? ¿el arte? ¿la historia?
2. ¿Hablas español? ¿francés? ¿alemán? ¿inglés? ¿ruso?
3. ¿Estudias español? ¿francés? ¿alemán? ¿inglés?
4. ¿Es importante el dinero (*money*)? ¿el amor (*love*)? ¿la educación?
5. ¿Te gusta la primavera? ¿el otoño? ¿el verano? ¿el invierno?
6. ¿Hay clases los lunes? ¿los martes? ¿los jueves? ¿los domingos? ¿los sábados?

C. Ask your professor questions based on the following words. Then report the information to the class.

MODELO: hablar / ruso   →   —Profesora Santana, ¿habla Ud. ruso?
                              —No, no hablo ruso.
                              —La profesora Santana no habla ruso.

1. hablar / francés
2. hablar / muy bien / español
3. necesitar / dinero
4. necesitar / el libro de español

5. enseñar / español
6. enseñar / muy bien / filosofía
7. estudiar / música
8. estudiar / mucho / inglés

6. The Personal *a*

A. When the direct object of a verb is a person, the object must be preceded by the personal **a**. This **a** has no translatable meaning in English.

Llamamos **a** la profesora.	*We're calling the professor.*
Ella enseña **a** los niños.	*She's teaching the boys.*
BUT:	
Ella enseña el español.	*She's teaching Spanish.*

B. Note that certain verbs are often associated with the personal **a** because they frequently have persons as their objects. Many of these verbs, like some that you have already learned, require a preposition in English but not in Spanish, because the preposition is already implied in the

Spanish verb: **esperar** (*to wait for*), **mirar** (*to look at*), **buscar** (*to look for*), **escuchar** (*to listen to*).

¿Quién espera a María?	*Who's waiting for Mary?*
Buscamos a Tomás.	*We're looking for Thomas.*
Ella espera el autobús.	*She is waiting for the bus.*

7. Contractions: *Al* and *del*

The personal **a** and the prepositions **a** (*to; at*) and **de** (*of; from*) combine with the masculine singular definite article **el** to form **al** and **del**, respectively. The remaining definite articles do not form contractions with **a** and **de**.

Caminamos al teatro.	*We'll walk to the theater.*
Buscamos al profesor Serrano.	*We're looking for Professor Serrano.*
Saca el papel del libro.	*He takes the paper out of the book.*
¿Quién es el amigo del chico?	*Who is the boy's friend?*

BUT:

Acompaño a las chicas esta noche.	*I'm accompanying the girls tonight.*

Práctica

A. Complete the sentences with the correct definite article. Then substitute the words in parentheses for the italicized words, and change the article accordingly. Form or complete contractions where necessary.

1. Sacamos los papeles de _____ *casa*.   (libro)
2. Buscan a _____ *profesores*.   (profesor)
3. Camino a _____ *clase*.   (teatro)
4. Esperamos a _____ *estudiantes*.   (chico)
5. Antonio regresa de _____ *banco*.   (clase)

B. Tell what each of the following people is doing during Spanish class.

   MODELO: el profesor/enseñar/los estudiantes → El profesor enseña a los estudiantes.

1. José/mirar/la chica
2. yo/buscar/el lápiz
3. los estudiantes/escuchar/el profesor
4. Adela/esperar/Ramón
5. Uds./estudiar/la lección
6. tú/llamar/los chicos

C. Form as many sentences as you can by using one word or phrase from each column on the following page. Be sure to use the correct combination of **a** plus the articles.

Para $\left\{\begin{array}{l}\text{estudiar}\\ \text{hablar español}\\ \text{tomar café}\\ \text{mirar a los estudiantes}\\ \text{preparar las lecciones}\\ \text{sacar el dinero}\end{array}\right.$ camino a _____ . $\left\{\begin{array}{l}\text{clase de español}\\ \text{casa}\\ \text{universidad}\\ \text{biblioteca}\\ \text{banco}\\ \text{cafetería}\end{array}\right.$

Minidiálogo

—Soy Juan.
—Soy de México.
—Soy estudiante de historia, ¿y tú?

—Soy Teresa.
—Soy de California.
—Soy estudiante de historia también.

Describa a los estudiantes, completando (completing) *las siguientes frases.*

1. *Juan es de* _____ .
2. *Teresa es de* _____ .
3. *Juan y Teresa son* _____ .
4. *Estudian* _____ .

8. The Present Tense of the Irregular Verb *ser*

ser (*to be*)		
SINGULAR	PLURAL	
yo **soy**	nosotros/as	**somos**
tú **eres**	vosotros/as	**sois**
él	ellos	
ella } **es**	ellas }	**son**
Ud.	Uds.	

Ser is an irregular verb. Irregular verbs do not follow the normal pattern of conjugation. Here are some of the ways **ser** is used.

• To link two nouns (the subject and the predicate nominative).

Juan es estudiante.   *John is a student.*
El señor García es profesor.   *Mr. García is a profesor.*
El señor Luján es un profesor famoso.   *Mr. Luján is a famous professor.*

I'm Juan. I'm from Mexico. I'm a history student. And you?
I'm Teresa. I'm from California. I'm a history student also.

Note that the indefinite article is omitted only when an *unmodified* predicate nominative follows a form of **ser**.

• To show origin, with **de**:

¿De dónde eres tú?	*Where are you from?*
José es de México.	*José is from Mexico.*
La mesa es de España.	*The table is from Spain.*

• To show possession, with **de**:

Es el libro de Alicia.	*It's Alice's book.*
¿De quién es la foto?	*Whose photograph is it?*

• To indicate what something is made of, with **de**:

El libro es de papel.	*The book is (made of) paper.*
El bolígrafo es de plástico.	*The pen is (made of) plastic.*

• To form impersonal expressions:

Es importante.	*It's important.*
Es necesario estudiar.	*It's necessary to study.*

Note that, in impersonal expressions, the English word *it* is contained within the third-person singular Spanish verb form; *it* is not represented by a separate word in Spanish.

Práctica

A. Substitute the new subjects and make other necessary changes.

1. *Juan* es estudiante.
   (nosotros, Uds., tú, los niños, vosotras)
2. *Elena* es de México.
   (Rodrigo y yo, el hombre, los señores Gómez, yo, tú, vosotros)

B. You are attending an international student conference on your campus. Tell from what countries the following participants are.

MODELO: Miguel García (México)   →   Miguel García es de México.

1. Roberto Fonseca (España)
2. Uds. y Rafael (los Estados Unidos)*
3. José y Alicia Suárez (la Argentina)
4. tú (Chile)
5. Ud. y Manuel Ortega (Bolivia)
6. Ud. (Colombia)
7. Isabel Medina (el Perú)
8. yo (el Canadá)
9. nosotros (Costa Rica)

---

*The definite article is usually used with the names of certain countries such as **los Estados Unidos**, **la Argentina**, **el Perú**, and **el Canadá**. It forms part of the complete name **El Salvador.**

C. Answer the following questions.

1. ¿Quién es el profesor/la profesora de la clase? ¿De dónde es el profesor/la profesora?
2. ¿Qué es Ud.? ¿profesor? ¿profesora? ¿estudiante? ¿De dónde es Ud.? ¿Son de España los estudiantes de la clase de español?
3. ¿De qué es el libro? ¿de plástico? ¿de papel? ¿de metal?
4. ¿De qué es el lápiz? ¿de madera (*wood*)? ¿de plástico? ¿de papel?
5. ¿Es importante estudiar mucho? ¿Es necesario hablar español en clase? ¿Habla Ud. mucho o poco (*little*) en clase?

D. Introduce yourself to a classmate by providing the following information. Then let your classmate do the same.

1. Yo soy ＿＿＿＿＿＿＿＿ .   (*name*)
2. Soy de ＿＿＿＿＿＿＿＿ .   (*place of origin*)
3. Soy ＿＿＿＿＿＿＿＿ .   (*identification*)

Repaso

A. We all have things we like to do in certain places and at certain times. Express your preferences by completing these sentences.

1. En la universidad estudio ＿＿＿＿＿＿＿＿ .
2. En la clase hablo ＿＿＿＿＿＿＿＿ .
3. En la cafetería tomo ＿＿＿＿＿＿＿＿ .
4. En la biblioteca preparo ＿＿＿＿＿＿＿＿ .
5. En la librería busco ＿＿＿＿＿＿＿＿ .
6. En casa (*at home*) miro ＿＿＿＿＿＿＿＿ .
7. Por la noche llamo ＿＿＿＿＿＿＿＿ .
8. En la clase escucho ＿＿＿＿＿＿＿＿ .

B. Express in Spanish these sentences from a letter that Alicia is writing to a friend about her experiences at the university.

1. The professor, Mr. Pérez, is from Colombia.
2. He teaches Spanish and Portuguese at (**en**) the university.
3. Carlos and I are studying languages.
4. I like Spanish class; it's very interesting.
5. The students listen to music in class and we always talk a lot in Spanish.
6. There are also examinations.
7. It's important to study a lot.
8. I prepare lessons at night in the library.
9. Classes end on Friday.
10. Carlos and I need to study more, but we also want to watch television.

Intercambios

A. ¿Qué hacen estas personas? (*What are these people doing?*) ¿Y tú?

Carlos _____ música.
Y tú, ¿ _____ música con frecuencia?

María _____ café.
Y tú, ¿ _____ café con
frecuencia?

José _____ el libro de español.
Y tú, ¿ _____ con frecuencia el
libro de español?

Elena y yo _____ en el café por la
noche.
Y tú, ¿ _____ con frecuencia en un
café por la noche?

Yo _____ el autobús.
Y tú, ¿ _____ con frecuencia el
autobús?

Concha y Miguel _____ en el
café.
Y tú, ¿ _____ con frecuencia
con los amigos en el café?

B. ¿En clase estudiamos _____? Match the topics with the appropriate classes.

MODELO: Estudiamos _____ en la clase de _____ .   →
            Estudiamos un mapa en la clase de geografía.

Estudiamos   { un mapa
              novelas y poemas
              los planetas
              los verbos irregulares   en la clase de
              el plano de una casa
              los animales
              la estructura de la familia }

{ arquitectura
  español
  antropología
  biología
  astronomía
  literatura
  geografía }

C. Para leer (*to read*).   Mafalda, a character created by Argentine cartoonist Quino (Joaquín Salvador Lavado), is well known throughout the Hispanic world. You will meet Mafalda and her family and friends from time to time in this text. See if you can understand the following strip and answer the questions that follow it.

a que   *I'll bet that*

1. ¿Cómo se llama la niña?
2. ¿Quién es más fuerte (*stronger*), Guille (el amigo de Mafalda) o el otro niño?
3. ¿Quién es más inteligente?

Vocabulario

VERBOS

acompañar   *to accompany, go with*
buscar   *to look for*
esperar   *to wait (for)*
llamar   *to call*
mirar   *to look (at); to watch*
ser   *to be*

SUSTANTIVOS

el **alemán**   *German*
el **amor**   *love*
el **arte**   *art*
el **autobús**   *bus*
el **banco**   *bank*
la **cafetería**   *cafeteria*
el/la **compañero/a**   *friend, companion*
el/la **chico/a**   *boy/girl; kid*
el **dinero**   *money*

SUSTANTIVOS

la **educación**   *education*
la **facultad**   *school or college of a university*
la **historia**   *history*
la **literatura**   *literature*
la **mesa**   *table*
la **nota**   *grade*
el **plástico**   *plastic*
el **portugués**   *Portuguese*
el **ruso**   *Russian*
el **teatro**   *theater*
la **televisión**   *television*

el **señor (Sr.)**   *Mr.; gentleman*
la **señora (Sra.)**   *Mrs.; lady*
la **señorita (Srta.)**   *Miss; young woman*
los **señores (Sres.)**   *Mr. and Mrs.; gentlemen*

ADJETIVOS

importante   *important*
interesante   *interesting*
necesario   *necessary*

OTRAS PALABRAS Y EXPRESIONES

a casa   *(to) home*
con frecuencia   *frequently*
¿de dónde?   *where . . . from?*
¿de quién?   *whose?*
donde   *where*
en casa   *at home*
para   *for; in order to*
pero   *but*
por la noche   *at night, during the night*
pues...   *well . . .*
¿quién?   *who?*

Lago Titicaca,
Bolivia y Perú

In this unit you will learn about the wide
variety of geographical features in the Hispanic world. You will also practice describing people, places, and things in Spanish, as
well as learn more about the verbal system.

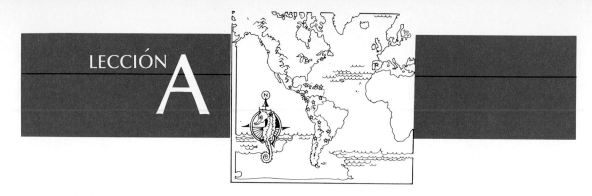

LECCIÓN A

La extensión del mundo* hispánico es una de las más grandes del mundo. Por esta razón° el mundo hispánico presenta muchas variaciones geográficas y climáticas. La variedad geográfica implica° una variedad cultural igualmente grande. Aquí contestan unas personas hispánicas la pregunta: ¿Adónde desea usted viajar en el verano?

Por... For this reason
implies

ELENA: Deseo visitar las playas del oeste de México. Me gusta mucho el sol y el mar azul.

CARLOS: Deseo pasar el verano en las montañas del norte de España. Me gusta caminar entre los árboles° por la mañana.

entre... among the trees

UN NIÑO: Siempre acompaño a la familia. Este° año ellos preparan un viaje a Sudamérica. Allí hay un poco de todo. Hay ciudades grandes, rascacielos,° tiendas° elegantes, selvas,° desiertos... Hay mucha variedad.

This

skyscrapers / shops / jungles

UN PROFESOR: Bueno, me gusta la costa de Centroamérica. Deseo escribir un libro sobre la historia de la región. Es importante comprender las costumbres de los centroamericanos.

---

*Much of the new vocabulary for the first lesson in each unit is introduced in the opening dialogue. See the **Vocabulario** at the end of each lesson for meanings. Other unfamiliar words are glossed in the dialogue.

UNA SEÑORA:	Todos los veranos viajo a las montañas del Perú, a Cuzco, y enseño español a los indios.° Necesitan aprender a leer y a escribir.
UNA SEÑORITA:	Este verano deseo visitar el oeste de Chile. Es invierno allí y hay buenos lugares para esquiar.°
UN CHICO:	Soy estudiante. Necesito trabajar en el verano para estudiar en el invierno. Por° ahora solamente miro los carteles.° ¡Pero deseo viajar mucho!
	Y usted, ¿adónde desea viajar?

Margin glosses:
Indians

lugares...   places to ski

For / posters

Preguntas

A. Conteste según el diálogo. (*Answer according to the dialogue.*)

1. ¿Qué hay en el oeste de México?
2. ¿Adónde desea viajar Carlos?
3. ¿Qué prepara la familia del niño?
4. ¿Qué desea escribir el profesor?
5. ¿Qué enseña la señora?
6. ¿Por qué no viaja mucho el chico?

B. Conteste estas preguntas personales. (*Answer these personal questions.*)

1. ¿Le gusta a Ud. viajar?
2. ¿Qué países (*countries*) hispánicos desea Ud. visitar?
3. ¿A Ud. le gusta más la playa o la selva? ¿la costa o las montañas?
4. ¿Le gusta la geografía del lugar (*place*) donde Ud. vive (*live*)?
5. ¿Le gusta aprender cosas (*things*) sobre otros países?
6. ¿Necesita Ud. trabajar en el verano?
7. ¿Estudia Ud. en el invierno?

Pronunciación

d The letter **d** in Spanish has two possible sounds. When it begins a word or when it follows **n** or **l**, it is pronounced somewhat like the *d* in English *dog*. This sound is produced by touching the tip of the tongue to the back of the upper front teeth.

Repeat these words, imitating your instructor.

de	día	dos	diálogo	dentro
describir	desierto	difícil	disco	dinero
banda	grande	comprendo	alcalde	linda

The letter **d** in all other positions is pronounced somewhat like the *th* in English *then*. This sound is produced by passing the tip of the tongue between the two rows of teeth.

Repeat these words, imitating your instructor.

aburrido	cansado	madre	cuaderno	estudiante
variado	Eduardo	idioma	radio	tarde
tomado	nada	todo	verde	padre

Estructura

Minidiálogo

RICARDO: ¿Vives en la universidad también?

JIM: No, vivo con mi familia... y generalmente como en casa.

RICARDO: Yo también prefiero comer en casa, pero mi familia vive en México.

JIM: ¿Ah, sí? La comida de México es muy variada, ¿verdad?

RICARDO: Hombre, debes visitar el país. Hay de todo allí... parques, museos, rascacielos... ¡y una comida regional estupenda!

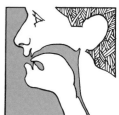

Complete las frases con las palabras apropiadas del diálogo.

1. _____ con mi familia.
2. *Generalmente* _____ *en casa.*
3. *Mi familia* _____ *en México.*
4. *Hombre,* _____ *visitar el país.*

RICARDO: Do you live at the university too? JIM: No, I live with my family . . . and I usually eat at home. RICARDO: I prefer to eat at home, too, but my family lives in Mexico. JIM: Oh, yeah? Mexican food is quite varied, isn't it? RICARDO: Man, you should visit the country. There's everything there . . . parks, museums, skyscrapers . . . and marvelous regional food!

9. The Present Tense of Regular *-er* and *-ir* Verbs

	comer (*to eat*)	**vivir** (*to live*)
yo	com**o**	viv**o**
tú	com**es**	viv**es**
él, ella, Ud.	com**e**	viv**e**
nosotros/as	com**emos**	viv**imos**
vosotros/as	com**éis**	viv**ís**
ellos, ellas, Uds.	com**en**	viv**en**

A. As you have learned, there are three conjugations of verbs in Spanish. The first contains **-ar** verbs; the second, **-er** verbs; and the third, **-ir** verbs. The personal endings for **-er** and **-ir** verbs appear in the chart above. Note that the endings are the same for both conjugations, except in the **nosotros/as** and **vosotros/as** forms.

B. Other useful **-er** and **-ir** verbs follow the same pattern.

aprender	*to learn*	abrir	*to open*
beber	*to drink*	describir	*to describe*
comprender	*to understand*	escribir	*to write*
deber	*should, ought to*		
leer	*to read*		

Práctica

A. Read the following statements in which Pepe, a student at the **Facultad de Medicina,** describes some of his activities in an anatomy class.

En la clase de anatomía...
1. yo aprendo mucho sobre (*about*) las partes del cuerpo (*body*) humano.
2. abro el libro y leo descripciones de las diferentes partes.
3. escribo descripciones de la anatomía humana.
4. describo las funciones fisiológicas.
5. no comprendo siempre las ideas del profesor.
6. debo escuchar bien para comprender.

Now retell the sequence from the viewpoint of the following people. Use subject pronouns only in the first sentence.

1. a friend telling about Pepe (**Él aprende...**)
2. Pepe and a friend in the class (**Nosotros aprendemos...**)
3. a friend telling about Pepe and Raúl (**Ellos aprenden...**)
4. a friend talking to Pepe (**Tú aprendes...**)
5. a friend talking to Pepe and Raúl (**Vosotros aprendéis...**)

B. Complete the sentences with the correct form of the verbs in parentheses. Then change the subjects, using the new subjects suggested.

1. (vivir)   Juan José _____ en España. (los Sres. Gaitán)
2. (abrir)   Julia _____ la puerta (*door*) para entrar en la clase. (yo)
3. (beber)   El profesor _____ café colombiano. (las mujeres)
4. (deber)   Nosotros _____ visitar Sudamérica. (tú)
5. (comprender)   ¿_____ tú el diálogo? (los hombres)
6. (escribir)   ¿_____ él muchas cartas a la familia? (tú)
7. (deber)   Nosotros _____ pasar más tiempo (*time*) allí. (la profesora)
8. (leer)   ¿_____ Uds. novelas de aventura? (tú)

C. The following people drink a popular beverage of the area where they live. Express this according to the model.

MODELO: Carlos (el Brasil: café) → Carlos vive en el Brasil. Bebe café.

1. yo (los Estados Unidos: Coca-Cola)
2. Felipe (Inglaterra: té)
3. Juan y María (Francia: champán)
4. Uds. (Rusia: vodka)
5. nosotros (Suiza: chocolate)
6. Inés y Federico (Alemania: cerveza [*beer*])
7. vosotros (California: vino [*wine*])

D. Complete each sentence in as many ways as possible by using the correct form of verbs from the following list.

aprender	describir	abrir	comprender
beber	deber	leer	escribir

1. Me gusta _____ aquí.
2. Es interesante _____ las costumbres del mundo hispánico.
3. ¿Qué idioma _____ tú?
4. Yo _____ mucho para las clases.
5. ¡No debes _____ tanto (*so much*)!
6. Muchos hombres no _____ a las mujeres... y viceversa.

E. Answer the following questions about yourself and your habits.

1. ¿Come Ud. siempre en la cafetería? ¿en casa? ¿en un restaurante?
2. ¿Lee Ud. muchas novelas? ¿muchos poemas? ¿mucho teatro? ¿muchos libros de texto?
3. ¿Vive Ud. en un apartamento? ¿en una residencia (*dorm*)? ¿en casa? ¿con unos amigos?
4. ¿Comprende Ud. bien al profesor/a la profesora? ¿las lecciones? ¿la vida (*life*)? ¿el amor?
5. ¿Debe Ud. comer menos (*less*)? ¿trabajar más? ¿hablar menos? ¿escuchar más?

F. Ask a classmate the following questions. Be sure he or she answers in complete sentences.

   1. ¿Escribes cartas a veces (*sometimes*)? ¿A quién?
   2. ¿Bebes vino en casa? ¿en un bar?
   3. ¿Comes bien en casa? ¿Comes mucho?
   4. ¿Debes estudiar más? ¿leer más?
   5. ¿Abres la puerta a las mujeres? ¿a los hombres? ¿a los animales?

G. Following the model, ask a classmate what he or she does in the following situations.

MODELO: aprender (en la clase de geografía); aprender (los nombres [*names*])
de los ríos, las montañas, los países)
—¿Qué aprendes en la clase de geografía?
—Aprendo los nombres de las montañas.

   1. beber (en la cafetería); beber (té, café, Coca-Cola, chocolate)
   2. escribir (durante la clase de español); escribir (la lección, las frases, los
      verbos, las expresiones)
   3. leer (en la biblioteca); leer (novelas, poemas, artículos)
   4. comer (en casa); comer (tacos, pizza, enchiladas, hamburguesas)

Minidiálogo

1. ¿Qué pregunta (asks) Mafalda?
2. ¿Qué contesta su (her) madre?
*3. ¿Por qué opina Mafalda (Why does Malfalda think) que Dios
es «pobre»? ¿Porque (because) ocurren desastres y otras cosas
malas en todas partes?*

MAFALDA: Mamá. MOTHER: What? MAFALDA: Is God really everywhere? MOTHER: Of course. MAFALDA: Poor fellow!

10. The Present Tense of the Irregular Verb *estar*

estar (*to be*)	
SINGULAR	PLURAL
estoy	estamos
estás	estáis
está	están

Estar is irregular in that it does not follow the normal pattern of conjugation for regular **-ar** verbs. Note that all the present-tense forms have a written accent, with the exception of the first person singular and plural.

The verb **estar** is used in the following ways.

- To indicate position or location:

La costa está en el norte.　　　　　　　　　　　*The coast is in the north.*
Leticia y yo estamos en casa.　　　　　　　　　*Leticia and I are at home.*

- In statements and questions about health:

¿Cómo estás hoy?　　　　　　　　　　　　　　*How are you today?*
El niño está bien.　　　　　　　　　　　　　　*The child is fine.*

Práctica

A. The following people are not in the places indicated. Tell where they are, following the model.

MODELO: mis padres (universidad/casa) → Mis padres no están en la universidad. Están en casa.

1. los estudiantes (biblioteca/allí)
2. el presidente (San Francisco/Washington)
3. yo (casa/clase de español)
4. señora (casa/montañas)
5. nosotros (Cuba/los Estados Unidos)
6. tú (sur/norte)
7. Uds. (desierto/playa)
8. Pepe y Paco (Chile/la Argentina)

B. Your geography professor is describing the location of various geographical features and places. Relate the information that you are learning.

MODELO: desiertos: África → Los desiertos están en África.

1. playas: costa
2. montañas: oeste
3. la Argentina: sur de Sudamérica
4. el Brasil: este del continente
5. Colombia: norte del continente
6. España: sur de Europa
7. ríos: este
8. ciudad: montañas

C. Answer the following questions, using the cues provided.

1. ¿Cómo está Ud. hoy? (bien)
2. ¿Dónde está ahora? (en la clase)
3. ¿Dónde está el desierto de Sonora? (en el norte de México)
4. ¿Dónde están las playas de la Costa Brava? (en el este de España)
5. ¿Dónde está la profesora de francés? (en la clase)
6. ¿Dónde está Río de Janeiro? (en el sur del Brasil)

D. Suggest places where the following activities might be taking place.

MODELO: Carolina busca un libro. → Está en la biblioteca.

1. Las niñas miran la televisión.
2. George habla español.
3. Bebemos unas Coca-Colas.
4. Busco el sol.
5. Uds. escuchan música.
6. La profesora describe la cultura de México.

¿Cómo se dice?

- **The Numbers 1–30**

Here are the forms of the cardinal numbers from 1 to 30 in Spanish.

1 uno	11 once	21 veintiuno
2 dos	12 doce	22 veintidós
3 tres	13 trece	23 veintitrés
4 cuatro	14 catorce	24 veinticuatro
5 cinco	15 quince	25 veinticinco
6 seis	16 dieciséis	26 veintiséis
7 siete	17 diecisiete	27 veintisiete
8 ocho	18 dieciocho	28 veintiocho
9 nueve	19 diecinueve	29 veintinueve
10 diez	20 veinte	30 treinta

Note that the numbers 16 through 19 and 21 through 29 may be written as three words (**diez y seis, veinte y tres,** etc.), although it is more common to write them as one word. When written as one word, these numbers have an accent mark if they end in **-s.** Numbers usually do not change form to show gender. Exceptions are **uno** (**un, una**) and numbers ending in **-uno.** Compound numbers change **-uno** to **-ún** before masculine nouns and to **-una** before feminine nouns.

un niño   veintiún libros
una niña   veintiuna clases

¡Socorro! *Help!*

A. ¿Qué números hay en la placa del coche (*license plate of the car*)? (0 = cero) ¿en la camisa (*shirt*) del policía? ¿en la casa? ¿en la camisa del chico? ¿en el zapato (*shoe*) del chico? Parece que (*It seems that*) hay números en todas partes, ¿no?

B. Express these math problems in Spanish and give the answers. Note that **y** means *plus* and **menos** means *minus*.

MODELO: 3 + 6 = _____ → Tres y seis son nueve.

1. 3 y 5 son _____
2. 4 y 2 son _____
3. 2 y 3 son _____
4. 9 y 11 son _____
5. 8 y 8 son _____

6. 7 menos 5 son _____
7. 25 menos 7 son _____
8. 10 menos 7 son _____
9. 15 menos 9 son _____
10. 11 menos 5 son _____

Now create some similar problems and present them to the class.

C. Tell about your friends, **los Sres. Valdés,** who always exaggerate everything. What did they tell you about their activities? Follow the model.

MODELO: aprender / 6 / idioma → ¡Los Sres. Valdés aprenden seis idiomas!

1. viajar / 30 / país
2. describir / 15 / viaje
3. comer / 21 / taco
4. beber / 10 / café
5. escribir / 12 / novela
6. abrir / 13 / restaurante

● **El reloj** (*The Clock*)

To tell the time in Spanish, numbers are used with a third person form of the verb **ser** and the singular or plural feminine form of the definite article.

Es la una.   Son las dos.   Son las nueve.

To express fractions of the hour, the word **y** (*and*) is used with the number of minutes from the hour to the nearest half-hour. The word **menos** (*less*) is used with the number of minutes from the half-hour to the nearest hour.

Es la una y veinte.   Son las dos menos cinco.

The words **cuarto** (*quarter*) and **media** (*half*) are used interchangeably with **quince** and **treinta** to express quarters and halves of hours.

Es la una menos cuarto (quince).   Son las diez y media (treinta).

To distinguish between A.M. and P.M., the words **de la mañana** (**tarde, noche**) are used.

Mañana is used until noon; **tarde** is used until about 8:00 P.M.; **noche** is used after that (generally after the evening meal has been eaten).

Son las ocho de la mañana.	*It's 8:00 A.M.*		
Son las cinco de la tarde.	*It's 5:00 P.M.*	mediodía	*noon, midday*
Son las nueve de la noche.	*It's 9:00 P.M.*	medianoche	*midnight*

A. ¿Qué hora es? (*What time is it?*)

_____ de la mañana...

_____ de la tarde/noche...

B. When do the following people study?

MODELO: I: at 3:30 P.M.   →   Estudio a las tres y media de la tarde.

1. Paco: at 10:00 A.M.
2. the students: at 1:15 P.M.
3. you (*fam.*): at 6:30 P.M.
4. Felipe and I: at 9:00 P.M.
5. you (*pl. form.*): at 7:48 A.M.
6. the girl: at 2:45 P.M.
7. Carlos and Carmen: at 8:22 A.M.
8. you and Francisco: at 4:14 P.M.

C. With a classmate, ask and answer questions about when you do the following activities. Make up a time if necessary.

MODELO: comer en la cafetería   →
   —¿A qué hora comes en la cafetería?
   —Como en la cafetería a las siete y media de la mañana.

1. hablar español
2. abrir los libros
3. tomar café
4. escuchar música
5. conversar con los amigos
6. leer novelas

Vocabulario

VERBOS

abrir   *to open*
aprender   *to learn*
beber   *to drink*
comer   *to eat*
comprender   *to understand*
contestar   *to answer*
deber   *should, ought to*
describir   *to describe*
escribir   *to write*
estar   *to be*
leer   *to read*
pasar   *to spend (time)*
visitar   *to visit*
vivir   *to live*

SUSTANTIVOS

la **carta**   *letter*
la **ciudad**   *city*
el **clima**   *climate*
la **costa**   *coast*
la **costumbre**   *custom*
la **cultura**   *culture*
el **desierto**   *desert*
el **este**   *east*
la **mañana**   *morning*
el **mar**   *sea, ocean*
la **medianoche**   *midnight*
el **mediodía**   *noon, midday*
la **montaña**   *mountain*
el **mundo**   *world*
el **norte**   *north*
el **oeste**   *west*
el **país**   *country*
la **playa**   *beach*
la **puerta**   *door*
la **región**   *region*
el **reloj**   *watch; clock*
el **río**   *river*
el **sol**   *sun*
el **sur**   *south*
la **variedad**   *variety*
el **viaje**   *trip*

ADJETIVOS

azul   *blue*
grande   *big, large*
todo   *all*

OTRAS PALABRAS Y EXPRESIONES

a veces   *sometimes*
¿adónde?   *where (to)?*
ahora   *now*
allí   *there*
bueno...   *well . . .*
casi   *almost*
sobre   *about*
solamente   *only*
todo   *everything*
un poco (de)   *a little bit (of)*

¿Qué hora es?   *What time is it?*
...y cuarto/menos cuarto
   a quarter after/a quarter to . . .
...y media   *. . .-thirty;*
   half-past . . .

Hay diecinueve países hispánicos, de tamaños variados. España es un poco más grande que (*larger than*) California. La población es dos veces la población de California.

¿Cuántos millones de habitantes hay en California? ¿Qué país está al oeste de España? ¿Hablan español allí? ¿Qué país está al norte de España? ¿Qué ciudad es la capital de España? ¿Qué ciudad es la capital de Portugal?

En los Estados Unidos hay quince millones de habitantes hispánicos. En California hay casi cinco millones.

¿En qué países hispánicos hay menos habitantes hispánicos que en los Estados Unidos?

Los Estados Unidos es tres veces el tamaño de la Argentina. La Argentina es dos veces el tamaño de Colombia.

¿Cuántas veces cabe (*fits*) Colombia en los Estados Unidos? ¿Cuántos millones de habitantes hay en la Argentina? ¿en Colombia? ¿Qué país está al este de Bolivia? ¿Hablan español allí? ¿Cuántos países hispánicos hay en Sudamérica? ¿Qué ciudad es la capital de la Argentina? ¿de Colombia? ¿del Perú?

---

*The population figures given are approximate. Note that periods are used in numbers where English uses commas.

El Salvador es más pequeño que (*smaller than*) New Hampshire, pero en ese (*that*) país viven cinco millones de habitantes. En New Hampshire hay menos de un millón.

¿Cuántos habitantes hay en Guatemala? ¿en Panamá?

| Madrid | México | Nueva York | Buenos Aires | donde usted vive |

No todos los países hispánicos comparten (*share*) el mismo huso horario (*same time zone*).

Son las diez de la noche en Madrid. ¿Qué hora es en Buenos Aires? Si Ud. vive en la capital de México, ¿qué hora es? ¿Qué hora es en Nueva York? ¿Qué hora es donde Ud. vive?

Estructura

Minidiálogo

JUANA Y CARLOS: ¡Qué bien! No hay clase hoy. ¡Vamos a la
                                    playa!
              DAVID: Yo voy a la cafetería.
         ROBERTO: Pues… yo voy a estudiar de todos modos. Voy a
                                    la biblioteca.

1. *¿Hay clase hoy?*
2. *¿Cuántos estudiantes van a la playa?*
3. *¿Qué va a hacer* (to do) *David? ¿y Roberto?*
4. *Y Roberto, ¿adónde va él?*
5. *¿Quién es el estudiante más diligente de la clase?*

11. The Present Tense of the Irregular Verb *ir*; *Ir a* + Infinitive

ir (*to go*)	
SINGULAR	PLURAL
voy	**vamos**
vas	**vais**
va	**van**

A. When a destination is indicated, the verb **ir** is followed by the preposition **a.**

Voy a España primero y luego a Francia.   *I'm going to Spain first and then to France.*
¿Van Uds. a las montañas ahora?   *Are you going to the mountains now?*

B. A construction that is often used in place of the future tense is **ir a** + *infinitive*. This
expresses something that is *going to happen.*

Voy a llamar a las diez.   *I'm going to call at 10:00.*
Ellos van a vivir en el sur.   *They're going to live in the south.*

C. The **nosotros/as** form of **ir** is often used with the preposition **a** to mean *Let's go* or
Let's _____ .

¡Vamos a la playa!   *Let's go to the beach!*
Vamos a comer ahora.   *Let's eat now.*

JUANA and CARLOS: How nice! There isn't any class today. Let's go to the beach! DAVID: I'm going to the cafeteria.
ROBERTO: Well . . . I'm going to study anyway. I'm going to the library.

Práctica

A. Complete the following sentences with the correct form of **ir**.

1. Las chicas _____ al desierto mañana.
2. Yo _____ a comer en un restaurante.
3. Raúl y yo _____ a esperar el autobús.
4. La estudiante _____ a la clase de geografía.
5. ¿_____ ellos a Colombia mañana?
6. ¿_____ Uds. al concierto de flamenco esta noche?

B. Express these sentences using **ir a** + *infinitive*.

1. Acompañamos a las mujeres.
2. ¿Escribes una composición para mañana?
3. Los señores Gómez viven en el Perú.
4. ¿Aprendes la historia del arte?
5. ¿Viaja Ud. a países hispánicos?
6. Regreso mañana.

C. Tell what the following people are going to do.

MODELO: yo: estar en casa/escuchar música   →   Voy a estar en casa. Voy a escuchar música.

1. las chicas: viajar juntas (*together*)/visitar España
2. tú: comer en un restaurante/beber vino
3. nosotros: leer un poco/aprender mucho
4. los estudiantes: estudiar en la universidad/escuchar muchas conferencias
   (*lectures*)
5. la profesora: hablar de geografía/describir el clima del Perú
6. yo: beber una Coca-Cola/hablar con unos amigos

D. Express in Spanish.

1. Elisa is going to a concert at 8:00 P.M. tomorrow.
2. We're going to study the customs of Bolivia.
3. They're going to go to Chile.
4. Are you going to talk with them (**ellos**)?
5. Let's prepare tortillas.
6. Let's walk to the beach!

E. Imagine that you are in the following places (**lugares**). What are you going to do?

MODELO: en España   →   En España, voy a hablar español.

LUGARES		ACTIVIDADES	
en un concierto	en un restaurante elegante	beber mucho vino	escuchar música
en la playa	en Sudamérica	depositar dinero	mirar a la gente (*people*)
en la clase	en un café	buscar el amor	estudiar la cultura
en el banco		comer mucho	ir a Machu Picchu
		aprender unos verbos	

12. Word Order in Questions; Tag Questions

A. Questions that elicit a simple *yes* or *no* response are usually formed in English by inverting the word order of a statement so that the verb precedes the subject: *Is the lesson difficult?* Spanish *yes/no* questions may also use inverted word order, but other orders are equally common.

¿Escriben los estudiantes la lección? ⎫
¿Escriben la lección los estudiantes? ⎬ *Do the students write the lesson?*
¿Los estudiantes escriben la lección? ⎭

In the third example above, be sure to raise your voice at the end of the sentence, so that the question will not be mistaken for a statement.

Note that *do* and *does* are not expressed by a separate word in Spanish; they are part of the verb.

B. If you expect your listener to agree with what you are saying, *tag questions* may be added to the end of a statement to form a question. The most common tag questions in Spanish are **¿verdad?, ¿de acuerdo?, ¿no?**

El profesor es de Chile, **¿verdad?**   *The professor is from Chile, right?*
Vamos a comer a las seis, **¿de acuerdo?**   *We're going to eat at 6:00, OK?*
Ella estudia medicina, **¿no?**   *She's studying medicine, isn't that right?*

The tag word **¿no?** can never be used at the end of a negative sentence. Instead, use **verdad.**

No van a España, **¿verdad?**   *They're not going to Spain, right?*

Práctica

A. Change the following statements to questions that would elicit a simple *yes/no* response. Use inverted word order.

1. Ramón está aquí.
2. Los estudiantes estudian geografía.
3. El señor Rodríguez es de Colombia.
4. Ud. está bien.
5. Las playas están en el norte del país.
6. Juan y Cecilia van a llamar mañana.

B. Ask for agreement with the following statements by adding **¿verdad?, ¿de acuerdo?,** or **¿no?**

1. Uds. hablan de la clase de inglés.
2. Los niños no están enfermos.
3. La clase es muy grande.
4. Necesitamos un reloj.
5. El profesor habla bien el español.
6. Hay 25 millones de habitantes.

C. Answer the following questions in complete sentences. Begin your response with **Sí** or **No.**

1. La profesora de español es muy inteligente, ¿verdad?
2. La clase de español no es muy grande, ¿verdad?
3. Debemos estudiar más, ¿no?
4. Ud. comprende casi todo, ¿no?
5. Vamos a comer en la cafetería hoy, ¿de acuerdo?

Now make up additional sentences with tag questions to which your classmates can respond.

Minidiálogo

Examen en la clase de geografía

1. La capital más grande del mundo hispánico es _____ .
2. Los ríos principales de España son _____ .
3. Un país hispánico con un clima variado es _____ .
4. Las montañas más altas de Sudamérica son _____ .
5. La pampa es una región importante de _____ .

«Este examen no es difícil... ¡es imposible!... ¡y yo estoy desesperado!»

1. ¿Dónde está el estudiante?
2. ¿Qué toma?
3. ¿Cómo es el examen?
4. ¿Cómo está el estudiante?

13. Gender and Number of Adjectives

A. Adjectives in Spanish must agree both in gender and in number with the nouns they modify. Most adjectives have both a masculine and a feminine form; the most common endings are **-o** (masculine) and **-a** (feminine).

un río bonito   *a pretty river*   una región bonita   *a pretty region*

B. Adjectives that end in **-dor** in their masculine form (like **trabajador**, *hardworking*) and adjectives of nationality that end in a consonant are made feminine by adding **-a**.

un hombre trabaja**dor**	una mujer trabaja**dora**
un desierto español	una playa español**a**
un niño franc**és**	una niña franc**esa**

Exam in geography class   1. The largest capital of the Hispanic world is _____ . 2. The principal rivers of Spain are _____ . 3. A Hispanic country with a varied climate is _____ . 4. The highest mountains of South America are _____ . 5. The Pampa is an important region of _____ .
"This exam isn't difficult . . . it's impossible! . . . and I'm desperate!"

C. Some adjectives have only one form for both masculine and feminine. Examples of this kind of adjective include **grande** (*large*), **inteligente** (*intelligent*), **fácil** (*easy*), and **difícil** (*difficult*).

un libro difícil   una lección difícil   un país grande   una región grande

D. Adjectives form their plurals in the same way that nouns do, by adding **-s** to words ending in vowels and **-es** to those ending in consonants.

el país pequeño → los países pequeño**s**   una clase fácil → unas clases fácil**es**

E. There are two types of adjectives in Spanish: limiting and descriptive. Limiting adjectives specify *quantity* and usually precede the nouns they modify.

Voy a leer dos libros.   *I'm going to read two books.*
¿Aprendes muchas cosas?   *Are you learning many things?*

Descriptive adjectives indicate a *quality* such as shape, size, or color; they usually follow the noun.

la niña alta (baja)	*the tall (short) girl*	la tierra verde	*the green land*
el reloj viejo	*the old clock*	la casa blanca	*the white house*
el río azul	*the blue river*	el libro rojo	*the red book*

F. Note that the adjectives **bueno** (*good*), **malo** (*bad*), and **uno** (*one, a, an*) often precede the noun. They drop their final **-o** before masculine singular nouns.

Es un **buen** profesor.   BUT: Es una **buena** profesora.
Es un **mal** curso.   BUT: Es una **mala** idea.

Note that **bueno** and **malo** may also follow the noun. In that case, the final **-o** is not dropped.

Es un concierto **bueno.**   Es un concierto **malo.**

Práctica

A. Restate the following sentences, changing the nouns and adjectives to the feminine.

1. El niño es bueno.
2. Es un estudiante trabajador.
3. El profesor es francés.
4. El señor es mexicano.
5. Es un hombre excelente.
6. Es un amigo malo.

B. Repeat Exercise A, changing the nouns and adjectives to the masculine plural.

C. Restate the following sentences, changing the nouns in italics and the adjectives to the plural and making any other necessary changes.

1. La *clase* de alemán es pequeña.
2. Busco a la *mujer* española.
3. Paula habla con un *hombre* interesante.
4. El *señor* es francés, ¿verdad?
5. Viajan por (*through*) la *región* central.
6. Buscan una *casa* verde de madera (*wood*).
7. El *libro* de química es azul.

D. Substitute the new adjectives and make necessary changes in number and gender.

1. Busco unas novelas *interesantes*.
   (español, francés, importante, muy bueno)
2. Vivimos en una casa *grande*.
   (pequeño, blanco, viejo, verde)
3. Leo unos textos *fáciles*.
   (excelente, difícil, importante, analítico)

E. Complete the following sentences with the Spanish equivalent of the adjectives in parentheses, placing the adjective in the correct place in the sentence.

1. Viven en una _____ ciudad _____ .   (*small*)
2. Estudiamos _____ regiones _____ de México.   (*some, geographic*)
3. Busco un país con un _____ clima _____ .   (*varied*)
4. En Francia, vamos a hablar con _____ amigos _____ .
   (*many, French*)
5. Necesitan los _____ papeles _____ .   (*blue*)
6. Leemos un _____ libro _____ .   (*good*) (two ways)

F. Express your opinions by completing the following sentences.

1. _____ es un buen profesor/una buena profesora.
2. _____ es una novela muy mala.
3. _____ es un mal político (*politician*).
4. _____ es un programa de televisión muy interesante.
5. _____ son personas trabajadoras.
6. _____ son montañas muy viejas.
7. _____ es un libro difícil.
8. _____ es un idioma fascinante.

G. Now is your chance to tell the things that you like and don't like about your university. Give your opinions on each item.

MODELO: las clases: bueno   →   Las clases son muy buenas.
                              or: Las clases no son buenas.

1. los profesores: inteligente
2. los estudiantes: simpático
3. los exámenes: fácil
4. el libro de español: difícil
5. los chicos: feo (*ugly*)
6. las chicas: bonito
7. la clase de español: bueno
8. las notas: malo
9. las profesoras: viejo
10. mi novio/a (*boy/girlfriend*): alto
11. la universidad: pequeño
12. mis composiciones: excelente

14. *Ser* and *estar* with Adjectives

A. When used with adjectives, **ser** indicates the relatively permanent or usual condition of a person, place, or thing.

El hombre es rico.	*The man is rich.*
La niña es bonita.	*The girl is pretty.*
El señor García es gordo.	*Mr. García is fat.*
Los cursos son aburridos.	*The courses are boring.*
La profesora es simpática.	*The professor is nice.*

B. When used with adjectives, **estar** indicates the temporary characteristics or the changing condition of a person, place, or thing. It often conveys the sense of appearances or sensory impressions. Note that in some of the following examples, **estar** changes the significance of the sentence greatly compared to the same examples with **ser**.

El café está rico.	*The coffee is (tastes) good.*
La niña está bonita.	*The girl is pretty (looks pretty now).*
El señor García está gordo.	*Mr. García is (looks) fat.*
Los niños están aburridos.	*The children are bored.*
La profesora está simpática.	*The professor seems nice (right now).*

C. Other adjectives often used with **ser** and **estar** include the following:

delgado	*thin*		nuevo	*new*
feo	*ugly*		pobre	*poor*
guapo	*handsome, good-looking*		viejo	*old*
joven	*young*			

Práctica

A. Complete the sentences with the correct form of **ser** or **estar**, as appropriate.

1. La mujer no _____ fea, pero hoy _____ fea.
2. El padre no _____ simpático, pero hoy _____ simpático.
3. La clase no _____ aburrida, pero hoy nosotros _____ aburridos.
4. Cecilia no _____ vieja, pero hoy _____ vieja.
5. Enrique no _____ guapo, pero hoy _____ guapo.

B. In a café, some friends are commenting on other people as they arrive. Express their remarks in Spanish.

1. Doesn't Carmen look pretty tonight?
2. Emilio looks thin, doesn't he?
3. Who is the old man? He's *very* old, isn't he?
4. Gilberto and Manuel are nice, right?
5. Mr. García looks fat tonight, doesn't he?

Now ask a classmate the questions and have him or her reply.

C. Create sentences describing your friends, classmates, classes, or the university in general, using **ser** or **estar** with adjectives. You may wish to use **hoy**, **esta noche**, or **ahora** to emphasize a temporary condition.

MODELOS: El señor Pérez es pobre.
            María está muy guapa esta noche.

Now add tag questions to your sentences and ask a classmate to respond.

MODELOS: El señor Pérez es pobre, ¿no?
            María está muy guapa esta noche, ¿verdad?

Repaso

A. Imagine that you are a people-watcher. Tell where you think the following people are going and what they are going to do after they arrive.

MODELO: estudiantes: la biblioteca   →
           Los estudiantes van a la biblioteca. Van a estudiar.

1. Armando: la cafetería
2. mis amigos: la librería (*bookstore*)
3. tú: el concierto
4. los estudiantes: la clase
5. Uds.: un café
6. los profesores: el Perú

B. Answer the following questions.

1. ¿Aprende Ud. español o inglés aquí? ¿Es difícil o fácil?
2. ¿Debe Ud. abrir el libro ahora?
3. ¿Desea Ud. ir a las montañas o a la playa en el verano? ¿al desierto o a la costa?
4. ¿En qué país vive Ud.? ¿en qué ciudad? ¿Es grande o pequeña?
5. ¿Está Ud. bien o enfermo/a hoy?
6. ¿Es Ud. alto/a o bajo/a? ¿gordo/a o delgado/a? ¿guapo/a o feo/a?
7. ¿Qué hora es? Son las cinco y media, ¿verdad?
8. Hay treinta libros en la clase, ¿no? ¿Cuántos estudiantes hay? ¿Cuántos profesores hay?

C. Los García have just moved to Venezuela. Express in Spanish the thoughts that Mrs. García is writing to a friend.

1. We're living in Venezuela now.
2. Tomorrow I'm going to look for a book about Venezuela.
3. My family ought to learn things about the geographic regions of South America.
4. The climate is varied here, but the land is always green.
5. The children aren't bored here.
6. There are pretty beaches on the coast. We are going to spend a lot of time (**tiempo**) there.

7. Tomás is going to the mountains tomorrow.
8. He's not well. He is (looks) thin and old. He works a lot.
9. We're not rich, but we're living in an elegant house.
10. You ought to visit Venezuela soon!

Intercambios

A. Find the *opposite* of each adjective in the series that follows it. Guess the meaning of cognates.

1. optimista:*	solitario	ridículo	activo	pesimista
2. obstinado:	idealista	flexible	indiferente	enérgico
3. serio:	estoico	frívolo	intrépido	esquizofrénico
4. pasivo:	activo	analítico	impulsivo	honesto
5. tímido:	paciente	cruel	agresivo	altruista

B. Using at least three adjectives—from those in Activity A, or any other adjectives you know—complete the following sentences.

Yo soy una persona ———————— .
Me gusta más una persona ———————— .
Las mujeres perfectas son ———————— .
No me gustan los hombres ———————— .

C. We all have days when things don't go right. Imagine that you're having one of those days. Describe how you are normally, and then tell how you are today.

MODELO: Normalmente soy feliz (*happy*). Estudio mucho y me gusta la universidad. Soy optimista, paciente y muy activo. Pero hoy estoy enfermo y también estoy aburrido. No deseo trabajar. ¡No me gusta estar así (*this way*)!

D. Caracoles.   Divide your classmates into groups of four. Within each group, count in turns rapidly from one to thirty. Whenever it's your turn to express a number with seven or a multiple of seven (seven, fourteen, seventeen, and so on), say **caracoles** instead of the number. If you miss, you're out!

E. ¿Cómo es su (*your*) país?   A student interviews you during your stay in Costa Rica. His name is Pablo, and he apparently knows very little about the United States. With a classmate, create a dialogue in which Pablo asks you about U.S. geography and about travel in this country. Be prepared to present your dialogue to the class. Here are some things that Pablo might say:

---

*Adjectives that end in **-ista** have only one form for masculine and feminine: **un hombre optimista, una mujer optimista**.

—Si voy a los Estados Unidos desde (*from*) Costa Rica, llego a San Francisco, ¿no?
—Deseo visitar las costas del norte y las montañas grandes del sur.
—Es muy fácil viajar con poco dinero allí, ¿verdad?

Vocabulario

VERBOS

ir   *to go*

SUSTANTIVOS

la **composición**   *composition*
el **concierto**   *concert*
la **cosa**   *thing*
los **Estados Unidos**   *United States*
la **geografía**   *geography*
el **habitante**   *inhabitant*
el **millón**   *million*
la **novela**   *novel*
la **persona**   *person*
    Sudamérica   *South America*
el **tamaño**   *size*
la **tierra**   *land, earth*
la **vez** (*pl.* **veces**)   *time, occasion*

ADJETIVOS

aburrido   *bored; boring*
alto   *tall; high*
bajo   *short; low*
blanco   *white*
bonito   *pretty*
bueno   *good*
delgado   *thin*
difícil   *difficult*
excelente   *excellent*
fácil   *easy*
feo   *ugly*
geográfico   *geographic*
gordo   *fat*
guapo   *handsome, good-looking*
hispánico   *Hispanic*
inteligente   *intelligent*
joven   *young*
malo   *bad*
muchos   *many*
nuevo   *new*
pequeño   *small*
pobre   *poor*
rico   *rich; tasty*
rojo   *red*
simpático   *nice*
trabajador   *hardworking*
variado   *varied*
verde   *green*
viejo   *old*

OTRAS PALABRAS Y EXPRESIONES

¿cuánto/a?   *how much?*
¿cuántos/as?   *how many?*
menos   *less*

¿de acuerdo?
¿no?   } *right?, OK?*
¿verdad?

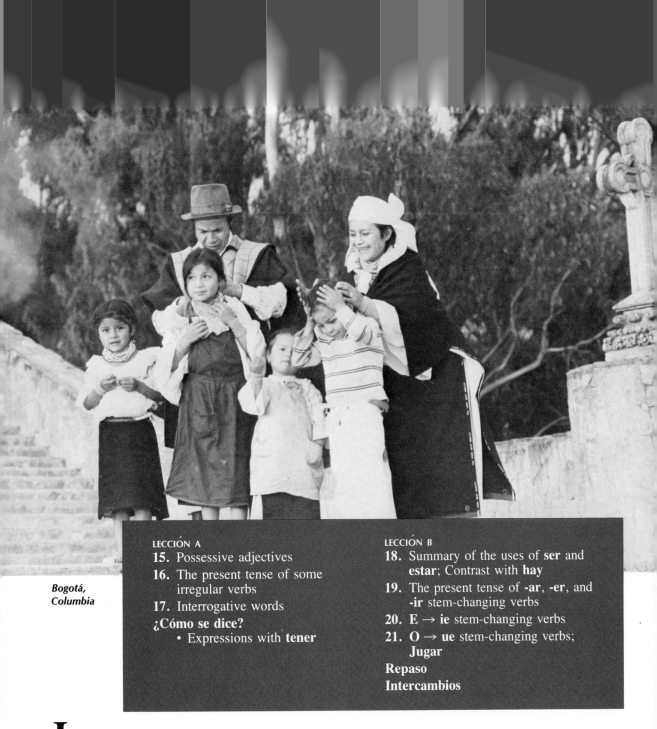

*Bogotá,
Columbia*

In this unit you will learn material that will enable you to discuss your family and their activities. You will also learn about the concept of **familia** in the Hispanic world.

LECCIÓN A

La familia es una institución muy importante en el mundo hispánico. En una casa típica, además de la familia básica o «nuclear» (los padres y los hijos), viven también otros parientes que son miembros de la familia «extensa». Los abuelos, los primos o los sobrinos frecuentemente forman parte de la familia. Esto a veces causa problemas para los jóvenes, pues no tienen muchas posibilidades de tener un cuarto propio. Sin embargo, el bien° de la familia es lo más importante, como se ve° en el siguiente diálogo que tiene lugar° mientras° la familia Mendoza come.

el... *the good* / se...
is seen

tiene... *takes place* /
while

SRA.:	Paco, ¿deseas más ensalada°?
PACO:	No, gracias, mamá.
SRA.:	¿Qué hora es? La tía Julia va a venir hoy a las cuatro.
PACO:	Son las dos y media. Ella va a vivir con nosotros, ¿verdad?
SRA.:	Sí, Paco. ¿Por qué preguntas?
PACO:	Pues, ¿por qué va a vivir aquí?
SRA.:	Tus abuelos no están vivos, Paco. Ella va a tener que vivir con alguien,° ¿no? El tío Carlos está muerto y ella no desea vivir sola.
PACO:	¿Dónde va a dormir°?
SRA.:	En tu cuarto. Tu hermano menor va a compartir su cuarto contigo.° Los dos van a usar el mismo cuarto.
PACO:	Pero Juanito siempre rompe mis juguetes.° Es muy niño.
SRA.:	Bueno, mañana vamos a hablar con él sobre eso. Necesita saber que no debe jugar° con tus cosas.
PACO:	Y la tía Julia, ¿no desea compartir un cuarto con Juanito?
SRA.:	No, Paco. Es una persona mayor y necesita su propio cuarto.
PACO:	¡Pero yo necesito mi propio cuarto también!
SRA.:	Pero tú vas a estar contento con Juanito. Vas a enseñar al pequeño a ser adulto.
PACO:	Espero que sí, pero... no estoy seguro.
SRA.:	Y además, no deseas poner° triste a la tía Julia, ¿verdad?
PACO:	No, mamá, pero tampoco° deseo poner triste a Juanito. Y él va a estar muy triste si rompe mis juguetes...

salad

someone

sleep

with you

toys

play

to make

neither

Preguntas

A. Conteste según el diálogo.

1. ¿Quiénes forman la familia nuclear?
2. ¿Qué parientes son miembros de la familia extensa?
3. ¿Por qué va a vivir la tía Julia con la familia Mendoza?
4. ¿Por qué pregunta Paco dónde va a dormir la tía Julia?
5. ¿Por qué necesita la tía Julia su propio cuarto?
6. ¿Por qué opina Paco que va a estar triste Juanito?

B. Conteste estas preguntas personales.

1. ¿Tiene Ud. una familia nuclear o extensa? (Tengo...) ¿Cuántos miembros hay?
2. ¿Es bueno ser miembro de una familia grande? ¿Por qué sí o por qué no?
3. ¿Vive Ud. con otros estudiantes? ¿Cuántos?
4. ¿Es preferible ocupar un cuarto solo o compartir un cuarto con otros?

Pronunciación

t The sound of **t** in Spanish is produced by touching the tip of the tongue to the back of the upper front teeth. Spanish **t** is never *aspirated* (that is, it is never pronounced with a puff of air).

Repeat these words, imitating your instructor.

tanto	tamaño	tiempo	treinta	tío
triste	tu	tres	tarde	frecuentemente
todo	contento	muerto	cuarto	esto

p The sound of **p** in Spanish is also never aspirated. It is similar to the *p* in English *speed*.

Repeat these words, imitating your instructor.

propio	padre	primo	parte	persona
pariente	pues	pobre	espero	siempre
opino	temprano	tampoco	compartir	Paco

Estructura

Minidiálogo

MRS. SMITH: Estas flores son para Ud., Sra. Carrillo.
SRA. CARRILLO: ¡Muchísimas gracias! Son muy amables... pasen Uds. ¡Están en su casa!*
MR. SMITH: ¿Cómo?

1. *¿Quién vive en la casa? ¿Quiénes llegan (arrive)?*
2. *¿Para quién son las flores?*
3. *¿De quién es la casa?*
4. *¿Por qué están confundidos (confused) los Sres. Smith?*

15. Possessive Adjectives

	SINGULAR	PLURAL
my	mi	mis
your	tu	tus
his, her, your, its	su	sus
our	nuestro, nuestra	nuestros, nuestras
your	vuestro, vuestra	vuestros, vuestras
their, your	su	sus

A. Possessive adjectives precede the noun they modify. They agree in number with the noun they modify, *not* with the possessor.

Tus primos buscan a su padre.   *Your cousins are looking for their father.*
Sus parientes son muy simpáticos.   *Your (his, her, their) relatives are very nice.*

B. There are two possessive adjectives that show gender agreement as well as number: **nuestro/a/os/as** and **vuestro/a/os/as**. Again, they agree in number with the noun they modify, *not* with the possessor.

Nuestro tío está triste.   *Our uncle is sad.*
Vuestras tías están contentas.   *Your aunts are happy.*

MRS. SMITH: These flowers are for you, Mrs. Carrillo. SRA. CARRILLO: Thank you very much! You're very nice. . . come in. You are in your home! MR. SMITH: Pardon me?

---

*The expression **Está(n) en su casa** (*You are in your home*) and **Mi casa es su casa** (*My house is your house*) are used in Hispanic cultures to make guests feel welcome and at home.

As with **vosotros/as,** the possessive **vuestro** is used primarily in Spain. In other parts of the Hispanic world, **su** is used instead.

C. The possessive adjectives **su** and **sus** have a variety of English equivalents: *his, her, your, its, their.* When needed to make the meaning clear, the following construction is sometimes used: *definite article* + *noun* + **de** + (**él, ella, usted, ellos, ellas, ustedes**).

Su esposo está muerto.
El esposo de ella está muerto. } *Her husband is dead.*

Sus amigos son muy jóvenes.
Los amigos de él son muy jóvenes. } *His friends are very young.*

Práctica

A. Substitute the words in parentheses and make other necessary changes.

1. Mi *tío* llega mañana.
   (hermanas, tía, hijos, hija, familia)
2. Nuestros *parientes* están contentos.
   (padre, sobrinas, tía, hijo, amigos)

3. Tu *cuarto* está allí, ¿verdad?
   (hermanos, abuelo, primos, casa, niños)

B. You are planning a party with a group of friends. Each of you will invite someone from your family. Tell who will invite whom, following the model.

MODELO: Pablo (primos)   →   Pablo invita a sus primos a la fiesta.

1. Carlos (hermanas)
2. Ana (prima Cecilia)
3. Isabel y Tomás (sobrinas)
4. yo (abuelos)
5. tú (abuela)
6. nosotros (padres)
7. Ud. (madre, abuelo)
8. Uds. (tías)

C. Angelita has asked her mother to tell her about their family. Complete her description by completing the sentences with the Spanish equivalent of the words in parentheses.

1. _____ familia es muy grande.   *(our)*
2. Todos _____ parientes son de México.   *(our)*
3. _____ abuelos son mexicanos, claro *(of course)*.   *(your)*
4. _____ tía Amalia vive en California.   *(my)*
5. _____ hijos están en Texas ahora.   *(her)*
6. _____ hermano Raúl trabaja en Nuevo México.   *(my)*
7. _____ hijos, tus primos, estudian en la Universidad de Guadalajara.   *(his)*

D. Following the model, express in Spanish in two ways.

MODELO: his house   →   su casa (*o*) la casa de él

1. her country _____
2. their rooms _____
3. his daughter _____
4. your (*form.*) party _____
5. her books _____
6. their grandfather _____

E. Answer the following questions about yourself and your family.

1. ¿Vive la familia de Ud. aquí?
2. ¿Estudian sus hermanos (hijos, primos, etcétera) el español también?
3. ¿Cómo es su cuarto en casa? ¿en la universidad?
4. ¿Cómo son sus padres? ¿Son mayores? ¿altos? ¿ricos? ¿hispánicos? Y sus amigos, ¿cómo son? ¿y su esposo/a?
5. ¿Hay muchas fiestas en su casa? ¿en sus clases? ¿en su clase de español?

F. Repeat Exercise E, using the questions to interview a classmate. Remember to use **tu(s).**

Minidiálogo

1. *Según* (According to) *Miguelito, el amigo de Mafalda, ¿qué tiene que hacer una tortuga para vivir? ¿un gato? ¿un oso?*
2. *¿Qué tienen que hacer los humanos para vivir?*
3. *Según Miguelito, ¿es una ventaja* (advantage) *o una desventaja ser humano?*

16. The Present Tense of Some Irregular Verbs

You have already learned some verbs that are irregular—that is, they do not follow the regular pattern of conjugation. Many irregular verbs are used frequently, so it is important to learn their forms well.

MIGUELITO: What does a turtle have to do in order to live? Be a turtle! What does a cat have to do to live? Be a cat! What does a bear have to do to live? Be a bear! What does a guy have to do in order to live? Be a mason, a lawyer, a lathe operator, an office worker, or whatever! Why did we humans have to get stuck with the stupid role of being superior animals?

hacer (*to do; to make*)		**tener** (*to have*)		**venir** (*to come*)	
SINGULAR	PLURAL	SINGULAR	PLURAL	SINGULAR	PLURAL
hago	hacemos	tengo	tenemos	vengo	venimos
haces	hacéis	tienes	tenéis	vienes	venís
hace	hacen	tiene	tienen	viene	vienen

saber (*to know*)		**decir** (*to tell; to say*)		**poner** (*to put*)	
SINGULAR	PLURAL	SINGULAR	PLURAL	SINGULAR	PLURAL
sé	sabemos	digo	decimos	pongo	ponemos
sabes	sabéis	dices	decís	pones	ponéis
sabe	saben	dice	dicen	pone	ponen

Yo hago mis planes mañana.	*I'll make my plans tomorrow.*
Sabe que debe ir.	*He knows (that) he should go.*
Ellos no tienen parientes.	*They don't have any relatives.*
Siempre decimos la verdad.	*We always tell the truth.*
Tú vienes mañana, ¿no?	*You're coming tomorrow, aren't you?*
Pongo la ropa en mi cuarto.	*I'll put the clothes in my room.*

The verb **tener** is used with **que** + *infinitive* to mean *to have to (do something).*

Tiene que compartir un cuarto con su primo.	*He has to share a room with his cousin.*

Saber + *infinitive* means *to know how (to do something).*

Sabe hablar español.	*He knows how to speak Spanish.*

A form of **hacer** + **pregunta(s)** means *to ask (a) question(s).*

El profesor siempre hace muchas preguntas.	*The professor always asks a lot of questions.*

The expression **que viene** is frequently used to express *next* with words such as **semana, mes,** and **año**.

Voy a visitar a mis amigos en Bolivia el año que viene.	*I'm going to visit my friends in Bolivia next year.*

Práctica

A. Substitute the words in parentheses and make other necessary changes.

1. *Yo* hago muchos planes.   (los estudiantes, Teresa, ellos, tú, vosotras)
2. *Cristina* sabe la hora de la fiesta.   (yo, tú, Tomás y yo, Uds., Ud.)

3. *Nosotros* tenemos muchas preguntas.   (las mujeres, mi hermano, yo, tú, Juan y yo)
4. *Ellos* vienen a casa todos los días.   (la tía, yo, sus primos, tú, vosotros)
5. *Yo* nunca (*never*) digo adíos; siempre digo hasta luego.   (Cecilia, nosotros, ellos, Ud., tú)
6. *Los niños y yo* ponemos los libros en la mesa.   (yo, ellos, tú, Uds., vosotros)

B. Listen as a very strict professor tells his class what they must always do, and make a mental check to see if *you* do the things mentioned. Follow the model.

MODELO: En esta (*this*) clase siempre decimos la verdad.   →
          Yo digo la verdad también.   *or:*   Yo no digo la verdad siempre.

En esta clase...
1. siempre decimos «Buenos días, profesor».
2. siempre sabemos todo el vocabulario nuevo.
3. siempre venimos a clase a la hora en punto (*on time*).
4. siempre hacemos todas las prácticas.
5. siempre tenemos el libro.
6. siempre ponemos los papeles importantes en un cuaderno.

C. Repeat exercise B, changing the statement to a question that you will then ask a classmate. Remember to use the familiar **tú** form.

MODELO: ¿Siempre **dices** la verdad?   →   Sí, siempre **digo** la verdad.

D. The following people are not coming to the concert tonight because they have other obligations. Explain this according to the model.

MODELO: Carmen: estudiar   →   Carmen no viene al concierto. Tiene que
                                 estudiar.

1. Tomás: trabajar   3. nosotros: ir a la biblioteca 5. Pepe y tú: preparar un examen
2. Pedro y Paco: estar en casa 4. yo: visitar a mi abuela   6. tú: terminar la novela

E. Complete the following sentences logically with the correct form of one of these irregular verbs.

hacer   tener   venir   saber   decir   poner

1. Yo no _____ qué hora es.
2. ¿Cuándo _____ sus primos? ¿la semana que _____ ?
3. Los hijos _____ que visitar a sus padres.
4. ¿Dónde _____ Ud. su dinero? ¿en el banco?
5. ¿Por qué _____ que no vienes?
6. Pablo _____ una pregunta.
7. ¿ _____ (vosotros) escribir en español?
8. Mis padres y yo no _____ mucho dinero.
9. En casa tú siempre _____ el café, ¿verdad?
10. Nosotros no _____ a clase los domingos.
11. ¿Por qué no _____ (tú) adiós a tu tía?
12. Mi madre _____ la ropa en su cuarto.

F. Answer the following questions about you and your family.

1. ¿Hacen Uds. muchas cosas juntos (*together*)? ¿Qué hacen los domingos? ¿Están en casa todo el día? ¿Van al cine (*movies*)? ¿Miran la televisión? ¿Comen juntos?
2. ¿Sabe Ud. los nombres (*names*) de todos sus parientes? ¿Sabe dónde están ahora? ¿Sabe si vienen a casa la semana que viene? ¿Sabe si tienen mucho dinero?
3. ¿Tiene Ud. mucho dinero? ¿Tienen sus padres mucho dinero? ¿Es necesario tener mucho dinero para estar contento? Si Uds. desean tener más dinero, ¿tienen que trabajar más?

Minidiálogo

1. ¿Quién es más idealista, Mafalda o Susanita?
2. ¿Realmente comprende Susanita lo que (what) dice Mafalda?

17. Interrogative Words

A. In Spanish, all interrogative words have accent marks. They generally begin a question, preceded by an inverted question mark. The following are the most common Spanish interrogatives.

¿cómo?	*how?*	¿dónde?	*where?*
¿cuál(es)?	*which?, which one(s)?*	¿por qué?	*why?*
¿cuándo?	*when?*	¿qué?	*what?*
¿cuánto/a?	*how much?*	¿quién(es)?	*who?*
¿cuántos/as?	*how many?*		

¿Cómo está Ud.?	*How are you?*
¿Cuántas novelas lees todos los años?	*How many novels do you read every year?*
¿Quiénes son tus amigos?	*Who are your friends?*

Note that there are two interrogatives with plural forms: **¿cuál/cuáles?** and **¿quién/quiénes?** There is also one interrogative that agrees with nouns in both gender and number: **¿cuánto/a/os/as?**

MAFALDA: I found something special for you, Susanita. Listen. "Woe be to him to whom it only matters what people will say." SUSANITA: Of course, since in reality what matters is *what* they said, *who* said it, *how* they said it, *when* they said it, *of whom* they said it, *why* they sa...

B. Interrogatives are frequently used in conjunction with prepositions.

¿adónde?	where (to)?	¿a quién?	(to) whom?
¿de dónde?	where. . . from?	¿con quién?	with whom?
		¿de quién?	whose?

¿Adónde van ellos?	*Where are they going (to)?*
¿A quién buscas?	*Whom are you looking for?*

C. ¿Qué? and **¿cuál?** both mean *which?* or *what?* They are used in slightly different contexts.

¿Qué...? asks for a definition, explanation, or identification. It can be followed by a noun.

¿Qué es un apellido?	*What is a surname?*
¿Qué es una familia extensa?	*What is an extended family?*
¿En qué barrio vives?	*What neighborhood do you live in?*

¿Cuál...? is used before the verb **ser,** except when a definition is called for or implied. It is not used directly in front of a noun in Spain; however, in Latin America, **cuál** + **noun** is fairly common.

¿Cuál es tu número de teléfono?	*What is your phone number?*
¿Cuál de los libros vas a leer?	*Which of the books are you going to read?*
¿Cuál es tu libro favorito?	*What is your favorite book?*
¿Cuál casa es nueva?	*Which house is new?*

Práctica

A. Complete the sentences with the Spanish equivalent of the words in parentheses.

1. ¿———— van a comer ellos? (*when*)
2. ¿———— vive su esposo? (*where*)
3. ¿———— van sus padres? (*where*)
4. ¿———— estás? (*how*)
5. ¿———— está triste María? (*why*)
6. ¿———— son los parientes de Julia? (*who*)
7. ¿———— vives? (*with whom*)
8. ¿———— es el libro blanco? (*whose*)
9. ¿———— busca tu primo? (*whom*)
10. ¿———— de las mujeres es su tía? (*which*)
11. ¿———— es la vida (*life*)? (*what*)
12. ¿———— son tus parientes? (*from where*)
13. ¿———— primas hay en tu familia? (*how many*)
14. ¿———— dinero necesita Ud.? (*how much*)
15. ¿A ———— de las fiestas vas a ir? (*which*)

B. Form questions that would elicit the following answers.

MODELO: Paco es de Colombia.   →   ¿De dónde es Paco? (¿Quién es de Colombia?)

1. La familia vive en Madrid.
2. Los parientes van a preparar toda la fiesta.
3. Los chicos estudian juntos.
4. Maricarmen desea estudiar tres idiomas.
5. En clase escuchamos al profesor.
6. Es el cuarto de Jorge.
7. Porque (*Because*) es necesario estudiar.
8. Los abuelos van a llegar tarde.
9. Vamos a la fiesta de Pablo y Carmen.
10. Mi número es el 25-19-12.

C. Find out about your instructor by asking him or her questions based on the following phrases.

1. el programa de televisión que mira con más frecuencia
2. su número de oficina (*office*) y dónde está
3. dónde va a estar esta noche y con quién(es)
4. si necesita mucho o poco dinero para vivir
5. el tipo de clima que le gusta más

¿Cómo se dice?

- **Expressions with *tener***

  You have already learned one Spanish expression that uses the verb **tener: tener que** + *infinitive* (*to have to do something*). Other expressions formed with **tener** include the following:

tener calor	*to be hot*	tener razón	*to be right*
tener frío	*to be cold*	tener sed	*to be thirsty*
tener hambre	*to be hungry*	tener sueño	*to be sleepy*
tener miedo (de)	*to be afraid* (*of*)	tener suerte	*to be lucky*
tener prisa	*to be in a hurry*		

  With these expressions, *very* is expressed by **mucho/a: tengo mucha hambre; tiene mucho sueño.** Additional expressions formed with **tener** include the following:

tener _____ años	*to be _____ years old*
tener ganas de + *infinitive*	*to feel like (doing something)*

A. Complete each of the following sentences with any appropriate **tener** expression.

1. Si hace calor, yo _____ .
2. Si hace frío, yo _____ .
3. En una discusión, casi siempre yo _____ .
4. Si no como con frecuencia, yo _____ .
5. Cuando trabajo mucho, yo _____ .
6. Antes de (*before*) un examen, yo _____ .
7. Si no estudio y saco (*I receive*) una A en un examen, es porque (*because*) yo _____ .
8. Cuando yo _____ , no hago las cosas bien.

B. Express in Spanish.

1. They're always in a hurry.
2. Parents are always right, aren't they?
3. We're very cold tonight.
4. I'm afraid of his relatives.
5. I don't feel like going to class today.
6. The inhabitants of (**el**) Ecuador are lucky.

C. With a classmate, ask and answer the following personal questions. Then ask your instructor the same questions, making necessary changes.

1. ¿Cuántos años tienes? ¿Tienes un hermano mayor? ¿menor?
2. ¿Tienes sueño a veces en esta (*this*) clase? ¿Tienes sueño cuando preparas las lecciones? ¿Tienes sueño a medianoche?
3. ¿Tienes mucha hambre ahora? ¿mucha sed?
4. ¿Dicen tus amigos que siempre tienes suerte? ¿que siempre tienes prisa?

Vocabulario

VERBOS

compartir *to share*
decir *to say; to tell*
esperar *to hope*
hacer *to make; to do;* **hacer**
  preguntas *to ask questions*
llegar *to arrive*
opinar *to think, have an*
  opinion
poner *to put*
preguntar *to ask*
romper *to break*
saber *to know (information);*
  to know how to (do something)
tener (que) *to have (to)*
venir *to come*

OTRAS PALABRAS
Y EXPRESIONES

¿a quién? *(to) whom?*
además (de) *besides, in*
  addition (to)
¿cómo es...? *what is. . . like?*
¿cuál(es)? *which?, which ones?*
¿cuándo? *when?*
¿dónde? *where?*
eso (*pron.*) *that*
esto (*pron.*) *this*
¿por qué? *why?*
que *that; who, whom*
que viene *coming*
sin embargo *nevertheless*
ya no *no longer*

SUSTANTIVOS

el/la **abuelo/a*** *grandfather/*
  grandmother
el **cuarto** *room*
el/la **esposo/a*** *husband/wife*
la **familia** *family*
la **fiesta** *party*
el/la **hermano/a*** *brother/*
  sister
el/la **hijo/a*** *son/daughter*
el **miembro** *member*
los **padres*** *parents*
el/la **pariente*** *relative*
el/la **primo/a*** *cousin*
la **ropa** *clothing; clothes*
el/la **sobrino/a*** *nephew/niece*
el/la **tío/a*** *uncle/aunt*
la **verdad** *truth*

EXPRESIONES CON TENER

tener ____ años *to*
  be ____ years old
tener calor *to be hot*
tener frío *to be cold*
tener ganas de + infinitive
  to feel like (doing something)
tener hambre *to be hungry*
tener miedo (de) *to be afraid*
  (of)
tener prisa *to be in a hurry*
tener razón *to be right*
tener sed *to be thirsty*
tener sueño *to be sleepy*
tener suerte *to be lucky*

ADJETIVOS

contento *happy, content*
extenso *extended*
juntos *together*
mayor *older*
menor *younger*
mi *my*
mismo *same*
muerto *dead*
nuestro *our*
otro *other, another*
propio *own, of one's own*
seguro *sure, certain*
siguiente *following*
solo *alone*
su *his, her, its, your (form.),*
  their
triste *sad*
tu *your (fam.sing.)*
vivo *alive*
vuestro *your (fam. pl.; Sp.)*

---

*The masculine plural form of these nouns is used to refer to all members of the group even when it is composed of members of both sexes: **el padre** (father), but **los padres** (*parents*); **el abuelo** (*grandfather*), but **los abuelos** (*grandparents*); and so on.

Bogotá, Colombia

Las reuniones sociales son casi siempre familiares en el mundo hispánico. Los niños frecuentemente asisten a las fiestas con los padres. Van también los abuelos. Hay menos separación social de las generaciones que en los Estados Unidos. Los niños no molestan a los padres, los padres no molestan a los jóvenes y los niños aprenden a comportarse (*to behave*) en el mundo de los adultos.

¿Vienen sus padres o sus abuelos a las fiestas de Ud.? ¿Asiste Ud. a las fiestas de sus padres? ¿Es preferible una fiesta sin parientes? ¿Por qué sí o por qué no?

En español, la palabra **familia** significa todos los parientes. En inglés generalmente significa solamente los padres y los hijos. En la foto hay tres generaciones de una familia hispánica. Probablemente viven en la misma casa. Si no viven en la misma casa, probablemente viven en el mismo barrio.

Sevilla, España

¿Qué miembros de la familia aparecen en la foto? ¿Tiene Ud. muchos parientes? ¿Viven unos parientes con Ud.? ¿Dónde viven sus padres? ¿Espera Ud. vivir en el mismo barrio donde viven sus padres? ¿Van a vivir con Ud. sus padres algún día?

Mi nombre es

Luis Felipe Aquiles Ares

Nací

el día 29 de mayo de 1978

a

Luis Felipe Aquiles

y

Sonia Luisa Ares

En el mundo hispánico cada persona tiene dos apellidos. Los apellidos son una combinación del apellido del padre y de la madre. El apellido del padre va primero. En el anuncio de bautismo (*baptismal announcement*), por ejemplo, el hijo de Luis Felipe **Aquiles** y Sonia Luisa **Ares** se llama Luis Felipe **Aquiles Ares.**

El apellido oficial es el primero, no el último como en el sistema de los Estados Unidos. Esto significa que Luis Felipe Aquiles Ares va a llamarse (*will be called*) generalmente Luis—o Felipe— **Aquiles.**

> Según el sistema hispánico, ¿cuáles son los apellidos de Ud.? ¿Generalmente usamos el apellido de la madre en el sistema norteamericano?

Estructura

Minidiálogo

PABLO: Quisiera conocer a tus primos, ¿sabes? ¿De dónde son?

ALICIA: Pues, son de Venezuela, pero viven en California ahora, en Davis.

PABLO: ¿Y para qué están allí?

ALICIA: Estudian en la universidad.

PABLO: ¿Ah, sí? ¡Qué raro!, ¿no? ¿Hay otros estudiantes hispánicos allí?

ALICIA: Sí, hay muchos... de México, de Colombia, de España, de Puerto Rico... Por eso les gustan tanto la facultad y la ciudad.

1. ¿De dónde son los primos de Alicia?
2. ¿Dónde están sus primos ahora? ¿Para qué?
3. ¿Hay otros estudiantes hispánicos en la Universidad de California en Davis?
4. ¿A sus primos les gusta la universidad? ¿Por qué sí o por qué no?

PABLO: You know, I'd like to meet your cousins. Where are they from? ALICIA: Well, they're from Venezuela, but they live in California now, in Davis. PABLO: And why are they there? ALICIA: They're studying at the university. PABLO: Oh? Isn't that strange? Are there other Hispanic students there? ALICIA: Yes, there are a lot... from Mexico, Colombia, Spain, Puerto Rico... That's why they like the school and the city so much.

18. Summary of the Uses of *ser* and e*star;* Contrast with *hay*

A. The uses of **ser** are the following.

- To link two nouns (the subject and the predicate nominative):

    Juan es profesor.   *Juan is a professor.*

- To show origin, with **de:**

    Su abuelo es de Bolivia.   *Her grandfather is from Bolivia.*

- To show possession, with **de:**

    El problema es de José.   *It's José's problem.*

- To indicate what something is made of, with **de:**

    El juguete es de papel.   *The toy is (made of) paper.*

- To express the hour:

    Son las ocho.   *It's eight o'clock.*

- To form many impersonal expressions:

    Es difícil vivir sin dinero.   *It's difficult to live without money.*

- With adjectives, to describe a relatively permanent characteristic or the usual condition of a person, place, or thing:

    El barrio es grande.   *The neighborhood is large.*

B. The uses of **estar** are the following.

- To indicate position or location of people, places, or things:

    Tu padre está aquí cerca.   *Your father is nearby here.*

- In statements and questions about health:

    ¿Cómo están Uds.?   *How are you?*

- With adjectives, to describe a temporary characteristic or the changing condition of a person, place, or thing:

    ¡Paco está tan cansado!   *Paco is so tired!*

C. Ser and **estar** contrasted with **hay**.

Note that while *is* and *are* often are expressed by forms of **ser** and **estar**, a sentence that begins with the impersonal phrase *there is* or *there are* must be expressed with **hay**.

El barrio **es** grande.   *The neighborhood **is** big.*
El barrio **está** al sur.   *The neighborhood **is** to the south.*
BUT:

Hay un barrio grande aquí.   ***There is** a large neighborhood here.*
Hay muchos barrios distintos aquí.   ***There are** many different neighborhoods here.*

Práctica

A. Say where the following people are from and where they are right now.

MODELO: mi abuelo (Francia/la Florida) → Mi abuelo es de Francia pero ahora está en la
          Florida.

1. mi padre (California/Nueva York)
2. tus primos (Massachusetts/Arizona)
3. nosotros (Montana/Colorado)
4. tú (Indiana/Washington)

5. la tía Julia (el Perú/Chile)
6. yo (Ohio/Nevada)
7. mis amigos (Guatemala/Maine)
8. tú y él (México/Texas)

B. Complete the sentences with present indicative forms of **ser** or **estar**, as appropriate.

1. Juanito _____ mi hermano menor.
2. La familia _____ de España.
3. La abuela _____ bien, ¿verdad?
4. El problema _____ de ellos, no de nosotros.
5. Nuestros abuelos ya (*already*) _____ en casa.
6. La casa de los Méndez _____ de madera (*wood*), ¿no?
7. La universidad _____ aquí cerca.

8. Marcos _____ muy guapo hoy.
9. _____ muy importante asistir a clase.
10. Yo _____ contenta hoy.
11. Mario y yo _____ primos.
12. Mi madre _____ cansada.
13. Su sobrina _____ simpática.
14. Ya _____ la una.
15. ¡Tú _____ muy joven hoy!

C. With a classmate, have a brief dialogue about plans for this evening. Ask for clarification each time your partner speaks by asking **¿Qué dices?** Follow the model.

MODELO: Estudiante 1:   ¿Cuándo es la fiesta? (esta noche) →
          Estudiante 2:   Es esta noche.
          Estudiante 1:   ¿Qué dices?
          Estudiante 2:   Digo que es esta noche.

1. ¿Van a estar allí tus padres? (no)
2. ¿Con quién vas? (mis amigos)
3. ¿Están contentos ellos? (sí)

4. ¿A qué hora es la fiesta? (a las nueve)
5. ¿Va a ser una fiesta grande? (sí)
6. ¿Y dónde va a ser (*to take place*) la fiesta? (no sé)

D. Mr. and Mrs. Ordóñez are having a party. Describe this event by completing the following paragraph with forms of **ser**, **estar**, or **hay**.

(1) _____ sábado y (2) _____ una fiesta familiar en casa de los Ordóñez. Todos sus parientes van a (3) _____ allí a las ocho. (4) _____ mucho que hacer todavía (*to be done still*), pero la señora Ordóñez (5) _____ muy contenta porque va a ver a sus tíos. Ellos (6) _____ de Chile, pero (7) _____ en los Estados Unidos este (*this*) año de visita (*on a visit*). Su tío (8) _____ profesor y su tía (9) _____ pianista. Dicen que (10) _____ muchos problemas en Chile ahora; por eso (ellos) (11) _____ contentos de (12) _____ aquí con su familia. Si (13) _____ tiempo, también desean visitar a sus abuelos que (14) _____ en la Florida. La abuela dice que a ellos les gusta vivir allí porque (15) _____ muchas cosas interesantes en ese estado (*state*)... ¡y muchos amigos hispánicos!

Minidiálogo

CAROLINA: Hay una reunión familiar el domingo. ¿Quieres ir?
GUILLERMO: No, no creo. Prefiero mirar la televisión y descansar un poco.
CAROLINA: Pero tus bisabuelos piensan estar allí.
GUILLERMO: Debo ir entonces, pero quiero volver a casa temprano.
CAROLINA: De acuerdo.

1. *¿Qué pasa el domingo?*
2. *¿Quiere ir Guillermo?*
3. *¿Qué prefiere hacer Guillermo?*
4. *¿Quiénes piensan estar en la reunión?*
5. *Según Guillermo, ¿debe ir él?*
6. *¿Cuándo quiere volver Guillermo a casa?*

19. The Present Tense of -ar, -er, and -ir Stem-changing Verbs

A. As you know, the infinitive is composed of an ending (**-ar, -er, -ir**) and a stem (**habl-, com-, viv-**). Certain verbs in Spanish show a change in the stem when the primary stress is on the stem syllable. Stem-changing verbs have regular endings, but the vowel of the stem changes in the first, second, and third person singular as well as in the third person plural of the present indicative. (There is no change in the other two persons, because their primary stress is not on the stem.)

B. Verbs with stem changes will appear in vocabulary lists in this way: **pensar (ie)**. This tells you that the stem vowel **e** becomes **ie** when stressed in conjugation: **pensar → pienso, piensas, piensa, piensan**. In this lesson you will study two kinds of **-ar, -er**, and **-ir** stem-changing verbs (**e → ie, o → ue**), as well as the verb **jugar** (*to play*), which has a unique stem change.

CAROLINA: There's a family gathering on Sunday. Do you want to go? GUILLERMO: No, I don't think so. I prefer to watch television and rest a little. CAROLINA: But your great-grandparents plan to be there. GUILLERMO: I ought to go then, but I want to return home early. CAROLINA: Fine.

20. *E → ie* Stem-changing Verbs

	pensar (*to think*)			**querer** (*to want*)			**sentir** (*to regret*)	
	SINGULAR	PLURAL		SINGULAR	PLURAL		SINGULAR	PLURAL
INDICATIVE	pienso piensas piensa	pensamos pensáis piensan		quiero quieres quiere	queremos queréis quieren	INDICATIVE	siento sientes siente	sentimos sentís sienten

Other useful **e → ie** stem-changing verbs are **cerrar** (*to close*), **entender** (*to understand*), **mentir** (*to lie*), **perder** (*to lose; to waste* [*time*]), and **preferir** (*to prefer*).

Mi hermana quiere tener un coche nuevo.	*My sister wants to have a new car.*
El niño cierra la puerta.	*The little boy is closing the door.*
Entendemos la situación.	*We understand the situation.*
Uds. pierden el tiempo.	*You're wasting time.*
Prefiero ir a la fiesta.	*I prefer to go to the party.*

The verb **pensar** (*to think*) means *to plan* or *to intend* when followed by an infinitive.

¿Qué piensas hacer?	*What do you plan to do?*
Pienso asistir a la reunión.	*I intend to go to the meeting.*

The phrase **querer decir** expresses *to mean.*

¿Qué quieres decir?	*What do you mean?*
Contestar quiere decir *to answer.*	*Contestar means* to answer.

Práctica

A. Substitute the words in parentheses and make other necessary changes.

1. *Nosotros* pensamos ir a casa.
   (yo, Uds., tú)
2. *Ellas* quieren más niños.
   (yo, nosotras, Ud.)
3. *Yo* no entiendo la pregunta.
   (tú, los estudiantes, vosotros)
4. A veces *los niños* pierden los libros.
   (nosotros, Uds., la niña)
5. ¿Por qué cierras *tú* la casa?
   (ellos, Ud., vosotros)
6. Prefiero comer en casa hoy.
   (tú, nosotros, ellos)

B. Complete the sentences with the correct form of the verbs in parentheses. Then change the italicized subjects, using the subjects suggested.

1. (querer)   *Mis hermanos* _____ viajar a Sudamérica.   (nosotros)
2. (perder)   *Nosotros* _____ la paciencia con los niños.   (tú)
3. (entender)   *Uds.* _____ a la profesora, ¿verdad?   (nosotros)

4. (cerrar)   *Ellos* _____ los libros.   (nosotros)
5. (pensar)   *Yo* _____ asistir al concierto.   (Ud.)

C. Answer the following questions.

1. ¿Entiende Ud. todas las actitudes (*attitudes*) de sus amigos? ¿Entiende Ud. todos los problemas de sus amigos?
2. ¿Pierde Ud. a veces sus cosas? ¿su dinero? ¿el tiempo?
3. Durante (*During*) un día normal, ¿qué cosas cierra Ud.? ¿las puertas? ¿los libros?
4. ¿Qué piensa Ud. de su vida diaria (*daily life, routine*)? (**Pienso que** _____ .) ¿de sus clases? ¿de su trabajo?
5. ¿Piensa Ud. ir a México? ¿a España? ¿a otros países hispánicos?

21. *O → ue* Stem-changing Verbs; *Jugar*

mostrar (*to show*)		**poder** (*to be able*)		**dormir** (*to sleep*)		**jugar** (*to play*)	
SINGULAR	PLURAL	SINGULAR	PLURAL	SINGULAR	PLURAL	SINGULAR	PLURAL
mu**e**stro	mostramos	p**ue**do	podemos	d**ue**rmo	dormimos	j**ue**go	jugamos
mu**e**stras	mostráis	p**ue**des	podéis	d**ue**rmes	dormís	j**ue**gas	jugáis
mu**e**stra	mu**e**stran	p**ue**de	p**ue**den	d**ue**rme	d**ue**rmen	j**ue**ga	j**ue**gan

A. Other useful **o → ue** stem-changing verbs are **costar** (*to cost*), **encontrar** (*to meet; to find*), **morir** (*to die*), **recordar** (*to remember*), and **volver** (*to return*).

B. Note that the conjugation of **jugar** is similar to that of the **o → ue** pattern, even though the stem of **jugar** contains a **u** instead of an **o**. When used with the name of a sport, **jugar** is followed by **a: Juego al golf**.

Ella puede trabajar allí.	*She can work there.*
Nosotros volvemos temprano.	*We'll return early.*
Ramón encuentra a María en el café.	*Ramón meets María in the café.*
El joven muestra la carta a su padre.	*The young man is showing the letter to his father.*
¿Recuerdas el nombre de su tío?	*Do you remember their uncle's name?*
Jugamos en la playa.	*We play on the beach.*
Ellos duermen ocho horas cada noche.	*They sleep eight hours each night.*

Práctica

A. Substitute the words in parentheses and make other necessary changes.

1. *Paco* puede regresar pronto.
   (yo, tú, Gregorio y yo)
2. *Nosotros* siempre volvemos a las once.
   (la dentista, Uds., vosotros)
3. *Yo* juego con los niños.
   (Marta y yo, tú, los jóvenes)
4. *Julio y yo* recordamos los nombres de sus parientes.
   (yo, Uds., Elena)
5. *Yo* siempre duermo en la clase.
   (tú, Ramón y yo, Ud.)

B. There is a family gathering at the new home of the Aquiles family. Complete the description of it with the correct form of the stem-changing verbs in parentheses.

1. Los tíos no _____ la nueva dirección (*address*) de Luis y Sonia.   (recordar)
2. El tío Pablo dice, «Si nosotros no _____ encontrar su casa pronto, volvemos a nuestra casa».   (poder)
3. Es muy tarde (*late*) cuando ellos finalmente _____ la casa.   (encontrar)
4. Cuando entran, notan que su sobrino Luisito _____ con sus primos.   (jugar)
5. El abuelo _____ constantemente la puerta porque tiene frío, pero la abuela dice constantemente, «Tengo calor».   (cerrar)
6. Sonia _____ su ropa nueva a su hermana Paquita.   (mostrar)
7. Paquita pregunta, «¿Cuánto _____ el suéter azul?»   (costar)
8. Sonia no _____ responder, y pregunta, «Qué _____ tú?»   (querer/pensar)
9. Más tarde los chicos _____ los juguetes (*toys*) favoritos de Luisito, los abuelos _____ las llaves (*keys*) del auto, y Sonia finalmente _____ la paciencia. (perder)
10. Los tíos de Luis y Sonia dicen, «Es tarde y no _____ estar muy cansados mañana». (querer)
11. Todos dicen «Buenas noches» y _____ a sus casas.   (volver)
12. Esta noche toda la familia _____ bien.   (dormir)

C. Answer the following questions.

1. ¿Encuentra Ud. personas simpáticas en clase fácilmente? ¿en la biblioteca? ¿en la cafetería?
2. ¿Quiere Ud. encontrar un apartamento nuevo? ¿una casa nueva? ¿un coche nuevo?
3. ¿Recuerda Ud. el nombre de su primer amigo? ¿de su primera escuela? ¿de su primer(a) maestro/a (*teacher*)?
4. ¿Recuerda Ud. siempre todos los números de teléfono? ¿sus responsabilidades? ¿sus obligaciones en casa?
5. ¿Muestra Ud. mucha emoción cuando está muy contento/a o muy triste? ¿Muestra impaciencia cuando un amigo llega muy tarde?
6. ¿Qué cuesta mucho ahora? ¿los libros? ¿la gasolina? ¿la ropa? ¿los conciertos?

Repaso

A. Carlos is returning from a trip to South America. His family plans to have a party for him when he returns. Relate these plans by completing the following paragraph with the correct present tense forms of the verbs given in parentheses.

Mi hermano Carlos (1) _____ (*volver*) mañana de su viaje por Sudamérica. Mis padres (2) _____ (*pensar*) hacer una fiesta para él. (3) _____ (*Yo: ir*) a asistir si no (4) _____ (*tener*) que trabajar. Si (5) _____ (*yo: hacer*) todo el trabajo hoy, mi jefe (*boss*) (6) _____ (*decir*) que yo (7) _____ (*poder*) salir (*leave*) temprano. Mis padres no (8) _____ (*recordar*) el número del vuelo (*flight*) de Carlos, pero yo sí.

(9) _____ (*saber*) que es el número 25. Mi madre no (10) _____
(*perder*) tiempo en invitar a todos nuestros parientes a la reunión. Yo no (11)
_____ (*entender*) por qué ella (12) _____ (*querer*) invitar a todos.
Cuando (13) _____ (*ellos: venir*) a casa, es casi imposible conversar a causa del
ruido (*because of the noise*).

Cuando (14) _____ (*nosotros: tener*) una reunión familiar yo (15)
_____ (*jugar*) con los niños mientras (*while*) Carlos (16) _____ (*mostrar*) las fotografías de su viaje a la familia. La verdad es que a mí no me gustan las reuniones familiares. Yo (17) _____ (*preferir*) estar solo en mi apartamento donde
yo (18) _____ (*poder*) mirar la televisión o leer un buen libro.

B. Express in Spanish the following ideas about a family's weekend plan.

1. We want to go to the mountains next Saturday.
2. My family always sleeps well there.
3. My mother thinks that it's going to be warm.
4. My father thinks we're going to find snow (**nieve**).
5. We are able to spend two days there.
6. We know that we have to return early on Monday.
7. My parents regret returning so early.

C. Write a short paragraph about what *you* want to do next weekend. Use some of the stem-changing and irregular verbs that you have studied in this unit.

Intercambios

A. Entrevista. Prepare a list of questions you might ask a person about his or her family and family relationships. Focus your questions on the following information.

1. type of family (nuclear, extended)
2. where the family is from
3. where the members of the family currently live (state, city, neighborhood, building)
4. information about the most important members of the family (parents, brothers and sisters, spouses, children)

Now interview one of your classmates, using the questions you have prepared and any other questions that occur to you as you conduct the interview. Then tell the class at least two new or interesting pieces of information you learned about the person you interviewed.

B. Los niños y la televisión. The following cartoon depicts a scene common in households around the world. Describe what is happening, using the following questions as a guide and choosing the best alternative from the words given in parentheses.

—Es un nuevo programa..., se titula «La hora de los niños».

1. ¿Qué hora es?
2. ¿Quién vuelve a casa?
3. ¿Quiénes ya están en casa?
4. ¿Qué hace el niño?
5. ¿Qué tipo de programa mira? (un programa de amor, un programa de aventuras, un programa violento, un programa de interés público)
6. ¿El niño mira la televisión con mucho o con poco interés?
7. ¿Cuál es la reacción de la madre? ¿Está contenta? ¿triste? ¿preocupada (*worried*)?
8. Y el padre, ¿cómo reacciona él? ¿Está contento? ¿sorprendido (*surprised*)? ¿confundido (*confused*)?

Vocabulario

VERBOS

asistir (a)   *to attend (class, a social function)*
cerrar (ie)   *to close, shut; to lock up*
costar (ue)   *to cost*
dormir (ue)   *to sleep*
encontrar (ue)   *to meet; to find*
entender (ie)   *to understand*
jugar (ue)   *to play*
mentir (ie)   *to lie*
molestar   *to bother*
morir (ue)   *to die*
mostrar (ue)   *to show*
pensar (ie)   *to think; to plan, intend*
perder (ie)   *to lose; to waste (time)*
poder (ue)   *to be able*
preferir (ie)   *to prefer*
querer (ie)   *to want;* **querer decir**   *to mean*
recordar (ue)   *to remember*

sentir (ie)   *to regret*
significar   *to mean*
volver (ue)   *to return*

SUSTANTIVOS

el apellido   *surname, last name*
el barrio   *neighborhood*
el estado   *state*
la madera   *wood*
el nombre   *(first) name*
el número   *number*
el problema   *problem*
la reunión   *meeting, gathering*
el sistema   *system*
el tiempo   *time*
la vida   *life*

ADJETIVOS

cada   *each*
cansado   *tired*
familiar   *of the family*
primero   *first*
último   *last*

OTRAS PALABRAS Y EXPRESIONES

algún día   *someday*
cerca   *nearby, near*
como   *like, as*
generalmente   *generally*
por ejemplo   *for example*
porque   *because*
que   *than*
sin   *without*
tan   *so*
tarde   *late*
temprano   *early*
ya   *already*

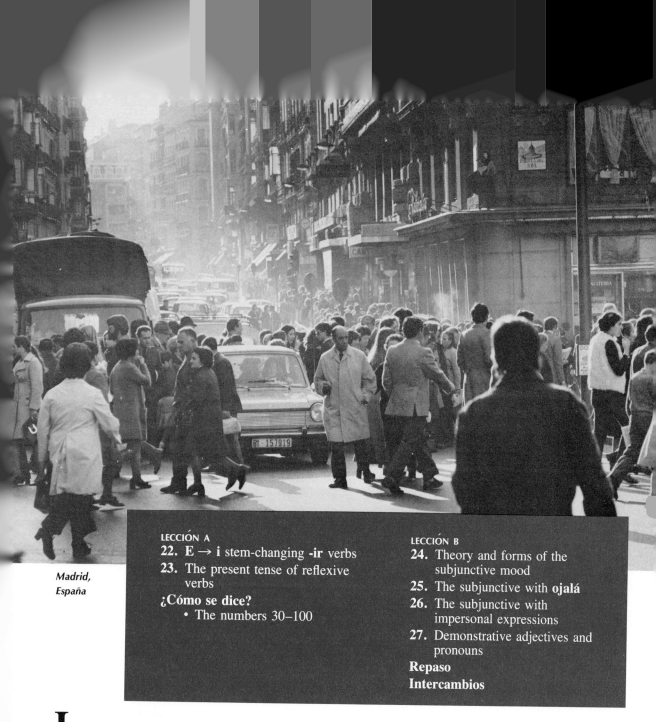

*Madrid,
España*

In this unit you will learn about how many
people in Hispanic cultures spend their days
and how to talk about what you do every day.

Algunas° personas trabajan mejor° por la mañana y otras por la tarde o por la noche. Algunas personas no pueden escoger° porque solamente pueden trabajar por la noche. Aquí tenemos las respuestas° de varias personas hispánicas a la pregunta: ¿Qué hace usted durante el día?

Some/better
choose
replies

«Trabajo en un banco y comienzo el día a las seis de la mañana cuando tengo que levantarme.* Trabajo desde las ocho a la una y vuelvo a casa a comer y estar con mis hijos. Trabajo otra vez desde las cuatro hasta las siete de la tarde. Después del trabajo me reúno con° mis amigos en el bar. Luego° voy a casa y mi esposo y yo cenamos y miramos la tele un rato. Me gusta acostarme temprano para no estar cansada por la mañana.»

me... I meet/Then

«Me gusta levantarme temprano. Juego al tenis o hago ejercicio° hasta las seis. Pienso que es importante hacer ejercicio. Después, vuelvo a casa para bañarme, desayunar y ponerme la ropa de trabajo. Soy mecánico y trabajo de nueve a una y de tres a siete. Mi trabajo está lejos de mi casa y no puedo dormir la siesta. Con frecuencia vienen mis amigos a cenar a casa por la noche.»

exercises

«Soy músico y trabajo en un club que cierra a las cuatro de la mañana. Por lo general me gusta dormir hasta las tres de la tarde. Después, no sé,... pierdo mucho tiempo con los amigos en el café, pero me gusta. Siempre digo que es importante tener amigos.»

«Despierto a los niños y preparo el desayuno. Después de las ocho estoy sola y tengo tiempo para descansar antes de limpiar y lavar los platos. Por lo general voy al mercado° un rato y después preparo la comida para la familia. Todos vienen a casa a comer y pasamos un rato juntos. Cuando todos regresan a sus obligaciones, tengo un poco de tiempo libre. Es difícil encontrar tiempo libre, ¿no? A veces, cuando vuelven mi esposo y los niños, salimos° a pasearnos.»

market

we go out

«Estoy en el colegio, soy estudiante. Voy a la escuela a las siete y media. Vengo a casa a comer al mediodía y estoy otra vez en el colegio desde las tres hasta las seis de la tarde. En casa hago las tareas y a veces juego con mis hermanos.»

---

*In this dialogue you will see pronouns attached to some infinitives (**levantarme**). Don't worry about them for now; they will be explained in Section 23 of this lesson.

Preguntas

A. Conteste según el diálogo.

1. ¿A qué hora comienza a trabajar la mujer del banco?
2. ¿Por qué quiere levantarse temprano el mecánico?
3. ¿Por qué no puede dormir la siesta el mecánico?
4. ¿A qué hora cierra el club donde trabaja el músico?
5. ¿Con quiénes pierde el tiempo el músico?
6. ¿Qué hace primero el ama de casa (*housewife*)?
7. ¿A qué hora vuelve al colegio el estudiante?

B. Conteste estas preguntas personales.

1. ¿A qué hora tiene Ud. su primera clase? ¿su última clase?
2. ¿Cuándo comienza Ud. el día? ¿Cuándo termina?
   ¿A qué hora vuelve Ud. a casa por la tarde?
3. ¿Pierde Ud. mucho tiempo con los amigos? ¿Dónde?
4. ¿Puede Ud. dormir mucho los sábados? ¿Le gusta dormir mucho?
5. ¿Viene Ud. a clase en autobús? ¿a pie (*on foot*)?

Pronunciación

g The letter **g** has two sounds in Spanish. When followed by **e** or **i**, it sounds similar to an exaggerated version of English *h* in *her*. When followed by any other vowel or consonant, it sounds similar to the hard *g* sound in English *gate*.

Repeat these words, imitating your instructor.

gente	gerente	generalmente	genio	inteligente	región
giro	gitana	ingeniería	gesta	imaginar	exageración
grande	ganar	gracias	gloria	gasto	grotesco
delgado	inglés	pregunta	diálogo	siguiente	abogado

j The letter **j** in Spanish is always pronounced like the **g** sound before **e** or **i**, that is, like an exaggerated English *h*.

Repeat these words, imitating your instructor.

hijo	joven	trabajador	junto	mujer	viejo
jefe	reloj	viajar	caja	ojo	bajo

c The letter **c** has two sounds in Spanish. When followed by **e** or **i**, it sounds similar to English *s* in *see*.* When followed by any other vowel or consonant, it sounds similar to the *k* sound in English *cat*.

---

*In certain areas of Spain, **c** in this position is pronounced like the *th* in English *theater*.

Repeat these words, imitating your instructor.

ciento	cine	centavo	Barcelona	centro	ciencia
francés	fácil	ciudad	excelente	cielo	cero
cuarto	cama	cuento	compartir	cliente	criminal
cada	casi	comida	educación	concierto	escuela

Estructura

Minidiálogo

SEÑORA: Buenos días. Bienvenido a la Pensión Macondo.

JORGE: Muy buenos, señora. Soy estudiante y busco una habitación sencilla.

SEÑORA: Estudiante, ¿eh? Bueno, pedimos un depósito.

JORGE: Está bien. Tengo clases muy temprano todos los días. ¿A qué hora sirven el desayuno?

SEÑORA: Servimos el desayuno a las siete. Pero repito que pido un depósito.

JORGE: Muy bien, señora. ¡Qué mala fama tenemos los estudiantes!

1. ¿Cómo se llama la pensión?
2. ¿Qué busca Jorge?
3. ¿A qué hora sirven el desayuno?
4. ¿Qué repite la señora?

22. E → i Stem-changing –ir Verbs

pedir (*to request, to ask for*)	
SINGULAR	PLURAL
pido	pedimos
pides	pedís
pide	piden

SEÑORA: Good morning. Welcome to the Macondo Boardinghouse. JORGE: Morning, ma'am. I'm a student and I'm looking for a single room. SEÑORA: A student, eh? Well, we ask for a deposit. JORGE: Fine. I have classes very early every day. What time do you serve breakfast? SEÑORA: We serve breakfast at seven. But, I repeat, I ask for a deposit. JORGE: Very well, ma'am. What a bad reputation we students have!

As with **o → ue** and **e → ie** stem-changing verbs, **e → i** stem-changing verbs also change in the singular forms and in the third person plural. Other useful verbs of this kind are **repetir** (*to repeat*) and **servir** (*to serve*).

Ella sirve el desayuno ahora.   *She's serving breakfast now.*
¿Piden vino en la cafetería?   *Do they ask for (order) wine*
                                             in the cafeteria?
Repetimos las frases.   *We repeat the sentences.*

Práctica

A. Substitute the words in parentheses and make other necessary changes.

1. *Mi padre* sirve la comida en casa.
   (tú, mi prima y yo, vosotros)
2. *Yo* pido tacos en la cafetería.
   (los estudiantes, Jorge, nosotros)
3. *Ellos* repiten las frases otra vez.
   (yo, Ud., la clase)

B. Use your imagination to tell what the following people ask for in the places indicated.

MODELO: los estudiantes/en las clases   →   Los estudiantes piden información en las clases.

1. yo / en la biblioteca   4. tú / en la cafetería
2. Ud. / en un café   5. nosotros / en la universidad
3. mis padres / en un banco

C. Complete the sentences with the correct form of **pedir, repetir,** or **servir.**

1. La profesora _____ la pregunta muchas veces.
2. Ellos _____ una comida deliciosa a sus invitados (*guests*).
3. Nosotros no _____ un plato mexicano.
4. El estudiante _____ el nombre del colegio.
5. El Café Benítez _____ comida mexicana, ¿verdad?
6. ¿ _____ tú los números muchas veces en la clase de español?

D. Answer the following questions.

1. ¿Repite Ud. sus errores? ¿Repiten Uds. muchas palabras y frases en clase?
2. ¿Pide Ud. café o vino con la comida? ¿Qué prefiere pedir por la tarde?
3. ¿Sirve Ud. vino en casa? ¿champán (*champagne*)? ¿Sirve comida italiana o mexicana con más frecuencia?

Minidiálogo

MADRE: (*Desde la sala.*) Miguelín, debes levantarte ahora. Es tarde.

NIÑO: (*En cama.*) No quiero levantarme, mamá. Quiero dormir. Es sábado y...

MADRE: Pero comienza tu programa favorito de televisión. (*Se oye una música alegre.*)

NIÑO: ¡Ya voy, mamá!

1. *¿Por qué piensa la madre que el niño debe levantarse?*
2. *¿Por qué no quiere levantarse Miguelín?*
3. *¿Por qué se levanta por fin* (finally)?

23. The Present Tense of Reflexive Verbs

lavarse (*to wash oneself*)			
SINGULAR		PLURAL	
me lavo	*I wash (myself)*	**nos** lavamos	*we wash (ourselves)*
te lavas	*you wash (yourself)*	**os** laváis	*you wash (yourselves)*
se lava	*he, she washes (himself, herself);* *you wash (yourself)*	**se** lavan	*they, you wash (themselves, yourselves)*

A. Reflexive verbs are conjugated like nonreflexive verbs, except that an appropriate reflexive pronoun accompanies each reflexive verb form. The action of a reflexive verb *reflects back on* or *acts upon* its own subject. In vocabulary lists, the reflexive pronoun **se** attached to an infinitive indicates that the verb is reflexive.

Me levanto a las ocho.   *I get (myself) up at eight.*
Nos divertimos mucho en clase.   *We enjoy ourselves very much in class.*

B. Reflexive pronouns precede conjugated verb forms. But when the infinitive of a reflexive verb occurs along with a conjugated verb, the reflexive pronoun may precede the conjugated verb, or it may follow and be attached to the infinitive.

Me acuesto temprano.   *I go to bed early.*
Me voy a acostar temprano.⎫
Voy a acostarme temprano.⎭   *I'm going to go to bed early.*

MOTHER: (*From the living room.*) Miguelín, you ought to get up now. It's late. CHILD: (*In bed.*) I don't want to get up. I want to sleep. It's Saturday, and . . . MOTHER: But your favorite television show is starting. (*Happy music is heard.*) CHILD: I'm coming, Mom!

Juan se quita el abrigo.   *Juan is taking off his overcoat.*
Juan se quiere quitar el abrigo. ⎫
Juan quiere quitarse el abrigo. ⎭   *Juan wants to take off his overcoat.*

C. Here are some commonly used reflexive verbs. Note that several are also stem-changing.

acostarse (ue)	*to go to bed*	levantarse	*to get up*
bañarse	*to take a bath*	llamarse	*to be called*
despertarse (ie)	*to wake up*	pasearse	*to take a walk*
divertirse (ie)	*to enjoy oneself,*	ponerse	*to put on (clothing)*
	have a good time	quitarse	*to take off (clothing)*
lavarse	*to wash oneself*	sentarse (ie)	*to sit down*

Ella se lava la cara.   *She's washing her face.*
Ellos se sientan cerca de la puerta.   *They're sitting down close to the door.*
Voy a ponerme la camisa.   *I'm going to put on my shirt.*
Después de levantarme,* voy a la oficina.   *After getting up, I'm going to the office.*

Práctica

A. Tell about what you and some of your friends do every day by substituting the words in parentheses and making other necessary changes.

1. *Adela* se despierta *a las siete.*
   (yo / a las ocho, Carlos / tarde, Cecilia y Tomás / muy temprano)
2. *Juan* no se divierte mucho *en la clase de historia.*
   (tú / en casa, vosotros / aquí, Elena / en la biblioteca)
3. *Los hermanos* siempre se levantan *temprano.*
   (Ud. / tarde, nosotros / a las cinco, José y Jesús / al mediodía)
4. *Yo* voy a acostarme *a las diez.*
   (los niños / ahora, tú / después de la clase, Jorge / muy tarde)
5. *Tú* siempre te pones *la chaqueta* cuando hace frío.
   (yo / el abrigo, Juan / el sombrero, ellos / el suéter)

B. Tell what the following people do at the times indicated.

MODELO: Alicia / despertarse / 7:00 A.M.   →
          Alicia se despierta a las siete de la mañana.

1. yo / levantarse / 7:30 A.M.
2. la familia / despertarse / 8:15 A.M.
3. tú / lavarse / 11:55 A.M.
4. mis amigos y yo / divertirse / 9:25 P.M.
5. sus padres / acostarse / 10:30 P.M.

---

*Note that the meaning of an infinitive used after a preposition often corresponds to English *-ing*. Note also that the reflexive pronoun follows and is attached to the infinitive.

C. Complete the sentences with the correct form of one of the following verbs: **quitarse, divertirse, lavarse, bañarse, ponerse.** Then replace the italicized subjects with the subjects suggested in parentheses.

    1. *Teresa* _____ las manos (*hands*) antes de sentarse.   (ellos)
    2. *Los hombres* _____ el sombrero antes de entrar.   (yo)
    3. *Yo* _____ el suéter cuando hace fresco.   (Ud.)
    4. *Las mujeres* van a _____ mucho durante el concierto.   (nosotros)
    5. *Nosotros* debemos _____ antes de ir a la universidad.   (tú)

D. Continue as in exercise C, using one of the following verbs: **llamarse, sentarse, despertarse, acostarse, levantarse.**

    1. *¿Todos* _____ antes de las once de la noche?   (nosotros)
    2. *El músico* _____ Rafael.   (tú)
    3. Después de entrar en el teatro, *el público* _____ .   (todos)
    4. *Tenemos* que _____ muy temprano.   (tú)
    5. *Nosotros* _____ antes de las ocho.   (los estudiantes)

E. Express in Spanish.

    1. They are going to get up late today.
    2. Do you enjoy yourselves in class?
    3. It's necessary to sit there.
    4. We should get washed now.
    5. When it's cold, I put on a sweater.
    6. When it's hot, I take off my jacket.

F. Use the following questions to interview a classmate.

    1. ¿A qué hora te levantas? ¿A qué hora te acuestas? ¿Te bañas todos los días?
    2. ¿Te lavas la cara todos los días? ¿Te lavas los pies (*feet*)? ¿el pelo (*hair*)? ¿las manos?
    3. Cuando hace calor, ¿te pones un suéter? ¿un sombrero? ¿un bikini?
    4. ¿Te despiertas temprano? ¿Te levantas pronto?
    5. ¿Te diviertes en clase? ¿Te quitas la ropa en clase?
    6. Antes de dormir, ¿te quitas los pantalones? ¿los zapatos (*shoes*)?

G. Tell what you would do in the following situations, using reflexive verbs.

    1. Cuando estoy cansado/a, _____ .
    2. Cuando tengo clase a las ocho de la mañana, _____ .
    3. Cuando estoy en una fiesta, _____ .
    4. Cuando entro en mi casa, _____ .
    5. Cuando hace frío, _____ .
    6. Cuando hace calor, _____ .

¿Cómo se dice?

- ## The numbers 30–100

30	treinta	70	setenta
31	treinta y uno	75	setenta y cinco
40	cuarenta	80	ochenta
42	cuarenta y dos	86	ochenta y seis
50	cincuenta	90	noventa
53	cincuenta y tres	97	noventa y siete
60	sesenta	100	cien (ciento)
64	sesenta y cuatro	108	ciento ocho

Remember that **uno** changes to **un** or **una** before masculine and feminine nouns, respectively.

treinta y un hombres	treinta y una casas
cincuenta y un cuartos	cincuenta y una regiones

Cien is used before nouns or when it stands alone.

cien personas	*one hundred people*
Hay cien.	*There are one hundred.*

Ciento is used before any number smaller than itself. **Ciento** is never followed by **y**.

ciento un estudiantes	*one hundred one students*
ciento veinte y una cartas	*one hundred twenty-one letters*

A. Here are some math problems. Express them in Spanish and give the answers.

1. $55 + 44 =$ _____
2. $36 - 23 =$ _____
3. $77 + 89 =$ _____
4. $18 + 48 =$ _____
5. $97 - 61 =$ _____
6. $50 + 51 =$ _____
7. $33 - 28 =$ _____
8. $12 + 17 =$ _____
9. $68 + 81 =$ _____
10. $25 + 75 =$ _____
11. $50 - 20 =$ _____
12. $150 - 50 =$ _____
13. $82 + 8 =$ _____
14. $77 + 11 =$ _____
15. $44 - 11 =$ _____

Now create some similar problems and present them to the class.

B. How are the following numbers expressed in Spanish?

1. 101 jóvenes
2. 45 colegios
3. 71 camisas
4. 100 primos
5. 120 personas
6. 141 parientes
7. 61 primas
8. 66 miembros

C. With a classmate, ask and answer questions that have to do with the following numbers. Follow the model.

MODELO: el número de estados en los Estados Unidos →
           —¿Cuántos estados hay en los Estados Unidos?
           —Hay cincuenta estados en los Estados Unidos.

1. el número de segundos (*seconds*) en un minuto
2. el número de minutos en una hora
3. el número de centavos en un dólar
4. el número de días en una semana
5. el número de días en un mes
6. el número de meses en un año
7. el número de estudiantes en la clase
8. el número de personas en su familia

Vocabulario

VERBOS

acostarse (ue) *to go to bed*
bañarse *to take a bath*
cenar *to have dinner (supper)*
comenzar (ie) *to begin*
desayunar *to eat breakfast*
descansar *to rest*
despertarse (ie) *to wake up*
divertirse (ie) *to enjoy oneself,
  have a good time*
lavarse *to wash oneself*
levantarse *to get up*
limpiar *to clean*
llamarse *to be called*
pasearse *to take a walk*
pedir (i) *to ask for, request*
ponerse *to put on (clothing)*
quitarse *to take off (clothing)*
repetir (i) *to repeat*
sentarse (ie) *to sit down*
servir (i) *to serve*

SUSTANTIVOS

el **abrigo**   *(over)coat*
la **camisa**   *shirt*
la **cara**   *face*
el **colegio**   *high school*
la **comida**   *food; main meal*
la **chaqueta**   *jacket*
el **desayuno**   *breakfast*
la **frase**   *sentence*
la **mano**   *hand*
el **minuto**   *minute*
el/la **músico/a**   *musician*
los **pantalones**   *pants*
el **pelo**   *hair*
el **pie**   *foot*
el **plato**   *plate; dish*
el **rato**   *while*
la **siesta**   *nap*
el **sombrero**   *hat*
el **suéter**   *sweater*
la **tarea**   *homework*
el **trabajo**   *job; work*
el **zapato**   *shoe*

**OTRAS PALABRAS Y
EXPRESIONES**

antes (de) *before*
desde *from*
después (de) *after*
hasta *until*
lejos (adv.) *far*
otra vez *again*
por lo general *generally, in
  general*

ADJETIVOS

diario *daily*
libre *free*

Caracas, Venezuela

Superficialmente, las ciudades grandes de los países hispánicos se parecen a las metrópolis de los Estados Unidos: hay edificios altos, mucho tráfico y mucha gente que camina por las calles. En el centro hay hoteles modernos, bancos y negocios. Algunos (*Some*) barrios se parecen a nuestros barrios periféricos, con casas unifamiliares (*single-family houses*) o "chalets" con jardines muy bonitos. Desgraciadamente, hay barrios donde la pobreza (*poverty*) es muy evidente. Aunque el ritmo (*rhythm*) es diferente en las diferentes áreas de una ciudad hispánica—el centro, las áreas residenciales y los barrios periféricos— comparten ciertas características.

93

Bogotá, Colombia

En las grandes ciudades hispánicas la mayoría de la gente vive en grandes edificios de apartamentos. Normalmente no necesitan tener automóvil: usan el transporte público, como el autobús, el metro o el taxi para viajar. Algunos viven en el centro, pero muchos viven en barrios alejados del (*far from*) centro que muchas veces reflejan (*reflect*) la situación económica o el origen de los habitantes: por ejemplo, hay barrios de trabajadores (*workers*) o barrios de alemanes o de italianos.

> ¿Viven sus padres en una ciudad grande o pequeña? ¿Hay grandes barrios periféricos en su ciudad? ¿Cómo son? Por lo general, ¿usa Ud. el transporte público?

Segovia, España

Las plazas son muy importantes en las ciudades hispánicas. En la plaza central uno encuentra con frecuencia la catedral (*cathedral*), la casa del gobierno, los bancos, las oficinas importantes y los hoteles más elegantes de la ciudad. También hay plazas más pequeñas en los barrios donde hay, por lo general, una iglesia, varias tiendas pequeñas, un café al aire libre y un quiosco (*newsstand*) de diarios y revistas. Casi siempre hay gente en las plazas. Muchas personas se sientan en la plaza para conversar o leer, mientras (*while*) otras se divierten mirando (*looking at*) a la gente.

> ¿Hay una plaza central en la ciudad donde vive Ud.? ¿Hay mucha gente en las plazas de su ciudad? ¿Hay cafés al aire libre cerca de las plazas?

Ciudad de México

Para todos los habitantes de la ciudad el contacto humano es muy importante. No les gustan (*They don't like*) mucho los supermercados: prefieren las tiendas pequeñas cerca de su casa, donde pueden conversar con otra gente—ir de compras es un hecho (*act*) social. También les gusta hablar con los vecinos y con el portero (*doorman*) del edificio donde viven. Por la noche muchos prefieren reunirse con los amigos o salir (*to go out*) a pasear en vez de mirar la televisión: es otra manera de luchar (*to fight*) contra la impersonalidad y deshumanización de las grandes ciudades.

¿Prefiere Ud. las tiendas pequeñas o los supermercados? ¿Por qué? ¿Mira Ud. mucho la televisión? ¿Prefiere mirar la tele o reunirse con los amigos?

Burgos, España

El turista que va a una gran ciudad hispánica generalmente sólo (*only*) conoce (*knows*) el centro de la ciudad porque su hotel está allí. En el centro el visitante (*visitor*) puede cambiar su dinero en una oficina de cambio o en un banco, hacer compras, visitar museos y lugares históricos y mandar cartas desde la oficina central de correos. Pero la persona que realmente quiere conocer (*to get to know*) la ciudad debe tomar un autobús o el metro y visitar los barrios. Allí—en las pequeñas tiendas, en las plazas, en los bares y cafés—el turista puede conocer el alma (*soul*) de la ciudad.

¿Qué le gusta hacer en una ciudad grande? ¿Cómo se llama un barrio interesante de Chicago, Nueva York, San Francisco u (*or*) otra ciudad grande? ¿Cómo es?

Estructura

Minidiálogo

CLARA: Maritere, ¿cuánto dinero necesitas este semestre?
MARITERE: Bueno, necesito dinero para libros, para cosas como
            bolígrafos y papel, para gastos personales, para
            gasolina, para ropa, para...
CLARA: ¡Ojalá que ganes mucho dinero —y pronto!

¿Qué opina Ud.?

1. ¿Quiénes son Clara y Maritere?
2. ¿Dónde viven?
3. ¿Son típicos de un estudiante los gastos de Maritere?
4. ¿Trabaja Maritere?
5. ¿Debe ganar mucho dinero ella?

24. Theory and Forms of the Subjunctive Mood

A. You already know that verbs have different tenses (time). In addition, verbs can be expressed in one of two moods (attitude). You have been using the *indicative mood* so far, which is used to relate or elicit information that is definite, certain, and factual.

Juan habla bien el español.	*John speaks Spanish well.*
Mi hermano come en casa.	*My brother eats at home.*
¿Vive tu abuelo en México?	*Does your grandfather live in Mexico?*

B. In contrast to the indicative mood, the *subjunctive mood* is used to relate or elicit information concerning attitude, wishing, feeling, or uncertainty. It usually deals with possibilities or subjective reactions, rather than with established facts.

¡Ojalá que Juan hable bien el español!	*I hope John speaks Spanish well!*
Es probable que mi hermano coma en casa.	*It is probable that my brother will eat at home.*
¿Es necesario que tu abuelo viva en México?	*Is it necessary for your grandfather to live in Mexico?*

C. To form the present subjunctive of regular verbs, drop the **-o** ending of the first-person singular present indicative, and add the subjunctive endings: **-e, -es, -e, -emos, -éis, -en** for **-ar** verbs, and **-a, -as, -a, -amos, -áis, -an** for **-er** and **-ir** verbs.

CLARA: Maritere, how much money do you need this semester? MARITERE: Well, I need money for books, for things like pens and paper, for personal expenses, for gas, for clothes, for . . . . CLARA: I hope you earn a lot of money—and soon!

-ar verbs		-er verbs		-ir verbs	
INDICATIVE	SUBJUNCTIVE	INDICATIVE	SUBJUNCTIVE	INDICATIVE	SUBJUNCTIVE
hablo	hable	como	coma	vivo	viva
hablas	hables	comes	comas	vives	vivas
habla	hable	come	coma	vive	viva
hablamos	hablemos	comemos	comamos	vivimos	vivamos
habláis	habléis	coméis	comáis	vivís	viváis
hablan	hablen	comen	coman	viven	vivan

D. Irregular verbs that end in **-o** in the first person singular of the present indicative form the subjunctive by dropping the **-o** and adding the subjunctive endings to the irregular stem. Note that the irregular stem is maintained throughout all of the singular and plural subjunctive forms.

poner		hacer		tener	
SINGULAR	PLURAL	SINGULAR	PLURAL	SINGULAR	PLURAL
ponga	pongamos	haga	hagamos	tenga	tengamos
pongas	pongáis	hagas	hagáis	tengas	tengáis
ponga	pongan	haga	hagan	tenga	tengan

venir		decir	
SINGULAR	PLURAL	SINGULAR	PLURAL
venga	vengamos	diga	digamos
vengas	vengáis	digas	digáis
venga	vengan	diga	digan

E. Irregular verbs that do not end in **-o** in the first person singular of the present indicative do not follow the normal pattern of conjugation in the present subjunctive. These irregular forms must be learned separately. You will learn more of them in Unit 5A.

saber	
SINGULAR	PLURAL
sepa	sepamos
sepas	sepáis
sepa	sepan

25. The Subjunctive with *ojalá*

A. The subjunctive is frequently used in dependent clauses in Spanish. A dependent clause is one that cannot stand alone; it depends on the main clause of the sentence.

MAIN CLAUSE	DEPENDENT CLAUSE
Es bueno	que mi hermano diga la verdad.
It's good	*(that) my brother tells the truth.*
¿Es importante	que hagamos la tarea esta noche?
Is it important	*for us to do (that we do) the homework tonight?*

Note that dependent clauses in Spanish are always introduced by **que** (*that*). In English, the word *that* is often dropped in similar constructions, but it may help you if you think of subjunctive mood sentences as having *that* inserted: *It's good (that) my brother tells the truth. Is it important for us to do (that we do) the homework tonight?*

B. The word **ojalá,** invariable in form, means *I hope*. It is always followed by the subjunctive in the dependent noun clauses that follow it.

¡Ojalá que Juan hable bien el español!	*I hope (that) Juan speaks Spanish well!*
¡Ojalá que mi abuelo viva en México!	*I hope (that) my grandfather lives in Mexico!*
¡Ojalá que vengan mañana!	*I hope (that) they'll come tomorrow!*

Note that, as in the third example, the subjunctive verb may have a future meaning.

Práctica

A. Change the following indicative verb forms to the subjunctive, using **que.**

MODELO: aprendes   →   que aprendas

1. nos bañamos	5. comparten	9. escribo	13. hacemos
2. viajan	6. nos levantamos	10. se lavan	14. sabe
3. descanso	7. manda	11. vivimos	15. vienen
4. cenas	8. os paseáis	12. desayuna	16. digo

B. Substitute the words in parentheses and make other necessary changes.

1. ¡Ojalá que *mi madre* abra la puerta! (nosotros, Uds., vosotras)
2. ¡Ojalá que *tú* comprendas el problema! (Marta y Lisa, tú y yo, el profesor)
3. ¡Ojalá que *nosotros* descansemos! (tú, las mujeres, la gente)
4. ¡Ojalá que *ella* haga la tarea! (los estudiantes, tú, Ud.)
5. ¡Ojalá que *mis parientes* vengan hoy! (mis amigos, el músico, Uds.)

C. ¡Ojalá que no! Indicate whether or not you hope that the following things happen.

MODELO: Tenemos un examen hoy.   →   ¡Ojalá que no tengamos examen hoy! ¡Ojalá que tengamos examen hoy!

1. Todos mis parientes vienen a cenar hoy.
2. La clase tiene mucha tarea que hacer esta noche.
3. Julio hace todo el trabajo.
4. Mi amigo comparte su dinero con nosotros.

5. Yo sé todas las respuestas (*answers*).
6. Terminamos las lecciones temprano.
7. Tú comprendes la historia de la Argentina.
8. Ellos estudian un poco antes de tomar el examen.
9. Tú siempre dices la verdad.
10. Miramos la tele esta noche.

Minidiálogo

TURISTA: Señor, perdón, ¿cómo llego al centro?
HOMBRE: Es fácil llegar al centro de aquí. Es necesario que tome
el autobús número cinco.
TURISTA: ¿En qué calle bajo?
HOMBRE: En la calle Florida. Es importante que lea los nombres
de las calles.
TURISTA: (*Para sí mismo.*) ¡Es evidente que me voy a perder!

1. *¿Adónde quiere ir el turista?*   3. *¿Cómo debe saber dónde bajar?*
2. *¿Qué autobús debe tomar?*   4. *¿Qué es evidente para el turista?*

26. The Subjunctive with Impersonal Expressions

A. An impersonal expression is one that has the impersonal *it* as the subject: *it's important . . .*, *it's a shame . . .*, and so on. As you know, when no other subject appears after such expressions, the infinitive is used.

Es importante vivir en el centro.   *It's important to live downtown.*

B. When certain impersonal statements are followed by a dependent clause containing a different subject, the subjunctive must be used in the dependent clause. Some of these expressions are **es necesario, es importante, es una lástima** (*shame*), **es mejor** (*better*), **es bueno/malo, es imposible,** and **es probable**. Note that such phrases express *doubt, emotion,* or *volition* (*willing*), and require the subjunctive in the dependent clause.

Es importante que Uds. lean el diario hoy.   *It's important that you read the newspaper today.*

Es una lástima que no tengan tiempo.   *It's a shame they don't have time.*
No es importante que ella gane mucho dinero.   *It's not important that she earn a lot of money.*

C. Certain impersonal expressions do not require the subjunctive when they are used affirmatively because they introduce absolute, factual statements: **es verdad, es cierto, está claro, es evidente, es obvio, es seguro.**

TOURIST: Sir, excuse me, how do I get downtown? MAN: It's easy to get downtown from here. It's necessary for you to take bus number 5. TOURIST: Where do I get off? MAN: At Florida Street. It's important for you to read the street names. TOURIST: (*To himself.*) It's evident that I'm going to get lost!

Está claro que ella sabe divertirse.	*It's clear that she knows how to have a good time.*
Es seguro que no podemos cenar juntos esta noche.	*It's certain that we cannot have supper together tonight.*

However, when these same phrases are used negatively, or when they appear in a question that implies doubt in the mind of the speaker, they must be followed by the subjunctive.

No es cierto que ella sepa divertirse.	*It's not true that she knows how to have a good time.*
¿Es seguro que no podamos cenar juntos esta noche?	*Is it certain that we cannot have supper together tonight?*

Práctica

A. Create new sentences by combining these sentences with the sentences that follow them and making other necessary changes. Follow the model.

MODELO: Es necesario que...
          Cambiamos el dinero.   →   Es necesario que cambiemos el dinero.

1. Es necesario que...
   Uds. visitan el museo.
   Tú descansas.
   Hacemos planes.
   Cenáis bien.
2. Es posible que...
   Se levantan tarde.
   Ella manda la carta.
   José no sabe dónde está el hotel.
   Uds. no notan la diferencia de precios.

3. Es una lástima que...
   Ella no tiene abrigo.
   No limpian el hotel.
   La ciudad no tiene jardines.
   El supermercado no tiene comida.
4. Es probable que...
   Se llama Sánchez.
   Su abuela sabe preparar el plato.
   Te paseas con tus amigos.
   Venimos mañana.

B. Complete the sentences with the correct form of the verb in parentheses.

1. Es verdad que la gente _____ bien en las ciudades.   (vivir)
2. Es cierto que muchos turistas _____ dónde está el metro.   (saber)
3. Está claro que ella _____ dinero.   (tener)
4. Es evidente que ellos _____ a misa (*mass*) todos los domingos.   (asistir)
5. Es obvio que tú _____ muchos museos.   (visitar)
6. Es seguro que nosotros _____ a la oficina mañana.   (venir)

C. Restate the sentences in Exercise B, changing the impersonal expressions to the negative and making other necessary changes.

D. Practice answering the following questions with a classmate. You will have to change the infinitive constructions to **tú** forms in the answers. Follow the model.

MODELO: ¿Es necesario hacer la tarea esta noche?   →
          Sí, es necesario que hagas la tarea esta noche.   *or:*
          No, no es necesario que hagas la tarea esta noche.

1. ¿Es posible hablar inglés en clase?
2. ¿Es importante cambiar la ropa con frecuencia?
3. ¿Es necesario levantarse temprano?
4. ¿Es una lástima no asistir al·teatro?

5. ¿Es posible saber todos los verbos?
6. ¿Es bueno beber mucho?
7. ¿Es imposible ganar mucho dinero?
8. ¿Es necesario entrar en el edificio?

E. State whether or not the following people have to do the things listed in order to realize their indicated goals.

MODELO: Felipe quiere visitar el centro. (tomar el autobús, mandar una carta)   →
Es necesario que Felipe tome el autobús. No es necesario que mande una carta.

1. María quiere ser novelista. (saber escribir bien, viajar a México)
2. Paco desea trabajar para las Naciones Unidas (*United Nations*). (aprender varios idiomas, vivir en una casa particular)
3. Pensamos vivir un año en Madrid. (tener mucho dinero, hablar español)
4. Espero visitar Sevilla. (tener pasaporte [*passport*], viajar a México)
5. Tú vas a ser músico. (estudiar música, mirar la televisión)

F. Answer the following questions about your daily activities.

1. ¿Es necesario que Ud. se levante temprano? ¿Por qué sí o por qué no?
2. ¿Es necesario que Ud. trabaje para ganar dinero? Si trabaja, ¿cuántas horas trabaja? ¿Dónde trabaja? ¿Le gusta el trabajo?
3. ¿Es importante que Ud. asista a todas sus clases? ¿Es probable que tenga muchos exámenes esta (*this*) semana? ¿En qué clases?
4. ¿Es posible que cene Ud. con sus amigos esta noche? ¿Es probable que cenen Uds. en un restaurante al aire libre? Si Ud. cena solo/a, ¿piensa cenar en casa o en un restaurante?

Minidiálogo

1. ¿Qué quieren ser los señores de los carteles?
2. ¿Hay ya un presidente?
3. ¿Qué dice Guille cuando piensa en todos los candidatos?

GUILLE: Who's this man on this poster? MAFALDA: A gentleman who wants to be president, Guille. GUILLE: And this other man? MAFALDA: Another gentleman who also wants to be president. GUILLE: And that other one? MAFALDA: Him, too. GUILLE: And that one? MAFALDA: Him, too. GUILLE: And this one? MAFALDA: Him, too. GUILLE: And that one? MAFALDA: Him, too. GUILLE: But isn't there a president already? MAFALDA: Yes, sure. GUILLE: Wow! They've got us surrounded, don't they?

27. Demonstrative Adjectives and Pronouns

A. Demonstrative adjectives indicate persons and things in a more specific way than articles do: *this book* versus *a book*. They usually precede the nouns they modify and agree with them in number and gender.

	SINGULAR			PLURAL	
	MASCULINE	FEMININE		MASCULINE	FEMININE
this	**este** abrigo	**esta** camisa	*these*	**estos** pantalones	**estas** oficinas
that	**ese** edificio	**esa** chaqueta	*those*	**esos** zapatos	**esas** revistas
that	**aquel** museo	**aquella** calle	*those*	**aquellos** vecinos	**aquellas** casas

B. Both **ese** and **aquel** (and all of their forms) mean *that/those*. **Ese** refers to nouns that are near the person addressed. **Aquel** refers to nouns that are at a distance from both the speaker and the person addressed.

Me gusta este diario.	*I like this newspaper (here).*
Me gusta ese diario.	*I like that newspaper (that one that you are reading).*
Me gusta aquel diario.	*I like that newspaper (over there).*

C. Demonstrative pronouns, like other pronouns, replace nouns. They are different in form from demonstrative adjectives only in having an accent mark on the stressed syllable. Demonstrative pronouns agree in number and gender with the nouns to which they refer.*

Este edificio es grande, pero ése es enorme.	*This building is big, but that one is enormous.*
Esos chicos son españoles, pero aquéllos son mexicanos.	*Those boys are Spanish, but those (over there) are Mexican.*
Esa mesa está ocupada, pero ésta está desocupada.	*That table is occupied, but this one is free.*

Práctica

A. Restate the following sentences, changing all possible elements to the plural.

MODELO: Esta tienda es muy grande.   →   Estas tiendas son muy grandes.

1. Este periódico es interesante.
2. Ese museo es bueno.
3. Aquel edificio es enorme.
4. Esta ciudad es moderna.
5. Esa tienda es nueva.
6. Aquella revista es buena.

---

*Spanish also has three neuter demonstrative pronouns whose form is invariable. You already know two of them: **esto** (*this*) and **eso** (*that*). The third is **aquello** (*that*). They refer not to specific people, places, or objects but to abstract ideas, situations, or unspecified things: **¿Qué es esto? ¿Eso? No sé lo que es.** Note that the neuter forms do not have an accent.

B. Repeat Exercise A, changing demonstrative adjectives to demonstrative pronouns.

MODELO: Esta tienda es muy grande.   →   Ésta es muy grande.

C. Substitute the new nouns and make other necessary changes.

1. Yo prefiero comprar (*to buy*) este *automóvil,* pero Juan prefiere aquél.
   (apartamento, zapatos, revista, camisas)
2. Queremos visitar esta *iglesia,* pero ellos quieren visitar ésa.
   (lugares, tienda, ciudades, hotel)

D. Complete the sentences with the proper forms of the demonstrative adjectives and pronouns indicated in parentheses.

1. Preferimos las camisas en ＿＿＿＿＿＿ tienda. No nos gusta ＿＿＿＿＿＿.
   (*this/that one* [*shop*] *over there*)
2. Me gustan ＿＿＿＿＿＿ pantalones; no me gustan ＿＿＿＿＿＿.
   (*these/those near you*)
3. Queremos comprar ＿＿＿＿＿＿ chaqueta. No nos gusta ＿＿＿＿＿＿.
   (*that/this one*)
4. Me gusta ＿＿＿＿＿＿ sombrero; no me gustan ＿＿＿＿＿＿.
   (*this/those over there*)
5. ¿Prefieres ＿＿＿＿＿＿ camisas o ＿＿＿＿＿＿?
   (*these/those over there*)
6. ¿Cuál vas a ponerte primero, ＿＿＿＿＿＿ camisa nueva o ＿＿＿＿＿＿?
   (*that one near you/this one*)

E. No matter what you suggest, your friend proposes an alternative plan. With a classmate, ask and answer questions that show these disagreements. Follow the model.

MODELO: —¿Comemos en este restaurante?   →
          —¡No! Es mejor que comamos en aquél.

1. ¿Leemos estos libros?
2. ¿Hacemos ese trabajo primero?
3. ¿Descansamos en esta plaza?
4. ¿Compramos estas novelas?
5. ¿Conversamos con esos señores?
6. ¿Visitamos este museo?

F. When Pedro and Constancia go shopping, he makes a lot of suggestions but she never agrees. With a classmate, create their conversation, according to the model.

MODELO: un bolígrafo →
          CONSTANCIA: Necesito un bolígrafo.
          PEDRO: ¿Por qué no compras éste?
          CONSTANCIA: ¡Ése! ¡Qué horror! Prefiero aquél.

1. unos libros   4. unas revistas   7. un abrigo
2. una novela   5. un diario   8. unos lápices
3. un reloj   6. un bolígrafo

Repaso

A. Paco is describing his family's daily schedule. Complete his description with the correct form of the verbs in parentheses.

En mi casa toda la familia (1) _____ (*despertarse*) temprano. Mi madre (2) _____ (*levantarse*) pronto porque tiene que preparar el desayuno. Yo (3) _____ (*levantarse*) a las siete y media. Después de (4) _____ (*lavarse*), (yo) (5) _____ (*ponerse*) la ropa y voy al comedor (*dining room*) para comer. Después de desayunar, mis hermanos y yo (6) _____ (*pasearse*) por el parque antes de ir a la universidad. A las ocho y media vamos a la universidad y nuestro padre va a la oficina. Todos vuelven a casa a las seis. Entramos en casa y (7) _____ (*sentarse*) para (8) _____ (*descansar*) y hablar. Después de cenar, mis padres y mis hermanos (9) _____ (*bañarse*) y (10) _____ (*acostarse*) temprano. Yo no (11) _____ (*acostarse*) hasta las once porque tengo que hacer mi tarea y, si hay tiempo, me gusta mirar la televisión.

B. Using the verbs given in Exercise A, describe your own daily schedule. Include the approximate time when each activity takes place.

MODELO: Me despierto a las siete y cuarto de la mañana. Me...

C. You are going to have a large party, with both family and friends as guests. Complete the following statements of your thoughts about the party, using verbs from the list.

| venir | reunirse | tener | quitarse | saber | limpiar |
| trabajar | decir | romper | ponerse | hacer | cambiar |

1. ¡Ojalá que mi esposo/a (no) _____ la casa!
2. Es importante que la gente (no) _____ tarde.
3. ¡Ojalá que mi hermano menor (no) _____ los platos!
4. Es necesario que (nosotros) (no) _____ mucho antes de la fiesta.
5. Es probable que mi hermano (no) _____ los zapatos nuevos.
6. ¡Ojalá que mis amigos (no) _____ que volver a casa temprano!
7. Es mejor que yo (no) _____ la camisa antes de la fiesta.
8. ¡Ojalá que todos (no) _____ la hora de la fiesta!
9. ¡Ojalá que mi primo el loco (*nut*) (no) _____ los pantalones otra vez!
10. Es una lástima que (nosotros) (no) _____ con más frecuencia.
11. Es imposible que yo (no) _____ todo antes de las seis.
12. ¡Ojalá que todos (no) _____ que están contentos después de la fiesta!

D. Ir de compras. You are shopping. Indicate which items you prefer and which you don't want.

> MODELO: Prefiero (*these*) _____ libros. No quiero ni (*neither*)
> _____ ni (*nor*) _____ . →
> Prefiero *estos* libros. No quiero ni *ésos* ni *aquéllos*.

1. camisa	4. cuadernos	7. ropa	10. mapa
2. diarios	5. bolígrafo	8. abrigos	
3. chaquetas	6. zapatos	9. pantalones	

E. La vida diaria. Tomás wants a college education, but he has to work hard for it. Give his daily schedule and future plans in Spanish.

1. I get up at 6:00 A.M.
2. My mother serves breakfast at 7:00 A.M.
3. I have to be at (**en**) the office at 7:30.
4. It's necessary for me to work because I have to earn a lot of money.
5. I hope (**Ojalá**) that I'll have enough (**bastante**) money in order to (**para**) attend the university in the fall.
6. It's possible that my cousins will attend that university also.
7. It's probable that we'll share an apartment, too.
8. I hope (**Ojalá**) that they'll come here. We always enjoy ourselves a lot.

Intercambios

A. Ud. tiene que dar consejos (*advice*) a sus hijos sobre la vida. Use las frases aquí o sus propias frases para expresar los consejos que Ud. considera importantes.

> MODELO: (No) Es necesario (bueno, importante, mejor) que Uds. ... Ojalá que Uds. (no)...

1. tener muchos amigos	9. tener familias grandes
2. hacer el mejor trabajo posible en todo	10. asistir a la universidad
3. comer en restaurantes con frecuencia	11. visitar museos y escuchar música clásica
4. acostarse temprano todas las noches	12. vivir en casas particulares
5. reunirse con frecuencia con los amigos	13. venir a casa con frecuencia
6. saber quiénes son	14. ponerse sombrero cuando hace frío
7. ganar mucho dinero	15. bañarse con frecuencia
8. comprar mucha ropa	16. ???

Ahora invente cinco preguntas para un compañero de clase con las frases del Ejercicio A.

> MODELO: ¿Es necesario tener una familia grande?

B. Más consejos paternales. ¿Qué consejos van a dar estos padres (pagina 106) a su hijo? Use las frases (*Es bueno, necesario, etcétera*) del Ejercicio A.

...CREO QUE HUGUITO TIENE TALENTO PARA LOS NEGOCIOS... NO PIERDE TIEMPO HACIENDO CASTILLOS DE ARENA... DIRECTAMENTE HACE CONDOMINIOS...

castillos de arena   *sand castles*

Vocabulario

VERBOS

cambiar   *to change*
comprar   *to buy*
ganar   *to earn*
mandar   *to send*
notar   *to notice*
parecerse   *to resemble*
reunirse (con)   *to meet, get together (with)*

SUSTANTIVOS

el **apartamento**   *apartment*
el **auto(móvil)**   *auto(mobile)*
el **barrio periférico**   *suburb*
la **calle**   *street*
el **centro**   *center; downtown*
la **compra**   *purchase*
el **contacto**   *contact*
el **diario**   *newspaper*
el **edificio**   *building*
la **gente**   *people*
el **gobierno**   *government*
el **hotel**   *hotel*
la **iglesia**   *church*
el **jardín**   *garden, yard*
el **lugar**   *place*
la **mayoría**   *majority*
el **metro**   *subway*
el **museo**   *museum*
el **negocio**   *business*
la **oficina**   *office;* **oficina de cambio**   *exchange office (to change foreign currency);* **oficina de correos**   *post office*
la **revista**   *magazine*
el **supermercado**   *supermarket*
la **tienda**   *store, shop*
el **transporte**   *transportation*
el/la **turista**   *tourist*
el/la **vecino/a**   *neighbor*

ADJETIVOS

cierto   *certain, a certain _____; true*
claro   *clear*
económico   *economic*
evidente   *evident*
humano   *human*
imposible   *impossible*
mejor   *better*
moderno   *modern*
obvio   *obvious*
particular   *private*
posible   *possible*
público   *public*
varios   *various*

OTRAS PALABRAS Y EXPRESIONES

al aire libre   *open air*
aunque   *although*
cerca de (prep.)   *near*
desgraciadamente   *unfortunately*
en vez de   *instead of*
es lástima   *it's a shame*
es verdad   *it's true*
ir de compras   *to go shopping*
ojalá (que)   *I hope (that)*

Oficinas de Televicentro, Ciudad de México

LECCIÓN A

28. The subjunctive in noun clauses after verbs of emotion and willing

29. The subjunctive forms of **ser, estar, ir,** and **hay**

30. The present indicative and subjunctive forms of more irregular verbs

¿Cómo se dice?

• Affirmative and negative words

LECCIÓN B

31. The present participle and the present progressive

32. The indicative and subjunctive after verbs of doubt and uncertainty

33. Direct object pronouns

Repaso

Intercambios

In this unit you will learn to express your ideas about jobs and careers. You will also become familiar with some Hispanic attitudes toward work.

Es difícil escoger° una carrera. Sin embargo, es necesario escoger con cuidado° porque es posible que el trabajo ocupe cien mil° horas de la vida de una persona. Es importante que las personas escuchen los consejos de la familia, de los amigos y de los profesores antes de decidirse. Pero a veces los consejos no ayudan mucho, como ocurre en el caso de Elena, que tiene que tomar una decisión difícil.

to choose

con... carefully / cien... one hundred thousand

PAPÁ: Bueno, Elena, se acerca el fin del año. Tienes que decidir si vas a seguir* el curso de humanidades o el de ciencias el año que viene.

ELENA: Ya sé, papá. Pero no es fácil. No estoy segura...

PAPÁ: ¿Por qué no te sientas aquí y así hablamos de° eso? ¿Piensas en una carrera en particular?

about

ELENA: Todavía no tengo° una idea clara de qué carrera prefiero. Es importante que encuentre algo muy interesante.

Todavía... I still don't have

MAMÁ: Pienso que debes poner más atención en tener una familia. Eso es algo importante.

PAPÁ: Pero mujer, no es necesario que se preocupe de eso ahora. Hay mucho tiempo para tomar esa decisión. Primero, que termine° sus estudios; luego° comienza a trabajar y después se decide sobre esa cuestión.

que... let her finish

then

ELENA: Además, mamá, hoy día es posible que la mujer tenga una carrera y una familia al mismo tiempo.

MAMÁ: No sé... Para mí, no es bueno que una madre trabaje fuera de la casa. Es mejor que se quede en casa para cuidar a los niños.

PAPÁ: No entiendo cómo puedes hablar así, Luisa. Elena bien puede ser abogada, médica, ingeniera, gerente de una compañía... Hoy día la mujer tiene muchas oportunidades y el futuro va a traer más.

ELENA: Sí, es cierto, mamá. Mi amiga Rosario va a estudiar para ser pilota.*

MAMÁ: Quieres decir que va a ser aeromoza, ¿no? No me gusta eso. Es obvio que va a estar lejos de la familia todo el tiempo. ¡Ojalá que tú no pienses en eso también!

ELENA: No, mamá. Ella espera conducir° el avión. En ese trabajo pagan buen sueldo y una puede conocer el mundo.

to pilot

---

*Note the spelling change in the first person singular of **seguir: sigo,** but **sigues, sigue...**

*The words that refer to female professionals in the Hispanic world are changing. Therefore, you may encounter words that are different from those used in this text; for example, **la piloto** instead of **la pilota.**

MAMÁ: ¡Qué cosa! No entiendo este mundo moderno. Los hijos ya no respetan los valores tradicionales. Repito que vamos a sentir mucho estos cambios. Ustedes van a ver.

ELENA: ¡Ay, mamá! No sé qué hacer. Pienso que voy a esperar para decidirme.

Preguntas

A. Conteste según el diálogo.

1. ¿Cuál es la decisión difícil que tiene que tomar Elena?
2. ¿Qué tipo de trabajo quiere tener Elena?
3. Según la mamá, ¿por qué no es bueno que una madre trabaje fuera de la casa?
4. ¿Qué oportunidades tiene Elena?
5. ¿Para qué va a estudiar Rosario?
6. ¿Qué ventajas (*advantages*) tiene ese trabajo?
7. Según la mamá, ¿por qué no es bueno ese trabajo?
8. ¿Qué no entiende la mamá?

B. Conteste estas preguntas personales.

1. ¿Piensa Ud. hacer una carrera? ¿Cuál?
2. ¿Qué tipo de trabajo prefiere Ud., un trabajo físico o intelectual?
3. ¿Es importante para Ud. encontrar un trabajo interesante?
4. ¿Va Ud. a buscar trabajo en una compañía grande o pequeña?
5. ¿Es necesario que Ud. se quede cerca de su familia?
6. ¿Prefiere Ud. un trabajo interesante con un sueldo bajo o un trabajo aburrido con un sueldo alto?

Pronunciación

l   The Spanish single **l** is pronounced like the *l* in English *lid, last*. To produce this sound, the tip of the tongue touches the back of the upper front teeth.

Repeat these words, imitating your instructor.

lugar	lago	libro	lápiz	largo
literatura	lección	alto	playa	sueldo
reloj	piloto	bolígrafo	biblioteca	cumpleaños

ll   The Spanish consonant **ll** is pronounced like the English letter *y* in *yes, yet*. This pronunciation prevails in most of the Spanish-speaking world. However, in parts of Spain the **ll** is pronounced like the letters *lli* in English *million*.

Repeat these words, imitating your instructor.

me llamo	te llamas	llamar	llano	lluvia
llegar	llanura	mantequilla	llave	silla
pollo	allí	caballo	calle	apellido

ñ   The sound of the Spanish letter **ñ** is similar to the sound of the English letters *ny* in the word
canyon.

Repeat these words, imitating your instructor.

español	señorita	año	mañana	compañía
montaña	tamaño	niñera	compañero	niños
pequeño	acompañar	cumpleaños	enseñar	señores

Estructura

Minidiálogo

1. *Según Manolito, el amigo de Mafalda, ¿qué espera la gente?*
2. *Según Mafalda, ¿qué espera el año que empieza?*
3. *¿Espera Ud. que el año que viene sea mejor o igual a este año?*
4. *¿Qué opina Mafalda de la gente?*

28. The Subjunctive in Noun Clauses After Verbs of Emotion and Willing

A. The subjunctive is used in dependent clauses after verbs of emotion like **esperar, sentir, alegrarse (de)** (*to be glad [about]*), and after verbs of willing like **querer** and **preferir.**

El padre de Elena espera que estudie para abogada.

Elena's father hopes (that) she will study to be a lawyer.

Siento que los valores tradicionales cambien.

I'm sorry (that) traditional values are changing.

FIRST MAN: I hope so! SECOND MAN: You're right, I hope so! MANOLITO: People hope that the year that is beginning (the new year) will be better than the last one. MAFALDA: I'd bet that as far as it's concerned, the new year hopes that what will be better will be the people.

Nos alegramos de que Rosario tenga la oportunidad de ser pilota.	*We're glad (that) Rosario has the opportunity to be a pilot.*
Quieren que nos decidamos pronto.	*They want us to decide quickly.*
El gerente prefiere que los trabajadores tengan más experiencia.	*The manager prefers that the workers have more experience.*

Dependent clauses like these are called *noun* clauses because they function like a noun in the sentence. In most of the preceding examples, note that the dependent clause introduced by **que** is the direct object of the main verb, answering the question *what?: Elena's father hopes* **what?**, *I regret* **what?**, and so on.

B. Remember that the subjunctive is used only where there is a change of subject (person) from the main clause to the dependent clause. If the subject of both clauses is the same, the infinitive is used instead of the dependent clause, and **que** does not appear.

Espero que ella estudie humanidades.	*I hope (that) she'll study humanities.*
Espero estudiar humanidades.	*I hope to study humanities.*

Remember also that, as in these examples, the subjunctive can indicate future actions.

Práctica

A. In an employment agency you hear about the following employment policies. Read them and then repeat, substituting the new subjects in parentheses. Make any additional changes that are necessary.

MODELO: La agencia de viajes espera que *Ud.* hable dos idiomas. (las secretarias)   →
La agencia de viajes espera que las secretarias hablen dos idiomas.

1. La compañía de aviación quiere que *los pilotos* tengan experiencia. (Ud.)
2. La agencia de publicidad prefiere que *cada* secretario sepa escribir claramente. (todos)
3. La compañía de petróleo espera que *Ud.* trabaje bien con otras personas. (los gerentes)
4. La agencia de transporte quiere que *todos* reciban un buen sueldo. (tú)

B. Create new sentences by combining the independent clause with the sentences that follow it and making other necessary changes.

MODELO: Espero que...
Paco viene hoy.   →   Espero que Paco venga hoy.

1. Alberto siente que...
Tú no sabes el nombre de la compañía.
Los padres no cuidan bien a los niños.
Uds. no reciben un buen sueldo.
Yo no hago el trabajo según las instrucciones.
Vosotros no os quedáis aquí.

2. El gerente quiere que...
Nosotros trabajamos mucho.
Ellos dicen la verdad.
El piloto tiene mucha experiencia.
Yo abro la tienda hoy.
Tú escribes las cartas.

C. Tell how you feel about the following possibilities. Begin your sentences with expressions such as **Espero que, Siento que, Me alegro de que, Quiero que,** and **Prefiero que.**

MODELO: Mi padre recibe un buen sueldo.   →
                Me alegro de que mi padre reciba un buen sueldo.

1. Mi hermano tiene muchas oportunidades en esa compañía.
2. Mis padres se preocupan mucho de mi carrera.
3. Mis primos asisten a esta universidad.
4. Mi hermano/a estudia para ser abogado/a.*
5. Mis hijos tienen las mismas oportunidades que yo.
6. Los trabajadores respetan el sistema legal.
7. Las clases terminan temprano hoy.
8. El trabajo ocupa casi todo mi tiempo.

D. Susana wants to do certain things, but her parents do not agree with her. With a classmate, play both roles, as in the model.

MODELO: estudiar para ser arquitecta   →
           SUSANA: Deseo estudiar para ser arquitecta.
      SUS PADRES: No queremos que estudies para ser arquitecta.   *or:*
                     Preferimos que no estudies para ser arquitecta.

1. tener su propio apartamento
2. estudiar música
3. comprar un automóvil
4. trabajar en una oficina en Madrid
5. hacer un viaje (*to take a trip*) a la Argentina
6. asistir a la Universidad de Salamanca
7. vivir en la playa
8. levantarse tarde todos los días

E. Luis is thinking about what he hopes may happen today. Express this in Spanish.

1. I hope my father doesn't have to go to the office this morning.
2. I prefer that my parents stay home today.
3. I hope we will talk about my career.
4. My mother wants me to study to be a doctor, but my father prefers that I study to be an engineer.
5. My parents want me to decide soon.
6. They're glad that I'll attend the university in the fall.

F. Imagine that you are an employer giving instructions to a new employee. Invent as many instructions as you can, following the model.

MODELO: Quiero que Ud....   →   Quiero que Ud. venga temprano a la oficina.

FRASES ÚTILES

hacer bien el trabajo
contestar el teléfono cortésmente (*courteously*)
aprender a escribir a máquina (*to type*)

compartir una oficina con el Sr. Méndez
asistir a unas clases en la universidad
quedarse en la oficina hasta las seis

---

*In this construction the verb **ser** is often omitted: **Estudia para abogado.**

Minidiálogo

HIJO: Bueno, papá, sé que quieres que yo sea abogado o médico, pero la verdad es que no tengo interés en esas profesiones.

PADRE: Y *yo* sé que no entiendes todavía que vas a necesitar dinero para vivir. ¡Pocos músicos ganan mucho dinero!

HIJO: Es cierto. Pero para mí la calidad de la vida es más importante que la cantidad de dinero que tengo.

PADRE: Pues, prefiero que estudies algo práctico en adición a la música. Quiero que estés contento pero no quiero que estés siempre pobre.

1. *¿Qué quiere el padre?*
2. *¿Qué le gusta al hijo?*
3. *Para el joven, ¿es muy importante ganar dinero?*
4. *En la opinión de Ud., ¿quién tiene razón, el padre o el hijo?*

29. The Subjunctive Forms of *ser, estar, ir,* and *hay*

The verbs **ser, estar,** and **ir** are irregular in the present indicative. Their present subjunctive forms are also irregular.

ser		estar		ir	
sea	seamos	esté	estemos	vaya	vayamos
seas	seáis	estés	estéis	vayas	vayáis
sea	sean	esté	estén	vaya	vayan

The irregular verb form **hay** (*there is, there are*) also has an irregular present subjunctive form: **haya.** The infinitive of these irregular forms is **haber.**

Quieren que ella sea médica.	*They want her to be a doctor.*
Espero que los trabajadores no estén cansados.	*I hope the workers aren't tired.*
Preferimos que Ud. vaya a la oficina hoy.	*We prefer that you go to the office today.*
Sienten que no haya más oportunidades en la compañía.	*They regret that there aren't more opportunities in the company.*

SON: Well, Dad, I know that you want me to be a lawyer or a doctor, but the truth is that I'm not interested in those professions. FATHER: And *I* know that you still don't understand that you're going to need money to live. Few musicians earn a lot of money! SON: That's true. But for me the quality of life is more important than how much money I have. FATHER: Well, I prefer that you study something practical in addition to music. I want you to be happy, but I don't want you to be poor forever.

Práctica

A. Read the following notes that Ana has made at the employment agency.

1. Se alegran de que yo tenga interés en el puesto (*job*).
2. Quieren que vaya a la compañía Bultaco.
3. Prefieren que esté en su oficina a las nueve para hablar con el gerente.
4. Esperan que sea buen candidato para el puesto.

Now reread the notes as though they had been written for the following people:

1. Uds. (Se alegran de que Uds. tengan...)
2. tú (Se alegran de que tú tengas...)
3. los jóvenes (Se alegran de que los jóvenes tengan...)
4. nosotros (Se alegran de que nosotros tengamos...)
5. vosotras (Se alegran de que vosotras tengáis...)

B. Complete the sentences with subjunctive forms of **ser, estar, ir,** or **hay,** as appropriate.

1. Queremos que tú _____ aeromoza.
2. Espero que el médico _____ en el consultorio (*doctor's office*).
3. Prefieren que nosotros _____ al laboratorio mañana.
4. Siento que no _____ más ideas nuevas.
5. Me alegro de que este trabajo _____ interesante.
6. Esperamos que su papá _____ mejor hoy.

C. Jorge is not happy with his current job and is going to look for a new one. Complete these sentences to indicate some things he might want in a new job.

1. Mi trabajo es aburrido. Quiero que mi nuevo trabajo...
2. El gerente siempre está cerca. En mi nuevo trabajo prefiero que el gerente...
3. Nunca voy a casa temprano ahora. ¡Ojalá que en mi nuevo trabajo...
4. No hay música en esta oficina. Espero que en mi nuevo trabajo...
5. Este trabajo es difícil. Prefiero que mi nuevo trabajo...
6. No hay futuro en este trabajo. Espero que en mi nuevo trabajo...
7. Ahora vamos a la oficina los sábados. ¡Ojalá que en mi nuevo trabajo...
8. Ahora mi oficina está abierta (*open*) por la noche. En mi nuevo trabajo no quiero...
9. Este gerente no es simpático. Espero que el nuevo gerente...
10. Aquí mi tarea es siempre igual (*the same*). ¡Ojalá que en mi nuevo trabajo...

D. Answer the following questions.

1. ¿Qué quieren sus padres que sea Ud. algún día?
2. ¿Prefieren sus padres que esté Ud. en la universidad o que se quede en casa?
3. ¿Esperan sus amigos que vaya Ud. con ellos a clase o a una fiesta?
4. ¿Quiere Ud. que haya más o menos tiempo para estudiar aquí?
5. ¿Prefieren sus padres que esté Ud. triste o contento/a?

E. Complete these sentences. Use your imagination to describe your feelings and wishes right now.

1. Me alegro de que _____ .
2. Siento que _____ .
3. Espero que _____ .
4. Quiero que _____ .
5. Prefiero que _____ .
6. Es necesario que _____ .

30. The Present Indicative and Subjunctive Forms of More Irregular Verbs

	dar (*to give*)		**salir** (*to leave*)	
	SINGULAR	PLURAL	SINGULAR	PLURAL
INDICATIVE	**doy** das da	damos dais dan	salgo sales sale	salimos salís salen
SUBJUNCTIVE	dé des dé	demos deis den	salga salgas salga	salgamos salgáis salgan

	oír (*to hear*)		**traer** (*to bring*)		**ver** (*to see*)	
	SINGULAR	PLURAL	SINGULAR	PLURAL	SINGULAR	PLURAL
INDICATIVE	oigo oyes oye	oímos oís oyen	traigo traes trae	traemos traéis traen	veo ves ve	vemos veis ven
SUBJUNCTIVE	oiga oigas oiga	oigamos oigáis oigan	traiga traigas traiga	traigamos traigáis traigan	vea veas vea	veamos veáis vean

Note that in most of these verbs, as in those of Unit 4B, the irregularity of the first-person singular indicative is maintained throughout all forms of the subjunctive; **dar** is an exception.

El padre da consejos a su hija.

The father is giving advice to their daughter.

El padre quiere que la madre dé consejos a su hija.

The father wants the mother to give advice to their daughter.

Salimos de la oficina a las ocho.
Esperan que salgamos de la oficina más temprano.

We're leaving the office at eight.
They hope we'll leave the office earlier.

Ellos oyen la música.
Me alegro de que ellos oigan bien.

They hear the music.
I'm glad they hear well.

¿Traes el dinero?
Espero que traigas el dinero pronto.

Are you bringing the money?
I hope you'll bring the money soon.

Vemos muy bien la situación de los trabajadores.   *We see the workers' situation very well.*
El gerente quiere que veamos el progreso en el   *The manager wants us to see the*
trabajo.   *progress of the work.*

The verb **salir** is always followed by the preposition **de** when the sentence mentions the place
that someone is leaving: **Salen *de* la clase.**

Práctica

A. In the course of a working day, the following things happen. Describe different people's activities by substituting the words in parentheses and making other necessary changes.

1. *Tomás* da consejos a sus compañeros de trabajo. 4. *Los trabajadores* no oyen bien al gerente.
   (yo, Elena y yo, tú)   (la aeromoza, yo, nosotros)
2. *Yo* veo al gerente.   5. *Pablo* trae los contratos, ¿verdad?
   (Raúl, las secretarias, nosotros)   (yo, Uds., vosotros)
3. *Ellos* salen de la oficina a las cinco.
   (yo, Ud., tú)

B. Restate these sentences, changing the verbs to the singular.

1. Damos dinero a la compañía.   4. Oímos sus opiniones.
2. Salimos para la agencia.   5. Traemos estos contratos.
3. Ponemos los papeles aquí.   6. Vemos una solución diferente.

C. Repeat Exercise B, restating the sentences with **¿Quiere Ud. que...?**

D. Create new sentences by combining the elements below, as in the model.

MODELO: Espero que...
          El ingeniero trae los planes.   →
          Espero que el ingeniero traiga los planes.

1. Espero que...   3. Se alegran de que...
   Uds. oyen las instrucciones.   Vemos a la ingeniera frecuentemente.
   El gerente da buenos sueldos.   Traigo el contrato pronto.
   Tú sales de la oficina temprano.   Uds. oyen sus consejos.
   El médico trae la medicina.   Doy mi opinión.

2. Sentimos que...
   Ellos no salen de la oficina temprano.
   La secretaria no oye las instrucciones.
   El piloto no ve el problema.
   Vosotros no dais consejos al gerente.

E. Tell why the following people are happy.

MODELO: La señora Gómez   (Sus parientes salen mañana.)   →
          La señora Gómez se alegra de que sus parientes salgan mañana.

1. Mis padres   (Yo pongo todo mi sueldo en el banco.)
2. El padre   (Sus hijos escuchan música clásica.)
3. Los profesores   (Los estudiantes traen los libros a clase.)
4. Yo   (Mis amigos ven el concierto en la televisión.)
5. Nosotros   (La compañía da mucho dinero a la universidad.)
6. Tú   (Tu hermano sale hoy para estudiar en México.)

F. Alicia wants certain people to do certain things. Indicate this by completing the independent clause to the left with a dependent clause using the subject indicated and the correct form of the verb in parentheses. Then match the entire phrase with the appropriate completion, to the right.

MODELO: Alicia quiere que yo oiga el informe.

	yo (oír)	el dinero aquí
Alicia quiere que…	nosotros (salir)	consejos a su amigo
	tú (ver)	al médico
	ellos (dar)	de la oficina hoy a las cinco
	él (traer)	el informe (*report*)

G. Express a personal reaction to the following statements by using one of these phrases with them: **Siento que, Espero que, Me alegro de que, Quiero que,** or **Prefiero que.**

MODELO: Los abogados ganan mucho dinero.   →   Me alegro de que los abogados ganen
          mucho dinero.   *or:*   Siento que los abogados ganen mucho dinero.

1. El médico no trae la medicina que el niño necesita.
2. Los pilotos oyen las instrucciones de emergencia.
3. Las aeromozas traen el café muy pronto.
4. La compañía da buenos sueldos a todos.
5. La compañía ve los problemas que hay con el gerente.

¿Cómo se dice?

- ## Affirmative and negative words

  The following list contains most of the common affirmative and negative words in Spanish.

AFFIRMATIVE		NEGATIVE	
algo	*something*	nada	*nothing*
alguien	*someone, somebody, anyone*	nadie	*no one, nobody*
alguno/a/os/as	*some, any*	ninguno/a/os/as	*no, no one; none, not any*
siempre	*always*	nunca, jamás	*never*
también	*also*	tampoco	*not either, neither*

A negative sentence can be formed with any of these words by placing the negative word before the verb. If the negative word follows the verb, the word **no** must appear before the verb.

Nadie tiene una tienda allá. ⎫
No tiene **nadie** una tienda allá. ⎭   *No one has a shop there.*

Nunca nos preocupamos. ⎫
No nos preocupamos **nunca**. ⎭   *We never worry.*

Note that Spanish sentences can contain more than one negative word.

No quiero hacer **nada nunca**.   *I don't ever want to do anything.*

The personal **a** is used with **alguien** and **nadie**.

No veo **a nadie**.   *I don't see anyone.*

Ninguno and **alguno** become **ningún** and **algún** before masculine singular nouns.

Algún día voy a viajar por México.   *Someday I'm going to travel through Mexico.*

No quieren hacer **ningún** cambio.   *They don't want to make any change.*

The plural forms **ningunos/ningunas** are rarely used. The singular is preferred, as in the following example.

—¿Tienes **algunos amigos cubanos**?   *"Do you have any Cuban friends?"*
—No, no tengo **ninguno**.   *"No, I don't have any."*

A. Describe this picture, using as many negative words as you can. Use the questions as a guide.

1. ¿Hay alguien en clase hoy?
2. ¿Hay algo en la pizarra (*chalkboard*)? ¿en la mesa?
3. ¿Cuántos estudiantes hay en la clase hoy?

B. Express these sentences negatively.

1. Ellos quieren traer algo.
2. Elena respeta a alguien.
3. Roberto trae algunas novelas.
4. Los trabajadores siempre reciben un buen sueldo.
5. Su hermano se queda en casa también.

C. Express the following sentences so that they begin with the word **no**. Follow the model.

MODELO: Nadie se queda aquí.   →   No se queda nadie aquí.

1. Nunca queremos participar en el gobierno.
2. Nada ayuda (*helps*) a resolver este problema.
3. Nadie quiere cuidar al niño.
4. Ningún abogado se preocupa de eso.

5. Tampoco quiere ir a la oficina.
6. Jamás salen sin dinero.
7. Ninguna de las primas quiere pagar.

D. Repeat the preceding exercise, changing the sentences to the affirmative.

E. Now ask a classmate about the following activities. He or she should always answer negatively. Follow the model, using the **ir a** + *infinitive* construction.

MODELO: estudiar algo   →
          —¿Vas a estudiar algo interesante?
          —No, no voy a estudiar nada interesante.

1. pagar algo
2. ayudar a alguien
3. estudiar alguna carrera interesante
4. tener algunas oportunidades
5. traer algo para el desayuno

6. visitar a algunos amigos
7. ver a alguien esta noche
8. hacer algo importante
9. decir algo a alguien
10. siempre respetar a alguien

Now interview your instructor, using the same questions.

Vocabulario

VERBOS

acercarse   *to approach*
alegrarse (de)   *to be glad (about)*
ayudar   *to help*
cuidar (a)   *to take care (of)*
dar   *to give*
decidirse   *to decide*
ocupar   *to occupy*
oír   *to hear*
pagar   *to pay*
preocuparse (de)   *to worry (about)*
quedarse   *to stay, remain*
recibir   *to receive*
respetar   *to respect*
salir (de)   *to leave; to come/go out (of)*
seguir (i)   *to follow; to continue*
traer   *to bring*
ver   *to see*

ADJETIVOS

tradicional   *traditional*

SUSTANTIVOS

el/la **abogado/a**   *lawyer*
el/la **aeromozo/a**   *steward(ess)*
   la **atención**   *attention*
   el **cambio**   *change*
   la **carrera**   *career*
   la **compañía**   *company*
   los **consejos**   *advice*
   la **cuestión**   *matter, subject*
   la **experiencia**   *experience*
   el **fin**   *end*
   el **futuro**   *future*
el/la **gerente**   *manager*
el/la **ingeniero/a**   *engineer*
   la **mamá**   *mother*
el/la **médico/a**   *doctor, physician*
   la **oportunidad**   *opportunity*
   el **papá**   *father*
el/la **piloto/a**   *pilot*
   el **sueldo**   *salary*
   el **tipo**   *type*
el/la **trabajador(a)**   *worker*
   el **valor**   *value*

OTRAS PALABRAS Y EXPRESIONES

algo   *something*
algún, alguno/a/os/as   *some, any*
fuera (de)   *outside (of)*
hoy día   *nowadays*
jamás   *never*
nada   *nothing*
nadie   *no one, nobody*
ningún, ninguno/a/os/as   *no, not one; none, not any*
nunca   *never*
según   *according to*
tampoco   *not either, neither*

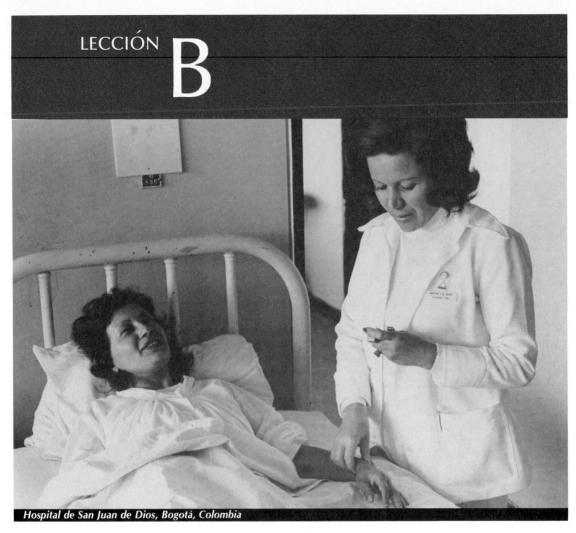

Hospital de San Juan de Dios, Bogotá, Colombia

Hoy día, en muchos lugares, las mujeres tienen casi las mismas oportunidades laborales y profesionales que tienen los hombres. La lucha de la mujer por la igualdad de oportunidades puede verse (*can be seen*) en el vocabulario que se usa (*is used*) para hablar de los títulos profesionales. Algunas mujeres prefieren usar las formas masculinas para indicar su profesión: «Ella es cirujano; es médico»; etcétera. Para ellas, el usar* la forma femenina indica que el trabajo de la mujer vale menos que el (*that*) del hombre. Otras prefieren las formas con terminación en femenino (*feminine ending*): «Ella es política; es química»; etcétera. ¿Cómo podemos saber cuál de las formas debemos usar? Lo mejor es seguir el uso (*usage*) local.

¿Cuál de las dos formas prefiere Ud. para referirse a la mujer? ¿Por qué? ¿Existe este problema en los países donde hablan inglés? ¿Algunas profesiones tienen dos palabras en inglés para distinguir entre el hombre y la mujer?

---

*__El usar__ is an example of the frequent use in Spanish of the definite article + infinitive where a present participle would be used in English. __El usar__ may be translated either as *using* or as *the use of*.

Universidad de Panamá

Para prepararse para una profesión, casi siempre es necesario asistir a la universidad. Para ayudar a los estudiantes que no tienen mucho dinero, en los Estados Unidos hay un sistema de becas y préstamos. Muchos estudiantes buscan algún tipo de empleo para pagar parte de los gastos (*expenses*). Pero generalmente la persona que quiere educarse puede hacerlo (*do it*). En los países hispánicos no hay tantas facilidades (*opportunities*). Es difícil asistir a la universidad si uno es pobre porque generalmente no hay préstamos y hay pocas becas. También hay otras restricciones: hay límites en el número de personas que pueden matricularse (*enroll*). Además, muchos jóvenes tienen que trabajar para ayudar a sus familias y no tienen ni el tiempo ni el dinero necesarios para estudiar en la universidad. El resultado es un sistema que por lo general favorece (*favors*) a los jóvenes de las clases media o alta.

¿Tiene Ud. una beca o un préstamo? Además de estudiar, ¿tiene Ud. que trabajar en algún empleo durante la semana? ¿Deben tener los hijos de un taxista las mismas oportunidades para estudiar en la universidad que tienen los hijos de un médico?

Nueva York

Hoy día, para ser médico, gerente de empresa (*company, firm*) o geólogo, es necesario tener una educación universitaria. En los países hispánicos y en los Estados Unidos muchos estudiantes sólo quieren estudiar carreras técnicas: lo que buscan es la seguridad (*security*) económica y esencialmente no están interesados en nada más. Sin embargo, otros estudiantes piensan que la educación universitaria debe ser una preparación para la vida, no sólo para ejercer (*practice*) una profesión. Ellos creen que la preparación del estudiante debe ser más amplia (*broader*) y que debe incluir también el estudio de las humanidades porque éstas transmiten los valores de todas las culturas.

En la opinión de Ud., ¿qué debe uno estudiar en la universidad? ¿Por qué? ¿Debe saber el hombre de negocios algo de literatura o de arte? Y la profesora de historia, ¿debe saber también algo de ciencias? ¿Por qué sí o por qué no?

Estructura

Minidiálogo

1. *¿Se alegra Mafalda de que su padre vaya a comprar un auto pequeño?*
2. *¿Por qué se alegra Mafalda de eso?*
3. *¿Tiene Ud. un auto grande o pequeño (o no tiene auto)?*

MIGUELITO: But are you really glad that your dad is going to buy a car like that? MAFALDA: Of course, Miguelito. It's one of the few cars in which the important thing keeps on being (is still) the person.

31. The Present Participle and the Present Progressive

A. The present participle is formed by adding **-ando** to the stem of all **-ar** verbs, and **-iendo** to the stem of most **-er** and **-ir** verbs.*

comprar:	**comprando**	*buying*
aprender:	**aprendiendo**	*learning*

escribir: **escribiendo** *writing*

B. If the stem of an **-er** or **-ir** verb ends in a vowel, the **i** of **-iendo** usually changes to a **y** (**-yendo**).**

construir: **construyendo**   creer: **creyendo**   incluir: **incluyendo**

Other verbs with present participles like **construir** and **creer** are **leer, oír,** and **traer.**

C. Stem-changing **-ir** verbs also have a stem change in the present participle: $e \rightarrow i, o \rightarrow u.$

pedir:	pidiendo	repetir:	repitiendo	divertirse:	divirtiéndose
dormir:	durmiendo	morir:	muriendo	decir:	diciendo

D. The present participle is used with the present of **estar** to form the present progressive. The construction emphasizes the fact that an action is in progress right now.

Elena está ganando bastante dinero ahora.	*Elena is earning enough money now.*
Me alegro de que el gerente esté contestando sus preguntas ahora.	*I'm glad the manager is answering their questions now.*

E. Certain verbs are rarely used in the **estar** + *present participle* construction; they are **ser, ir, venir, tener,** and **estar.** Instead, the simple present appropriate to the time in question is used.

Van ahora mismo.   *They are going right now.*

All verbs, however, may be used in the **seguir** + *present participle* construction to convey the idea of a continuing action or state.

Sigue siendo un problema.	*It keeps on being (continues to be) a problem.*
Siguen ayudando a sus empleados.	*They continue to help (keep on helping) their employees.*

F. With the progressive construction, reflexive pronouns either precede the conjugated form of **estar** or follow and are attached to the present participle.

La niña está levantándose ahora.
La niña se está levantando ahora. } *The girl is getting up now.*

Esperan que nos estemos acostando.
Esperan que estemos acostándonos. } *They hope we're going to bed.*

Note the need for a written accent on the present participle when a pronoun is attached to it.

---

*The verbs **ir, venir,** and **poder** have irregular present participles: **yendo, viniendo, pudiendo.**

Exceptions: **seguir and **sonreír** (*to smile*) → **siguiendo, sonriendo.**

Práctica

A. Say that, while the following people do certain things frequently, they are not doing them right now. Follow the model.

MODELO: Jorge: trabajar →
              Jorge trabaja frecuentemente, pero no está trabajando ahora mismo.

1. estos profesores: enseñar aquí
2. ese trabajador: buscar trabajo
3. esos niños: pedir dinero
4. tú: pensar en una carrera
5. aquel policía: ayudar a los niños
6. nosotros: hablar de la política
7. Uds.: llamar al médico
8. vosotros: sonreír

B. Imagine yourself at given times of the day and complete the sentences with the most logical of the verbs suggested.

MODELO: las 3 de la mañana (dormir, estudiar, comer) →
              Son las tres de la mañana y estoy durmiendo.

1. las 7 de la mañana (acostarse, levantarse, divertirse)
2. las 12 del mediodía (estudiar, comer, descansar)
3. las 3 de la tarde (leer, trabajar, dormir)
4. las 6 de la tarde (desayunar, despertarse, pasearse)
5. las 8 de la noche (bañarse, cenar, estudiar)
6. las 11 de la noche (levantarse, divertirse, acostarse)

C. Change the italicized verbs from the present to the present progressive, using **estar**.

1. Sergio y Cecilia *compran* la compañía.
2. Mi mamá *piensa* en las ventajas de su carrera.
3. *Leo* un artículo sobre el futuro de esa compañía.
4. ¡Es imposible que *digas* que es un médico tradicional!
5. Es necesario que el mécanico *se levante* ahora mismo.
6. ¡Ojalá que los niños *duerman* bastante!
7. Sentimos que Uds. no *oigan* su opinión.
8. Elena espera que yo *traiga* las revistas.

D. Describe what the following people are and are not doing right now. Follow the model.

MODELO: mi hermano (buscar trabajo/mirar la televisión) →
              Mi hermano no está buscando trabajo. Sigue mirando la televisión.

1. mi mamá (preparar la comida / hablar con una amiga)
2. la abogada (leer una novela / escribir una carta)
3. los trabajadores (construir una casa / descansar)
4. tú y yo (sonreír / oír los consejos de nuestro padre)
5. el policía (acostarse / prepararse para el trabajo)
6. yo (pensar en el futuro / hacer estos ejercicios)

E. ¿Qué está haciendo Ud. en este momento?

1. ¿A quién está escuchando Ud.?
2. ¿Está leyendo Ud. la lección de hoy?
3. ¿Está mirando Ud. a los otros estudiantes de la clase?
4. ¿Está repitiendo las palabras nuevas de esta lección?
5. ¿Está durmiendo Ud.?
6. ¿Está molestando Ud. al profesor (a la profesora)?
7. ¿Está divirtiéndose Ud. en este momento?
8. ¿Está sonriendo Ud. en este momento?

F. Tell what you think the following people are doing right now. Be creative!

MODELO: el policía   →   El policía está buscando criminales ahora.

1. el gerente de un gran negocio
2. la profesora
3. la médica
4. el aeromozo
5. el secretario
6. la ingeniera
7. el presidente de los Estados Unidos
8. el mecánico
9. la abogada
10. los empleados del gobierno

32. The Indicative and Subjunctive after Verbs of Doubt and Uncertainty

A. In addition to its use with verbs of emotion and verbs of willing, the subjunctive is also used in statements of uncertainty, when information is in doubt. **Dudar** (*to doubt*) is a verb that requires the subjunctive in dependent noun clauses that follow it.

Dudo que él respete nuestra decisión.   *I doubt that he respects our decision.*

Dudamos que ellos reciban un buen sueldo.   *We doubt that they receive a good salary.*

When **dudar** is used negatively, however, it is not followed by the subjunctive since it does not express doubt.

No dudo que él respeta nuestra decisión.   *I don't doubt that he respects our decision.*

No dudamos que ellos reciben un buen sueldo.   *We don't doubt that they receive a good salary.*

B. When used affirmatively, the verbs **creer** and **pensar** are followed by the indicative in dependent noun clauses. This use reflects the speaker's belief in the information contained in the dependent clause.

Creo que él se preocupa de su carrera.   *I believe that he worries about his career.*

Pensamos que ellos tienen mucha experiencia.   *We think that they have a lot of experience.*

However, **creer** and **pensar** are potentially verbs of doubt, like **dudar**. When used negatively or in questions implying doubt, they require the subjunctive in the dependent noun clauses that follow them. This use reflects uncertainty or a negative attitude in the mind of the speaker.

¿Crees que él se preocupe de su carrera?	*Do you believe that he worries about his career?*
No pensamos que ellos tengan mucha experiencia.	*We don't think that they have a lot of experience.*

Práctica

A. Tomás has a lot of doubts about everything. Express this by combining the independent clause with the sentences that follow it, making other necessary changes.

Tomás duda que...   Nos quedamos en ese hotel.
Ellos van de compras.   Uds. vienen al supermercado el sábado.
Ganas mucho dinero.   Soy un buen químico.
Ud. sabe escribir a máquina (*type*).

B. Tomás has had a change of heart. He is much more certain about things now. Express this by beginning the sentences in Exercise A with **Tomás no duda que**...

C. Say what you feel about the following things, using the subjunctive or indicative as appropriate.

1. (No) Dudo que mis amigos _____ .
2. (No) Pienso que los consejos de mis padres _____ .
3. (No) Creo que un trabajo con una compañía grande _____ .
4. (No) Pienso que el gobierno _____ .
5. (No) Dudo que mis profesores _____ .
6. (No) Creo que los políticos _____ .

D. Complete the sentences with the correct form of the verb in parentheses.

1. Creemos que _____ cuestión de bastante experiencia.   (ser)
2. No creo que ella _____ mucho en la oficina.   (ayudar)
3. ¿Piensa Ud. que Juan _____ en esa tienda?   (estar)
4. No creen que yo _____ al centro hoy.   (ir)
5. ¿Creen Uds. que _____ muchos cambios en nuestro país hoy día?   (haber)
6. Mi padre no cree que los jóvenes de hoy _____ los valores tradicionales. (respetar)
7. Pienso que ella _____ para la oficina de correos pronto.   (salir)
8. ¿Piensas que ellos _____ mucho dinero al cirujano?   (dar)
9. Creen que tú _____ tu automóvil hoy.   (traer)
10. No creemos que ellos _____ cuidar a los niños.   (saber)

E. Your friend Carlos is always very cautious in his opinions. Restate the following sentences and questions to reflect his doubtful point of view.

1. Yo creo que mañana va a hacer muy buen tiempo.
2. ¿Crees que los estudiantes van a recibir becas?
3. Creo que Ud. sabe tomar buenas decisiones.
4. ¿Piensas que el piloto va a salir a las nueve?
5. Creo que los profesores se levantan temprano todos los días.

Minidiálogo

JUAN: Maruja, ¿dónde está el diario?
MARUJA: Creo que la abuela lo está leyendo. ¿Por qué lo necesitas?
JUAN: Quiero ver si publican algo de la nueva fábrica que la compañía Volkswagen está construyendo.
MARUJA: Dicen que no van a terminar de construirla hasta el año que viene.
JUAN: Lo sé. Pero con los avances tecnológicos de hoy día, es posible que la terminen antes.

1. ¿Dónde está el diario?
2. ¿Por qué lo quiere ver Juan?
3. ¿Cuándo van a terminar de construir la fábrica nueva?

33. Direct Object Pronouns

	SINGULAR		PLURAL
me	*me*	**nos**	*us*
te	*you* (fam.)	**os**	*you* (fam.)
lo	*him, it, you* (form.)*	**los**	*them, you* (form.)
la	*her, it, you* (form.)	**las**	*them, you* (form.)

A. Direct objects receive the action of the verb directly. They may be nouns or pronouns.

Direct object noun: Ellos leen la carta.   *They read the letter.*
Direct object pronoun: Ellos la leen.   *They read it.*

B. Note the use of the singular direct object pronouns in these sentences (continued on next page).

—Ves a José?   *"Do you see José?"*
—Sí, **lo** veo.   *"Yes, I see him."*

JUAN: Maruja, where's the newspaper? MARUJA: I think Grandmother is reading it. Why do you need it? JUAN: Because I want to see if they say (publish) anything about the new factory that the Volkswagen company is building. MARUJA: They say they won't finish building it until next year. JUAN: I know. But with today's technological advances it's possible that they'll finish it early (before).

*In Spain, **le** is generally used instead of **lo** to refer to males. **Lo** is the preferred form in Latin America.

—¿Pide él la carta?   *"Is he asking for the letter?"*
—Sí, **la** pide.   *"Yes, he's asking for it."*
—**Me** entiende Ud., Ramón?   *"Do you understand me, Ramón?"*
—Sí, **la** entiendo, señora.   *"Yes, ma'am, I understand you."*
—¿**Me** quieres?   *"Do you love me?"*
—Sí, **te** quiero.   *"Yes, I love you."*

Third person pronouns can refer either to things or to people. They reflect the gender of the noun to which they refer.

C. Note the use of the plural direct object pronouns in these sentences.

—¿Prefiere Ud. estos horarios?   *"Do you prefer these schedules?"*
—Sí, **los** prefiero.   *"Yes, I prefer them."*
—¿Ayudas a las trabajadoras?   *"Are you helping the workers?"*
—Sí, **las** ayudo.   *"Yes, I am helping them."*
—¿Respeta Ud. a sus padres?   *"Do you respect your parents?"*
—Sí, **los** respeto.   *"Yes, I respect them."*

D. Like reflexive pronouns, direct object pronouns precede conjugated verb forms. When used with a conjugated verb plus infinitive, they may either precede the conjugated verb or follow and be attached to the infinitive.

Los pedimos.   *We're asking for them.*
Podemos pedir**los.**
Los podemos pedir. }   *We can ask for them.*

Nos encuentran allí.   *They are meeting us there.*
Pueden encontrar**nos** allí.
Nos pueden encontrar allí. }   *They can meet us there.*

E. In the present progressive construction, direct object pronouns, like reflexive pronouns, may precede the conjugated form of the auxiliary verb **estar** or may follow and be attached to the present participle (with the addition of an accent mark).

¿Su sueldo? El trabajador **lo** está poniendo en el banco.
¿Su sueldo? El trabajador está poniéndo**lo** en el banco.   *His salary? The worker is putting it in the bank.*

¿Las cartas? La secretaria **las** está escribiendo a máquina ahora.
¿Las cartas? La secretaria está escribiéndo**las** a máquina ahora.   *The letters? The secretary is typing them now.*

¿Los minerales? El geólogo **los** sigue mirando.
¿Los minerales? El geólogo sigue mirándo**los.**   *The minerals? The geologist continues looking at them.*

Práctica

A. Restate the sentences, changing direct object nouns to pronouns. Follow the model.

MODELO: José recibe la beca.   →   José no la recibe.

1. Juan pide nuestros consejos.
2. Yo compro el automóvil.
3. Miramos a las señoras.
4. Eschuchas sus ideas.
5. Piden los préstamos.
6. Paga los sueldos los viernes.
7. Ud. necesita dinero.
8. Tenemos mucha paciencia.
9. Rompen los platos.
10. Buscan el mejor ambiente (*atmosphere*).

B. Answer the following questions affirmatively, using direct object pronouns in your responses.

MODELO: ¿Entiende Ud. la actitud (*attitude*) de su padre?   →   Sí, la entiendo.

1. ¿Siempre pide Ud. dinero?
2. ¿Sigue Ud. el horario tradicional?
3. ¿Escribe Ud. las cartas a máquina?
4. ¿Respeta Ud. los valores tradicionales?
5. ¿Visita Ud. a sus amigos los domingos?
6. ¿Comparte Ud. el cuarto con un amigo?

C. Answer the following questions in two ways, using direct object pronouns in your responses and following the cues in parentheses. Follow the model:

MODELO: ¿Va Ud. a escribir los ejercicios?   (no)   →
          No, no los voy a escribir. No, no voy a escribirlos.

1. ¿Va Ud. a buscar al empleado?   (sí)
2. ¿Va Ud. a traer la carta de recomendación?   (no)
3. ¿Quiere Ud. leer estas cartas?   (sí)
4. ¿Prefiere Ud. seguir los consejos de otros?   (no)
5. ¿Va Ud. a ver a sus amigos después de la clase?   (sí)

D. With a classmate, ask and answer the following questions, using direct object pronouns in your answers. Follow the model.

MODELO: —¿Me quieres?   —Sí, te quiero.

1. ¿Me miras?
2. ¿Me entiendes?
3. ¿Me invitas?
4. ¿Me respetas?
5. ¿Me escuchas?
6. ¿Me llamas?

E. Tell what the following people are doing right now. Use direct object pronouns in your responses. State each response two ways. Follow the model.

MODELO: padre / leer el diario   →
          ¿El diario? Mi padre está leyéndolo en este momento.
          ¿El diario? Mi padre lo está leyendo en este momento.

1. mi madre / escribir las cartas a máquina en la oficina
2. mi hermano / buscar sus juguetes (*toys*) nuevos
3. mis amigos / hacer la tarea en la biblioteca

4. mi tío / cerrar la oficina
5. Julio / pedir el dinero ahora mismo
6. nosotros / pagar las cuentas (*bills*)
7. yo / escuchar sus ideas
8. el profesor / ayudar a los estudiantes

F. Ask your instructor questions based on the following verbs. Follow the model.

MODELO: escuchar   →   ¿Nos escucha Ud.?

1. ver   3. ayudar   5. entender
2. respetar   4. mirar   6. enseñar

G. What kind of person are you? Answer the following questions, using direct object pronouns in your responses.

1. En casa, ¿ayuda Ud. a su mamá? ¿a su papá? ¿a sus hermanos?
2. ¿Ayuda a sus amigos con las tareas? ¿con sus problemas?
3. Si no los ve con frecuencia, ¿quiere ver a sus padres? ¿a sus abuelos? ¿ a sus otros parientes?
4. En casa, ¿cuida Ud. a sus hermanos menores? ¿a sus primos? ¿a sus padres?

H. Express in Spanish.

1. They keep on bothering us.
2. He sees me.
3. We don't need them (**préstamos**).
4. The professor explains it (**actitud**).
5. They call me every day.
6. She needs you (*fam. sing.*).
7. I am going to put it (**plato**) on the table.
8. They should show them (**fotos**).
9. She is going to serve it (**comida**) right now.
10. I cannot read them (**resultados**).
11. He is going to pay us, isn't he?
12. She keeps on looking for him.

Repaso

A. Paco's mother is writing in her diary about his future education and job prospects. Express her thoughts by completing the following entry with the correct form of the verbs in parentheses.

Domingo, 23 de noviembre

Queremos que Paco (1) _____ (*ser*) abogado y sentimos que no (2) _____ (*haber*) bastante dinero para mandarlo a la universidad. Ojalá que (él) (3) _____ (*recibir*) una beca o algún dinero de sus abuelos.

Preferimos que Paco (4) _____ (*asistir*) a la universidad de nuestra ciudad porque cuesta menos, pero su abuelo no cree que (5) _____ (*ser*) una buena idea. Según él, es mejor que un joven (6) _____ (*ir*) a otro estado o a otro país para estudiar. Es probable que mi padre no (7) _____ (*comprender*) nuestros problemas económicos. Es necesario que Paco (8) _____(*oír*) los consejos de su padre. Tiene que entender que es posible que su abuelo no lo (9) _____ (*saber*) todo.

Es esencial que Paco (10) _____ (*trabajar*) para ganar dinero. Dudo que (él) (11) _____ (*tener*) mucha suerte en encontrar un buen trabajo este verano. Es verdad que no (12) _____ (*haber*) muchas oportunidades para los jóvenes hoy día. Sin embargo, el gerente de un supermercado de nuestro barrio quiere que Paco lo (13) _____ (*ver*) mañana y que él (14) _____ (*traer*) unas cartas de recomendación. Es posible que el gerente lo (15) _____ (*ayudar*). ¡Esperamos que Paco (16) _____ (*tener*) un empleo pronto!

B. Carmen wants to know when her boyfriend Tomás plans to do certain things. With a classmate, carry out the following conversation, following the model.

MODELO: visitarme   →   CARMEN: ¿Cuándo me visitas?
                                                TOMÁS: Te visito el domingo.

1. invitarme a un concierto   (el sábado)
2. ayudarme con la tarea   (esta noche)
3. llamarme por teléfono   (mañana)

4. escucharme   (siempre)
5. verme   (esta noche)

C. A friend gives you advice about various areas of your life. Express your reactions, according to the model.

MODELO: Debes estudiar la lección.   →   ¿Estudiar la lección?
                                                Sí, debo estudiarla.   *or:*   No, no debo estudiarla.

1. Debes ayudar a tus padres.
2. Debes escuchar mis consejos.
3. Debes comprar ropa nueva.

4. Debes visitar a tus amigos.
5. Debes aprender el horario de las clases.
6. Debes tener más paciencia.

Intercambios

A. Here are a series of statements about the modern world of work. Using such phrases as **(No) Creo que...** and **(No) Dudo que...**, make them reflect your opinions about this topic.

1. Las mujeres reciben el mismo sueldo que los hombres por el mismo trabajo.
2. Sólo los hombres deben ser pilotos.
3. Las mujeres no tienen la estabilidad emocional necesaria para ser gerentes de empresa.
4. La edad (*age*) no es un factor importante en la oficina.
5. Hoy día las mujeres tienen los mismos derechos (*rights*) que los hombres.
6. Solamente las personas poco inteligentes quieren ser enfermeros/as (*nurses*).
7. La sociedad no acepta al hombre como secretario de una mujer.
8. El trabajo es mucho más importante que el tiempo libre o las diversiones.
9. Es importante cambiar de trabajo frecuentemente.
10. Todas las mujeres apoyan (*support*) la liberación femenina.
11. Las mujeres que tienen hijos solamente pueden trabajar en casa.
12. Las máquinas hacen muchas cosas mejor que las personas.

B. For a student, an important aspect of the future is what kind of job he or she wants or may find. With a classmate, discuss your thoughts about the kind of job you want. Here are some words and phrases you might want to use, but you need not limit yourself to them. Follow the lead of your conversation partner.

Espero que…, Ojalá que…, Prefiero que…, Quiero que… ganar, recibir un buen sueldo, tener oportunidades laborales, estar ocupado/a mucho tiempo, estar en una ciudad grande, viajar a otros países, trabajar al aire libre

Vocabulario

VERBOS

construir (y)   *to construct*
creer (en)   *to think; to believe (in)*
dudar   *to doubt*
incluir (y)   *to include*
referirse (ie) (a)   *to refer (to)*
sonreír (i)   *to smile*
usar   *to use*
valer   *to be worth*

ADJETIVOS

alto   *upper*
femenino   *feminine*
masculino   *masculine*
medio   *middle*
poco   *little;* pl. *few*
tantos   *as many, so many*
tecnológico   *technological*

SUSTANTIVOS

la **actitud**   *attitude*
el **ambiente**   *atmosphere*
la **beca**   *scholarship*
la **ciencia**   *science*
el/la **cirujano/a**   *surgeon*
la **cuenta**   *bill*
la **desventaja**   *disadvantage*
el/la **empleado/a**   *employee*
el **empleo**   *employment, job*
el/la **enfermero/a**   *nurse*
el **gasto**   *expense*
el/la **geólogo/a**   *geologist*
el/la **hombre/mujer** **de negocios**   *businessman/businesswoman*
el **horario**   *schedule*
la **igualdad**   *equality*
el **interés**   *interest*
el/la **jefe**   *boss*
la **lucha**   *struggle*
el/la **maestro/a**   *teacher*
el/la **mecánico/a**   *mechanic*
la **paciencia**   *patience*
el/la **policía**   *policeman/policewoman*
el/la **político/a**   *politician*
el **préstamo**   *loan*
el/la **químico/a**   *chemist*
el **resultado**   *result*
el/la **secretario/a**   *secretary*
el/la **taxista**   *cab driver*
la **ventaja**   *advantage*

OTRAS PALABRAS Y EXPRESIONES

ahora mismo   *right now*
bastante   *enough*
durante   *during*
escribir a máquina   *to type*
lo mejor   *the best thing*
lo que   *what (that which)*
mientras   *while*
ni… ni   *neither . . . nor*
sólo   *only*

Manizales,
Colombia

This unit will make it possible for you to express and discuss your opinions about various diversions, especially sports and music. You will also learn about pastimes in Hispanic cultures.

¿Tiene usted interés en practicar deportes, o prefiere ser espectador? Hay muchas personas que sólo miran los deportes, pero el número de participantes parece aumentar° cada año. Para algunos la participación implica° la competencia. Para otros, significa el deseo° de estar en buenas condiciones físicas. A veces hay razones más personales, como vemos en este diálogo entre Beto y Tomás.

to grow
implies / wish

BETO: Oye, Tomás, ¿quieres ir al partido de fútbol el domingo? Tengo dos entradas y mi amiga Elena no lo quiere ver.

TOMÁS: No creo. No es probable que tenga tiempo. ¿Quiénes juegan?

BETO: Están jugando el Atlético y el América. Va a ser un partido fenomenal. Son dos equipos muy fuertes con jugadores muy buenos.

TOMÁS: Pues, me gusta más practicar deportes que ser solamente un espectador. Pienso jugar al tenis el domingo.

BETO: Ah, ¿sí? ¿Con quién?

TOMÁS: Con Sara, claro.

BETO: Ya sé. Ahora que sales con ella, tienes que hacer el footing todas las mañanas. Haces ciclismo los sábados, natación todas las tardes y juegas al tenis los domingos. ¿Cómo tienes energía para hacerlo todo? Nunca quieres hacer otra cosa. Cada vez que te veo te estás preparando para ir a practicar algún deporte.

TOMÁS: Bueno, yo quiero estar con ella y ella quiere que estemos en buenas condiciones físicas. Ahora estamos pensando en aprender a esquiar. Quiere que vayamos a Chile a esquiar en los Andes y…

BETO: Pero, hombre, ¿qué estás diciendo? Espero que seas rico además de fuerte. ¡Vas a romperte el bolsillo° junto con la pierna°! Ustedes están gastando todo su dinero en deportes. Yo prefiero mirar a los deportistas profesionales.

pocket / leg

TOMÁS: Pero las entradas cuestan un dineral. Creo que tú, como espectador, gastas más que yo.

BETO: ¡Bah! Si aprendes a esquiar, dudo que gastes menos que yo.

TOMÁS: ¿Por qué?

BETO: Los hospitales también cuestan un dineral…

Preguntas

A. Conteste según el diálogo.

134

1. ¿Qué equipos juegan al fútbol el domingo?
2. ¿Cómo son los dos equipos?
3. ¿Qué va a hacer Tomás el domingo?
4. ¿Por qué quiere Sara que practiquen deportes?
5. ¿Qué piensan Tomás y Sara aprender ahora?
6. ¿Qué prefiere hacer Beto, practicar deportes o mirarlos?
7. ¿En qué gasta mucho dinero Beto? ¿Tomás?
8. Según Beto, ¿en qué caso va a gastar mucho Tomás? ¿Por qué?

B. Conteste estas preguntas personales.

1. ¿Tiene Ud. mucho interés en los deportes profesionales? ¿Cómo se llama su equipo favorito?
2. ¿Prefiere Ud. observar los deportes o practicarlos?
3. ¿Practica Ud. muchos deportes? ¿Cuáles? ¿Está Ud. en buenas condiciones físicas?
4. ¿Sabe Ud. esquiar? ¿Dónde esquía?* ¿Cuesta mucho dinero esquiar?
5. En su opinión, ¿cuesta más practicar los deportes o ir a partidos profesionales?
6. ¿Conoce Ud. a algún deportista profesional?

Pronunciación

b, v   In Spanish, the letters **b** and **v** are pronounced alike. They share two sound variants, however, depending on their position within a word or a phrase. If they occur at the beginning of a word or a phrase, or after **m** or **n**, they sound similar to the *b* in English *band,
boat*.[†] The lips touch firmly when forming this sound.

Repeat these words, imitating your instructor.

| barato | bueno | bien | baile | barrio |
| ver | viejo | vida | variado | venir |

| sombrero | miembro | hambre | también | nombre |
| sin embargo | envidia | un barrio | un burro | bienvenido |

In all other positions, **b** and **v** have a weaker pronunciation. To form this sound, the lips do
not quite touch, and air escapes between them.

Repeat these words, imitating your instructor.

caballo	abuelo	problema	obra	palabra
libre	trabajo	abogado	individuo	subir
pueblo	universidad	¿de veras?	una vida	una villa
biblioteca	volver	beber	vivir	boliviano

---

*In the present indicative and subjunctive, **esquiar** has an accented **i** when the stem is stressed: **esquío, esquíe;
esquías, esquíes;** *but:* **esquiamos, esquiemos.**

†The **n** is nasalized when it occurs before **b/v**. Listen as your instructor pronounces these words: **un/un burro; un/un
barrio.**

Estructura

Minidiálogo

ELENA: Bueno, los dejamos aquí. Sara y yo vamos a jugar al tenis.

SARA: Los hombres siempre dicen que prefieren practicar los deportes y no solamente ser espectadores, pero cuando hay un buen partido de fútbol...

TOMÁS: Elena, ¿nos das las entradas? Las tienes tú, ¿no?

ELENA: No, creo que las tiene Beto.

BETO: ¡Ay! Están en casa. Bueno, como dicen, siempre es mejor practicar los deportes...

1. ¿Qué van a hacer Elena y Sara?
2. ¿Qué piensan hacer Beto y Tomás?
3. ¿Por qué no pueden ir al partido Beto y Tomás?
4. ¿Qué van a hacer los cuatro?

34. Indirect Object Pronouns

	SINGULAR		PLURAL
me	*to, for me*	nos	*to, for us*
te	*to, for you*	os	*to, for you*
le	*to, for him, her you, it*	les	*to, for them, you*

A. Indirect objects receive the action of the verb indirectly; they indicate *to whom* or *for whom* something is done, said, made, and so on. They may be nouns or pronouns.

El jugador da las entradas al aficionado.   *The player gives the tickets to the fan.*
El jugador **le** da las entradas.   *The player gives (to) him the tickets.*

In Spanish, the indirect object pronoun is generally used even when the indirect object noun is already expressed.

El jugador **le** da las entradas **al aficionado.**   *The player gives the tickets to the fan.*

ELENA: Well, we'll leave you here. Sara and I are going to play tennis. SARA: Men always say they prefer to take part in sports and not just be spectators, but when there's a good soccer game . . . TOMÁS: Elena, will you give us the tickets? You have them, right? ELENA: No, I think Beto has them. BETO: Oh! They're at home. Well, as they say, it's always better to take part in sports . . .

B. Indirect object pronouns have the same forms as the direct object pronouns, except in the third person singular (**le**) and plural (**les**). Since these two pronouns have several possible meanings, it is sometimes necessary to add a prepositional phrase for clarity.*

Le escribo a él (a ella/a Ud.).	*I'm writing to him (to her/to you).*
Les hablamos a ellos (a ellas/a Uds.).	*We're speaking to them* (m.) *(to them [f.]/to you).*

The indirect object pronouns **me, te, nos,** and **os** do not *need* to be clarified, but the prepositional phrases **a mí** (*to me*), **a ti** (*to you*), **a nosotros/as** (*to us*) and **a vosotros/as** (to you [fam. pl.]) can be added to a sentence for emphasis.

¿Te presta el dinero a ti?	*He's lending you the money?*
Me van a dar la entrada a mí.	*They're going to give the ticket to me.*

C. Indirect object pronouns follow the same rules for placement as direct object pronouns.

Él nos compra las entradas.	*He buys us the tickets.*
Él nos va a comprar las entradas. ⎫	*He's going to buy us the tickets.*
Él va a comprarnos las entradas. ⎭	
Después de comprarnos las entradas, va a salir.	*After buying us the tickets, he's going to leave.*
Él está comprándonos las entradas. ⎫	*He's buying us the tickets.*
Él nos está comprando las entradas. ⎭	

Práctica

A. Form new sentences, using the cues given and the corresponding indirect object pronouns. Follow the model.

MODELO: Juan *me* habla. (a ti) →
Juan te habla.

1. José *le* escribe.
   (a nosotros, a ellos, a mí, a Uds., a ella, a ti)
2. Juana *les* lee el libro.
   (a mí, a Ud., a nosotros, a Pablo, a ti, a vosotros)

B. With a classmate, ask and answer the following questions in the affirmative. Use the information in parentheses in your answers.

MODELO: ¿Me das dos dólares? (mañana) →
Sí, te doy dos dólares mañana.

---

*The prepositional object pronoun forms are identical to the subject pronouns, except for the first person singular (**mí**) and second person singular (**ti**).

1. ¿Me enseñas el nuevo vocabulario?   (esta noche)
2. ¿Me compras otro diccionario de español?   (en junio)
3. ¿Me lees las frases del diálogo?   (mañana)
4. ¿Me compras una entrada para el partido?   (esta noche)
5. ¿Me pides un préstamo?   (pronto)
6. ¿Me das cien dólares?   (el año que viene)

C. Repeat Exercise B, changing singular indirect object pronouns to the plural.

MODELO: ¿Nos das dos dólares?   (mañana)   →
                Sí, les doy dos dólares mañana.

D. Tomás is going to move. While cleaning his apartment and packing, he finds several things that he gives to the following people. Express this, following the model.

MODELO: a Beto / unas revistas   →
                Tomás le da unas revistas a Beto.

1. a nosotros / sus libros
2. a sus amigos / unas pelotas (*balls*)
3. a mí / un reloj
4. a ti / un bolígrafo
5. a Bárbara / unas fotos
6. a Miguel y a Rafael / su ropa vieja
7. a Vicente / un abrigo
8. a unas chicas / su número de teléfono

E. Juana and Paco ask Jorge if he is going to do the following things. He says that he is. Play both roles as in the model.

MODELO: prestar dinero   →
         JUANA Y PACO: ¿Nos vas a prestar dinero?
               JORGE: Sí, voy a prestaros/les dinero.   *or:*
                       Sí, os/les voy a prestar dinero.

1. comprar las entradas
2. decir la verdad
3. explicar (*to explain*) este deporte
4. describir el partido
5. escribir una carta
6. dar buenos consejos

F. Your friend Tom is a real soccer fan. He wants to take you and your friends to a soccer game on Saturday. Describe the preparations in Spanish.

1. Tom is buying them tickets for the game now.
2. He is going to buy me one also.
3. Before the game, he wants to describe the sport to us.
4. He'll bring us the tickets today.
5. I ought to pay him for the tickets, but I don't have any money this week.
6. My friends and I want to read him an article (**artículo**) about the two teams that are going to play on Saturday.

G. Most of us like to think that we are thoughtful individuals. Describe what you would do if you found the following people in the situations listed. Use words from columns A and B.

A			B
comprar	leer	unas flores (*flowers*)	unos consejos
prestar	describir	el deporte	un abrigo
dar	traer	una novela	dos mil (*thousand*) dólares
mandar	escribir	las entradas	una carta

MODELO: Sus hermanos quieren asistir al partido de fútbol.   →
          Voy a comprarles las entradas.

1. Su amigo está en el hospital.
2. Sergio necesita dinero para comprar un automóvil.
3. Nosotros no entendemos los partidos de tenis.
4. Su hermano tiene muchos problemas personales.
5. El joven tiene mucho frío.
6. Al niño le gusta leer.
7. Su familia quiere saber cómo está Ud.

H. Answer the following questions about your habits.

1. ¿A quién le escribe Ud. cartas? ¿Quién le escribe cartas a Ud.?
2. ¿Quién le da dinero a Ud.? ¿A quién le da Ud. dinero?
3. ¿A quién le pregunta Ud. cuando no entiende la lección? ¿Quién le pregunta a Ud. sobre la lección de español?
4. ¿A quién le dice Ud. «buenos días» todos los días? ¿Quién le dice a Ud. «buenas noches» siempre?
5. ¿A quién le presta Ud. ropa? ¿Quién le presta ropa a Ud.?

Minidiálogo

JUGADOR: ¡Es muy difícil! Todos me piden algo diferente. Ud. me pide que asista a todas las prácticas. Mi novia quiere que pase más tiempo con ella. Y mis padres me dicen que me dedique más a los estudios y menos a las chicas y los deportes.

1. ¿Qué le pide al jugador el entrenador?
2. ¿Qué le pide al jugador su novia?
3. ¿Qué le piden sus padres?
4. ¿Qué va a hacer el jugador?

PLAYER: It's very hard! Everyone asks something different of me. You ask me to attend all the practices. My girlfriend wants me to spend more time with her. And my parents want me to devote myself more to my studies and less to girls and sports.

35. The Subjunctive in Noun Clauses with Verbs of Commanding and Requesting

You have learned that impersonal expressions and verbs of willing, emotion, doubt, or uncertainty require the subjunctive in the dependent noun clauses that follow them. In this section you will practice the subjunctive with some additional verbs that fall into those categories. These verbs are **mandar** (*to order*), **permitir** (*to permit*), **decir** (*to say* or *to tell*), and **pedir** (*to request* or *to ask* [*that*]).

El jefe manda que trabajen más.	*The boss orders them to work more.*
Te digo que compres las entradas.	*I'm telling you to buy the tickets.*
Pedimos que Uds. vayan con nosotros al partido de fútbol.	*We request that you go with us to the soccer game.*

Note that when **decir** expresses *willing* or gives an indirect command, the subjunctive must be used in dependent clauses that follow it. However, when the verb **decir** simply conveys information, the indicative is used in dependent clauses that follow it. Compare these sentences.

Nos dice que lee este diario.	*He tells us that he reads this newspaper.*
BUT:	
Nos dice que leamos este diario.	*He tells us to read this newspaper.*

When **decir** is followed by the subjunctive, note the use of indirect object pronouns in the independent clause, corresponding to the subjects of the dependent clause: **te → compres**; **nos → leamos**. The verbs **pedir** and **mandar** are frequently used with indirect object pronouns in the same way.

Te pido que mires el partido con ellos.	*I'm asking you to watch the game with them.*

Práctica

A. Complete the sentences with the correct form of the verbs in parentheses. Then change the italicized subjects, using the new subjects to the right. Make all necessary changes.

MODELO: (gastar)   Le mando a él que no _____ mucho.   (ellos)   →
Le mando a él que no gaste mucho.
Les mando a ellos que no gasten mucho.

1. (ir)   Le mandan a *ella* que no _____ con él.   (nosotros)
2. (hacer)   Permite que *yo* _____ el ciclismo.   (tú)
3. (venir)   ¿Quieres que *ellos* _____ al partido?   (ella)
4. (estar)   Les manda a *los jugadores* que _____ allí a las ocho.   (yo)
5. (hablar)   ¿Permites que *él* _____ con el equipo?   (los aficionados)
6. (gastar)   ¿Les pide a *ellos* que no _____ tanto dinero?   (Ud.)
7. (descansar)   Les mandamos a *los jugadores* que _____ más.   (tú)
8. (comer)   Permiten que *los espectadores* _____ durante el partido.   (nosotros)

B. Complete the sentences with the correct form of the verb in parentheses. Then express the sentences in English. Assume that the verb **decir** expresses an indirect command.

> MODELO: Les dice Beto que _____ mañana. (salir) →
>   Les dice Beto que salgan mañana.
>   (*Beto is telling them to leave tomorrow.*)

1. Nos dice él que _____ las entradas para el partido. (traer)
2. Me dicen mis amigos que _____ la historia del deporte. (estudiar)
3. Te digo que _____ inmediatamente. (venir)
4. Le decimos que _____ optimista. (ser)
5. Les dicen a los aficionados que _____ mucha paciencia con el equipo. (tener)

C. Repeat Exercise A, assuming that the sentences merely convey information.

> MODELO: Les dice Beto que _____ mañana. (salir)
>   Les dice Beto que sale mañana.
>   (*Beto is telling them that he is leaving tomorrow.*)

D. Describe what the trainer of a professional soccer team might want his players to do by completing the sentence with the phrases that follow.

El entrenador les pide a los jugadores que...
descansar mucho
tomar un desayuno fuerte
no comer mucho antes del partido
no beber mucho vino
no salir con muchas chicas
estudiar bien el plan del partido
ganar (*to win*) todos los partidos

E. Complete the following sentences in a logical manner.

1. Mis padres me mandan que (yo) _____ .
2. El profesor (no) permite que los estudiantes _____ .
3. Siempre les pido a mis amigos que _____ .
4. Mis amigos siempre me piden que yo _____ .
5. Les digo a mis hermanos que (no) _____ .

36. The Present Subjunctive of Stem-changing Verbs

In Units 3 and 4 you studied the present indicative of **-ar, -er,** and **-ir** stem-changing verbs. In this lesson you will study the present subjunctive forms of those same verbs.

A. Stem-changing -ar and -er Verbs

The **-ar** and **-er** stem-changing verbs have the same stem change in the subjunctive that they have in the present indicative.

pensar (ie)		poder (ue)		jugar (ue)	
SINGULAR	PLURAL	SINGULAR	PLURAL	SINGULAR	PLURAL
piense	pensemos	pueda	podamos	juegue	juguemos
pienses	penséis	puedas	podáis	juegues	juguéis
piense	piensen	pueda	puedan	juegue	jueguen

Note that there is a spelling change before the subjunctive endings of **jugar,** to maintain the hard **g** sound of the stem. Other **e → ie** stem-changing verbs you have learned are **cerrar, comenzar, despertarse, entender, perder,** and **sentarse.** You have also learned the **o → ue** stem-changing verbs **acostarse, costar, encontrar, mostrar, recordar,** and **volver.**

Dudo que ellos entiendan bien este deporte.

No quieren que tú pienses así.
Esperan que ella pueda participar
 en el partido.
¡Ojalá que Víctor juegue bien!
Es posible que Lorenzo recuerde el nombre del
 jugador.

*I doubt (that) they understand this
 sport well.*
They don't want you to think that way.
*They hope (that) she can participate
 in the game.*
I hope Víctor plays well!
*It's possible that Lorenzo will re-
 member the player's name.*

B. Stem-changing -ir Verbs

The present subjunctive of **-ir** stem-changing verbs maintains the stem change of the present indicative. In addition, the **nosotros** and **vosotros** forms have the stem change of the present participle (**e → i, o → u**).

sentir (ie)		dormir (ue)		pedir (i)	
SINGULAR	PLURAL	SINGULAR	PLURAL	SINGULAR	PLURAL
sienta	sintamos	duerma	durmamos	pida	pidamos
sientas	sintáis	duermas	durmáis	pidas	pidáis
sienta	sientan	duerma	duerman	pida	pidan

Other **e → ie** stem-changing verbs you have learned are **divertirse, mentir, preferir,** and **referirse.** Another **o → ue** stem-changing verb you know is **morir.** Additional **e → i** stem-changing verbs that you know are **repetir, servir, seguir,** and **sonreír.**

Es probable que ellos sientan gastar tanto dinero.	*It's probable that they regret spending so much money.*
Es posible que no durmamos esta noche.	*It's possible that we won't sleep tonight.*
Me piden que repita los números de todos los jugadores.	*They ask me to repeat the numbers of all the players.*
Dudan que yo prefiera el footing a los otros deportes.	*They doubt that I prefer jogging to other sports.*

Práctica

A. Substitute the words in parentheses and make other necessary changes.

1. Mandan *que tú* no pienses así.
   (que yo, que nosotros, que Celia)
2. Su madre le pide *a Julio* que no juegue al fútbol.
   (a Uds., a Tomás y a mí, a ti)
3. ¡Ojalá *que yo* pueda jugar con ese equipo!
   (que él, que nosotros, que vosotros)
4. Espera *que recordemos* el nombre del estadio.
   (que yo, que mi amigo, que tú)
5. Los médicos del equipo mandan *que los jugadores* duerman ocho horas diarias.
   (que yo, que Ud., que nosotros)
6. Quieren *que yo* pida las entradas.
   (que nosotros, que tú, que vosotros)

B. Express the reactions indicated in parentheses to the following situations.

MODELO: Pierde mucho dinero. (es posible) →
          Es posible que pierda mucho dinero.

1. No recordamos el último partido.   (es bueno)
2. Él puede jugar con este equipo profesional.   (es probable)
3. Ellos juegan al tenis.   (no creo)
4. Prefieres mirar el partido en la televisión.   (esperamos)
5. Los jugadores duermen mucho después de los partidos.   (es necesario)
6. No les servimos vino antes del partido.   (es importante)

C. You are a player and fan of tennis. You hope that your friends share your enthusiasm for this sport. Express this by completing the following sentence, conjugating the verbs in the phrases that follow.

Yo espero que mis amigos...
querer jugar al tenis
entender bien este deporte
poder jugar conmigo (*with me*) todas las tardes
jugar bien al tenis
preferir jugar al tenis a mirar un partido en la televisión

no dormir durante los partidos
servirme algo después del partido

D. Ask and answer the following questions with a classmate, using the phrases provided.

1. ¿Te mandan tus padres que... ?
   Sí, mis padres me mandan que...
   (No, mis padres no me mandan que...)

pensar como ellos	encontrar trabajo
volver a casa temprano	recordar las responsabilidades
entender su punto de vista	mostrarles tus notas

2. ¿Quieres que tus amigos... ?
   Sí, quiero que mis amigos...
   (No, no quiero que mis amigos...)

divertirse por la noche	servir vino en sus fiestas
jugar al tenis	repetir los chismes (*gossip*)
mentir a sus padres	

3. ¿Permiten los profesores que nosotros... ?
   Sí, los profesores permiten que nosotros...
   (No, los profesores no permiten que nosotros...)

perder nuestro tiempo	dormir en la clase
morir de hambre	pensar como queremos
repetir las clases	jugar en la biblioteca
pedir un examen más fácil	

¿Cómo se dice?

- **Indirect Object Pronouns with Verbs Like *gustar***

  The verb **gustar**, usually expressed in English as *to like*, literally means *to please* or *to be pleasing (to)*. In constructions with **gustar**, the English subject (*I, you, he*. . .) is the indirect object of the sentence (the one to whom something is pleasing), and is expressed with an indirect object pronoun (**me, te, le**...). The English direct object (the thing that is liked) is the subject in Spanish. The verb **gustar** agrees with the thing or things liked.

Me gustan los deportes.	*I like sports.* 　*(Sports are pleasing to me.)*
Le gusta el fútbol.	*He likes soccer.* 　*(Soccer is pleasing to him.)*
Nos gusta esquiar.	*We like to ski.* 　*(Skiing is pleasing to us.)*

  Note that when **gustar** is followed by an infinitive, the third person singular is used.

  The prepositional object pronouns may be used for emphasis or clarity:

A mí me gusta este equipo.	*I like this team.*
A él le gusta jugar al tenis.	*He likes to play tennis.*
A nosotros nos gustan el ciclismo y la natación.	*We like cycling and swimming.*

Other verbs used like **gustar** are **encantar** (*to delight, to charm*), **faltar** (*to be lacking, to need*), **importar** (*to matter, to be important* [*to*], *to mind*), **interesar** (*to interest*), **parecer** (*to appear, to seem*), and **quedar** (*to remain, to have left over*).

Me parece interesante.	*It seems interesting to me.*
¿Te falta energía?	*Do you lack energy?*
Nos encantan los deportes profesionales.	*Professional sports delight us.* (*We love professional sports.*)
No me importa practicar la natación todos los días.	*I don't mind practicing swimming every day.*
Nos interesa mucho la competencia entre esos equipos.	*The competition between those teams is very interesting to us.*
No te queda mucho dinero, ¿verdad?	*You don't have much money left, right?*

A. Substitute the words in parentheses and make other necessary changes.

1. Me gusta *jugar aquí.*
   (los deportes de invierno, esquiar, los partidos de tenis, estudiar)
2. Nos falta *dinero.*
   (las entradas, la pelota, tiempo, los libros)
3. Les encanta *Madrid.*
   (la música, escuchar música, estas novelas, comer al aire libre)
4. ¿Qué te parece *el equipo*?
   (los jugadores, el estadio, la universidad, los profesores)
5. No le importa *trabajar.*
   (el dinero, las clases, pagar siempre, nuestros problemas)
6. Nos interesan *los deportes.*
   (el ciclismo, los deportistas, los espectadores, el partido)
7. No me queda *dinero.*
   (tiempo, lápices, papel, paciencia, libros)

B. Give your impression of the soccer players in the drawing, using **parecer** with the appropriate adjectives.

¿Cómo son los jugadores,
altos o bajos?
¿jóvenes o viejos?
¿buenos o malos?
¿feos o guapos?

C. Express your likes and dislikes by forming affirmative or negative sentences based on the words and phrases given below. Use **gustar, interesar,** or **encantar.**

1. comer al aire libre
2. jugar al fútbol
3. mirar los partidos en la televisión
4. tomar un desayuno fuerte
5. dormir la siesta
6. ser deportista
7. esquiar
8. gastar dinero
9. participar en actividades deportivas (*sports*)

D. Repeat Exercise C, inventing a series of likes and dislikes for a friend of yours: **A mi amigo/a (no) le gusta/interesa/encanta...**

E. Express in Spanish.

1. We need (lack) three tickets.
2. Tennis seems difficult to us.
3. Sports interest them.
4. Do you like jogging?
5. This game is interesting to me.
6. The competition delights him.
7. We have little time left.
8. They don't mind the work.

F. Answer the following questions.

1. ¿Qué deporte le gusta más a Ud.? ¿Por qué le gusta?
2. ¿Qué le gusta más a Ud., practicar un deporte o descansar los fines de semana? ¿Qué le gusta más, practicar deportes de equipo (como el béisbol, el fútbol, etcétera) o deportes individuales (el tenis, el ciclismo, la natación, etcétera)?
3. ¿Les interesan a sus amigos los deportes que se practican (*are practiced*) en la universidad? ¿Les importa si pierden los equipos de la universidad?
4. ¿Les falta dinero a Uds. para comprar entradas para todos los partidos? ¿Cuánto cuestan las entradas para los partidos de fútbol hoy día? ¿Les parecen caras (*expensive*)?
5. ¿Qué le parecen a Ud. los deportes profesionales? ¿los jugadores profesionales? ¿Le parecen excesivos los sueldos que ganan?

● **More Weather Expressions**

In the Preliminary Unit, you learned several weather expressions that are formed in Spanish with the third person singular of **hacer** plus a noun.

¿Qué tiempo hace?　　　　　　　　　　*How's the weather?*
Hace (mucho) frío/calor/fresco.　　　　*It's (very) cold/hot/cool.*

Other weather expressions are formed in the same way.

Hace (mucho) sol.　　　　　　　　　　*It's (very) sunny.*
Hace (mucho) viento.　　　　　　　　　*It's (very) windy.*
Hace (muy) buen/mal tiempo.　　　　　*The weather is (very) good/bad.*

Note that **mucho** is used in most of these expressions to express *very*, but **muy** expresses *very* with *good/bad weather*: **Hace muy mal tiempo.** Two additional weather expressions are

nevar (ie)	Nieva.	*It's snowing. (It snows.)*
llover (ue)	Llueve.	*It's raining. (It rains.)*

A. Answer the following questions.

1. ¿Qué tiempo hace en el verano? ¿en el otoño? ¿en el invierno? ¿en la primavera?
2. ¿Qué tiempo hace aquí en el mes de agosto? ¿en octubre? ¿en enero? ¿en abril?
3. ¿Qué tiempo hace hoy? ¿Qué tiempo va a hacer mañana?
4. Cuando hace frío en Montevideo, ¿qué tiempo hace en Chicago?
5. ¿Hace más frío en el Ecuador o en Alaska?

B. **¿Qué tiempo hace?** Describe the weather pictured here in as many ways as possible.

1.　　　　　　*2.*　　　　　　*3.*　　　　　　*4.*

C. Using the weather expressions you have learned, indicate your opinions or attitudes by completing the following sentences.

1. Me gusta ir a un partido de fútbol cuando...
2. Nunca juego al tenis cuando...
3. Es difícil esquiar cuando...
4. Para hacer ciclismo, prefiero que...
5. Me gusta la natación, pero no me gusta cuando...
6. Para hacer el footing, es preferible que...

Vocabulario

VERBOS

encantar   *to delight, charm*
esquiar   *to ski*
faltar   *to be lacking; to need*
ganar   *to win*
gastar   *to spend* (*money*)
gustar   *to please, be pleasing to*
importar   *to be important to; to mind*
interesar   *to interest*
llover (ue)   *to rain*
mandar   *to order*
nevar (ie)   *to snow*
parecer   *to appear, seem*
participar   *to participate*
permitir   *to permit*
practicar   *to practice* (*play*) *sports*
prestar   *to lend*
quedar   *to remain; to have left over*

ADJETIVOS

fenomenal   *great, terrific*
físico   *physical*
fuerte   *strong*
profesional   *professional*

SUSTANTIVOS

el/la **aficionado/a**   *fan; amateur*
  el **ciclismo**   *cycling*
  la **competencia**   *competition*
  el **deporte**   *sport*
el/la **deportista**   *sportsperson*
  un **dineral**   *a lot of money*
  la **energía**   *energy*
  la **entrada**   *ticket*
el/la **entrenador(a)**   *trainer, coach*
  el **equipo**   *team*
el/la **espectador(a)**   *spectator*
  el **estadio**   *stadium*
  el **footing**   *jogging*
  el **fútbol**   *soccer*
  el **hospital**   *hospital*
el/la **jugador(a)**   *player*
  la **natación**   *swimming*
  la **participación**   *participation*
  el **partido**   *game* (*sports*), *match*
  la **pelota**   *ball*
  la **razón**   *reason*
  el **tenis**   *tennis*

OTRAS PALABRAS Y EXPRESIONES

claro   *of course*
entre   *between*
estar en buenas condiciones   *to be in good shape, in good condition*
hace buen/mal tiempo   *the weather is good/bad*
hace sol (viento)   *it's sunny* (*windy*)
mí (obj. of prep.)   *me*
ti (obj. of prep.)   *you* (fam. sing.)

Guadalajara, México

En los pueblos pequeños y aun en las capitales, hay conciertos en la plaza todos los domingos cuando hace buen tiempo. Los músicos tocan en un quiosco en el centro de la plaza, y el público viene a oír canciones muy conocidas. Los padres traen a sus hijos porque quieren que oigan buena música. A veces la gente pide que la banda toque sus piezas favoritas.

¿Hay conciertos al aire libre donde Ud. vive? ¿en qué estación del año? ¿Hay conciertos ciertos días de la semana? ¿Toca una banda o una orquesta? ¿Tocan conjuntos locales? ¿aficionados? ¿Prefiere Ud. escuchar música en una sala de conciertos o al aire libre? ¿Qué clase de música le interesa más a Ud.? ¿el rock? ¿la música clásica?

En las universidades importantes de Hispanoamérica y de España, cada facultad tiene un grupo musical que representa a sus estudiantes. El grupo se llama «estudiantina» o «tuna». Los jóvenes músicos usan ropa que imita la de (*that of*) los antiguos estudiantes, con capas y muchas cintas (*ribbons*). Salen por las calles, tocan sus guitarras, laúdes (*lutes*) y panderetas (*tambourines*), cantan y a veces piden dinero para los pobres. Tocan también en los restaurantes populares, donde frecuentemente los clientes invitan a los músicos a beber vino con ellos. ¡Y así empieza la fiesta!

Los miembros de esta tuna van a tocar en un restaurante de Barcelona, España.

¿Quiénes forman la tuna o estudiantina? ¿Qué ropa usan? ¿Qué grupos musicales hay en la universidad donde Ud. estudia? ¿Tocan música en las calles de los Estados Unidos? ¿dónde? ¿cuándo?

Sevilla, España

Los gitanos del sur de España son los artistas más importantes de la música flamenca. Aprenden el arte de la tradición que existe en su propia familia o región. Las canciones del flamenco tienen un gran impacto porque expresan emociones muy fuertes y personales. Los cantantes auténticos sienten y sufren las emociones que describen en sus canciones. Cuando un cantante sabe expresarse profundamente, dicen que tiene mucho «duende». Muchas veces los bailes que acompañan la música son muy dramáticos. Los chicos y chicas aprenden los bailes tradicionales cuando son muy niños y bailan frecuentemente en las fiestas y ferias.

¿Es posible ver presentaciones de flamenco en la región donde Ud. vive? ¿Conoce el flamenco? ¿Cómo son las canciones del flamenco? ¿Es posible aprender bailes flamencos en su región? ¿Prefiere Ud. aprender bailes tradicionales y folklóricos, o modernos?

Estructura

Minidiálogo

1. *¿Qué clase de música tocan en el Mesón de la Paella?*
2. *¿A qué hora empiezan a servir la comida?*

37. The Present Indicative and Subjunctive of Spelling-change Verbs

A. Spelling-change verbs are those that change their spelling in certain conjugations, usually to preserve the pronunciation of the last consonant of the stem. Verbs ending in **-car**, **-gar**, and **-zar** have spelling changes throughout all forms of the present subjunctive. These changes do not take place in the present indicative.

buscar (*to look for*) c → qu		**llegar** (*to arrive*) g → gu		**empezar (ie)** (*to begin*) z → c	
busque	busquemos	llegue	lleguemos	empiece	empecemos
busques	busquéis	llegues	lleguéis	empieces	empecéis
busque	busquen	llegue	lleguen	empiece	empiecen

Other commonly used verbs that follow this pattern in the present subjunctive are **comenzar**, **explicar** (*to explain*), **jugar**, **pagar**, **practicar**, **sacar**, (*to get [grades]*), **significar**, and **tocar** (*to play [instruments]; to touch*).

Llegan el sábado, ¿verdad?	*They're arriving Saturday, right?*
Ojalá que lleguen el sábado.	*I hope they arrive on Saturday.*
El concierto comienza a las ocho.	*The concert begins at eight.*
Dudo que el concierto comience a las ocho.	*I doubt that the concert will begin at eight.*
Ella practica el baile.	*She practices the dance.*
Quieren que ella practique el baile.	*They want her to practice the dance.*

Note that, as in the **ir a** + *infinitive* construction, the preposition **a** precedes an infinitive after a form of **comenzar** or **empezar.**

¿A qué hora comienzan a tocar?   *What time do they start to play?*

B. Several spelling-change verbs have a change in the first person singular of the present indicative, as well as in all forms of the present subjunctive. Verbs ending in a vowel plus **-cer** or **-cir** add **z** before the final **c: c → zc**. Verbs ending in **-ger** or **-gir** have a change from **g → j**. Verbs ending in **-guir** have a change from **gu → g**.

	conocer (*to know*)*		**escoger** (*to choose*)		**seguir (i)** (*to follow; to continue on*)	
	c → zc		**g → j**		**gu → g**	
IND.	conozco	conocemos	escojo	escogemos	sigo	seguimos
	conoces	conocéis	escoges	escogéis	sigues	seguís
	conoce	conocen	escoge	escogen	sigue	siguen
SUBJ.	conozca	conozcamos	escoja	escojamos	siga	sigamos
	conozcas	conozcáis	escojas	escojáis	sigas	sigáis
	conozca	conozcan	escoja	escojan	siga	sigan

Other verbs that follow these patterns are **traducir** (*to translate*), **obedecer** (*to obey*), **proteger** (*to protect*), **dirigir** (*to direct*), and **conseguir (i)** (*to obtain*).

¿Conoces a Guillermo Díaz?	*Do you know Guillermo Díaz?*
Siento que no conozcas a Guillermo.	*I'm sorry that you don't know Guillermo.*
Él dirige la orquesta.	*He's directing the orchestra.*
Permiten que él dirija la orquesta.	*They permit him to direct the orchestra.*
Conseguimos las entradas mañana.	*We'll get the tickets tomorrow.*
Ella quiere que consigamos las entradas.	*She wants us to get the tickets.*

C. Some verbs have a change in the first, second, and third person singular and the third person plural of the present indicative as well as in all forms of the present subjunctive. Note the following example.

incluir			
INDICATIVE		SUBJUNCTIVE	
incluyo	incluimos	incluya	incluyamos
incluyes	incluís	incluyas	incluyáis
incluye	incluyen	incluya	incluyan

---

*The uses of **conocer** and **saber** will be treated in the **¿Cómo se dice?** section of Unit 7A.

Teresa siempre incluye una canción popular en sus conciertos.

Teresa always includes a popular song in her concerts.

Todos quieren que Teresa incluya una canción popular en su concierto.

Everyone wants Teresa to include a popular song in her concert.

Another verb that follows this pattern is **construir**.

Práctica

A. Substitute the words in parentheses and make other necessary changes.

1. *Eduardo* empieza a cantar.
   (tú, nosotros, ellos)
2. *El profesor* traduce la canción.
   (los músicos, yo, vosotros)
3. ¿Cuál escoges *tú*?
   (ellos, el conjunto, yo)
4. *Ellos* consiguen el dinero necesario.
   (los estudiantes y yo, yo, tú)

B. Substitute the words in parentheses and make other necessary changes.

1. El profesor quiere *que ella* llegue temprano.
   (que yo, que tú, que nosotros)
2. La compositora me pide *a mí* que comience a cantar.
   (a él, a los cantantes, a vosotros)
3. La gente quiere *que él* dirija la banda.
   (que tú, que yo, que Ud.)
4. Quiere *que nosotros* conozcamos a sus amigos.
   (que Uds., que yo, que los músicos)
5. Dudamos *que ellos* incluyan una pieza antigua.
   (que la orquesta, que tú, que los estudiantes)
6. Esperan *que él* explique la música de los gitanos.
   (que los compositores, que nosotros, que vosotros)

C. Restate the sentences, changing the verbs to the singular.

1. Obedecemos siempre al profesor.
2. Empezamos a entender la música.
3. Protegemos a los niños.
4. Seguimos una carrera interesante.

D. Repeat Exercise C, restating the sentences with **Esperan que...**

E. You and your friends want to form a musical group that will specialize in Spanish music. List the things that you will have to do in order to make this dream come true.

1. Es necesario que (nosotros) _____ unas guitarras. (conseguir)
2. Le mandamos a Mauricio que _____ un representante para el conjunto. (buscar)
3. Queremos que el representante _____ nuestros intereses económicos. (proteger)
4. Es importante que (nosotros) _____ bien la música española. (conocer)
5. El representante nos dice que _____ las leyes (*rules*) del sindicato (*union*) de músicos. (obedecer)
6. Mis amigos quieren que yo _____ la banda. (dirigir)
7. Queremos que el representante _____ algunas piezas antiguas. (escoger)
8. ¡Ojalá que el conjunto _____ a ensayar (*rehearse*) pronto! (empezar)
9. Es posible que la banda _____ en el quiosco del pueblo. (tocar)
10. Es necesario que nuestro representante _____ permiso (*permission*) de las autoridades del pueblo para tocar allí. (conseguir)

F. Describe your feelings about the following people and situations, creating as many sentences as you can using the phrases from each column. Make any necessary changes. You may add additional ideas, if you wish.

Prefiero que	mi amigo/a y yo	(no)	seguir mis consejos
Me alegro de que	la gente		escoger bien las canciones
Dudo que	el conjunto		comenzar a entender mis problemas
Siento que	mis padres		buscar una pieza española
Espero que	mi profesor(a)		conseguir las entradas para el concierto
Quiero que	el compositor		tocar la guitarra
Es necesario que	tú		empezar el concierto a tiempo (*on time*)
Es lástima que	los cantantes		llegar al teatro temprano

Minidiálogo

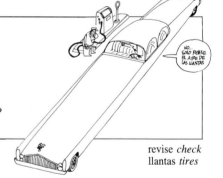

1. ¿Quiere el cliente (customer) *comprar gasolina?*
2. ¿Qué es lo que quiere el cliente?
3. El auto de Ud., ¿gasta (does it use) *mucha o poca gasolina?*

revise *check*
llantas *tires*

38. Commands with *Ud., Uds.,* and *nosotros*

You have already learned that the subjunctive is used to indicate willing, or to express indirect commands in dependent noun clauses.

Deseo que Ud. venga inmediatamente.   *I want you to come immediately.*
Él prefiere que Uds. salgan a las cinco.   *He prefers that you leave at five.*
Nos dicen que no lleguemos hasta más tarde.   *They tell us not to arrive until later.*

The subjunctive is also used to express commands directly. Formal commands, used with people you address as **Ud**. or **Uds**., are the third person singular and plural of the present subjunctive. **Nosotros** commands, the equivalent of English *let's (do something)*, are the first-person plural present subjunctive.

Venga (Ud.) inmediatamente.	*Come immediately.*
Salgan (Uds.) a las cinco.	*Leave at five.*
No lleguemos hasta más tarde.	*Let's not arrive until later.*

Note in the preceding examples that the pronouns **Ud**. and **Uds**. are generally not used with commands, although they may be retained for greater emphasis or courtesy. If used, **Ud**. and **Uds**. follow the verb.

The indicative form **vamos a** + *infinitive* is also used to express affirmative **nosotros** commands. Negative **nosotros** commands, however, are always expressed with the subjunctive.

Vamos a comer ahora. ⎫
Comamos ahora.   ⎬   *Let's eat now.*

BUT:

No comamos ahora.   *Let's not eat now.*

Note also that the command *let's go* is always expressed with the indicative: **¡Vamos!**

Práctica

A. Give affirmative commands based on the following sentences, using singular or plural, as appropriate. Follow the model.

MODELO: El señor Ramos no quiere llegar temprano. →
          Señor Ramos, llegue (Ud.) temprano, por favor.

1. La señora Valdés no quiere bailar.
2. La señorita no quiere comprar las entradas.
3. El señor Osuna no quiere tocar la guitarra.
4. La señora no quiere salir mañana.
5. Los señores no quieren ir al concierto.
6. Las señoras no quieren buscar un cantante.
7. Los señores no quieren traer el vino.
8. Los señores no quieren conseguir una banda.
9. El señor Olivares no quiere dirigir la orquesta.
10. Los señores no quieren asistir a la feria.

B. Repeat Exercise A, restating the sentences as negative formal commands. Follow the model.

MODELO: El señor Ramos no quiere llegar temprano. →
          Pues, señor Ramos, no llegue temprano.

C. Answer the following questions with affirmative formal commands, using the information given in parentheses. Follow the model.

MODELO: ¿Pongo el libro allí? (el cuaderno)   →
          Sí, y ponga el cuaderno aquí también.

1. ¿Voy de compras? (a la universidad)
2. ¿Traigo el vino? (la comida)
3. ¿Compro el diario? (las revistas)
4. ¿Toco la guitarra? (el piano)

5. ¿Escojo la comida? (el vino)
6. ¿Ensayo con la banda? (el conjunto)
7. ¿Vendo las entradas? (los libros)
8. ¿Canto la canción? (esta pieza)

D. Give some of the commands that your instructor might give to the class, based on the following phrases. Follow the model.

MODELO: llegar a clase a tiempo   →   Lleguen (Uds.) a clase a tiempo.

1. abrir los libros ahora
2. repetir las palabras
3. leer las frases
4. no dormir en clase

5. aprender los verbos
6. estudiar más
7. no hablar inglés en la clase de español
8. empezar el examen ahora

E. Restate the following sentences as **nosotros** commands. Follow the model.

MODELO: Aprendemos el baile.   →   Aprendamos el baile.

1. Compramos algunas guitarras.
2. Llegamos a tiempo.
3. Asistimos al concierto.
4. Pedimos unas entradas.

5. Tocamos bien el piano.
6. Escuchamos algunas canciones mexicanas.
7. Pasamos por (*by*) el teatro.
8. Cantamos la música.

F. Repeat Exercise E, restating the sentences with **Vamos a** + *infinitive*.

MODELO: Aprendemos el baile.   →   Vamos a aprender el baile.

G. A group of friends is trying to decide what to do tonight. Express some of their ideas, using **nosotros** commands.

MODELO: bailar   →   ¡Bailemos!

1. comer algo
2. mirar la televisión
3. conseguir una pizza
4. hacer una comida española

5. llamar a otros amigos
6. cantar algunas canciones
7. poner unos discos de Michael Jackson
8. jugar a la Búsqueda Trivial

H. You want to be a famous singer. Indicate what your voice teacher tells you that you must do in order to accomplish this goal.

MODELO: estudiar bien la música   →   Estudie (Ud.) bien la música.

1. no fumar (*to smoke*)
2. estudiar idiomas
3. escuchar la música con cuidado
4. conocer bien a los compositores famosos

5. cantar sólo buena música
6. conseguir experiencia con una buena orquesta
7. asistir a un buen conservatorio de música
8. sufrir un poco

Minidiálogo

1. ¿Quiere hacer Mafalda lo que (what) le manda su madre?
2. ¿Qué le contesta su madre cuando Mafalda le pregunta por qué tiene que hacerlo?
3. ¿Qué títulos tienen las dos? ¿Cuándo los recibieron (did they receive them)?

39. Double Object Pronouns

A. Both indirect and direct object pronouns can be used together in the same sentence. When this occurs, the indirect object pronoun immediately precedes the direct object pronoun.

B. Double object pronouns follow the same rules for placement as single object pronouns.

They precede a conjugated verb form.

Él me vende la carne. *He sells me meat.*   Él **me la** vende. *He sells it to me.*

They can follow and be attached to infinitives, or they can precede the whole verb phrase (*conjugated verb + infinitive*).

Voy a comprar**te** esas pelotas de tenis. ⎫
Te voy a comprar esas pelotas de tenis. ⎬   *I'm going to buy you those tennis balls.*

Voy a comprár**telas**. ⎫
Te las voy a comprar. ⎬   *I'm going to buy them for you.*

With present progressive forms, they can follow and be attached to the present participle, or precede the conjugated form of the auxiliary verb **estar**.

Ella está cantándo**me** una canción. ⎫
Ella **me** está cantando una canción. ⎬   *She's singing a song to me.*

Ella está cantándo**mela**. ⎫
Ella **me la** está cantando. ⎬   *She's singing it to me.*

Note the addition of a written accent mark where the original stress of the verb must be maintained: **comprarte** → **comprártelos**; **cantándome**; **cantándomela**.

MAFALDA: But why do I have to do it? MOTHER: Because I order you to do it, because I'm your mother! MAFALDA: If it's a matter of degrees (titles), I'm your daughter! And we both graduated the same day, didn't we?

C. When a third-person singular or plural indirect object pronoun (**le, les**) precedes a third-person singular or plural direct object pronoun (**lo, la, los, las**), the indirect object pronoun is replaced by **se**.

$$le(s) + \begin{array}{c} lo(s) \\ la(s) \end{array} \rightarrow se + \begin{array}{c} lo(s) \\ la(s) \end{array}$$

Because **se** has many possible meanings, the prepositional phrases **a él, a ella, a Ud., a ellos, a ellas,** and **a Uds.** may be added for clarity.

Felipe le da el libro a ella.	*Felipe gives her the book.*
Felipe **se lo** da **a ella**.	*Felipe gives it to her.*
No les estás diciendo la verdad a ellos. ⎫ No estás diciéndoles la verdad a ellos. ⎬	*You aren't telling them the truth.*
No **se** la estás diciendo **a ellos**. ⎫ No estás diciéndo**sela a ellos**. ⎬	*You aren't telling it to them.*

D. If a direct object pronoun is used with a reflexive verb, the reflexive pronoun comes first, then the direct object pronoun. The same rules apply for the placement of double object pronouns before or after the verb.

Me pongo los zapatos.	
Me los pongo.	
Me los voy a poner. ⎫ Voy a ponér**melos**. ⎬	*I'm going to put them on.*
Me los estoy poniendo. ⎫ Estoy poniéndo**melos**. ⎬	*I am (in the process of) putting them on.*

Práctica

A. Complete the sentences with the corresponding double object pronouns.

1. Me venden el piano. _____ _____ venden.
2. ¿Te pide tus consejos? ¿_____ _____ pide?
3. Nos dicen los nombres, ¿verdad? _____ _____ dicen, ¿verdad?
4. El conjunto me canta una canción. El conjunto _____ _____ canta.
5. La orquesta te toca una pieza clásica. La orquesta _____ _____ toca.
6. Mi amigo me compra las entradas. Mi amigo _____ _____ compra.
7. La mujer nos explica el baile. La mujer _____ _____ explica.
8. El compositor os escribe unas canciones. El compositor _____ _____ escribe.

B. Your friend Tomás is still packing and giving away his possessions to you and your friends. Indicate to whom he is going to give the following items.

MODELO: ¿Sus libros de español? (a mí)   →   Va a dármelos.

1. ¿Sus revistas? (a nosotros)   3. ¿Su radio (*f.*)? (a mí)   5. ¿Su automóvil? (a vosotros)
2. ¿Su piano? (a ti)   4. ¿Sus platos? (a vosotros)   6. ¿Sus bicicletas? (a ti)

C. Ask a classmate what the following people are doing right now. Use double object pronouns in the question and in the answer. Follow the model.

MODELO: Mi madre les canta una canción española.   →
          —¿Está cantándosela ahora mismo? —Sí, se la está cantando ahora mismo.

1. Mi padre les da consejos.   4. Mi hermano les pide dinero.
2. Mi profesor(a) nos explica la lección.   5. Pedrito me compra varios libros.
3. Teresa se lava la cara.   6. Esa persona nos limpia la casa.

D. Restate these sentences, changing the italicized words to object pronouns and putting them in their proper position.

1. La cantante está cantando *una canción a sus admiradores*.
2. Ellos van a vender *el piano al compositor*.
3. No sirven *vino a la gente* durante el concierto.
4. Ella quiere comprar *la guitarra a su hijo*.
5. Él va a describir *los bailes a los estudiantes*.

E. Ask a classmate if he or she wants to do the following things for you. Use double object pronouns in the question and in the answer. Follow the model.

MODELO: ¿Me prestas un poco de dinero?   →
          —¿Me lo prestas? —Sí, te lo presto.

1. ¿Me compras la chaqueta?   4. ¿Vas a hacerme la tarea?
2. ¿Me das tu automóvil?   5. ¿Vas a cantarnos una canción?
3. ¿Les traes la comida a ellos?   6. ¿Vas a decirme la hora?

F. Who does the following things for you? With a classmate, ask and answer the following questions.

MODELO: ¿Quién te escribe las cartas?   →
          Me las escribe Carlos.   *or:*   No me las escribe nadie, etcétera.

1. ¿Quién te da los exámenes? ¿el dinero? ¿las flores? ¿el vino?
2. ¿Quién te paga las cuentas (*bills*)? ¿la matrícula (*tuition*)? ¿los libros? ¿el apartamento? ¿las entradas para el baile? ¿tu automóvil?

Repaso

A. What do your parents regret about you and your actions? What are they pleased about? Answer by completing these sentences, using the following phrases. Remember to conjugate the verbs.

Mis padres sienten que yo (no)... Ellos se alegran de que yo (no)...

buscar empleo	sacar mejores notas	obedecer siempre la ley
tocar el piano	practicar deportes	fumar
escoger buena música	ir a casa los fines de semana	levantarme temprano
conseguir más dinero	conocer a muchas personas famosas	gastar tanto dinero
bailar bien		

B. Complete the sentences with the correct form of the verbs in parentheses.

1. El alcalde (*mayor*) manda que ellos _____ el estadio a las once.   (cerrar)
2. Le pedimos a Ud. que no _____ el tiempo mirando la televisión.   (perder)
3. El entrenador quiere que el equipo _____ bien el domingo.   (jugar)
4. Dudamos que tú _____ llegar tarde al partido.   (sentir)
5. Quiero que Ud. _____ el nombre del compositor.   (repetir)
6. Mi tío quiere que yo _____ muchos deportes.   (practicar)
7. Sus padres prefieren que ella _____ sus propios libros.   (pagar)
8. ¡Ojalá que ellos no _____ empleo allí!   (buscar)
9. La gente siente que los cantantes no _____ hoy.   (llegar)
10. Esperamos que el compositor _____ su música.   (explicar)
11. El profesor nos manda que _____ la música de los gitanos.   (conocer)
12. Ellos te piden que _____ las palabras de la canción.   (traducir)
13. Quieren que Pablo y yo _____ la música para el concierto.   (escoger)
14. Espero que Ud. _____ una banda para el baile.   (conseguir)

C. Answer these questions, using the cues provided in parentheses. Follow the model.

MODELO: ¿Qué quieren Uds.?   (Guillermo / dirigir la orquesta)   →
            Queremos que Guillermo dirija la orquesta.

1. ¿A quién obedece Ud. siempre?   (padres)
2. ¿Qué pide Alberto que Ud. consiga en el centro?   (las entradas para el partido de fútbol)
3. ¿A qué hora quieren sus padres que Ud. se acueste?   (a la once)
4. ¿Qué piden los señores?   (el baile / empezar a las ocho y media)
5. ¿Qué quiere Ud. ahora? (el/la profesor[a] / no llegar a clase)
6. ¿Qué siente Ud.?   (sus amigos / despertarse tarde hoy)
7. ¿Dónde prefiere Ud. que sus amigos y Ud. se diviertan?   (en el centro)
8. ¿De qué se alegra Ud.?   (mis amigos / practicar el tenis el domingo)

D. Restate the following sentences as affirmative formal commands, using singular or plural, as appropriate.

1. El señor Santana compra las entradas.
2. Las señoras lavan todos los platos.
3. La señora García empieza a cantar.
4. El señor Zamora pone la pelota en la mesa.
5. Los señores Pastor llegan al concierto temprano.
6. La señora Moreno sirve vinos españoles.

7. El señor López toca bien la guitarra.

8. Los señores de Falla dirigen los conciertos.

E. Restate Exercise D, making negative formal commands.

F. Restate the following sentences, forming affirmative and negative **nosotros** commands.

MODELO: Vamos a leer.   →   Leamos. No leamos.

1. Vamos a tocar el piano.   4. Vamos a buscar la pieza.
2. Vamos a dirigir la banda.   5. Vamos a practicar la lección.
3. Vamos a conseguir la música.   6. Vamos a fumar.

G. Your friend Alberto is a very generous person who gives things to everyone. Give examples of his generosity and your reaction to it, following the model.

MODELO: dinero / a mi hermano   →   Alberto le da dinero a mi hermano.
                                         Me alegro de que se lo dé.

1. ropa / a los pobres   3. automóvil / a ti   5. una camisa / a mi padre
2. libros / a mí   4. entradas / a nosotros   6. una pelota / a mis hermanos

H. You note that your friends need certain items. Indicate whether or not you will lend them the things they need.

MODELO: Una amiga necesita un libro de español.   →
             (No) Se lo presto.   *or:*   (No) Voy a prestárselo.   *or:*   (No) Se lo voy a prestar.

Unos amigos necesitan...   Su hermano necesita...
1. una máquina de escribir (*typewriter*)   7. un automóvil
2. unos cuadernos   8. unas pelotas de tenis
3. un bolígrafo   9. una chaqueta
4. un diccionario de español   10. unos libros
5. unos lápices
6. unos apuntes (*notes*)

Intercambios

A. Preferencias. Ask a classmate to describe his/her attitude toward the following things by using one of the following verbs: **gustar, encantar, parecer, interesar.**

MODELO: el tenis   →   —¿Te gusta el tenis?
                            —Sí, me gusta (mucho).   *or:*   No, no me interesa.

escuchar música clásica   los conjuntos de rock   los cantantes de flamenco
los deportes   las tiendas pequeñas   hacer el footing
la comida mexicana   esquiar
desayunar temprano   fumar

B. In Spanish, signs and billboards often use the infinitive as a command. For example, a sign may say: **No caminar por el césped** (*grass*). The **Ud.** command can express the same concept: **No camine Ud. por el césped.**

What is the alternative way of saying the following?

No fumar.

No hablar con el chófer (*driver*).

Apagar las luces al salir. (*Turn off the lights when leaving.*)

Tomar el tren: es más rápido.

No escupir (*spit*) en la acera (*sidewalk*).

No abrir las ventanas (*windows*).

No escribir en la pared (*wall*).

No estacionar (*park*) aquí.

No cruzar (*cross*).

No beber el agua (*water*).

C. Describe as completely as you can what is happening in the cartoon. What is the message (**el mensaje**) of the cartoon?

PALABRAS ÚTILES

la **bebida**   *drink*

la **botella**   *bottle*

el **cigarrillo**   *cigarette*

la **colilla**   *butt (of a cigarette)*

la **corbata**   *necktie*

descalzo   *barefoot*

la **lata**   *can*

sentado   (with **estar**) *seated*

sin afeitar   *unshaven*

el **suelo**   *floor*

aman   *love*

D. With a classmate, create a series of questions based on each of the words and phrases given below, and then use the questions to interview another person about his or her musical tastes and knowledge.

1. cantante favorito/a
2. cantante de más éxito hoy día
3. canción favorita
4. música clásica
5. clase de música
6. el mejor compositor
7. bailar
8. al aire libre

Vocabulario

VERBOS

bailar　*to dance*
cantar　*to sing*
conocer (zc)　*to know*
conseguir (i)　*to obtain, get*
dirigir (j)　*to direct*
empezar (ie)　*to begin*
ensayar　*to practice; to rehearse*
escoger (j)　*to choose*
explicar　*to explain*
fumar　*to smoke*
obedecer (zc)　*to obey*
proteger (j)　*to protect*
sacar　*to get (grades)*
sufrir　*to suffer*
tocar　*to touch; to play (an instrument)*
traducir (zc)　*to translate*
vender　*to sell*

SUSTANTIVOS

el **baile**　*dance*
la **banda**　*band*
la **canción**　*song*
el/la **cantante**　*singer*
el/la **compositor(a)**　*composer*
el **conjunto**　*group (musical)*
el **deseo**　*wish*
la **feria**　*fair*
el/la **gitano/a**　*gypsy*
la **guitarra**　*guitar*
la **ley**　*law*
la **orquesta**　*orchestra*
la **pieza**　*piece (musical)*
el **pueblo**　*town*
el **quiosco**　*bandstand*
la **sala**　*hall, room*
el **vino**　*wine*

ADJETIVOS

antiguo　*ancient, antique*
(des)conocido　*(un)known*

OTRAS PALABRAS Y EXPRESIONES

a tiempo　*on time*
aun　*even*
profundamente　*profoundly*
tan... como　*as . . . as*
tener duende　*to have "soul"*

Noticias de España

HISPANOAMÉRICA PREFIERE A LOS CANTANTES ESPAÑOLES

Julio Iglesias

Según la revista puertorriqueña *TV-Guía,* los cantantes españoles Julio Iglesias, Camilo Sesto y Raphael son más atractivos para el público de la América Latina que sus colegas americanos.

La revista mencionada comenta: «Julio Iglesias proyecta sensibilidad (*sensitivity*) de pies a cabeza (*head*), con su aspecto un poco frágil. Cuando le escuchamos nos convence porque vive y siente la canción». En la opinión de la revista de San Juan, el éxito (*success*) de Raphael es resultado de su carisma, «que otros no tienen». Es indiscutiblemente el primero. En cada canción hay un Raphael diferente. Es convincente.

De Camilo Sesto, observan que es «un secreto, un enigma, una pregunta sin contestación. Posiblemente en esto reside el secreto de su éxito. Es posible que exista una doble personalidad. Dos fachadas (*façades*) diferentes, pero que son parte de una misma persona».

MIRANDO HACIA EL FUTURO

Barcelona, posible sede (*location*) de los XXV Juegos Olímpicos de 1992 (mil novecientos noventa y dos)

En 1992 vamos a conmemorar la incorporación de un Nuevo Mundo a la universalidad por tres pequeñas naves hispanas (la Niña, la Pinta y la Santa María). Y es muy posible que Barcelona sea la sede de la XXV Olimpíada en el mismo año. En estos juegos van a participar futuros atletas que hoy día probablemente son sólo niños. Nos quedan muchos años para hacer los preparativos para los Juegos de 1992. Hay muchas capitales que quieren dar la bienvenida (*welcome*) a los atletas del mundo, especialmente porque se va a celebrar en esa misma fecha (*date*) el centenario de los primeros Juegos Olímpicos de la era moderna.

Las autoridades y el pueblo de Cataluña están preparados para trabajar diligentemente en colaboración con arquitectos españoles, italianos, ingleses y japoneses, para que (*so that*) Barcelona sea la sede de la XXV Olimpíada.

LA EDUCACIÓN DE UN PRÍNCIPE (*PRINCE*)

La Casa Real anuncia el programa de estudios de Felipe de Borbón

Los Reyes (*king and queen*) de España, don Juan Carlos y doña Sofía, quieren que el programa de estudios de su hijo, el Príncipe Felipe, heredero de la corona española (*heir to the Spanish crown*) sea muy variado e (*and*) internacional. En su opinión es deseable que el Príncipe de Asturias* estudie en el extranjero (*abroad*) antes de empezar sus estudios militares en su propio país. Quieren que él conozca a muchachos de su misma edad (*age*) de diferentes nacionalidades y que aprenda a vivir en un ambiente sin tanta protección familiar y al

*In 1976, King Juan Carlos agreed to the request of the people of Asturias (a province in northern Spain), and gave Felipe the title of Prince of Asturias.

mismo tiempo que perfeccione otros idiomas y complete su formación humana y física.

Después de un año de estudios académicos en el extranjero, Felipe de Borbón va a asistir a las Academias y Escuelas del Ejército (*army*) de Tierra, Mar y Aire de España. Los reyes creen que es importante que se familiarice con la disciplina, la austeridad, el espíritu de sacrificio, el sentido del deber (*sense of duty*), el compañerismo y la lealtad (*loyalty*) que las instituciones militares tradicionalmente enseñan.

Después de terminar sus estudios en estas instituciones, el Príncipe va a completar su formación académica con estudios jurídicos (*legal*), políticos y económicos. Al Príncipe Felipe, nacido (*born*) en Madrid el 30 de enero de 1968, le esperan muchos años de estudio y preparación antes de ascender al trono (*throne*) de España.

Felipe de Borbón

Y ahora, ¿qué dice Ud. de...

- *los cantantes*? ¿Conoce Ud. las canciones de algunos cantantes españoles o latinoamericanos? ¿Cuál de ellos prefiere? ¿Nota Ud. alguna diferencia importante entre ellos y sus colegas norteamericanos?

- *los Juegos Olímpicos*? ¿Le interesa a Ud. ver los Juegos Olímpicos? ¿Cuál de los deportes le interesa más? ¿Qué aniversarios importantes vamos a celebrar en el año 1992?

- *la educación del Príncipe*? ¿Qué clase de educación quieren los Reyes de España que tenga su hijo Felipe? ¿Qué opina Ud. de este plan de estudios para un príncipe moderno? ¿Por qué es importante que conozca a otra gente y otros países?

- *los anuncios* (*ads*)? • ¿Por qué es conveniente rentar un auto de la compañía Budget? • ¿Qué es la única (*only*) cosa que el cliente tiene que hacer para su perro (*dog*) si lo manda a la escuela de obediencia? • ¿Es necesario que un instructor de aerobics dedique todo su tiempo a ese empleo? • ¿Qué idioma deben saber las personas que quieren trabajar con la compañía que busca ingenieros? • ¿Puede Ud. encontrar en el anuncio más pequeño la traducción de *real estate* en español? • ¿Qué garantiza el Instituto Quick Learning? ¿Cree Ud. que sea posible aprender otro idioma si uno no estudia la gramática ni hace tareas en casa?

Mercado en la República Dominicana

LECCIÓN A

40. Commands with **tú** and **vosotros**

41. Object pronouns with commands

42. The preterite of regular verbs

¿Cómo se dice?

- **Saber** versus **conocer**
- The numbers 100–1,000,000

LECCIÓN B

43. Irregular verbs in the preterite

44. **Se** in passive voice constructions and impersonal sentences

45. Summary of the formation of commands

Repaso

Intercambios

In this unit you will learn to talk about food, your own preferences as well as foods and eating habits in the Hispanic world. You will also begin to talk about events in the past.

167

En los centros urbanos encontramos comida china, italiana, mexicana, japonesa, alemana, etcétera—es imposible aburrirse de la comida. Pero a veces nos quedamos confusos ante los diferentes nombres que reciben algunos platos en el extranjero. Esto puede causar dificultades, como a los amigos del diálogo. Miguel, un madrileño,° invita a comer a su amigo Juan, que es de México.

person who lives in Madrid

MIGUEL: ¿Quieres que busquemos un restaurante en la Plaza Mayor*? Quiero que conozcas nuestra comida típica. Cerca de la plaza hay unos restaurantes que datan del siglo XVIII.° ¿Vale?

siglo... 18th century

JUAN: Claro. Te acuerdas de que me encanta conocer la comida extranjera, ¿verdad?

(*Entran en «Casa Botín».*)

MIGUEL: Bueno, aquí estamos. ¿Qué te parece?

JUAN: ¡Magnífico! Vamos a sentarnos, y después a ver la carta.

MIGUEL: De acuerdo. Después de la comida excelente que me serviste° en México el año pasado, no permito que te vayas sin probar nuestros platos más típicos.

you served

JUAN: Te lo agradezco. Me parece una selección fabulosa. Hay de todo. ¡Y tienen tortillas! ¿Son de maíz° o de harina°?

corn / flour

MIGUEL: No, Juan, hacen la tortilla española con patatas y huevos. Es uno de nuestros platos más tradicionales.

JUAN: ¡Ah! Luego tienes que explicarme cómo preparan una tortilla de papas.

MIGUEL: Vas a ver. ¿Te gustan los mariscos?

JUAN: Sí, pero no veo camarones° en la carta.

shrimp

MIGUEL: Aquí se llaman «gambas». Mira, si lo prefieres, yo puedo pedir para los dos, ¿está bien?

JUAN: Sí. Es mejor. Yo no sé qué pedir.

CAMARERO: ¿Qué van a querer, señores?

MIGUEL: Bueno, empecemos con los calamares.° Y quiero que mi amigo mexicano pruebe la tortilla.

squid

---

*The **Plaza Mayor** is an elegant plaza in the center of the oldest part of Madrid. As mentioned in the dialogue, many fine, old restaurants—including **Casa Botín**—are located around it. **Casa Botín** is famous for its suckling pig and its most picturesque dining area, a brick-vaulted cellar.

CAMARERO:	¿Española?	
MIGUEL:	Sí. Y unas gambas también. De segundo plato,* cordero asado,° la especialidad de la casa. De postre... ¿hay flan casero?	cordero... *roast lamb*
CAMARERO:	Sí. ¿Tomarán° vino los señores?	*will have*
MIGUEL:	Claro. Ponga una botella de vino tinto° de la casa.	*red*
CAMARERO:	¿Se lo traigo ahora?	
MIGUEL:	Sí, en seguida. ¿Te parece bastante, Juan?	
JUAN:	¡Uf! no creo que vuelva a tener hambre° en la vida. Pero veo un problema.	vuelva... *I'll be hungry again*
MIGUEL:	¿Qué? ¿No te gusta el vino? ¿Prefieres cerveza?	
JUAN:	No, no es eso. Todo me parece perfecto. ¿Pero no ves el tamaño de la puerta?	
MIGUEL:	Sí, la veo. ¿Y qué?	
JUAN:	Vamos a engordar tanto que no creo que podamos salir después de comer.	

Preguntas

A. Conteste según el diálogo.

1. ¿Qué tipos de comida internacional podemos encontrar en una ciudad grande?
2. ¿Dónde quiere Miguel que busquen un restaurante?
3. ¿Qué no permite Miguel?
4. ¿Qué piensa Juan cuando ve que hay tortillas en la carta?
5. ¿De qué hacen la tortilla española? ¿y la mexicana?
6. ¿Cómo se llaman los camarones en España?
7. ¿Qué les va a traer el camarero de segundo plato?
8. ¿Le parece a Juan bastante?

B. Conteste estas preguntas personales.

1. ¿Qué tipo de comida extranjera prefiere Ud.?
2. ¿La come Ud. frecuentemente? ¿Dónde la come?
3. ¿Qué piensa Ud. de la comida china? ¿de la comida mexicana? ¿de la comida francesa? ¿de la comida de la cafetería?
4. ¿Le gusta a Ud. probar cosas nuevas o prefiere la comida conocida?
5. ¿Sabe Ud. cocinar (*to cook*)? ¿Le gusta cocinar?
6. ¿Cuál es su restaurante favorito? ¿Dónde está? ¿Qué tipo de comida sirven?

---

*In Spain, most meals are served in two parts: **el primer plato**, which is often soup or a vegetable dish, and **el segundo plato**, the main course. Often even more courses are served, as, for example, a second course consisting of fish and a third course consisting of meat.

Estructura

Minidiálogo

1. *¿Puede ir muy lejos el chico?*
2. *¿Por qué no quiere la mujer que el chico se vaya muy lejos?*
3. *¿Cuáles son las ventajas de vivir en un faro (lighthouse)? ¿y las desventajas?*

—No te vayas muy lejos,
que la comida ya está.

40. Commands with *tú* and *vosotros*

Familiar commands are used with persons whom you address as **tú** or **vosotros**.

A. Affirmative **tú** commands have the same form as the third person singular of the present indicative. The pronoun **tú** is generally not expressed.

Prepara el almuerzo.	*Prepare lunch.*
Come ahora.	*Eat now.*
Pide la cuenta.	*Ask for the bill.*

B. The following verbs have irregular **tú** command forms in the affirmative.

decir	→	**di**	salir	→	**sal**
hacer	→	**haz**	ser	→	**sé**
ir	→	**ve**	tener	→	**ten**
poner	→	**pon**	venir	→	**ven**

Di la verdad.	*Tell the truth.*
Haz tu tarea.	*Do your homework.*
Pon el pan aquí.	*Put the bread here.*

C. The **vosotros** commands are used only in Spain. The affirmative **vosotros** commands are formed by changing the **-r** of the infinitive to **-d**.

decir: **Decid** la verdad.   hacer: **Haced** la lección.   pasar: **Pasad** por aquí.

WOMAN: Don't go too far away; dinner is ready.

D. Negative **tú** and **vosotros** commands are expressed with the second-person singular and plural present subjunctive.

No hables (tú)
No habléis (vosotros). } *Don't speak.*

No comas (tú).
No comáis (vosotros). } *Don't eat.*

No te vayas (tú).
No os vayáis (vosotros). } *Don't go away.*

Práctica

A. Your friends don't want to do particular things. Restate the following sentences as affirmative **tú** commands for them.

MODELO: Paco no paga la cuenta. → Paco, paga la cuenta.

1. Carolina no compra patatas.
2. Juan no come mariscos.
3. María no pide vino.
4. Alicia no va de compras.
5. José no dice las frases.
6. Roberto no hace el postre.
7. Teresa no pone el plato en la mesa.
8. Carolina no viene con Juan al café.
9. Isabel no tiene prisa.
10. Enrique no es cómico.

B. Repeat Exercise A, restating the sentences as negative **tú** commands.

MODELO: Paco no paga la cuenta. → Está bien, Paco, no pagues la cuenta ahora.

C. Answer your friend's questions with affirmative **tú** commands.

MODELO: —¿Tengo que ir? →
—Sí, claro, ve.

1. ¿Tengo que cocinar?
2. ¿Tengo que probar la tortilla?
3. ¿Tengo que decidir ahora?
4. ¿Tengo que salir con Pablo?
5. ¿Tengo que venir a la cena (*dinner*)?
6. ¿Tengo que dormir?
7. ¿Tengo que pagar la cuenta?
8. ¿Tengo que pensar?

D. Repeat Exercise C, answering the questions with negative **tú** commands.

MODELO: —¿Tengo que ir? →
No, no vayas ahora.

E. Restate the following sentences as affirmative **vosotros** commands given to your younger brothers.

MODELO: Compráis la comida de mañana. → Comprad la comida de mañana, chicos.

1. Buscáis el restaurante nuevo.
2. Traéis los huevos a casa.
3. Coméis el almuerzo (*lunch*).
4. Describís las canciones de Julio Iglesias.
5. Abrís la carta.
6. Ponéis las botellas aquí.

F. Repeat Exercise E, restating the sentences as negative **vosotros** commands.

MODELO: Compráis la comida de mañana.   →   No compréis la comida de mañana, chicos.

G. You and your parents are eating in a Spanish restaurant for the first time. Your mother has a few suggestions for you. State the commands she gives you.

MODELO: leer la carta con cuidado   →   Lee la carta con cuidado (*carefully*).

1. escoger unos platos típicos
2. no pedir una cena fuerte
3. no beber mucho vino
4. no comer rápidamente
5. escuchar la música
6. no mirar a la gente
7. no molestar al camarero (*waiter*)
8. probar el flan
9. pagar la cuenta

H. Form five familiar commands (singular or plural, affirmative or negative) that you might give to different people during the course of a day.

MODELOS: (*A un amigo*)   (*A unos amigos*)
           Llama a María.   No vengáis tarde.

Minidiálogo

JUAN: No sé si debo probar el gazpacho como primer plato.
MIGUEL: Sí, hombre, pídelo. ¡Es muy sabroso!
JUAN: ¿Y la paella?
MIGUEL: No, no la comas aquí. Mejor comer la especialidad de la casa, el cordero asado.
CAMARERO: ¿Quieren los señores el vino tinto de la casa?
MIGUEL: Sí, tráiganoslo ahora mismo, por favor.

1. *¿Cómo es el gazpacho?*
2. *¿Quién va a probarlo?*
3. *¿Quiere Miguel que Juan coma la paella?*
4. *¿Qué prefiere Miguel que Juan coma?*

JUAN: I don't know if I should try the gazpacho as a first course. MIGUEL: Yes, man, order it. It's delicious! JUAN: And the paella? MIGUEL: No, don't eat it here. It's better to have (eat) their specialty, the roast lamb. WAITER: Do the gentlemen want the house red wine? MIGUEL: Yes, bring it to us right now, please.

41. Object Pronouns with Commands

Object pronouns—direct, indirect, and reflexive—follow and are attached to affirmative commands, but precede negative commands. When a pronoun is attached, an accent is added to most affirmative commands of more than one syllable. This is done to preserve the original stress of the command form.

Direct object:

Tómela (Ud.).	*Take it.*
No la tome (Ud.).	*Don't take it.*
Escribámosla.	*Let's write it.*
No la escribamos.	*Let's not write it.*

Indirect object:

Dale (tú) la cuenta.	*Give him the bill.*
No le des (tú) la cuenta.	*Don't give him the bill.*
Escribidles (vosotros) las cartas.	*Write the letters to them.*
No les escribáis (vosotros) las cartas.	*Don't write the letters to them.*

Reflexive:

Lávate (tú).	*Wash (yourself).*
No te laves (tú).	*Don't wash (yourself).*
Sentémonos.*	*Let's sit down.*
No nos sentemos.	*Let's not sit down.*

Double object:

Dígamela Ud.	*Tell it (**la verdad**) to me.*
Sírvenoslos (tú) ahora.	*Serve them (**los huevos**) to us now.*
Leámosela.	*Let's read it (**la carta**) to them.*
Póngaselos Ud. más tarde.	*Put them (**los zapatos**) on later.*
No me lo hagas (tú).	*Don't make it (**el postre**) for me.*

Práctica

A. Restate the following commands, changing direct object nouns to direct object pronouns.

MODELO: Prepara la cena, Teresa.   →   Prepárala, Teresa.

1. Compra los mariscos, Roberto.
2. Pida las bebidas, señor García.
3. Describa el almuerzo, señora.
4. Abran las botellas, señores.
5. Coman los sándwiches, señoras.
6. Hagan el postre, señoritas.
7. Pongamos las papas aquí.
8. Escoged los platos típicos.
9. Pagad la cuenta.
10. Bebamos el vino.

---

*When **nos** is attached to an affirmative **nosotros** command, the final **-s** of the verb is dropped. Similarly, the final **-d** of the affirmative **vosotros** command is dropped before adding the reflexive pronoun **os: acostaos**. If the verb is an **-ir** verb, an accent is required on the final **i: divertíos**.

B. Repeat Exercise B, making all commands negative.

MODELO: Prepara la cena, Teresa.   →   No la prepares, Teresa.

C. Form new sentences using the cues and the corresponding direct and indirect object pronouns. Follow the model.

MODELO: Léame la carta.   →   Léame*la*.   →
(a nosotros)   →   Léa*nos*la.

1. Sírva*nos* la comida.
   (a mí, a él, a ellas)
2. Vénda*me* las tortillas.
   (a él, a ellos, a nosotros)
3. Di*me* el nombre del restaurante.
   (a ellas, a nosotros, a él)
4. Escribid*nos* el teléfono del café.
   (a ellos, a ella, a mí)

D. Repeat Exercise C, making all commands negative.

MODELO: Léame la carta.   →   No me *la* lea.   →
(a nosotros)   →   No *nos* la lea.

E. Restate the following sentences, forming affirmative **Ud.** or **Uds.** commands.

MODELO: El señor quiere quitarse el sombrero.   →
Señor, quítese el sombrero.

1. El señor Santana quiere divertirse durante la fiesta.
2. La señora Zamora quiere levantarse temprano mañana.
3. La señorita Pastor quiere quitarse el suéter.
4. El señor Avendaño quiere acostarse.
5. Los señores quieren sentarse con nosotros.
6. Las señoras quieren ponerse el abrigo ahora.
7. Los señores quieren lavarse antes de la cena.
8. Las señoritas quieren despertarse más temprano.

F. Restate Exercise E, making all commands negative.

MODELO: El señor quiere quitarse el sombrero.   →
Por favor, señor, no se quite el sombrero.

G. Restate the following sentences, forming affirmative **tú** and **nosotros** commands as appropriate.

MODELOS: Ernesto se lava.   →   Chico, lávate.
Vamos a lavarnos.   →   Lavémonos.

1. María se lava en casa.
2. José se sienta a la mesa.
3. Tomás se levanta a las ocho.
4. Alicia se quita los zapatos.
5. Vamos a acostarnos temprano.
6. Vamos a despertarnos temprano.
7. Vamos a divertirnos esta noche.
8. Vamos a ponernos la chaqueta.

H. Repeat Exercise G, making all commands negative.

MODELOS: Ernesto se lava.   →   ¡Chico, no te laves!
            Vamos a lavarnos.   →   No nos lavemos.

I. Which affirmative or negative commands would you like to give to the following people? Decide which command form is most appropriate, and then give at least two commands.

1. el/la profesor(a) de español
2. el/la presidente de la universidad
3. su mejor amigo/a
4. Ud. y sus amigos
5. Ud. y sus compañeros de clase
6. el camarero
7. su novio/a (*boyfriend/girlfriend*)
8. sus padres

J. Give logical affirmative or negative commands to each of the persons described. Be careful—you will need to change more than just verb endings!

1. Cecilia no duerme bastante y estudia demasiado.
2. Pablo se levanta tarde, generalmente, y no llega a tiempo a sus clases.
3. El señor Casiano bebe y fuma demasiado.
4. Juanito no estudia y miente a sus profesores.
5. Pablo tiene mucha hambre y mucha sed.
6. Alicia no lee muchos libros y mira la televisión constantemente.

42. The Preterite of Regular Verbs

A. The preterite is one of the two *simple* indicative past tenses in Spanish. The preterite endings (shown in the following chart) are added to the stem of the infinitive. Note that the endings are the same for **-er** and **-ir** verbs.

visitar		aprender		abrir	
SINGULAR	PLURAL	SINGULAR	PLURAL	SINGULAR	PLURAL
visité	visitamos	aprendí	aprendimos	abrí	abrimos
visitaste	visitasteis	aprendiste	aprendisteis	abriste	abristeis
visitó	visitaron	aprendió	aprendieron	abrió	abrieron

Forms of **ver** do not have written accent marks in the preterite: **vi, vio.**

B. The preterite tense has the following English equivalents.

yo visité   { *I visited*
             { *I did visit*

C. The preterite is used to report an action or event completed in the past, whether it happened once, several times, or over a period of time. The use of the preterite indicates that the speaker views the act as a single, completed event. The preterite is often used with adverbs such as **ayer, anoche, esta mañana,** and so on.

Asistimos al teatro anoche.	*We went to the theater last night.*
Miraron la televisión sólo tres veces el año pasado.	*They watched television only three times last year.*
Me levanté, me lavé, comí y salí para la universidad.	*I got up, washed, ate, and left for the university.*

Práctica

A. Substitute the new subjects and make the necessary changes.

1. *Paula* llamó a las cinco al restaurante.
   (yo, nosotros, tú, Uds.)
2. *Ellos* comieron anoche al aire libre.
   (Sonia, mi amigo y yo, tú, vosotros)
3. *Yo* me aburrí en el concierto de ayer.
   (ellos, Alicia, tú, nosotros)

B. Describe a visit to a restaurant by restating the following sentences in the preterite.

1. El sábado comemos en un restaurante nuevo.
2. Lo abren temprano.
3. El camarero nos explica los diferentes platos.
4. Jorge le describe los platos típicos a Elena.
5. Ella se lo agradece.
6. Yo invito a todos.
7. El señor Moreno bebe mucho vino.
8. Su esposa le pregunta, «¿Por qué tomas tanto?»
9. Decidimos no pedir postre.
10. Todos salen para casa a las diez y media.

C. Complete the following paragraph with the correct preterite forms of the verbs in parentheses.

Jaime (1) _____ (*levantarse*) ayer a las siete. (Él) (2) _____ (*tomar*) el desayuno y (3) _____ (*salir*) de casa a las ocho para ir a la universidad. (4) _____ (*asistir*) a sus clases, (5) _____ (*comer*) un *sándwich* en la cafetería y (6) _____ (*caminar*) a la biblioteca para estudiar. (7) _____ (*quedarse*) allí dos horas. (8) _____ (*estudiar*) la lección de español, (9) _____ (*aprender*) el vocabulario nuevo y (10) _____ (*escribir*) unos ejercicios. (11) _____ (*terminar*) la lección a las cuatro y (12) _____ (*llamar*) a Paula por teléfono. Los dos (13) _____ (*decidir*) ir al cine esa noche. Más tarde, Jaime (14)

_____ (*pasar*) por el teatro y (15) _____ (*comprar*) dos entradas. Cerca del teatro, (16) _____ (*ver*) a su amigo Rodolfo. Los dos (17) _____ (*charlar: to chat*) una hora y (18) _____ (*tomar*) una Coca-Cola en un café. A las seis y media, Rodolfo y Jaime (19) _____ (*levantarse*) para volver a casa. Jaime (20) _____ (*cenar*) rápidamente en su casa y (21) _____ (*salir*) a las ocho para acompañar a Paula al cine.

D. Repeat Exercise C, using **yo** as the main subject and making other necessary changes.

E. Tell what you and your friend Ernesto did last night.

1. Ernesto invited me to dinner (**a cenar**) last night.
2. We ate in a famous restaurant near the Plaza Mayor.
3. We selected a Spanish tortilla, some shellfish, and a dessert.
4. He drank a small bottle of wine and I drank beer.
5. We talked about Spain and the Spanish people.
6. We finished our supper at 11:00.
7. He accompanied me home.
8. I went to bed at 1:00 A.M.

F. With a classmate, ask and answer questions about what you did yesterday, according to the model.

MODELO: comprar unas revistas   →
          —¿Compraste revistas ayer?
          —Sí, compré revistas ayer.   *or:*   No, no compré ninguna revista ayer.

1. estudiar los verbos con cuidado
2. mirar la televisión
3. escuchar música
4. aburrirse por la tarde
5. cenar solo/a en casa
6. cocinar un plato especial
7. ver un partido de fútbol
8. beber una cerveza
9. charlar con sus amigos
10. quedarse en casa
11. acordarse de mirar el correo
12. lavar la ropa
13. salir con sus amigos
14. preparar el almuerzo para unos amigos

Now interview your instructor. Base your questions on the preceding phrases.

¿Cómo se dice?

● *Saber* **versus** *conocer*

The verbs **saber** and **conocer** both mean *to know*. However, **saber** means *to know a fact, to have information* about something or someone. When followed by an infinitive, **saber** means *to know how* to do something. **Conocer,** in contrast, means *to know* in the sense of *being acquainted with* or *familiar with* a person, place, or thing.

Yo sé que Madrid es la capital de España.	*I know that Madrid is the capital of Spain.*
Ella sabe el nombre de cada plato típico.	*She knows the name of each typical dish.*
Su padre sabe cocinar bien.	*Her father knows how to cook well.*
Conozco a los señores Hernández.	*I know Mr. and Mrs. Hernández.*
Conocemos la Plaza Mayor.	*We know (are familiar with) the Plaza Mayor.*
Juan conoce el vino español.	*Juan knows (is familiar with) Spanish wine.*

A. Tell about your range of knowledge by forming complete sentences with **saber** or **conocer,** as appropriate, using the following phrases.

Yo (no) _____   …qué hora es.   …preparar los platos típicos del Perú.

                          …la comida española.   …Andrés Segovia.

                          …la fecha (*date*) de hoy.   …los números ordinales en español.

                          …la ciudad de Buenos Aires.

B. Complete the following dialogue with forms of **saber** or **conocer,** as needed.

EXTRANJERO: ¿ _____ Ud. si hay un buen restaurante cerca de aquí?

ESPAÑOL: Sí, yo _____ un restaurante excelente en este barrio.

EXTRANJERO: ¿Cómo se llama?

ESPAÑOL: «Casa Botín». ¿ _____ Ud. dónde está?

EXTRANJERO: No, no lo _____ .

ESPAÑOL: Pues, ¿ _____ Ud. la Plaza Mayor?

EXTRANJERO: Sí, yo la _____ bien; está en la parte antigua de Madrid, ¿no?

ESPAÑOL: Hombre, Ud. _____ bien Madrid.

EXTRANJERO: Claro. Vengo a la capital con frecuencia porque _____ a una familia
            que vive aquí.

ESPAÑOL: Pues, «Casa Botín» está al otro lado (*side*) de la Plaza Mayor, cerca del Arco de
          Cuchilleros. ¿ _____ Ud. dónde está esa entrada (*entrance*) a la Plaza?

EXTRANJERO: Sí, yo _____ dónde está. Gracias. Ahora lo puedo encontrar fácilmente.

C. Working with a classmate, adapt the preceding dialogue to describe a restaurant you know. Be prepared to present the dialogue to the class.

- **The numbers 100–1,000,000**

100	cien (ciento)	500	quinientos/as	1.000	mil
101	ciento uno	600	seiscientos/as	100.000	cien mil
200	doscientos/as	700	setecientos/as	1.000.000	un millón
300	trescientos/as	800	ochocientos/as		
400	cuatrocientos/as	900	novecientos/as		

Cien is used before nouns, when it stands alone, or when it precedes a number larger than itself. **Ciento** is used before any number smaller than itself.

Hay más de cien restaurantes en esta ciudad.

There are more than one hundred restaurants in this city.

El camarero recibe un sueldo de cien mil pesos.

The waiter receives a salary of one hundred thousand pesos.

Hay ciento veinte botellas de cerveza.

There are one hundred twenty bottles of beer.

The numbers 200–900 show gender agreement with the nouns they modify.

trescien**tos** hombres   cuatrocien**tas** mujeres

Mil is invariable in form.

Tienen solamente dos mil dólares.   *They have only two thousand dollars.*
mil novecientos ochenta y siete   *1987*

The plural of **millón** is **millones. Millón** and its plural are followed by **de** before a noun.

un millón de gracias   dos millones de pesos

Note that when you write numbers in Spanish, you will use periods where commas would appear in English, and vice versa: **1.000.000; $13,98; 2,5%.**

A. Recently a list was found in the office of a hotel manager. See if you can read it in Spanish.

1. 200 mesas
2. 101 botellas de vino tinto
3. 1.000 camareros
4. 1.000.000 de patatas
5. 2.500 huevos
6. 3.031 platos
7. 500 cartas
8. 2.000.000 de invitaciones
9. 666 discos (*records*)
10. 971 cervezas

B. Express the following years in Spanish: 1986, 1492, 1066, 1776, 1944, 1860.

C. Complete the following sentences with an appropriate year.

1. Estamos en el año _____ .
2. Yo nací (*I was born*) en _____ .
3. El hombre va a viajar frecuentemente a los planetas en _____ .
4. El año que viene es _____ .
5. Hay una mujer presidente; estamos en el año _____ .
6. Hay igualdad de oportunidades laborales para ambos (*both*) sexos; es el año

    _____ .

D. Here are some math problems. Express them in Spanish and give the answers.

1. 90 + 80 son _____ .   6. 1.375 − 125 son _____ .
2. 100 + 300 son _____ .   7. 1.000.000 − 550.000 son _____ .
3. 425 + 575 son _____ .   8. 900 − 325 son _____ .
4. 101 + 99 son _____ .   9. 550 − 425 son _____ .
5. 5.000 + 5.000 son _____ .   10. 333 − 133 son _____ .

Now create some similar problems and present them to the class.

E. Here are some word problems related to finances and employment. How quickly can you solve
them?

1. En 1983 un camarero trabajó 264 días. ¿Cuántos días no trabajó en ese año?
2. Una mujer tiene un millón de dólares. Compra una casa por 350.000 dólares. ¿Cuántos
   dólares le quedan?
3. El barman de un hotel gana 70 pesos a la (*per*) hora. Trabaja ocho horas al día y cinco días
   a la semana. ¿Cuántos pesos gana al día? ¿a la semana? ¿al año?

Now create some similar problems and present them to the class.

seres humanos de verdad
real human beings

Vocabulario

VERBOS

aburrirse (de) *to be (get) bored (with)*
acordarse (ue) (de) *to remember*
agradecer (zc) *to thank (for)*
charlar *to chat*
cocinar *to cook*
engordar *to get fat*
invitar *to invite*
irse *to go away*
probar (ue) *to try; to taste*

SUSTANTIVOS

el **agua** (f.) *water*
el **almuerzo** *lunch*
la **botella** *bottle*
el/la **camarero/a** *waiter/ waitress*
la **carta** *menu*
la **cena** *dinner, supper*
la **cerveza** *beer*
cien(to) *one hundred*
el **disco** *record*
el/la **extranjero/a** *foreigner*
el **flan** *custard*
el **huevo** *egg*
los **mariscos** *shellfish*
mil (m.) *thousand*
el/la **mozo/a** *waiter, waitress*
la **papa** *potato* (L.A.)
la **patata** *potato* (Sp.)
el **plato** *course*
el **postre** *dessert*
la **tortilla** *flat bread* (Mex.); *omelette* (Sp.)

ADJETIVOS

casero *homemade*
chino *Chinese*
extranjero *foreign*
pasado *past; last*
típico *typical; regional*

OTRAS PALABRAS Y EXPRESIONES

anoche *last night*
ante *before, in the face of*
ayer *yesterday*
con cuidado *carefully*
en seguida *immediately*
está bien *(it's) OK*
luego *then*
¿qué te parece? *what do you think?*
vale *OK*

Sevilla, España

Las familias hispánicas normalmente comen en casa. El desayuno es ligero y consiste en una taza de chocolate o de café con leche, pan tostado o a veces pan dulce. Comen la comida principal entre la una y las cuatro de la tarde y después, en algunos lugares, es costumbre dormir la siesta. A veces toman una merienda entre la comida y la cena. La cena no es tan fuerte (heavy) como la comida y generalmente la sirven después de las nueve de la noche.

¿Comió Ud. un desayuno ligero o fuerte esta mañana? En los países hispánicos, ¿cuándo sirven la comida principal? ¿A qué hora comió Ud. la comida principal ayer? ¿Tiene Ud. la costumbre de dormir la siesta? ¿Cuándo?

Granada, España

A las familias hispánicas también les gusta comer fuera. En Granada (España), muchos van a grandes restaurantes como el restaurante «Colombia». La comida en tales restaurantes generalmente es excelente y muy abundante. Comer en un restaurante elegante es una ocasión social y es obvio que a la gente le gusta la comida bien preparada (*prepared*). El «Colombia» se especializa en bodas (*weddings*), banquetes y reuniones, que se celebran (*are celebrated*) en una de las tres plantas del restaurante. El número de tenedores en el letrero indica que es un restaurante muy bueno.

¿Cuántas plantas tiene el restaurante «Colombia»? ¿Cómo sabemos que es un buen restaurante? ¿Cuántas veces comió Ud. fuera de casa la semana pasada?

Granada, España

Uno puede comer la merienda en casa, pero mucha gente hispánica prefiere tomarla al aire libre. En los cafés hay mesas y sillas a la sombra o al sol, y el camarero trae la comida a las mesas. Claro, ¡es mejor ir allí cuando hace buen tiempo!

¿Conoce Ud. algún café con mesas al aire libre donde vive? ¿Cómo se llama el café? ¿En qué estación del año son más populares los cafés al aire libre? Según lo que uno ve en la foto, ¿van sólo los adultos a los cafés? ¿Con quién habla una de las señoras? ¿Están ocupadas todas las sillas o hay algunas desocupadas?

Lima, Perú

En los países hispánicos se puede (*one can*) encontrar distintos tipos de comida rápida. En las calles siempre hay vendedores que ofrecen cosas—a veces muy buenas—que el cliente puede comer de pie. También uno puede ir a McDonald's a comer un «filete de pescado» (*fish sandwich*) o «un cuarto de libra con queso» (*quarter-pounder with cheese*). Hay McDonald's ahora en muchas ciudades de Hispanomérica.

Madrid, España

¿Hay vendedores de comida en las calles de su ciudad? ¿Qué tipo de comida venden? ¿Va Ud. a los restaurantes de comida rápida de vez en cuando? ¿Compró Ud. algo ayer en un restaurante de comida rápida? ¿Qué ventajas hay en comer allí? ¿Come Ud. de pie o sentado/a allí? ¿Cuál de las hamburguesas o los *sándwiches* de McDonald's le gusta más? ¿Lo pide siempre?

Estructura

Minidiálogo

ANA:	Ayer fui con Carlos al nuevo café en la Plaza Bolívar y ¡fue un desastre!
MARÍA ELENA:	¿Por qué? ¿Qué pasó?
ANA:	Pues, Carlos le dijo al camarero que quería café y le trajo té. Además, ¡se lo trajo en una taza sucia!
MARÍA ELENA:	¡No me digas!
ANA:	Y yo quería una Coca-Cola y me dio una Fanta... ¡en un vaso sucio!
MARÍA ELENA:	¡Increíble!
ANA:	Come te dije, fue un desastre. ¡No vayas allí!

1. *¿Les gustó a Ana y Carlos el nuevo café?*
2. *¿Qué querían tomar ellos?*

3. *¿Qué les trajo el camarero?*
4. *¿Cómo estaban (were) la taza y el vaso?*

ANA: Yesterday I went with Carlos to the new café in Bolívar Square, and it was a disaster! MARÍA ELENA: Why? What happened? ANA: Well, Carlos told the waiter he wanted coffee, and he brought him tea. Futhermore, he brought it to him in a dirty cup. MARÍA ELENA: You don't say! ANA: And I wanted a Coke, and he gave me a Fanta...in a dirty glass! MARÍA ELENA: Incredible! ANA: As I told you, it was a disaster. Don't go there!

43. Irregular Verbs in the Preterite

A. Some Spanish verbs have irregular stems and use a set of irregular endings in the preterite. Note that these endings have no written accents. The forms for **andar** (*to walk*) are listed below, with the other irregular stems beside it.

anduve	estar:	**estuv-**	querer*:	**quis-**
anduviste				
anduvo	hacer:	**hic-**	saber*:	**sup-**
anduvimos	poder*:	**pud-**	tener:	**tuv-**
anduvisteis				
anduvieron	poner:	**pus-**	venir:	**vin-**

Note that the third person singular of **hacer** is irregular in the preterite: **hizo**. The preterite form of **hay** is **hubo** (from the infinitive **haber**).

Anduve por ese barrio anoche.	*I walked through that neighborhood last night.*
Estuvimos en este café ayer.	*We were in this café yesterday.*
Vino al teatro conmigo.	*He came to the theater with me.*
Hubo una fiesta anoche.	*There was a party last night.*

B. The verbs **decir, traer,** and **traducir** are also irregular in the preterite. They take the same set of endings as the preceding verbs, but the **i** is dropped from the third-person plural ending.

decir		traer		traducir	
SINGULAR	PLURAL	SINGULAR	PLURAL	SINGULAR	PLURAL
dije	dijimos	traje	trajimos	traduje	tradujimos
dijiste	dijisteis	trajiste	trajisteis	tradujiste	tradujisteis
dijo	dijeron	trajo	trajeron	tradujo	tradujeron

Ella me trajo el pan.	*She brought me the bread.*
Dijeron que no.	*They said no.*
Le traduje la carta.	*I translated the menu for him.*

C. The verbs **ir, ser,** and **dar** are irregular in the preterite. **Ser** and **ir** have the same form in this tense; context will indicate meaning.

ser/ir		dar	
SINGULAR	PLURAL	SINGULAR	PLURAL
fui	fuimos	di	dimos
fuiste	fuisteis	diste	disteis
fue	fueron	dio	dieron

---

*The irregular verbs **poder, querer,** and **saber**—as well as **conocer**—have special meanings in the preterite. You will learn how to use those verbs in the preterite in Section 49 of Unit 8.

Fue a la iglesia anoche.	*She went to the church last night.*
Fue un buen cliente.	*He was a good customer.*
Me dieron las entradas para el concierto.	*They gave me the tickets for the concert.*

Práctica

A. Give the preterite forms of the following verbs for the indicated subjects.

1. **yo:** estar, poder, saber, hacer, ir, decir, traer
2. **tú:** andar, tener, poner, querer, venir, ser, traducir
3. **Adela:** tener, saber, hacer, querer, dar, ser, traer
4. **tú y yo:** estar, tener, poder, poner, hacer, venir, decir
5. **tú y él:** andar, estar, poder, querer, hacer, traducir, traer
6. **Pepe y Pablo:** dar, estar, saber, venir, querer, decir, ir

B. Restate the following sentences, using the preterite tense.

1. Carmen pone los platos en la mesa.
2. Nuestros vecinos tienen que comprar las bebidas (*drinks*).
3. Antes de salir para el estadio, ella misma hace la cena.
4. Los señores Romero vienen conmigo al concierto.
5. Traes dinero, ¿verdad?
6. Ellos están en el restaurante.
7. Su tío es camarero.
8. Mis amigos van a un bar.
9. Yo le digo el nombre del cliente.
10. Ernesto le traduce la carta, ¿no?

C. Tell what the following people did yesterday. Then tell what you did. Follow the model.

MODELO: Ana / decirle «buenos días» al profesor González   →
            Ana le dijo «buenos días» al profesor González.
            Yo (no) le dije «buenos días».

1. mi amigo/a / ir a un bar
2. tú / tener que estudiar
3. Ud. / andar al centro
4. los estudiantes / hacer los ejercicios con cuidado
5. mi hermano/a / venir a la cafetería
6. Jorge / estar en clase todo el día
7. Sergio / ir a un partido de tenis
8. la vecina / traerle a Julio una merienda ligera

D. Create as many logical sentences as you can in five minutes, using the elements from columns A, B, C, and any additional information you can add.

A	B	C
el sábado pasado	yo	traducir
el mes pasado	tú	traer
el año pasado	mis amigos	estar
anoche	mis padres y yo	ir
esta mañana	Alberto y Ud.	hacer planes
ayer	Mario	venir

E. What did you do yesterday?

1. ¿Fue Ud. a clase? ¿a un bar? ¿a la cafetería? ¿a la biblioteca?
2. ¿Hizo Ud. los ejercicios? ¿planes para mañana? ¿algo especial? ¿Qué fue?
3. ¿Tradujo Ud. las frases? ¿un artículo? ¿un libro?
4. ¿Fue Ud. a la iglesia? ¿a un buen restaurante? ¿al parque? ¿a un partido?
5. ¿Le dio Ud. a su amigo/a dinero? ¿consejos? ¿un libro?

F. Interview one of your classmates about a trip he or she took. Use the following questions as a guide. You may also add some questions of your own.

- ¿Adónde fuiste?
- ¿También fueron tus padres o fueron algunos de tus amigos?
- ¿Cómo viajaste, en tren (*train*), en avión (*plane*) o en automóvil?
- ¿Te gustó la ciudad (el pueblo, la playa, etcétera)?
- ¿Cuánto tiempo te quedaste allí?
- ¿Viste algunas cosas interesantes? ¿Cuáles?
- ¿Te gustó la comida de allí? ¿Encontraron algunos restaurantes buenos?
- ¿Qué otras cosas hiciste?
- ¿Cuándo volviste?

G. Last Saturday you wrote yourself a reminder of things you had to do:

Limpiar la casa
Ir de compras
Traducir el artículo de Eduardo
Darle a Elena sus discos
Invitar a los Méndez a cenar
Ir a la casa de Manolo para invitarlo

Now describe to a classmate what you did last Saturday, adding any other activities that you wish to include.

MODELO: «El sábado pasado limpié la casa. Luego...»

Minidiálogo

1. *¿Dónde se prohíbe fumar?*   3. *¿Qué se hace con la casa?*
2. *¿Cuándo se prohíbe hablar?*   4. *¿Cómo se llama el café donde se habla inglés?*

44. *Se* in Passive Voice Constructions and Impersonal Sentences

A. When the performer of an action is either not named or only *implied* in a sentence, the reflexive pronoun **se** may be used with a third-person singular or plural verb form. This indicates that, instead of performing the action, the subject is being acted upon. In English, this construction is called the passive voice.

If the subject is singular, the verb will be singular; if the subject is plural, the verb will be plural. Note that the performer of the action is not specified in the following sentences.

Se habla español en esa tienda.	*Spanish is spoken in that shop.*
Se hablan muchos idiomas allí.	*Many languages are spoken there.*
Se vende azúcar aquí.	*Sugar is sold here.*
Se venden servilletas de papel allí.	*Paper napkins are sold there.*

Note that the subject usually follows the verb in passive voice sentences.

B. The reflexive pronoun **se** may also be used with the third-person singular form of any verb to convey the impersonal sense of *one* or *you.*

Se puede comer bien allí.	*One can (you can) eat well there.*
¡No se come la sopa con un cuchillo!	*One doesn't eat soup with a knife!*

Práctica

A. Substitute the words in parentheses and make other necessary changes.

SIGNS: Gas station—No smoking.   No talking.   For sale.   Quitapenas Café—English spoken.

1. Se venden *mariscos* aquí.
   (pan, patatas, comida, tortillas, vino)
2. Se necesita *dinero*.
   (camareros, carta, sillas, bebidas, leche)

3. Se abre la *cafetería* a las ocho.
   (tiendas, oficina, bares, cafés, puerta)

B. Change all possible elements of the following sentences to the singular.

1. Se cierran las puertas temprano.
2. Se escriben los ejercicios en clase.
3. Se sirven los mejores vinos en el restaurante «Estrella».
4. Se buscan unos cantantes folklóricos aquí.
5. Se preparan unos platos exquisitos allí.
6. Se ofrecen unos postres divinos en aquel café.

C. Express the italicized verbs impersonally in the following sentences, using **se**.

1. *Comemos* entre la una y las cuatro en España.
2. *Saben* que es un buen restaurante.
3. *Podemos* pedir vino allí.
4. Espero que *hablen* inglés en ese pueblo.
5. Esperamos que *sirvan* platos típicos en ese café.
6. *Fuman* mucho en España.
7. Dudo que *vendan* azúcar aquí.

D. Express in Spanish.

1. An afternoon snack is needed from time to time.
2. Many good meals are prepared here.
3. You can eat well in this city.
4. There's no smoking here, right?
5. One can't sit there.

E. You are an exchange student in Madrid. Your new friend Mario is telling you about student life in Spain. Say whether or not the same things happen in the United States.

MODELO: Aquí bebemos vino con las comidas.   →
          Allí también se bebe vino con las comidas.   *or:*   Allí no se bebe vino con las comidas.

1. Estudiamos idiomas en la universidad.
2. Jugamos al fútbol y al tenis.
3. Bailamos en las fiestas.
4. Escuchamos discos de «rock».
5. Vamos al cine con frecuencia.
6. Cuando hace buen tiempo, vamos a los cafés al aire libre.
7. Hablamos de la política.
8. Vamos a la discoteca los sábados por la noche.

F. Form questions from the following phrases and then ask a classmate the questions.

MODELO: qué idiomas / hablar / en esta ciudad   →
            — ¿Qué idiomas se hablan es esta ciudad?
            —Aquí se hablan inglés, español, alemán...

1. dónde / vender / los libros para las clases
2. a qué hora / abrir / la biblioteca
3. a qué hora / cerrar / la cafetería
4. qué platos / servir / en un restaurante mexicano
5. comer bien / generalmente en los restaurantes chinos
6. vender / comida extranjera en el supermercado
7. ofrecer / muchos productos en la televisión
8. cuántos camareros / buscar / aquí

G. What makes a good restaurant? In your opinion indicate whether or not the following things happen in a fine restaurant.

MODELO: comer de pie   →   En un buen restaurante no se come de pie.

1. comer bien
2. preparar muchos platos especiales
3. servir una gran variedad de vinos
4. usar utensilios de plástico
5. usar servilletas de papel

6. ofrecer postres franceses
7. poder pedir cafés especiales
8. oír música clásica
9. bailar en las mesas

45. Summary of the Formation of Commands

You have learned in Lesson B of Unit 6 and in Lesson A of this unit that all commands, with the exception of the affirmative **tú** and **vosotros** forms, are derived from the present subjunctive.

comprar			
SINGULAR COMMANDS		PLURAL COMMANDS	
------------------------------------		**nosotros** affirmative and negative	(no) compremos
tú negative	no compres	**vosotros** negative	no compréis
usted affirmative and negative	(no) compre	**ustedes** affirmative and negative	(no) compren

Remember that the affirmative **tú** commands usually correspond to the third person singular of the present indicative.

Compra (tú).   Vende (tú).   Escribe (tú).

Remember that eight verbs have irregular **tú** affirmative command forms (Lesson A, Section 40).

The affirmative **vosotros** commands (used only in Spain) are formed by changing the **-r** of the infinitive to **-d.**

Comprad.   Vended.   Escribid.   Sentaos.

Práctica

A. Give the affirmative and negative **Ud., Uds., nosotros, tú,** and **vosotros** command forms for the following verbs.

1. invitar	3. decidir	5. sentarse	7. decir	9. ir
2. leer	4. traer	6. llegar	8. buscar	10. ponerse

B. The weather is terrible—cold and snowy—and a friend of yours has to go to a party. Express your concern for him or her by offering some suggestions in the form of familiar commands based on these phrases. Then add a few more commands of your own making.

1. llevar (*to wear*) un abrigo
2. no tomar nada de alcohol o muy poco
3. usar el cinturón de seguridad (*safety belt*) en el automóvil
4. manejar (*to drive*) con cuidado
5. no comer mucho en la fiesta
6. divertirse pero tener cuidado
7. ?

C. Using the **Ud.** commands, give the same advice to your friend's father or mother.

Repaso

A. You and your friends are preparing a special dinner for some guests. You are in charge of the preparations. Indicate the instructions that you give by expressing the following sentences in Spanish using **tú** and **vosotros** commands. Use vocabulary from the drawing, next page.

1. Alicia, give me the salt and pepper, please.
2. Roberto, put the plates, glasses, and napkins on the table.
3. Juanita and Elena, come to the kitchen (**cocina**) immediately.
4. Tomás, don't drink the wine.

5. María, wash the knives, forks, and spoons.
6. Juana, prepare the dessert and the sweet rolls.
7. José, bring me the butter.
8. Raúl, take the potatoes out of the oven (**horno**).
9. Laura, don't put cream and sugar in your coffee.
10. Ramón and Margarita, sit down and rest.

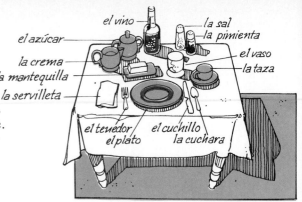

B. Last night, you and a friend went to eat in a special restaurant in the old part of Lima. Describe your evening by completing each of the sentences with the preterite tense of the verbs in parentheses.

1. Anoche (*nosotros: ir*) a comer a un buen restaurante de Lima.
2. (*Nosotros: salir*) del hotel a las ocho.
3. Cuando (*nosotros: llegar*), Juan me (*abrir*) la puerta y yo (*entrar*).
4. Un mozo nos (*sentar*) en una mesa pequeña.
5. Otro mozo nos (*traer*) la carta y nos la (*explicar*).
6. (*Nosotros*) No (*comer*) mucho.
7. Después (*nosotros: ir*) a una discoteca a bailar.
8. (*Nosotros: escuchar*) música y (*bailar*) por dos horas.
9. A las once y media, (*nosotros: salir*) de la discoteca y Juan me (*acompañar*) al hotel.
10. Yo (*ir*) a mi cuarto y Juan (*ir*) a su casa.

C. State whether or not the following things are done at your university. You may want to use expressions such as **con frecuencia, de vez en cuando, generalmente, a veces,** and so on.

MODELO: bailar   →   Se baila con frecuencia en esta universidad.

1. vivir bien
2. hacer investigaciones   (*research*)
3. estudiar en la biblioteca
4. trabajar
5. mirar la televisión
6. beber cerveza
7. comprar muchos libros
8. comer bien

Intercambios

A. Prepare five statements about yourself, using **saber** or **conocer** in each. Not all the statements should be true. Then, present the statements to the class. Your classmates should react to them, beginning their reactions with phrases such as **es verdad que, es imposible que, (no) creo que,** and so on.

MODELO: SILVIA: Sé preparar bien la comida china.
           ANA: No creo que Silvia sepa preparar bien la comida china.

B. It is the following kind of scene that can make a waiter's day very difficult. Describe what might be happening in the cartoon by completing the paragraph given on the next page.

El señor le pide al camarero que le traiga _____ . Luego el señor le pide que traiga _____ y _____ y _____ . El camarero no puede hacerlo todo solo. Por eso les pide a _____ que vengan.

Al primer camarero, el señor le dice que _____ . Al segundo camarero le pide que _____ . Al tercer camarero le dice que le gusta(n) mucho _____ . Claro que quiere que le traiga _____ . Al cuarto camarero le pide que le traiga _____ .

C. Al aire libre: ¿sol o sombra? Describe this scene. Make your description as complete as possible. What kind of restaurant is shown? What kind of day must it be? Are all the chairs and tables occupied? Who can be seen in the photograph? What are they doing? In your description, use some of the impersonal expressions you have learned: **es posible, es probable,** and so on.

Marbella, España

Now, with a classmate, invent the dialogue that might be taking place between the woman and the waiter. Be prepared to present your dialogue to the class.

Vocabulario

VERBOS

andar *to walk*
consistir (en) *to consist (of)*
ofrecer (zc) *to offer*
prohibir *to prohibit*

ADJETIVOS

(des)ocupado *(un)occupied*
ligero *light (of food)*
rápido *fast*
sentado *seated*
tal(es) *such a, such*

SUSTANTIVOS

el **azúcar** *sugar*
el **bar** *bar*
la **bebida** *drink*
el/la **cliente** *client, customer*
la **crema** *cream*
la **cuchara** *spoon*
el **cuchillo** *knife*
la **estación** *station*
la **leche** *milk*
el **letrero** *sign*
la **mantequilla** *butter*
la **merienda** *afternoon snack*
el **pan** *bread*
el **pan dulce** *sweet roll*
la **pimienta** *pepper*
la **planta** *floor (of a building)*
la **sal** *salt*
la **servilleta** *napkin*
la **silla** *chair*
la **taza** *cup*
el **tenedor** *fork*
el **vaso** *glass*
el/la **vendedor(a)** *(street) vendor*

OTRAS PALABRAS
Y EXPRESIONES

a la sombra *in the shade*
(a)fuera *out(side)*
al sol *in the sun*
de pie *standing*
de vez en cuando *from time to time*
o...o *either...or*
por eso *therefore*

Mercado de
Solola,
Guatemala

In this unit you will talk about shopping and places to shop. You will also continue to learn more about describing events in the past tense.

Muchas personas prefieren comprar las cosas que necesitan en vez de hacer-las. En parte esto es porque muchas cosas modernas son demasiado compli-cadas para hacerlas en casa; por ejemplo, los televisores y las máquinas de coser.° Con el dinero que ganamos trabajando en nuestra especialización, pagamos la especialización de otros al comprar° sus productos. A veces eso puede ser complicado también, como vemos en el diálogo.

máquinas... *sewing machines*
al... *when we buy*

PACO: Laura, ¿vas de compras hoy?

LAURA: Sí, claro. Tengo que pasar por la lechería.

PACO: Pues, mira, ¿me haces un favor? Para en la papelería y cómprame unos sobres grandes.

LAURA: Está bien. ¿De qué tamaño los quieres?

PACO: Iguales a éstos. No creo que los tengan más grandes. Los° que compré ayer no son bastante grandes para poner libros.

The ones

LAURA: Está bien. También voy a la panadería. ¿Quieres algo especial? Parece que te gustó mucho ese pan que traje la última vez, ¿no?

PACO: No, gracias. Pero si vas a la panadería pasa también por la ferretería, ¿vale? Esta mañana perdí un tornillo de éstos de la máquina.

LAURA: Bien. Déjame ver el tornillo para saber el tamaño.

PACO: Llévatelo para estar segura. ¡Ah!, y una cosa más. ¿Te importa pasar por la frutería? Dile a Juan que me venga a ver por la tarde. Quise llamarlo pero no contestó.

LAURA: Está bien. ¿Eso es todo?

PACO: Bueno, ¿tienes mucha prisa?

LAURA: Sólo si quieres que comamos a las dos, como de costumbre. Tengo que ir a la carnicería y a la tienda de comestibles también.

PACO: Pues entonces... mira. Mandé hacer unas camisas en la Camisería González. Tú viste las que me gustaron, ¿verdad? Ayer no tuve tiempo para ir a recogerlas. No importa que comamos un poco tarde.

LAURA: Está bien. Pero me es imposible recordar todo eso. Voy a hacer una lista. A ver... tengo que ir a la lechería, a la papelería, a la panadería, a la ferretería, a la frutería, a la carnicería, a la tienda de comestibles, a la camisería... y luego a la farmacia.

PACO: ¿Por qué a la farmacia?

LAURA: Para comprar aspirinas. Después de hacer todas las compras, estoy segura de que voy a tener dolor de cabeza.

Preguntas

A. Conteste según el diálogo.

1. ¿A qué tienda va Laura primero?
2. ¿Qué compró Paco en la papelería ayer?
3. ¿Qué cosa de la panadería le gustó a Paco?
4. ¿Qué perdió Paco esta mañana?
5. ¿A quién quiso llamar Paco?
6. ¿En qué tienda mandó hacer las camisas Paco?
7. ¿Por qué no las recogió antes?
8. ¿Por qué decide Laura ir a la farmacia también?

B. Conteste estas preguntas personales.

1. ¿Fue Ud. de compras recientemente? ¿Adónde fue? ¿Qué compró? ¿Le costó mucho?
2. ¿Prefiere Ud. hacer sus compras en tiendas grandes o en tiendas pequeñas? ¿Por qué?
3. ¿Fue Ud. a la tienda de comestibles la semana pasada? ¿Prefiere ir a esa tienda frecuentemente o sólo una vez a la semana?
4. ¿Qué le gusta comprar: ropa, libros, regalos (*gifts*) o comestibles?
5. ¿Tiene Ud. un(a) amigo/a o un(a) pariente que le pide a Ud. que haga muchas cosas por (*for*) él o ella? ¿Cómo reacciona Ud. cuando se lo pide?

Estructura

Minidiálogo

1. ¿Qué piensa Mafalda de la primavera?
2. ¿Por qué está contento el viejo?
3. ¿Cómo se siente Ud. (do you feel) cuando llega la primavera?

MAFALDA: Thank God, spring arrived. OLD MAN: Thank God, I arrived at (lasted till) spring! MAFALDA: And me saying trivial things!

46. Stem-changing and Spelling-change Verbs in the Preterite

A. **-Ar** and **-er** stem-changing verbs do not have a stem change in the preterite. **-Ir** stem-changing verbs *do* have a stem change in the preterite, but only in the third person singular and plural. Note also that the preterite stem change is sometimes different from the stem change that occurs in the present indicative and subjunctive. The stem vowel **e** changes to **i**, the stem vowel **o** to **u**.

sentir: e → i		**dormir: o → u**	
SINGULAR	PLURAL	SINGULAR	PLURAL
sentí	sentimos	dormí	dormimos
sentiste	sentisteis	dormiste	dormisteis
sintió	sintieron	durmió	durmieron

Other verbs that follow this pattern are **conseguir**, **divertirse**, **mentir**, **morir**, **pedir**, **preferir**, **repetir**, **seguir**, **sentirse**, **servir**, and **vestirse** (*to get dressed*).

B. The verbs **reírse (i)** (*to laugh*) and **sonreír (i)** drop the stem vowel **e** in the third person singular and plural of the preterite tense.

SINGULAR	PLURAL
me reí	nos reímos
te reíste	os reísteis
se rio	se rieron

C. Verbs ending in **-car**, **-gar**, and **-zar** have a spelling change in the first person singular of the preterite. This is the same change that occurs in all persons of the present subjunctive.

llegar: g → gu		**buscar: c → qu**		**empezar: z → c**	
llegué	llegamos	busqué	buscamos	empecé	empezamos
llegaste	llegasteis	buscaste	buscasteis	empezaste	empezasteis
llegó	llegaron	buscó	buscaron	empezó	empezaron

D. In Spanish, an unaccented **i** between two vowels changes to **y**.* This change occurs in the third-person singular and plural forms of the preterite of these verbs: **construir**, **creer**, **incluir**, **leer**, and **oír**.

---

*Exceptions are **seguir** and **conseguir**: **siguió**, **consiguieron**.

SINGULAR	PLURAL
leí	leímos
leíste	leísteis
leyó	leyeron

Práctica

A. Read the following paragraph about a Saturday morning.

Anoche Alfonso se divirtió en una fiesta, y luego durmió muy bien. Cuando se despertó esa mañana se vistió rápidamente para ir de compras. Prefirió salir temprano para llegar a las tiendas cuando había (*there were*) poca gente. Sonrió cuando salió de la casa y vio que hacía (*it was*) muy buen tiempo.

Now retell the same description from the point of view of the following persons. Do not use subject pronouns, and do not change the forms **había** and **hacía**.

1. yourself (**Anoche me divertí...**)
2. yourself and a friend (**Anoche nos divertimos...**)
3. a friend talking to you and Alfonso (**Anoche os divertisteis...**)
4. a friend talking to Alfonso (**Anoche te divertiste...**)
5. a friend talking about Paco and Jaime (**Anoche Paco y Jaime se divirtieron...**)

B. Substitute the new subjects and make other necessary changes.

1. *Ella* buscó la oficina de correos.
   (yo, tú, vosotros)
2. *Ellas* llegaron temprano al mercado (*market*).
   (mi familia y yo, tú, yo)
3. *Cecilia* comenzó a aburrirse.
   (Uds., yo, vosotros)
4. *Yo* leí la lista con interés.
   (tú, los clientes, mis hermanos y yo)
5. ¿No oíste *tú* el programa?
   (Ud., el dependiente [*clerk*], ellos)

C. Restate the following sentences, using the preterite tense.

1. Jaime duerme durante la reunión.
2. Yo le pago al dependiente de la panadería.
3. El partido empieza a las ocho.
4. Los artistas incluyen unas canciones folklóricas.
5. Mi amigo se ríe al mirar (*upon looking at*) la cuenta.
6. Los dependientes piden un sueldo más grande.
7. El joven sigue los consejos de su padre.
8. Me siento muy contenta esta mañana.
9. Se bañan y luego se visten.
10. El camarero sirve el vino.

D. Tell what happened at a party on Saturday night, first using the subjects given, then speaking about yourself. Follow the model and make any necessary changes.

MODELO: mis amigos / llegar tarde   →
          Mis amigos llegaron tarde. Yo (no) llegué tarde.

1. todos / reírse mucho
2. una chica / buscar los discos
3. unos estudiantes / tocar la guitarra
4. el anfitrión (*host*) / servir vino
5. dos poetas / leer sus poemas
6. un niño pequeño / dormirse
7. varias personas / hacer charadas
8. unas chicas / empezar a cantar
9. otras / preferir bailar
10. todos / divertirse mucho

E. Answer the following questions.

1. ¿Hasta qué hora durmió Ud. esta mañana? ¿Durmió bastante?
2. ¿Practicó Ud. algún deporte ayer? ¿Dónde jugó? ¿Con quién? ¿A qué hora empezaron a jugar?
3. ¿A qué hora empezó Ud. a estudiar anoche? ¿a prepararse para dormir?
4. ¿Qué leyó Ud. ayer? ¿Le interesó?
5. ¿Se rio Ud. de algo anoche? ¿De qué?
6. ¿Qué persona famosa murió recientemente? ¿el año pasado?
7. ¿Le pidió Ud. consejos a alguien ayer? ¿A quién?
8. ¿Incluyó Ud. alguna diversión en su horario la semana pasada? Descríbala.

47. Review of the Uses of the Subjunctive in Noun Clauses

You have learned in Units 4–7 that the subjunctive mood is characterized by an attitude of subjectivity—of willing, emotion, or uncertainty—as opposed to the definite and factual tone conveyed by the indicative mood. The verbs and phrases often associated with the subjunctive in dependent clauses can be divided into three general categories.*

A. *Verbs of willing* express a subject's desire that something be done: **desear**, **mandar**, **pedir**, **permitir**, **preferir**, **querer**, and—sometimes—**decir**.

Quiero que salgas inmediatamente.   *I want you to leave immediately.*
Les pido que no lleguen tarde.   *I ask that you not arrive late.*

---

*For a review of the *formation* of the subjunctive, see Sections 24, 29, 30, 36, and 37.

Práctica

Express your reactions to the situations listed below by using one of the following expressions in a complete sentence.

deseo que   prefiero que   pido que   quiero que
digo que   permito que   mando que

MODELO: Mi hermana vuelve del mercado temprano.   →
          Prefiero que mi hermana vuelva del mercado temprano.

1. El dependiente manda las compras a mi casa.
2. El mecánico deja el televisor en casa.
3. Los empleados de la ferretería trabajan mucho.
4. Tú vas de compras.
5. Uds. vienen a mi casa temprano.
6. Mis compañeros mandan hacer unas camisas.
7. Compras sobres en la papelería.
8. Recogen los comestibles.
9. En ese comercio empiezan a usar máquinas.

B. *Verbs of emotion* express the fears, hopes, and feelings of a subject about an action and anticipate that which is indefinite: **alegrarse (de), esperar, sentir, tener miedo (de),** and the phrase **Ojalá que.**

Esperamos que no engorde mucho.   *We hope that he won't get very fat.*
¿No te alegras de que yo venga a verte?   *Aren't you glad that I'm coming to see you?*

Práctica

Form questions for a classmate to answer by combining the following expressions with the sentences below. The answers could include the expression **ojalá que** as well.

te alegras de que   sientes que
esperas que   tienes miedo de que

MODELO: Hay tiendas grandes aquí.   →
          —¿Te alegras de que haya tiendas grandes aquí?
          —Sí, me alegro de que haya tiendas grandes aquí.

1. Venden medicinas genéricas en la farmacia.
2. Los sueldos de aquí son más bajos que en Francia.
3. No está abierta (*open*) la ferretería.
4. Tu hermano sufre muchos dolores de cabeza.
5. Las lecherías del pueblo no son muy higiénicas (*sanitary*).
6. Este mercado al aire libre tiene de todo.

C. Verbs of doubt or denial express the subject's uncertainty or attitude of disbelief toward an action: **no creer**, **dudar**, **negar**, **no pensar**.

Dudamos que ellos lo favorezcan.   *We doubt that they will favor him.*
No creo que los recoja ella.   *I don't think she'll pick them up.*

Práctica

Express your opinion about the following ideas. Use either **creo que** + *indicative* or one of the expressions of doubt + *subjunctive*.

MODELO: El presidente gana bastante dinero.   →
           Creo que el presidente gana bastante dinero.
           Dudo que el presidente gane bastante dinero.

1. Todos los políticos son honestos.
2. Los comestibles cuestan mucho en Nicaragua.
3. Venden revistas en las papelerías.
4. Hay postres deliciosos en Francia.
5. El concepto de la reencarnación viene de la India.
6. Hay vida extraterrestre.
7. El viernes 13 es un día de buena suerte (*luck*).
8. Las computadoras ayudan a los jóvenes a aprender muchas cosas.
9. El matrimonio es para siempre.
10. Los horóscopos siempre dicen la verdad.

D. Impersonal statements that fall into these three general categories also require the subjunctive in dependent noun clauses that follow them.

¡Es importante que los lleves!   *It's important that you take them!*
Es una lástima que no se acuerden.   *It's a shame that they don't remember.*
No es verdad que Lucía fume.   *It's not true that Lucía smokes.*

Práctica

Repeat the **Práctica** in Section C, using one of the following impersonal expressions before each item.

es necesario que   es importante que   es una lástima que
es bueno que   es imposible que   es probable que

MODELO: El presidente gana bastante dinero.   →
           Es importante que el presidente gane bastante dinero.

Remember that for the subjunctive to be used in a dependent noun clause, there must be a change of subject (performer of the action) from the main clause to the dependent clause. If there is no change of subject, the infinitive is generally used.

Quiero pasar por la farmacia.	*I want to pass by the pharmacy.*
Quiero que ella pase por la farmacia.	*I want her to pass by the pharmacy.*
Es posible parar la máquina.	*It's possible to stop the machine.*
Es posible que él pare la máquina.	*It's possible that he will stop the machine.*

Práctica

Express the following sentences in Spanish.

1. It is important to feel loved (**querido**).
2. It is important that you (**tú**) feel loved.
3. They want to buy envelopes at the stationery store.
4. We want them to buy envelopes at the stationery store.
5. She thinks the television set is too old.
6. I doubt that she thinks the television set is too old.

¿Cómo se dice?

● **Ordinal Numbers**

Here are the ordinal numbers—*first* through *tenth*—in Spanish.

primero/a	*first*	sexto/a	*sixth*
segundo/a	*second*	séptimo/a	*seventh*
tercero/a	*third*	octavo/a	*eighth*
cuarto/a	*fourth*	noveno/a	*ninth*
quinto/a	*fifth*	décimo/a	*tenth*

When used as adjectives, ordinal numbers agree both in number and in gender with the nouns they modify.

Los primeros equipos llegaron hoy.	*The first teams arrived today.*
La segunda cantante fue mi hermana.	*The second singer was my sister.*

Like **bueno**, **malo**, and **uno**, the ordinal numbers **primero** and **tercero** drop their final **-o** before a masculine singular noun: **el primer día, el tercer cliente**.

Beyond **décimo**, the cardinal numbers are commonly used and are placed after the noun.

el piso quince	*the fifteenth floor*
el siglo veinte	*the twentieth century*

A. There is a twelve-story building downtown in which a number of your friends live and where several businesses and professional people have offices. Describe on which floor (**piso**) each is located. Follow the model.

MODELO: los Sánchez Pérez: 4   →
             Los Sánchez Pérez están en el cuarto piso.

1. Guillermo y Enrique: 5
2. el Dr. Torres: 3
3. la compañía Apple: 6
4. Anita: 8
5. el dentista: 2

6. la compañía IBM: 7
7. los Moral Martín: 9
8. la agencia de viajes: 1
9. el restaurante: 12
10. Tomás y Rosario: 10

B. Express the following phrases in Spanish.

1. the first business
2. the tenth pharmacy
3. the second list
4. the fifth aspirin

5. the third clerk (*m.*)
6. the ninth envelope
7. the sixth shirt

8. the eighth day
9. the fourth machine
10. the fifteenth chapter

C. Give the names of the days of the week according to their position in the week. Remember that in Spanish the first day is *not* Sunday.

MODELO: El primer día de la semana es el lunes.

D. Review the months of the year by asking a classmate questions. For *eleventh* and *twelfth* use **undécimo** and **duodécimo**.

MODELO: ¿Cuál es el quinto mes del año? ¿el primer mes del año?

● **Dates**

With the exception of the ordinal number **primero**, dates are expressed in Spanish with cardinal numbers.

¿Cuál es la fecha de hoy?
Hoy es el diez de diciembre.
Mañana es el primero de mayo de mil novecientos ochenta y seis.

What is today's date?
Today is December 10th.
Tomorrow is the first of May, 1986.

A. Following the model, tell what days of the week the dates fall on according to the calendar.

MODELO: El primero de diciembre es lunes.

¿Qué día va a ser el 6?   ¿el 17?   ¿el 14?
                           ¿el 5?   ¿el 24?
                           ¿el 30?   ¿el 8?

DICIEMBRE						
L	M	M	J	V	S	D
1	2	3	4	5	6	7
8	9	10	11	12	13	14
15	16	17	18	19	20	21
22	23	24	25	26	27	28
29	30	31				

B. Answer the following questions, giving as much information as possible.

    1. ¿Cuál es la fecha de hoy?
    2. ¿Cuál es la fecha de mañana?
    3. ¿Cuál es la fecha de su cumpleaños (*birthday*)?
    4. ¿Cuál es el último día del semestre/trimestre?

C. Give the dates of these holidays.

    1. la Navidad
    2. el cumpleaños de Lincoln
    3. el Día de la Independencia de los Estados Unidos
    4. el Día del Año Nuevo
    5. el cumpleaños de Martin Luther King, Jr.

Now give the dates of some different holidays and see if your classmates can identify them.

Vocabulario

VERBOS

dejar   *to let, leave*
llevar   *to take; to carry*
parar   *to stop*
pasar (por)   *to pass (by)*
recoger (j)   *to pick up*
reírse (i) (de)   *to laugh (at)*
sentirse (ie)   *to feel*
vestirse (i)   *to get dressed*

SUSTANTIVOS

la **aspirina**   *aspirin*
la **cabeza**   *head*
la **camisería**   *shirt store*
la **carnicería**   *meat market*
el **comercio**   *business (establishment)*
los **comestibles**   *groceries, food*
el **cumpleaños**   *birthday*
el/la **dependiente**   *clerk*
el **dolor**   *pain, ache*
la **farmacia**   *pharmacy*
la **fecha**   *date (calendar)*
la **ferretería**   *hardware store*
la **frutería**   *fruit store*
la **lechería**   *dairy store*
la **lista**   *list*
la **máquina**   *machine*
el **mercado**   *market*
la **panadería**   *bakery*
la **papelería**   *stationery store*
el **piso**   *floor*
el **sobre**   *envelope*
el **televisor**   *television set*
el **tornillo**   *screw*

ADJETIVOS

complicado   *complicated*

OTRAS PALABRAS Y EXPRESIONES

a ver   *let's see*
de costumbre   *usually, as usual*
demasiado   *too*
entonces   *then, therefore, in that case*
igual a   *like*
mandar hacer   *to have made*

Ciudad de México

Manzanillo, México

El gran supermercado es casi el símbolo de la vida económica de los Estados Unidos. ¡Piense usted en la enorme variedad de cosas que ofrecen! No sólo venden comestibles de todas las partes del país—y a veces de todas las partes del mundo—sino también cosas que frecuentemente se venden en farmacias, papelerías y ferreterías. Es obvio que los norteamericanos somos grandes admiradores de la eficacia y que el supermercado, donde se vende de todo bajo un solo techo (*roof*), es una expresión de esa eficacia.

Hoy día también se encuentran supermercados en casi todos los países hispánicos—especialmente en las grandes ciudades. Pero no son tan populares como en los Estados Unidos. Para los hispanos, el ir de compras todavía es una ocasión social. Prefieren comprar las cosas que necesitan en distintas tiendas de su propio barrio o vecindad. Para ellos es importante conocer personalmente a los propietarios de las tiendas y les gusta charlar con ellos o con los otros clientes, que también son vecinos y amigos. Así, no sólo pueden hacer sus compras, sino también saber lo que pasa en la vecindad. Es posible que el sistema de tener muchas tiendas pequeñas sea menos eficaz y más caro que el sistema de tener supermercados, pero para el hispano es un sistema más humano y refleja sus valores culturales.

¿Qué ventajas tiene el supermercado? ¿Por qué prefieren muchos hispanos las tiendas pequeñas? ¿Cuál le gusta más a Ud., el supermercado o las tiendas pequeñas? ¿Por qué?

¿Fue Ud. a algún supermercado ayer? ¿Compró Ud. muchas cosas la última vez que fue allí? ¿Es probable que vaya mañana a varias tiendas?

México

En las tiendas pequeñas normalmente se vende sólo un producto o una clase de productos. El letrero de la tienda con frecuencia indica el producto que se vende allí. Se vende la leche en una lechería; el pan en una panadería; los helados en una heladería. Como se puede ver, el sufijo (*suffix*) **-ería** indica el lugar donde se vende el producto.

¿Cómo se relacionan las palabras siguientes: dulce–dulcería; pastel–pastelería; papel–papelería; fruta–frutería? ¿Dónde se puede comprar estas cosas: zapatos, joyas, pescado, cosas de plata? ¿Qué se vende en estas tiendas: una carnicería, una librería, una camisería, una relojería? De las tiendas mencionadas (*mentioned*), ¿cuáles visita Ud. de vez en cuando? ¿Cuáles se encuentran en su vecindad?

Claro, hay nombres de tiendas que no siguen este sistema: se compran aspirinas en una farmacia, tornillos en una ferretería, anillos en una joyería y estampillas en la oficina de correos. ¿Cómo sabemos dónde se puede comprar lo que necesitamos? Como siempre, ¡la experiencia es el mejor maestro!

Estructura

Minidiálogo

1. *Cuando el papá de Mafalda* era (was) *muchacho, ¿qué*
   pensaban (did they used to think) *los viejos de los jóvenes?*
2. *¿Cree Mafalda que los viejos ya no piensan así?*
3. *¿Acepta su papá lo que* (what) *hacen los jóvenes de ahora?*
4. *¿Critican* (criticize) *siempre los viejos a los jóvenes?*

48. The Imperfect

A. The imperfect indicative is the second of the two *simple* indicative past tenses in Spanish (later you will learn the *compound* past tenses). The imperfect endings (shown in the following chart) are added to the stem of the infinitive. Note that the endings are the same for **-er** and **-ir** verbs.

comprar		vender		escribir	
SINGULAR	PLURAL	SINGULAR	PLURAL	SINGULAR	PLURAL
compra**ba**	compr**ábamos**	vend**ía**	vend**íamos**	escrib**ía**	escrib**íamos**
compra**bas**	compra**bais**	vend**ías**	vend**íais**	escrib**ías**	escrib**íais**
compra**ba**	compra**ban**	vend**ía**	vend**ían**	escrib**ía**	escrib**ían**

B. Only the verbs **ir, ser,** and **ver** are irregular in the imperfect.

MAFALDA: Papá, when you were a boy, were old people shocked by (all of) you? PAPÁ: Huh! They used to say all kinds of things. "How terrible, dressing like that! I don't know where we'll wind up! When I was young, these (kinds of) things weren't seen!" MAFALDA: It's incredible! Just like the old people now! PAPÁ: You see? And it was like that in spite of the fact that when I was young we didn't dress like effeminate clowns, nor did you used to see the things you see today, nor were we bums, nor . . .

ir		ser		ver	
iba	íbamos	era	éramos	veía	veíamos
ibas	ibais	eras	erais	veías	veíais
iba	iban	era	eran	veía	veían

C. The imperfect tense has several English equivalents.

yo compraba
$\begin{cases} I\ used\ to\ buy \\ I\ was\ buying \\ I\ bought \end{cases}$

D. The imperfect tense is typically used in the following situations.

1. The imperfect relates an action that was in progress—still happening—at a certain time in the past. Note that the parallel English equivalent is *was/were . . . -ing.* The use of **mientras** with the imperfect is also common.

Esa tarde buscábamos una papelería.

That afternoon, we were looking for a stationery store.

Yo charlaba con María mientras ella compraba helado.

I was chatting with María while she was buying ice cream.

2. The imperfect is used to describe a condition that existed at a certain time in the past.

Hacía mucho frío en las calles de esa ciudad.

It was very cold in the streets of that city.

Había* todavía mucha gente en el mercado.

There were still a lot of people in the market.

3. The imperfect describes a physical, mental, or emotional state in the past.

Mis vecinos estaban muy tristes.
Me parecía que la tienda era muy grande.

My neighbors were very sad.
It seemed to me that the store was very large.

4. The imperfect relates a repeated or habitual action in the past. In this sense, it is often used with adverbs such as **siempre, todas las tardes, frecuentemente,** and **todos los años.**

Íbamos de compras todos los sábados.

We used to go shopping every Saturday.

Yo los veía todos los días.

I would see them every day.

5. The imperfect is used to tell time and to tell the age of a person.

Eran las ocho de la noche.
Juan tenía veinte años cuando trabajaba allí.

It was eight o'clock at night.
Juan was twenty years old when he worked there.

*****Había** (*there was/were*) is the imperfect tense form of **hay** (*there is/are*), from the infinitive **haber.**

Práctica

A. Substitute the new subjects and make other necessary changes.

1. *Ella* siempre compraba carne allí.
   (tú, nosotros, yo)
2. *Ellos* dormían hasta muy tarde los sábados.
   (yo, mi esposa, vosotros)
3. *Mi madre* iba de compras con frecuencia.
   (mis vecinos, nosotros, tú)
4. *Él* vendía helados todos los domingos en la plaza.
   (yo, Uds., vosotros)

5. Antes, *ellos* eran pobres.
   (yo, el vendedor, tú)
6. *Yo* la veía muchas veces en la joyería.
   (tú, nosotros, Uds.)

B. Restate the sentences, using the imperfect tense.

1. Son las diez de la mañana aquí, pero es la una en China.
2. Los veo con frecuencia en el mercado.
3. Compramos pescado de vez en cuando en aquella tienda.
4. Constancia tiene veinticinco años.
5. Ricardo siempre compra fruta en esa frutería.
6. Miran la televisión todas las noches.
7. Enrique le da un anillo de plata a su hija todos los años.
8. Como de costumbre, el propietario charla con sus clientes.
9. Vamos de compras a veces con nuestra vecina.

C. Complete the following paragraph with the correct imperfect tense forms of the verbs in parentheses.

Todas las mañanas el viejo propietario (1) _____ (*ir*) a su panadería a trabajar. Él (2) _____ (*ser*) pobre pero (3) _____ (*estar*) contento porque (4) _____ (*tener*) muchos amigos y muchos clientes. La tienda no (5) _____ (*ser*) muy grande y allí se (6) _____ (*vender*) muy pocas clases de pan. Él mismo (7) _____ (*hacer*) el pan todas la mañanas y por las tardes (8) _____ (*charlar*) con sus vecinos. A las ocho en punto (*on the dot*), siempre (9) _____ (*cerrar*) la tienda y (10) _____ (*volver*) a casa para cenar con su esposa. Después ellos (11) _____ (*hablar*) de los sucesos (*events*) del día. A las once en punto (12) _____ (*acostarse*). Los dos (13) _____ (*tener*) una vida sencilla (*simple*) pero agradable.

D. Express in Spanish the following description of early morning in a typical small-town market.

1. It was a pretty morning; it was very sunny, but it was still cool.
2. There were not many people there.
3. The street vendors were chatting about the news (*noticias*) while the first customers were looking at what they were selling.
4. One of them was selling an enormous (*enorme*) fish, and another was selling meat that looked (seemed) very good.
5. It was nine o'clock in the morning, and the neighborhood was waking up.

E. What do you remember about your childhood and adolescence? With a classmate, ask and answer questions according to the model.

MODELO: 17 años / vivir en casa de tus padres →
—Cuando tenías diecisiete años, ¿vivías en la casa de tus padres?
—No, no vivía en la casa de mis padres. Vivía con mis abuelos.

1. 18 / tener empleo
2. 12 / estar alegre (*happy*)
3. 15 / ir a la playa a veces
4. 10 / ir al cine los sábados
5. 8 / ir de compras con tu madre
6. 9 / ver a tus abuelos los domingos
7. 7 / levantarse tarde todas las mañanas

8. 17 / practicar algún deporte
9. 14 / asistir a la escuela
10. 17 / estudiar mucho
11. 16 / ir a bailar
12. 3 / comer mucho
13. 6 / molestar a tus hermanos
14. 16 / tener muchos admiradores o admiradoras

Now interview your instructor. Base your questions on the preceding phrases.

Minidiálogo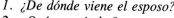

ESPOSA: Hola, querido. ¿De dónde vienes?
ESPOSO: Fui de compras. Nos faltaban unas cosas para la comida.
ESPOSA: Pareces triste. ¿Qué pasó?
ESPOSO: Pues, iba a comprar carne pero la carnicería estaba cerrada cuando llegué. Luego vi que la pescadería estaba abierta y compré pescado. Quería unos pasteles pero dijeron en la panadería que ya no había. Por eso compré este helado. Luego fui a la frutería pero no tenían nada bueno. ¡Fíjate! No conseguí nada de lo que quería para la comida.

1. ¿De dónde viene el esposo?
2. ¿Qué necesitaba?

3. ¿Qué iba a comprar en la carnicería? ¿Qué pasó?
4. ¿Qué pasó en la panadería y en la frutería?

49. The Imperfect and the Preterite Contrasted

Review the basic uses of the imperfect (Section 48) and the preterite (Section 42). Then read the following discussion, in which the imperfect and the preterite are directly contrasted.

WIFE: Hello, dear. Where have you been? HUSBAND: I went shopping. We needed some things for dinner. WIFE: You look sad. What happened? HUSBAND: Well, I was going to buy some meat, but the butcher shop was closed when I got there. Then I saw that the fish market was open so I bought some fish. Then I wanted some pastries but they said in the bakery that there weren't any left. That's why I bought this ice cream. Then I went to the fruit store but they didn't have anything good. Imagine! I didn't get anything that I wanted for dinner.

A. The imperfect relates an action in progress in the past. The preterite relates a completed past action, or the beginning or end of an action. Compare:

A las nueve, todavía bailaban.   *They were still dancing at 9:00.*
El baile terminó a las doce.   *The dance ended at 12:00.*

B. The imperfect describes a physical, mental, or emotional state in the past. The preterite indicates a change in a physical, mental, or emotional state at some point in the past. Compare:

Estaba triste por las noticias.   *He was sad because of the news.*
Se puso triste cuando recibió las noticias.   *He became sad when he received the news.*

C. The imperfect describes the way things were or what was going on, while the preterite describes something specific that interrupted the scene or the action.

Su esposa leía el periódico cuando él entró.   *His wife was reading the newspaper when he entered.*

Mirábamos la tele cuando ella nos llamó.   *We were watching TV when she called us.*

D. Some Spanish verbs have different meanings depending on whether they are used in the preterite or the imperfect. The four most commonly used verbs that show this change in meaning are **conocer**, **poder**, **querer**, and **saber**. Compare:

Conocíamos muy bien a Sonia.   *We knew Sonia very well.*
Conocimos a Sonia anoche.   *We met (were introduced to) Sonia last night.*

Ella podía leerlo.   *She was able (had the ability) to read it.*
Ella pudo leerlo.   *She could read it (succeeded in reading it).*
Ella no pudo leerlo.   *She could not (tried and failed to) read it.*

Yo quería terminar la lección.   *I wanted to finish the lesson.*
Yo quise terminar la lección.   *I tried to finish the lesson.*
Yo no quise terminar la lección.   *I refused to finish the lesson.*

Él sabía el valor de las joyas.   *He knew the value of the jewels.*
Él supo el valor de las joyas.   *He found out (learned) the value of the jewels.*

Práctica

A. You used to be in the habit of doing the same thing every day, but yesterday you did something different. Express this situation, following the model.

MODELO: estudiar en la biblioteca / en casa →
          Yo siempre estudiaba en la biblioteca, pero ayer estudié en casa.

1. ir al café / al teatro
2. leer novelas / el periódico
3. pedir cerveza / café
4. dormir hasta las ocho / hasta las nueve
5. llegar temprano a clase / tarde
6. traer Coca-Cola / vino
7. pasar la mañana en casa / en el centro
8. empezar a estudiar a las ocho / a las siete
9. acostarse a las once / a las once y media

B. Substitute the new phrases and make other necessary changes.

1. Carlos se reía *siempre* en la clase de inglés. 2. Íbamos a ese teatro *todas las semanas*.
   (ayer, todos los días, esta mañana)   (ayer, con frecuencia, anoche, siempre)

C. What reactions might be caused by the following situations? Complete the sentences, using the phrases in parentheses.

1. Ana tenía calor; ella _____ .   (quitarse el suéter)
2. Carlos tuvo malas noticias; él _____ .   (ponerse triste)
3. Nosotros tuvimos buenas noticias; nosotros _____ .   (ponerse contentos)
4. Tú tenías hambre; tú _____ .   (comer un *sándwich*)
5. Nosotros queríamos estudiar; nosotros _____ .   (quedarse en casa)

D. Complete the following sentences with the preterite or imperfect forms of the verbs in parentheses.

1. _____ (*hacer*) buen tiempo cuando yo _____ (*llegar*) a Lima.
2. Ella _____ (*leer*) el periódico mientras su esposo _____ (*mirar*) la tele.
3. _____ (*ser*) las ocho cuando ellos _____ (*volver*) a casa.
4. Mi amigo _____ (*dormir*) cuando yo _____ (*empezar*) a cantar.
5. Nosotros siempre _____ (*ir*) al centro los lunes pero ayer _____
   (*quedarse*) en casa.
6. Ella _____ (*tener*) veinte años cuando su familia _____ (*venir*) a los
   Estados Unidos.
7. Jaime me _____ (*hablar*) todos los días, pero anoche él no me _____
   (*querer*) hablar.
8. Ellos siempre le _____ (*dar*) un regalo (*gift*) especial para su cumpleaños, pero
   este año sólo le _____ (*dar*) un libro.
9. Ellos _____ (*establecer*) un teatro popular cuando _____ (*vivir*) en
   California.

E. Describe in Spanish the following visit to a restaurant.

1. We found out that the restaurant always started to serve dinner at 10:00 P.M.
2. There were already a lot of customers there when we arrived at 10:30.
3. We know that restaurant very well, but last night we met the owner for the first time (**por primera vez**).
4. We wanted to invite him to have a drink with us, but he refused.
5. We could not (tried and failed) convince (**convencer**) him.
6. He told us that he couldn't chat a lot while his employees were working.
7. We knew that all of them were very busy (**ocupado**).
8. He went to talk with the other customers who were arriving.
9. Then the waiter brought us the first course.
10. All of the dishes in that restaurant were always delicious.

F. Tell at least one thing that you did, or used to do, to complete the following statements.

1. Ayer _____ .
2. Todas las noches _____ .
3. Esta mañana _____ .
4. Cuando era niño/a, siempre _____ .

5. El verano pasado _____ .
6. Todos los veranos _____ .
7. El año pasado _____ .
8. Todos los años _____ .

Repaso

A. Complete the following paragraph with the correct imperfect tense forms of the verbs in parentheses.

(1) _____ (*ser*) las tres de la tarde. (2) _____ (*hacer*) mucho sol.
(3) _____ (*haber*) muchas personas en la plaza. Las mujeres (4) _____
(*charlar*) con sus vecinas mientras sus hijos (5) _____ (*jugar*). Un hombre cerca de
la entrada de la plaza (6) _____ (*vender*) helados. Otras personas (7) _____
(*ir*) de una tienda a otra comprando comestibles. (8) _____ (*ser*) un día muy agradable y todos (9) _____ (*estar*) alegres.

B. Your friend Fernando is telling you about things he used to do. You claim not to have done
these things even once. With a classmate, play both roles according to the model.

MODELO: llegar tarde   →
      —(Yo) Siempre llegaba tarde.
      —(Yo) No llegué tarde ni una vez.

1. sentirse alegre
2. buscar una chica interesante
3. leer libros prohibidos
4. aburrirse en casa
5. oír las discusiones de sus padres

6. pagar sus propios helados
7. cenar en restaurantes elegantes
8. prestarles dinero a sus hermanos
9. acordarse del aniversario de sus abuelos
10. vender sus libros viejos

C. Last week the following incident occurred on a downtown street. You were a witness. Tell your
friends about it. Be careful to decide in each case which simple past tense is required, the imperfect or the preterite.

MODELO: Es el dos de enero.   →   Era el dos de enero.

1. Son las once de la mañana.
2. Estoy en una calle del centro.
3. Hay mucha gente que se pasea y que va de una tienda a otra.
4. De repente (*Suddenly*), veo a un hombre que corre (*is running*) muy rápidamente por la calle.
5. Es bastante joven y tiene el pelo de color café.
6. Lleva algo en la mano y parece que tiene mucho miedo.
7. Un vendedor de dulces en la calle dice: —¡Llamen a la policía!
8. Un señor corre a una cabina (*booth*) de teléfono y lo hace.
9. Muchas personas salen de las tiendas a ver qué pasa.

10. Por fin llegan dos policías, pero ya no se ve al hombre.
11. Todos vuelven a lo que hacen.
12. Yo nunca sé quién es el hombre misterioso ni qué hace.

Intercambios

A. All of us have had the experience of encountering an old friend whom we haven't seen for a long time. After finding out what the other person has done in the intervening time, we often begin to reminisce. With a classmate, create a dialogue in which two old friends recall the things they used to do together. You can talk about

—la época de la escuela primaria
—las vacaciones de verano
—las fiestas especiales, como la Navidad (*Christmas*), el Día del Año Nuevo, etcétera
—la época de la escuela secundaria

Be prepared to present your dialogue to the class.

B. Un día, en casa, usted dice que va a salir y varios miembros de su familia le piden que les busque algo: una camisa para su primo, una novela para su hermana, mariscos para la cena, un bolígrafo para su padre, unos tornillos para su hermano menor. ¡Y usted sólo pensaba comprarse un helado!... ¿Qué tiendas tiene Ud. que encontrar para hacer todas las compras? Para ser eficiente, haga una lista.

C. Al día siguiente, se repite la escena. Otra lista de cosas que usted tiene que comprar. Están en la lista:

huevos	pan	crema	papel	tornillos
fruta	estampillas	chocolate	patatas	

Usted sabe que en la Calle de la Independencia se encuentran las tiendas siguientes:

¿Qué debe usted comprar primero? ¿segundo? ¿tercero? Otra vez, para ser eficiente, haga una lista. Luego compare su lista con las (*those*) de sus compañeros de clase. ¿Quién es la persona más eficiente de la clase?

Vocabulario

VERBOS

establecer (zc)   *to establish*
pasar   *to happen*
reflejar   *to reflect*

SUSTANTIVOS

el/la **admirador(a)**   *admirer*
el **anillo**   *ring*
la **carne**   *meat*
la **clase**   *type, kind*
el **dulce**   *candy*
la **eficacia**   *efficiency*
la **estampilla**   *stamp*
la **fruta**   *fruit*
el **helado**   *ice cream*
el/la **hispano/a**   *Hispanic*
       (*person*)
la **joya**   *jewel*; pl. *jewelry*
la **librería**   *bookstore*
las **noticias**   *news*
el **pastel**   *pastry*
el **periódico**   *newspaper*
el **pescado**   *fish*
la **plata**   *silver*
el/la **propietario/a**   *owner,*
       proprietor
el **regalo**   *gift*
la **vecindad**   *neighborhood*

ADJETIVOS

alegre   *happy*
caro   *expensive*
distinto   *different*
eficaz   *efficient*
enorme   *enormous*

**OTRAS PALABRAS
Y EXPRESIONES**

al día siguiente   *the next day*
bajo   *beneath, under*
en punto   *on the dot* (*with time*)
ponerse + adj.   *to become*
sino   *but, but rather*
todavía   *still*

Lima, Perú

In this unit you will learn vocabulary and expressions that will enable you to discuss the theater and movies.

LECCIÓN A

*Dos diversiones populares son el teatro y el cine. Es obvio que antes del
cine era más popular el teatro. Cuando se inventó el cine, el teatro comenzó
a perder un poco de su popularidad. Ahora el cine comienza a perderla también con la invención de la televisión. Tal vez la gente prefiere divertirse con
cada invención nueva. Lo seguro° es que hay una gran variedad de diversiones asequibles° al público, como vemos en este diálogo.*

*Lo... What is certain
available*

SONIA: Oye, Jaime. Estoy cansada de mirar la televisión. ¿Viste la sección
           teatral del periódico? Dámela, ¿quieres?

JAIME: Ah, aquí está. ¿Qué obras representan ahora?

SONIA: Oí decir que había una obra clásica española en el Teatro Lope de
           Vega. ¿Te interesa ver *La vida es sueño*?*

JAIME: Sí, sí. Llama a la taquilla a ver si quedan entradas.

SONIA: Bien. Creo que vi el número en el anuncio. Sí, aquí está. Es el
           42–31–54.

(Sonia marca el número, habla con la taquilla y cuelga el teléfono.)

JAIME: ¿Las conseguiste?

SONIA: Bueno, la señorita dijo que sólo quedaban butacas de patio° para la
           función de hoy.

orchestra

JAIME: Pero son muy caras, ¿no?

SONIA: Sí, a quinientos pesos cada una. Le expliqué que preferíamos buta-
           cas de entresuelo.° Me reservó dos para la función de mañana.

mezzanine

JAIME: ¿Cuánto cuestan? Son más baratas, ¿no?

SONIA: Sí. Salieron a doscientos cada una. Y me avisó que teníamos que
           recogerlas antes de las ocho de la tarde. La función es a las nueve.
           Es una lástima que no podamos ir esta noche.

JAIME: Bueno, nos queda la tele. ¿Qué harían° en los tiempos de nuestros
           padres cuando no había televisión?

*¿Qué... I wonder what
they did*

SONIA: Pues... el cine era más barato. Pero no esperaban una diversión pro-
           fesional todas las noches. A veces se quedaban en casa y se
           divertían con otras cosas.

JAIME: Sí, tienes razón. Menos mal° que tenemos la tele. Miremos la teleguía
           para ver si dan una buena película en el canal 4 esta noche,
           ¿quieres?

*Menos... It's a good
thing*

SONIA: Sí, aquí está. Tómala.

---

*Lope de Vega** (1562–1635) and **Calderón de la Barca** (1600–1681) were two of Spain's most outstanding playwrights.
La vida es sueño (*Life Is a Dream*) is Calderón's best-known play.

218

Preguntas

A. Corrija (*Correct*) estas frases según el diálogo.

1. Cuando se inventó el teatro, el cine perdió su popularidad.
2. Con la invención del cine, la tele comenzó a ser menos popular.
3. En el Teatro Lope de Vega dan una obra moderna de Calderón.
4. Los esposos no pudieron encontrar el número del teatro.
5. No quedaban entradas caras para la función de hoy.
6. Les avisó la señorita que tenían que recoger las entradas antes de las cinco de la tarde.
7. La señorita de la taquilla reservó cuatro entradas para la función del próximo (*next*) día.
8. Los padres de Jaime se divertían en el cine todas las noches.
9. Buscaron en la teleguía para ver si había un partido de fútbol.

B. Conteste estas preguntas personales.

1. ¿Ud. va mucho al cine? ¿Iba mucho cuando era niño/a? ¿Se acuerda de cuánto costaba? ¿Le parecía barato en aquel entonces (*back then*)? ¿Qué le parece ahora aquel precio?
2. ¿Cuánto cuesta ir al cine ahora? ¿Le parece barato o caro?
3. ¿Ud. mira mucho la televisión? ¿Cuál es su programa favorito? ¿Cuándo lo ponen (*is it shown*)?
4. De (*As a*) niño/a, ¿miraba Ud. el programa del «Capitán Canguro»? ¿Le gustaba mucho o poco? ¿Le gusta ahora?
5. ¿Le gustan los programas de detectives? En su opinión, ¿tienen demasiada violencia? ¿Hay más violencia en la tele ahora o había más cuando Ud. era niño/a? ¿Qué programas tienen mucha violencia ahora?

Estructura

Minidiálogo

MARCOS: ¿Qué estabas haciendo cuando te llamé esta tarde?
SARA: Estaba mirando un programa especial en el canal 6 sobre el teatro clásico de España.
MARCOS: ¿Ese canal todavía está presentando los programas que tratan de varios aspectos de la cultura española?
SARA: Sí. Y espero que sigan ofreciéndolos. Son muy informativos, ¿no crees?

1. *¿Qué estaba haciendo Sara?*
2. *¿Qué clase de programas está presentando todavía el canal 6?*
3. *¿Qué espera Sara? ¿Por qué?*

MARCOS: What were you doing when I called you this afternoon? SARA: I was watching a special program on channel 6 about the classical theater of Spain. MARCOS: Is that channel still presenting programs that deal with various aspects of Spanish culture? SARA: Yes. And I hope they continue offering them. They are very informative, don't you think?

50. The Past Progressive

The past progressive is usually formed with the imperfect of **estar** and a present participle: **estaba comprando** (*I was buying*), **estaban escribiendo** (*they were writing*). It is used to stress the fact that an action was in progress at a given moment in the past.

Estaba marcando el número.   *He was dialing the number.*
¿Estabas leyendo la teleguía?   *Were you reading the TV guide?*

The imperfect of **seguir** may be used with a present participle in the past progressive construction.

Salvador seguía durmiendo durante la   *Salvador kept on sleeping during the performance.*
  función.

Práctica

A. Change the italicized verbs in the following sentences from the imperfect to the past progressive, using **estar.**

1. José *miraba* la televisión.
2. Su esposa *leía* los anuncios.
3. Yo les *explicaba* la trama (*plot*) de la película.
4. Ellos *trataban* de (*were trying to*) conseguir entradas para la función.
5. ¿*Dormías* tú durante el concierto?
6. *Escuchábamos* la música de la orquesta.
7. Ella *colgaba* la ropa en el armario (*closet*).
8. Se *divertían* mucho.

B. Repeat Exercise A, changing the italicized verbs to the past progressive, using **seguir.**

C. A group of your friends came by your house last night to take you to the movies. Tell what various members of your family were doing when they arrived.

MODELO: mi madre / hacer un postre   →
          Cuando mis amigos llegaron, mi madre estaba haciendo un postre.

1. mi padre / beber café
2. mi hermana / hablar por teléfono
3. mi hermano mayor / leer la teleguía
4. mi hermano menor / dormir
5. mi primos / jugar con unos juguetes (*toys*)
6. yo / buscar una chaqueta
7. mis abuelos / mirar el canal 6

D. Ask a classmate what he or she was doing yesterday at 6:00 P.M. Follow the model, and add the names of the places where these things were happening.

MODELO: cenar →   —¿Qué hacías en casa ayer a las seis? ¿Cenabas?
—Sí, estaba cenando en casa.   *or:*   —No, no estaba cenando.

1. estudiar
2. escribir una carta
3. mirar una película
4. bailar
5. trabajar
6. divertirse con unos amigos
7. cocinar
8. tratar de descansar
9. vestirse para una cita (*date*)
10. pedirle dinero a tu padre

Minidiálogo

MARTA: ¿Qué hicieron Uds. anoche?
ELVIRA: Yo quería ir al teatro, pero Ricardo prefería que nos quedáramos en casa.
MARTA: ¿Para qué quería hacer eso?
ELVIRA: Quería que él y yo miráramos un programa nuevo en la tele sobre el cine mexicano.

1. ¿Qué quería hacer Elvira anoche?
2. ¿Qué prefería hacer Ricardo?
3. ¿Qué quería Ricardo?

51. The Imperfect Subjunctive of Regular Verbs

hablar		comer		vivir	
hablar**a**	hablár**amos**	comier**a**	comiér**amos**	vivier**a**	viviér**amos**
hablar**as**	hablar**ais**	comier**as**	comier**ais**	vivier**as**	vivier**ais**
hablar**a**	hablar**an**	comier**a**	comier**an**	vivier**a**	vivier**an**

MARTA: What did you do last night? ELVIRA: I wanted to go to the theater, but Ricardo preferred for us to (that we) stay home. MARTA: Why (For what reason) did he want to do that? ELVIRA: He wanted us to (that we) watch a new program on television about Mexican movies.

A. The imperfect subjunctive is the simple past tense of the subjunctive mood. It is formed by dropping the **-ron** ending of the third person plural of the preterite indicative and adding the following set of endings to **-ar, -er,** and **-ir** verbs: **-ra, -ras, -ra, -´ramos, -rais, -ran.*** Note the accented first-person plural form.

B. The imperfect subjunctive is used in dependent noun clauses when the main clause verb is in the preterite or imperfect indicative, and the same conditions that require the use of the present subjunctive exist—that is, the main verb expresses willing, emotion, doubt, or denial, or is an impersonal expression that expresses those concepts. In addition, there must be a change of subject between the main and dependent clauses.

Prefirieron que yo llamara a la taquilla.	*They preferred that I call the ticket office.*
Esperábamos que ellos no miraran ese canal.	*We hoped that they wouldn't watch that channel.*
Le pedí que recogiera las entradas.	*I asked him to pick up the tickets.*
Dudaban que ella escribiera el anuncio.	*They doubted that she wrote the advertisement.*

Note that the English equivalent of the dependent clause does not necessarily have a past tense. In Spanish, however, if a past tense is used in the main clause and the conditions for the use of the subjunctive exist, the imperfect subjunctive must be used in the dependent clause.

C. Ojalá que is always followed by the subjunctive, whether in the present or in the past.

Ojalá que él asista a la función.	*I hope he will attend the performance.*
Ojalá que él asistiera a la función.	*I hope that he attended the performance.*

Práctica

A. Substitute the new subjects and make other necessary changes.

1. Ella quería *que yo* la acompañara al teatro.
   (que él, que nosotros, que tú)
2. Su esposo pidió *que ella* describiera la trama.
   (que ellos, que yo, que vosotros)
3. Fue necesario *que nosotros* reserváramos cinco butacas.
   (que Uds., que mis amigos, que Tomás)
4. Sentimos *que ellos* perdieran sus entradas.
   (que mi hermano, que tú, que Uds.)

---

*An alternate set of endings is also used: **-se, -ses, -se, -´semos, -seis, -sen.** The two sets of endings are interchangeable in most cases. However, the **-ra** endings are more commonly used in Latin America, and will be used in this text.

B. Create new sentences by combining the sentences with the independent clause and making other necessary changes. Follow the model.

MODELO: La madre mandó que...
No miraron ese programa. →
La madre mandó que no miraran ese programa.

1. Marcos quería que...
Asistimos al teatro anoche.
Compraste una teleguía en el mercado.
Llamé a la taquilla esta tarde.
Ud. escogió un programa del canal 4.
Le describieron la obra a Cecilia.
2. Sus padres mandaron que...
Se quedaron en casa esta noche.
No miré mucho la televisión la semana pasada.
Mi hermano asistió a la función con nosotros.
Reservamos ocho entradas.
Escuchaste los anuncios con cuidado.

C. Change the verbs in the following sentences from the present tense to the past. Use the imperfect tense in the independent clause of the first three sentences, and the preterite in the last three. Follow the model.

MODELO: Espero que a ellos les guste la película. →
Esperaba que a ellos les gustara la película.

1. Siento que mis padres no vivan más cerca del centro.
2. Es una lástima que Paco no venga con nosotros.
3. Esperamos que te acostumbres a escuchar música clásica.
4. El director les pide que representen la obra este año.
5. Permiten que entremos en el teatro temprano.
6. Manda que yo participe en el próximo programa.

D. Careful planning usually pays off. Describe what your friend Jorge wanted each person to do in order to have a perfect evening last night.

MODELO: Jaime / llamar a la taquilla →
Jorge quería que Jaime llamara a la taquilla.

1. Alberto / reservar seis butacas
2. Juana y yo / pasar por el teatro
3. Juana / recoger las entradas
4. yo / pagarlas
5. nosotros / salir temprano para el teatro
6. nosotros / llegar al teatro a las ocho
7. Susana y Alicia / preparar una cena ligera después de la función
8. nosotros / hablar de la obra durante la cena

E. Tell what your parents told you to do and not to do when you left for college this year. Follow the model.

MODELO: gastar mucho dinero   →   Mis padres me dijeron que no gastara mucho dinero.

1. estudiar mucho
2. ir a muchas películas
3. escribirles de vez en cuando
4. mirar mucho la televisión
5. salir con muchos chicos/muchas chicas
6. beber mucho vino y mucha cerveza
7. avisarles de los problemas académicos
8. quedarse en la residencia (*dorm*) todas las noches
9. comer bien
10. fumar mucho
11. respetar a los profesores
12. terminar todas las tareas a tiempo
13. pagar todas las cuentas

F. Answer the questions that a friend might ask you when you return from college.

MODELO: ¿Era necesario que te acostumbraras a un horario diferente?   →
          Sí, era necesario que me acostumbrara a un horario diferente.   *or:*
          No, no era necesario que me acostumbrara a un horario diferente.

1. ¿Era necesario que aprendieras un idioma extranjero para poder entrar en la universidad?
2. ¿Era necesario que compraras muchos libros para las clases?
3. ¿Era necesario que estudiaras mucho?
4. ¿Era importante que asistieras a los partidos de fútbol? ¿a las funciones teatrales? ¿a los conciertos? ¿a las conferencias (*lectures*)?
5. ¿Era posible que volvieras a casa con frecuencia?
6. ¿Era necesario que sacaras buenas notas para quedarte allí?
7. ¿Era necesario que pasaras mucho tiempo en la biblioteca?

G. What did your friend prefer that the two of you do last night?

MODELO: ¿estudiar o mirar la televisión?   →
          Mi amigo/a prefería que estudiáramos.

1. ¿comer en la cafetería o beber en un bar?
2. ¿bailar o cantar?
3. ¿ir al teatro o al cine?
4. ¿comprar una teleguía o un periódico?
5. ¿quedarse en casa o salir con unos amigos?
6. ¿mirar el canal 6 o el canal 4?
7. ¿escuchar la música «rock» o tocar la guitarra?
8. ¿hablar inglés o español?

¿Cómo se dice?

● *Pedir* versus *preguntar*

There are two ways of saying *to ask* in Spanish. The verb **preguntar** means *to ask* (a question); **pedir** means *to ask for* something, *to request* (that), and often *to order* (as in a restaurant).

Ellos preguntan cuánto cuestan las entradas.	*They are asking how much the tickets cost.*
Beto siempre pide consejos.	*Beto always asks for advice.*
Le pido a mi amigo que me acompañe.	*I ask my friend to (request that my friend) accompany me.*

A. Tell what you order in the following places. Use the phrases below, or any others you can think of.

En un restaurante elegante pido…
En McDonald's siempre pido…

una hamburguesa	una Coca-Cola	un flan	un *sandwich* de pescado
un vino de Francia	un helado	un pan dulce	?
unos mariscos	unas papas fritas	un bistec	

B. Tell what the following people usually ask about. Use the phrases below, or any other appropriate ones.

En la clase, los estudiantes siempre preguntan…
Los niños siempre preguntan…

si Santa Claus existe	por qué hay tanta tarea
cuándo es el examen	de dónde vienen los bebés
cuándo son las vacaciones	cuándo vamos a saber las notas
dónde están los juguetes (*toys*)	?

C. Complete the following sentences with the correct present indicative form of **pedir** or **preguntar.**

1. Yo siempre _____ vino con la cena.
2. Sonia _____ el número de la taquilla.
3. Ellos _____ a la señorita si hay entradas para esa función.
4. Tú siempre _____ butacas baratas.
5. El empresario (*manager*) _____ a los actores si quieren representar esta obra.
6. Los estudiantes _____ por qué no es un éxito (*success*) esa película.
7. El Sr. Díaz _____ si ellos entienden el origen del cine.
8. Nosotros _____ que ellos miren el canal 9.
9. Las mujeres _____ que él reserve diez entradas para el concierto.
10. La señora nos _____ si tenemos una teleguía.

Vocabulario

VERBOS

acostumbrarse (a)   *to be (become) accustomed (to)*
avisar   *to inform; to warn*
colgar (ue)   *to hang (up)*
marcar   *to dial*
representar   *to perform (a role); to represent*
reservar   *to reserve*

ADJETIVOS

barato   *inexpensive*
próximo   *next*

SUSTANTIVOS

el **anuncio**   *advertisement*
la **butaca**   *seat (in a theater)*
el **canal**   *channel*
el **cine**   *movies; movie theater*
el **éxito**   *success*
la **función**   *performance*
la **obra**   *work*
la **película**   *film, movie*
el **peso**   *monetary unit*
el **programa**   *program*
la **taquilla**   *ticket office, ticket window*
la **teleguía**   *TV guide*
la **trama**   *plot (of a play or novel)*

OTRAS PALABRAS Y EXPRESIONES

tal vez   *maybe, perhaps*
tratar de + inf.   *to try to (do something)*

Lope de Vega

El teatro es una expresión de la vida de un pueblo y es tan variado como la vida misma. Un drama puede ser cómico o puede explorar los aspectos serios o trágicos de la vida.

El teatro español de la Edad Media (*Middle Ages*) era esencialmente religioso. En esa época se representaban en las iglesias dramas breves que trataban de temas bíblicos. El pueblo asistía a esos dramas (que se llamaban «autos»), en que se presentaban episodios de la Biblia como el nacimiento (*birth*) de Jesús, por ejemplo.

Durante el Renacimiento (*Renaissance*) los dramaturgos desarrollaban también temas profanos (*nonreligious*), y en los siglos XVI y XVII ya había en España un verdadero teatro nacional. Es la época de los grandes dramaturgos, como Calderón de la Barca, autor de extraordinarios dramas religiosos, y Lope de Vega, autor de más de (*than*) mil comedias (*plays*) que reflejan casi todos los aspectos de la vida española.

¿Cómo era el teatro español de la Edad Media? ¿Dónde se presentaban los autos? ¿De qué trataban? ¿Cuándo vivieron Calderón de la Barca y Lope de Vega?

¿De qué trataban sus obras? ¿Hay teatros en el lugar donde Ud. vive? ¿Qué tipo de teatro le gusta más a Ud.?

En la América precolombina (*before Columbus*) también existía un teatro popular que incluía breves representaciones cómicas y obras dramáticas relacionadas (*related*) con la historia o con los ritos religiosos. El padre Diego Durán (que murió en 1588) describió varios bailes aztecas que tenían muchos elementos dramáticos, como el uso del diálogo, la pantomima y las canciones. Según Durán, había bailes cómicos y otros que trataban de ritos religiosos y que incluían personajes que se vestían de (*as*) dioses (*gods*) y de animales.

Los primeros frailes que acompañaron a los conquistadores en el siglo XVI usaban el teatro como medio (*means*) para transmitir a los indios los preceptos de la religión católica. Presentaban autos con bailes y canciones además del diálogo. Era un teatro bilingüe y se presentaba al aire libre.

¿Cómo eran las representaciones teatrales precolombinas? ¿Qué elementos dramáticos tenían los bailes aztecas? ¿Pidieron los frailes que no se mezclaran (*mix*) bailes y diálogos en los autos? ¿Creían los frailes que en un drama o auto sólo se debía hablar español?

EL TEATRO CAMPESINO in

LA CARPA de los RASQUACHIS

El mismo tipo de teatro que desarrollaron los frailes de la época colonial se presenta hoy día en muchos lugares del Suroeste de los Estados Unidos. Varios grupos teatrales continúan la tradición del teatro popular tradicional, pero los temas son contemporáneos: los ideales y las esperanzas (*hopes*) del chicano y también sus problemas, como la discriminación, la pobreza y la desilusión.

Uno de los autores que más hace por crear un teatro que continúe la tradición del teatro de los indios y de los españoles en la actualidad (*currently*) es Luis Valdez, fundador (*founder*) del Teatro Campesino. En sus representaciones se utiliza el baile y la canción, además de la pantomima y el diálogo; se usa una combinación de inglés y español; y se presentan los actos al aire libre.

El Teatro Campesino se creó para enseñar y organizar a los campesinos pobres de California y para apoyar (*to support*) la huelga contra los viñadores (*grape growers*). Era un teatro de improvisación: los campesinos mismos improvisaban escenas de la huelga. Se usaba el humor y la sátira al tratar los problemas del campesino. Aunque el Teatro Campesino empezó en California, los actores viajaron después por todo el país, ofreciéndose como modelo para otros grupos teatrales que se formaron más tarde para transmitir mensajes políticos al público.

Estructura

Minidiálogo

ARTURO: Me alegraba de que Alan fuera al cine con nosotros anoche.

ELENA: Sí, pero no creía que él pudiera entender la trama. Él no entiende bien el español.

ARTURO: Pues, a veces él pedía que yo le tradujera algunas palabras. Pero fue importante que él tuviera esa experiencia si quiere conocer el cine hispánico.

1. *¿De qué se alegraba Arturo?*
2. *¿Qué creía Elena? ¿Por qué?*
3. *¿Qué le pedía Alan a Arturo a veces?*
4. *Según Arturo, ¿por qué fue importante que Alan tuviera esa experiencia?*

52. The Imperfect Subjunctive of Irregular Verbs

Irregular verbs use the same imperfect subjunctive endings as regular verbs, and their stems are also formed by dropping the **-ron** endings of the third person plural of the preterite indicative.

andar:	anduvie~~ron~~	→	**anduviera**	querer:	quisie~~ron~~	→	**quisiera**
dar:	die~~ron~~	→	**diera**	saber:	supie~~ron~~	→	**supiera**
decir:	dije~~ron~~	→	**dijera**	ser:	fue~~ron~~	→	**fuera**
estar:	estuvie~~ron~~	→	**estuviera**	tener:	tuvie~~ron~~	→	**tuviera**
hacer:	hicie~~ron~~	→	**hiciera**	traducir:	traduje~~ron~~	→	**tradujera**
ir:	fue~~ron~~	→	**fuera**	traer:	traje~~ron~~	→	**trajera**
poder:	pudie~~ron~~	→	**pudiera**	venir:	vinie~~ron~~	→	**viniera**
poner:	pusie~~ron~~	→	**pusiera**				

ARTURO: I was happy that Alan went to the show with us last night. ELENA: Yes, but I didn't think that he would be able to understand the plot. He doesn't understand Spanish well. ARTURO: Well, at times he asked me to translate some words for him. But it was important for him to have (that he had) that experience if he wants to be knowledgeable about Hispanic cinema.

Yo esperaba que él pudiera entender el tema.   *I hoped he could understand the theme.*
Ellos me pidieron que tradujera el drama.   *They asked me to translate the play.*

The imperfect subjunctive of **hay** (**haber**) is **hubiera.**

Práctica

A. Substitute the new subjects and make other necessary changes.

   1. Ellos esperaban *que tú* pudieras ver el drama.
      (que yo, que nosotros, que Uds.)
   2. Él prefería *que yo* viniera directamente al teatro.
      (que sus amigos, que Ud., que vosotros)
   3. La señora mandó *que él* fuera a la taquilla por las entradas.
      (que tú, que Mateo y yo, que ellos)

B. Create new sentences by combining the sentences with the independent clause and making other necessary changes. Follow the model.

   MODELO: Juan dudaba que...
              El fraile lo hizo.   →   Juan dudaba que el fraile lo hiciera.

   1. El hombre no creía que...
      Había una huelga de actores.
      El dramaturgo podía escribir una obra tan compleja (*complex*).
      La actriz estaba enferma.
      Los campesinos fueron al cine.
   2. La gente esperaba que...
      El drama nuevo era mejor.
      La película tenía un mensaje importante.
      Los actores vinieron a la fiesta.
      Yo creaba una obra perfecta.

C. Change the verbs in the following sentences from the present tense to the past.

   MODELO: Espero que ellos vayan al centro.   →
              Esperaba que ellos fueran al centro.

   1. Nos alegramos de que Ud. pueda venir.
   2. Espero que la campesina no tenga muchos problemas.
   3. Ellos sienten que el padre no esté bien.
   4. No creo que la señora sepa el título de la película.
   5. Arturo pide que no vayamos a ver el drama.
   6. Es probable que Alicia quiera ir con nosotros.
   7. Ella no permite que vengan tan tarde.
   8. No es cierto que el señor Pidal sea un buen dramaturgo.

D. Ask a classmate about some of the things he or she may have hoped for in the past. Follow the model.

MODELO: no haber exámenes en esta clase   →
              ¿Esperabas que no hubiera exámenes en esta clase?

1. no ser necesario estudiar durante los fines de semana
2. Sergio / poder ir con nosotros al cine
3. el/la profesor(a) darnos las respuestas de los ejercicios
4. yo/traducirte todas las frases de la lección
5. el Teatro Campesino venir para representar un drama
6. tus amigos / querer ir a un concierto
7. tus padres / mandarte más dinero
8. alguien / traerte más información sobre el Teatro Campesino

E. You have been visiting a friend in Mexico City who is a real **aficionado** of the theater. Tell some of the things that happened while you were there by completing each of the following sentences.

1. Mi amigo quería que yo _____ al teatro con él.   (ir)
2. Se alegraba de que yo _____ asistir a una función.   (querer)
3. Era interesante que _____ un teatro experimental.   (haber)
4. Según mi amigo, era importante que los dramaturgos jóvenes _____ esta oportunidad de representar sus dramas.   (tener)
5. Mi amigo sentía que yo no _____ pasar más días en la capital.   (poder)
6. Él quería que _____ la oportunidad de ver muchos dramas.   (yo: tener)
7. Me alegraba de que el teatro experimental _____ cerca de su casa.   (estar)
8. Por eso, yo prefería que _____ andando al teatro.   (nosotros: ir)
9. Le pedí que me _____ el nombre del primer drama que íbamos a ver.   (decir)
10. Pero era imposible que él _____ el título porque era un drama experimental... ¡sin título!   (decir)

F. Tell some of the things that you wanted a friend to do for you last week. Use your imagination. Follow the model.

MODELO: darme...   →   Yo quería que mi amigo/a *me diera buenos consejos*.

Yo quería que mi amigo/a...
1. traerme...   4. traducirme...
2. hacerme...   5. ir...
3. decirme...   6. poner...

53. Prepositions

A. The most commonly used Spanish prepositions are included in the following list. You have already learned almost all of them. Most of them have the same meaning and usage in Spanish and in English.

a	to; at	entre	between, among
ante	before; in the face of	hacia	toward
con	with	hasta	until, as far as; even
contra	against	para*	for; in order to
de	of; from	por*	for; through; by; along
desde	from; since	según	according to
durante	during	sin	without
en	in; on; upon; at	sobre	on; over; about

Vimos el teatro desde el techo.
Hablamos durante la función.
Caminaron hacia la casa.
Estudiaron hasta las once.

We saw the theater from the roof.
We talked during the performance.
They walked toward the house.
They studied until eleven.

B. Some Spanish prepositions are composed of more than one word. Such compound prepositions also have the same meaning and usage as their English equivalents. Here are some of the most common ones. You already know some of them.

a causa de	because of	dentro de	inside
a pesar de	in spite of	después de	after (time, order)
además de	besides, in addition to	detrás de	behind; after (location)
al lado de	beside, alongside of	en vez de	instead of
alrededor de	around	encima de	on top of
antes de	before (time)	enfrente de	in front of
cerca de	near	fuera de	outside; away from
debajo de	under	junto a	next to
delante de	in front of, before (location)	lejos de	far from

Ella no podía salir a causa del tiempo.
Alrededor de la plaza había muchos cafés.
Ellos decidieron ir al teatro en vez de ir al cine.

Su casa estaba lejos del centro.

She couldn't go out because of the weather.
Around the plaza there were many cafés.
They decided to go to the theater
instead of going to the movies.
Their house was far from downtown.

C. After a preposition—simple or compound—the prepositional object pronouns must be used: **mí, ti, él/ella/Ud., nosotros/as, vosotros/as, ellos/ellas/Uds.** After **entre**, however, the subject pronouns are used.

Entre tú y yo, no puedo acostumbrarme a sus
  costumbres.

Between you and me, I can't get used
to his habits.

When **con** is used with **mí** and **ti,** the contractions **conmigo** and **contigo** are formed.

¿Vienes conmigo?
No, no quiero ir contigo.

Are you coming with me?
No, I don't want to go with you.

---

*The **¿Cómo se dice?** sections in Units 10 and 11 focus on the uses of **por** and **para**.

Práctica

A. Complete the following sentences with an appropriate one-word preposition. Several prepositions may be used in most items.

1. Querían ir _____ ese teatro.
2. Los campesinos hablaron _____ la huelga.
3. Había un cine _____ el centro, ¿no?
4. _____ los actores, había uno de Chile.
5. El hombre caminó _____ la taquilla.
6. ¿_____ dónde es el fraile?
7. Viajaron _____ el país.
8. ¿Se podía ver las butacas _____ la puerta?
9. _____ el señor García, la obra teatral era muy buena.
10. Todos bailaron _____ la fiesta.
11. Ella no podía salir _____ su hermana.
12. La vimos _____ el parque.
13. No querían hablar _____ el drama.
14. _____ crear una buena obra, tienes que desarrollar bien la trama.

B. Complete the following sentences with compound prepositions, according to the cues in parentheses.

1. _____ el teatro había mucha gente.   (*Inside; Beside*)
2. Él tenía que estudiar _____ mirar la televisión.   (*in addition to; instead of*)
3. Había mucha gente _____ la taquilla.   (*alongside of; in front of*)
4. _____ ver el drama, ellos cenaron.   (*After; Before*)
5. Ellos querían ir _____ la hora.   (*in spite of; because of*)
6. Mis amigos quieren jugar _____ practicar.   (*instead of; after*)
7. ¿Había muchos parques _____ la universidad?   (*around; next to*)
8. _____ el teatro, había un restaurante elegante.   (*Behind; In front of*)
9. El periódico está _____ la teleguía.   (*on top of; under*)
10. El teatro está _____ la universidad.   (*near; far from*)
11. Tienen que quedarse _____ la ciudad.   (*outside; near*)
12. Las entradas están _____ la mesa.   (*under; on top of*)
13. ¿Sabes si _____ la taquilla hay una pastelería?   (*next to; close to*)

C. Express in Spanish the following conversation that you had with a friend last night.

1. Between you and me, we have a lot of money left.
2. Why don't we go to the movies?
3. Do you want to go with me?
4. Yes, in spite of everything I want to see the movie with you.
5. Is there a theater nearby?
6. Yes, there is one in back of that building, and there's another one next to the post office. You can see it from the park.

7. Let's go to the one (**al que**) that is not far from here.
8. Inside the theater, let's not sit close to the screen (**pantalla**).
9. And please don't talk to me during the film.
10. We don't have to talk about the plot until later.

D. Last summer you and other members of a theatrical group from your university were part of a cultural exchange program to Mexico. Describe what you did and saw there by completing the following paragraph with the Spanish equivalents of the prepositions given in parentheses.

Viajamos (1) _____ (*from*) Nueva York (2) _____ (*as far as*) la capital (3) _____ (*of*) México (4) _____ (*by*) avión. La Ciudad de México estaba (5) _____ (*in*) un valle. Había muchas montañas (6) _____ (*around*) la ciudad. El aeropuerto estaba (7) _____ (*outside*) la capital. Tuvimos que tomar un taxi (8) _____ (*to*) nuestro hotel, que estaba (9) _____ (*inside*) la Zona Rosa, un barrio muy elegante. (10) _____ (*In front of*) el hotel había una iglesia pequeña. (11) _____ (*Behind*) la iglesia había un parque. El hotel estaba (12) _____ (*near*) el Paseo de la Reforma, pero estaba (13) _____ (*far from*) El Zócalo, que es el centro antiguo de la capital. Visitamos la Catedral Nacional y también las ruinas del Templo Mayor de los aztecas que estaba (14) _____ (*next to*) unos edificios coloniales. Los arqueólogos descubrieron (*discovered*) las ruinas (15) _____ (*under*) uno de estos edificios. (16) _____ (*Because of*) la falta de tiempo, no pudimos visitar todos los lugares históricos. (17) _____ (*In spite of*) eso y del tráfico tan horrible, nos divertimos mucho.

54. The Infinitive Used with Prepositions

A. When a verb form is required after a preposition, the infinitive is always used in Spanish. In this construction, the English equivalent of the infinitive generally ends in -*ing*.

Después de cenar, fuimos al teatro.   *After eating dinner, we went to the theater.*
Ella miró el drama sin decir una palabra.   *She watched the play without saying a word.*

B. The contraction **al** + *infinitive* means *on* or *upon* doing something.

Al entrar en el cine, se sentaron.   *Upon entering the movie theater, they sat down.*
Al llegar a casa, me acosté.   *Upon arriving home, I went to bed.*

Práctica

Express in Spanish the words in parentheses.

1. Los actores entraron _____ _____ a los aficionados.   (*without seeing*)
2. _____ del teatro caminaron hacia el parque.   (*upon leaving*)
3. _____ las entradas, él me pidió dinero.   (*before paying for*)
4. Ellos no podían dormir _____ la película.   (*after watching*)

5. _____ mucho, no entendía la trama de la obra.   (*in spite of studying*)
6. Ellos querían charlar _____ la música.   (*instead of listening to*)
7. _____ nos avisaron del cambio en el horario.   (*upon arriving*)
8. Vivieron tres años en el país _____ a la nueva vida.   (*without becoming accustomed*)

Repaso

A. Your dormitory is always full of activity. Indicate some of the things that were happening last night when you left for the theater. Follow the model.

MODELO: Sonia y Jaime / mirar la televisión   →
          Sonia y Jaime estaban mirando la televisión.

1. unos estudiantes / charlar
2. mi compañero de cuarto / vestirse
3. Ana y Marta / recoger la ropa
4. tú / leer los anuncios
5. Reinaldo / traducir una obra teatral
6. Carlos / buscar una novela breve para leer
7. un grupo de chicas / hacer su tarea
8. otros estudiantes / beber Coca-Cola y charlar
9. Laura / servirles pan dulce a sus amigas
10. Enrique / dormir en una silla
11. Un hombre / lavar las ventanas (*windows*)
12. Luis / ponerse el abrigo

B. Your cousins wanted you and your sister to go with them last night to a performance of a play written by a famous Spanish playwright. Describe what happened by completing the paragraph below with the imperfect subjunctive of the verbs in parentheses.

Mis primos querían que mi hermana y yo (1) _____ (*ir*) al teatro con ellos anoche. Mi madre le dijo a mi hermana que (2) _____ (*terminar*) la tarea antes de salir. Mi hermana se alegraba de que no (3) _____ (*haber*) muchos ejercicios. Les dije a mis primos que (4) _____ (*pasar*) por mi casa a las siete y media. Yo esperaba que (5) _____ (*nosotros: estar*) listos (*ready*) para esa hora. Después de vestirme, le pedí a mi padre que me (6) _____ (*prestar*) dinero para comprar las entradas y los refrescos (*cold drinks*). El prefería que yo (7) _____ (*pagar*) con mi propio dinero. Era posible que yo no (8) _____ (*tener*) suficiente dinero, pero no le dije nada. Esperaba que mi hermana me (9) _____ (*dar*) el dinero que le dieron a ella el día de su cumpleaños.

Una hora después, yo dudaba que mi hermana (10) _____ (*poder*) terminar la lección. Fui a su cuarto para hablar con ella. Al verme, ella me pidió que la (11) _____ (*ayudar*). Terminamos todos los ejercicios a las siete y cuarto. Mis primos llegaron a las siete y media en punto. Mi madre les dijo que (12) _____ (*entrar*). Mi padre quería que mi madre les (13) _____ (*hacer*) café, pero ellos querían que (14) _____ (*nosotros: salir*) pronto para llegar a tiempo. Era necesario que (15) _____ (*nosotros: recoger*) las entradas en la taquilla a las nueve menos cuarto. Mi padre me pidió que (16) _____ (*acompañar*) a mi hermana a casa después de la función. No era necesario que él me (17) _____ (*decir*) eso, porque siempre cuido bien a mi hermana.

C. Express in Spanish.

1. They wanted us to watch a program about Spanish theater before going to bed.
2. He asked us to say the title of the play.
3. She told me to be in front of the theater at 8:00 on the dot.
4. I doubted that the television guide was on top of the television set.
5. Instead of going to the concert, he wanted us to go to the movies.
6. She asked me to pick up the tickets for them last night.
7. It was possible that the priest was walking toward the church when he heard the music.
8. After getting up, I got dressed, ate supper, and went downtown.

Intercambios

A. María siempre dejaba sus cosas en los lugares más raros (*strangest*) y por eso no las podía encontrar cuando las necesitaba. Siga el modelo para describir sus acciones. Use una palabra de cada columna.

MODELO: dejar / los libros / encima de →
         María siempre dejaba sus libros encima de su automóvil.

VERBOS	COSAS	PREPOSICIONES
poner	el bebé	debajo de
dejar	el dinero	encima de
abandonar	el suéter	dentro de
	el automóvil	enfrente de
	la bicicleta	detrás de
	el esposo	delante de
		al lado de
		en

B. Lea Ud. los siguientes anuncios de cine que vienen del periódico mexicano *Excelsior*.

¿Cuántos de los títulos en español entiende Ud.? (Las traducciones aparecen abajo.) ¿Cuáles de estas películas vio Ud.? ¿Cuál le interesó más? ¿Por qué?

C. Ahora invite Ud. a un compañero (una compañera) de clase a acompañarlo/la a una de estas películas. Dígale la información siguiente. Invente los detalles que necesite.

1. ¿En qué teatro la ponen?
2. ¿Cuánto cuesta la entrada?
3. ¿Quiénes pueden verla? (niños, adultos, etcétera)
4. ¿Quiénes trabajan (*appear*) en ella?

5. ¿A qué hora quiere ir Ud.?
6. ¿De qué se trata la película?
7. ¿Por qué quiere Ud. verla?

D. Hágale unas preguntas sobre las películas a un compañero (una compañera) de clase. Use las palabras y frases siguientes como guía.

1. ¿Cuándo viste _____?
2. ¿A qué hora empezó _____?
3. ¿Te gustó _____? ¿Por qué sí o por qué no?
4. ¿Qué actor/actriz trabajaba en _____?
5. ¿Cuánto costaron _____?
6. ¿En qué teatro viste _____?

RESPUESTAS: *To Begin Again, Altered States, Unfaithfully Yours, Coming Home.*

Vocabulario

VERBOS

crear   *to create*
desarrollar   *to develop*
tratar (de)   *to deal (with)*

ADJETIVOS

breve   *brief*
cómico   *comic, amusing*
mismo   *myself, yourself, itself, etc.*
teatral   *theatrical*
verdadero   *true*

SUSTANTIVOS

el/la **campesino/a**   *farmworker*
la **conferencia**   *lecture*
el **drama**   *drama, play*
el/la **dramaturgo/a**   *playwright*
la **época**   *era, epoch*
el **fraile**   *friar; priest; cleric*
la **huelga**   *strike*
el **mensaje**   *message*
el **padre**   *father, priest*
el **parque**   *park*
el **personaje**   *character (in a work of literature)*
la **pobreza**   *poverty*
el **pueblo**   *people; townsfolk*
la **respuesta**   *response, answer*
el **siglo**   *century*
el **tema**   *theme*
el **título**   *title*

PREPOSICIONES

a causa de   *because of*
a pesar de   *in spite of*
al lado de   *beside, alongside of*
alrededor de   *around*
contra   *against*
debajo de   *under*
delante de   *in front of, before*
dentro de   *inside*
detrás de   *behind; after*
encima de   *on top of*
enfrente de   *in front of*
junto a   *next to*
lejos de   *far from*
por   *for; through; by; along*
sobre   *on; over*

Cosas raras de nuestro mundo

ESE SUCIO (*DIRTY*) DINERO...

Bueno, después de todo parece que eso de la suciedad (*dirtiness*) del dinero es un mito. Un microbiólogo de una universidad de los Estados Unidos se tomó el trabajo, microscopio en mano, de contar los microbios y bacterias existentes en el dinero. Descubrió que en un billete (*bill*) de un dólar hay un promedio (*average*) de 8.600 organismos vivos, de cada lado del billete. Son muchos, pero menos de los que habitualmente pululan (es decir, se reproducen muy rápidamente) en un tenedor, una cuchara o un cuchillo de restaurante. Horrible, ¿no? También descubrió que en una moneda de un centavo (*cent*) o de diez centavos de dólar (el tamaño es similar) hay solamente 63 organismos por cara; en una moneda de cinco centavos, 1.050 organismos; en una moneda de veinticinco centavos, 1.430 organismos y en una moneda de medio dólar, sólo 268 organismos. Esto seguramente porque las monedas de medio dólar circulan muy poco. Total, eso del dinero sucio es un mito. Se transmiten más microbios con un beso (*kiss*) que con tocar los billetes. Claro que el problema es que, con la inflación, uno no hace más que besar (*kiss*) su dinero diciéndole adiós...

Guía del espectador

PARA ESTA SEMANA

Danza:

El Ballet Folklórico de México, de Amalia Hernández, ofrece dos funciones diarias en el Teatro de Bellas Artes a las 19 y a las 21 horas.

Música:

El Grupo Alegría presenta canciones y danzas de la República de Bielorrusia (Rusia). Cuerpo de ballet, conjunto musical y cantantes solistas.

Sala Miguel Covarrubias (Centro Cultural Universitario). Jueves 16/20,30 h. Entradas $16,00 y $120,00.

Teatro:

El Teatro Estudiantil presenta su espectáculo infantil, *Los viajes de Simbad*, a las 13 horas todos los días en el Jardín Hidalgo, Coyoacán.

En el Foro Gandhi, que está en Miguel Ángel de Quevedo 128, Coyoacán, se presenta *Nada de nada* de Germán Dehesa. Funciones sábado y domingo a las 20 horas; martes y jueves a las 18 horas.

En el Centro Cultural Ignacio Ramírez, Av. San Fernando No. 47, se presenta *Impresiones*, un espectáculo de Renato de la Riva, «Teatro de energía». A las 15 horas.

EXPOSICIONES:

Últimos días para ver «La pintura (*painting*) de los Estados Unidos», interesante colección de noventa cuadros (*paintings*) de los cinco museos más importantes de la ciudad de Washington. En el Museo del Palacio de Bellas Artes (*Fine Arts*), diario, de las 11 a las 19 horas.

Inauguración. Domingo 19. «Reminiscencias de la comida prehispánica». Cincuenta y cuatro fotografías a color de Michel Zabé, con textos que explican la comida prehispánica que aún (*still*) se come hoy día. Galería Juan O'Gorman. Visitas de lunes a domingo, de las 9 a las 21 h.

Cosas raras de nuestro mundo (*continúa*)

Un peluquero (*barber*) de la ciudad de Treves, Alemania Federal, aplica un curioso método para evitar (*avoid*) la calvicie. Eric Schmidt descubrió un día, de manera circunstancial, que si una vaca (*cow*) le pasa la lengua (*tongue*) a

la cabeza de un calvo (*bald man*), muy pronto el cabello (*hair*) renace (*grows again*) como por arte de magia (*magic*). Tuvo la mejor experiencia en la cabeza de un agricultor inglés, quien se dejaba lamer (*be licked*) regularmente el cráneo por una robusta vaca alemana. Y los resultados fueron satisfactorios. Un dermatólogo alemán, Norbert Golnik, dijo que eso era posible, porque «la saliva de estos rumiantes es muy rica en bacterias y sustancias químicas como fosfatos y potasio. La combinación de estos elementos y el masaje (*massage*) de la lengua puede provocar el rebrote (*sprouting*) del cabello». Con estas explicaciones, la idea seguramente no parece tan descabellada (*illogical*).

Y ahora, ¿qué dice Ud. de…

- el dinero?   ¿Hay más microbios y bacterias en el dinero o en los cuchillos, tenedores y cucharas de un restaurante? ¿Cree Ud. que son muy higiénicos los teléfonos públicos? ¿Cuál de las monedas de los Estados Unidos circula menos?

- la guía?   *Música.*   ¿A qué hora se presenta la última función del Ballet Folklórico? ¿Qué clase de espectáculo presenta el Grupo Alegría?
    Teatro.   ¿Qué grupo va a presentar *Los viajes de Simbad*? ¿Para qué clase de público es? ¿Cuántas veces al día se presenta *Nada de nada*? ¿Qué clase de obra cree Ud. que sea *Impresiones*?
    Exposiciones.   ¿Se va a quedar mucho tiempo en el Palacio de Bellas Artes «La pintura de los Estados Unidos»? ¿Qué días de la semana se puede visitar la exposición sobre comida prehispánica?

• la calvicie?   ¿Por qué renace el cabello cuando una vaca le pasa la lengua por la cabeza a un calvo? ¿Tiene Ud. miedo de perder el pelo? ¿Cree Ud. que el masaje de la lengua de una vaca de verdad pueda provocar el rebrote del cabello? ¿Conoce Ud. a algún calvo famoso de la historia? ¿No sabía Ud. que Leonardo da Vinci (1452–1519), Isabel I de Inglaterra (1553–1603), William Shakespeare (1564–1616) y Charles Darwin (1809–1882) eran, entre muchos otros, calvos?

• los anuncios?   • ¿Cuáles son algunos de los servicios que se ofrecen en el Bogotá Hilton?
                     • ¿Dónde se puede comprar joyas? ¿artículos de varias clases? ¿discos?
                     • ¿Adónde se debe ir para oír música de cuerda? ¿Dixieland? • De las películas, ¿cuáles tratan de las drogas?

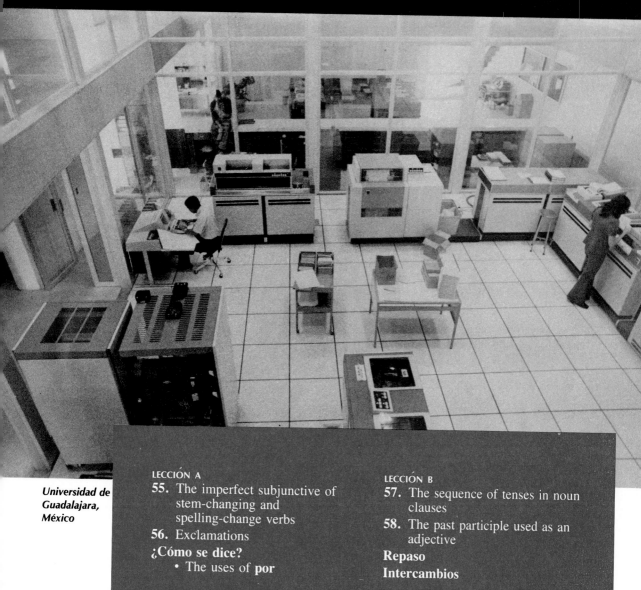

ı moderna

Universidad de Guadalajara, México

In this unit you will learn vocabulary and expressions that will enable you to talk about modern technology and express how you feel about it. You will also learn about aspects of technology in the Hispanic world.

Hay muchas opiniones sobre la tecnología moderna. Algunos piensan que la tecnología promete un futuro de color de rosa°; otros se quejan de los peligros serios y prefieren no avanzar o avanzar muy lentamente. Casi todos creen que debemos tener mucho cuidado cuando descubrimos cosas desconocidas hasta ahora. Aquí tenemos algunas respuestas a la pregunta: ¿Cuál es su opinión sobre la tecnología moderna?

color... *rose-colored*

UN MÉDICO: Creo que la tecnología promete mucho. Van a descubrir tratamientos cada vez más eficaces para aliviar las enfermedades del ser humano. Eliminar el sufrimiento y mejorar la salud me parecen buenas metas. El otro día estaba pensando en las enfermedades que en muchas partes del mundo casi ya no sufrimos: la malaria, la viruela,° la polio... A causa de la medicina moderna, vivimos muchos años más que antes. Tengo confianza en nuestra capacidad para controlar la tecnología.

smallpox

UN HOMBRE: Me preocupa mucho la rapidez con la que° suceden° los descubrimientos nuevos. Deberíamos° parar a pensar con más frecuencia. Por ejemplo, ¿es positivo estar sometido al bombardeo informativo° que hay en la vida moderna? A veces es difícil sentirse en control de la propia vida. Tenemos que entender que recibir información no es comunicarse. Según lo que estaba diciendo un periodista ayer, pronto vamos a poder tener acceso a miles de bancos de datos° desde nuestras casas. Pero, yo me pregunto, ¿para qué? Si antes era imposible que comprendiéramos toda la información que recibíamos, ¿qué vamos a hacer con más?

rapidez... *speed with which / occur*
We should

sometido... *subjected to the bombardment of information*

bancos... *data bases*

UNA ESCRITORA: Casi me enfermo cuando pienso en los peligros que nos esperan: nuevas armas nucleares, armas en el espacio, satélites espías... Se me congela la sangre° de sólo pensar lo que ocurriría° en caso de una guerra nuclear. Soy muy pesimista. Veo el vaso medio vacío en vez de medio lleno. La historia me hace dudar que el ser humano pueda controlar la tecnología.

Se... *My blood freezes*
would happen

UNA JOVEN: Me preocupo por el futuro. ¿Voy a tener que competir con los robots por un trabajo? Cuando era niña, quería que tuviéramos nuevas diversiones como el vídeo y la televisión de cable. Me alegraba de que descubrieran nuevos medios de comunicación. Pero ahora sé que junto a eso tenemos que considerar otras cosas. Las computadoras, por ejemplo, proporcionan° cosas buenas pero la sociedad se está volviendo° cada vez más vulnerable a sus errores. Y no hablemos de° los problemas que plantea° el acceso ilegal a los bancos de datos.

provide

se... is becoming

Y... Not to mention / raises

Preguntas

A. Conteste estas preguntas según el diálogo.

1. ¿Qué estaba pensando el médico?
2. ¿En qué dijo el médico que tenía confianza?
3. ¿Por qué no quería el hombre que recibiéramos tanta información?
4. ¿De qué se preocupaba el hombre?
5. ¿Qué problemas veía la escritora?
6. ¿Qué aspecto de la situación veía? ¿Por qué?
7. ¿Qué dudaba cuando pensaba en los peligros de los nuevos descubrimientos?
8. ¿De qué aspecto del futuro tenía miedo la joven?
9. ¿Qué quería cuando era niña? ¿De qué se alegraba?
10. ¿Qué problemas nuevos trae la computadora?

B. Conteste estas preguntas personales.

1. ¿Le interesa a Ud. la tecnología? ¿Estudia Ud. alguna materia (*subject*) tecnológica?
2. ¿Cuáles son algunos de los problemas que pueden traer los nuevos descubrimientos? ¿Tiene Ud. confianza en la capacidad del hombre de controlar la tecnología? ¿Por qué sí o por qué no?
3. ¿Le gustan a Ud. las nuevas diversiones como el vídeo? ¿Cuáles le gustan más? ¿Tiene Ud. una grabadora (*recorder*) de vídeo?
4. ¿Cree Ud. que la tecnología hace más probable una guerra nuclear? ¿Por qué sí o por qué no?
5. ¿Cree Ud. que va a tener que competir con los robots por un empleo? ¿Qué trabajos pueden hacer los robots hoy? ¿Cree Ud. que van a ser más inteligentes que los seres humanos?
6. ¿Cree Ud. que debemos avanzar más lentamente?
7. Cuando era niño/a, ¿qué cosas esperaba Ud. que descubrieran? ¿Qué cosas quiere que descubran ahora?
8. ¿Cree Ud. que va a hacer un viaje al espacio algún día?

Estructura

Minidiálogo

MANUEL:　Carlos, ¿cómo estás? ¿Cómo va el nuevo trabajo?
CARLOS:　Lo dejé la semana pasada.
MANUEL:　¿Por qué?
CARLOS:　El jefe no quería que nos divirtiéramos ni que oyéramos
　　　　　música mientras trabajábamos. También insistió en que
　　　　　nos vistiéramos con seriedad todo el tiempo. No me
　　　　　gustaba.
MANUEL:　Pero, hombre, vamos. ¡Es un banco internacional! ¿Qué
　　　　　quieres?

1. ¿Qué pasó con el trabajo de Carlos?　　*3. ¿Dónde trabajaba Carlos?*
2. ¿Qué no permitía el jefe?

55. The Imperfect Subjunctive of Stem-changing and Spelling-change Verbs

A. Stem-changing and spelling-change verbs follow the same pattern of conjugation in the imperfect subjunctive as regular verbs: their stem is derived from the third person plural of the preterite indicative, and they use the same endings. But since most **-ar** and **-er** stem-changing and spelling-change verbs (except **leer** and **creer**) do not change in the third person plural of the preterite, it is only **-ir** verbs that show stem and spelling changes in the imperfect subjunctive. Here are some examples of the changes that occur:

creer:	creyer~~on~~	→	**creyera**	pedir:	pidier~~on~~ → **pidiera**
incluir:	incluyer~~on~~	→	**incluyera**	servir:	sirvier~~on~~ → **sirviera**
dormir:	durmier~~on~~	→	**durmiera**		

Other verbs that follow these patterns are **competir, (con)seguir, construir, divertirse, leer, mentir, morir, oír, preferir, referirse, repetir, requerir** (*to require*), **sentir(se), sonreír,** and **vestirse.**

B. The imperfect subjunctive of stem-changing and spelling-change verbs is used in dependent noun clauses when the main clause verb is in a past tense and the other conditions that require the subjunctive exist.

MANUEL: Carlos, how are you? How's the new job? CARLOS: I quit it last week. MANUEL: Why? CARLOS: The boss didn't want us to enjoy ourselves or listen to music while we worked. Also, he insisted that we be formally dressed all the time. I didn't like it. MANUEL: But, man, come on. It's an international bank! What do you expect?

La mujer esperaba que no se repitieran los mismos errores.	*The woman hoped the same errors wouldn't be repeated.*
El médico pidió que leyerais esta información.	*The doctor asked that you read this information.*
El gobierno no quería que se construyera otro satélite.	*The government didn't want another satellite to be built.*

Práctica

A. Answer the questions using the cues provided.

1. Who did you want to hear the news you received yesterday?
   Quería *que mis amigos* oyeran las noticias.
   (que tú, que mi padre, que ?)
2. Who did your friend hope would not ask for more money?
   Mi amigo esperaba *que Elena* no pidiera más dinero.
   (que yo, que nosotros, que ?)
3. Who do you hope slept well last night?
   ¡Ojalá *que el profesor* durmiera bien anoche!
   (que mi novio, que vosotros, que ?)

B. Create new sentences by combining these sentences with the sentences that follow them, and making other necessary changes. Follow the model.

MODELO: El médico dudaba que...
         Creyeron en el tratamiento.   →   El médico dudaba que creyeran en el tratamiento.

1. El médico esperaba que...
   La medicina servía para eliminar las enfermedades.
   Todos creyeron en la capacidad creativa del hombre.
   Nos sentimos mejor.
2. La mujer dudaba que...
   Preferíais menos comunicación.
   Sonrieron ante los peligros serios.
   Nos divertimos con más información.
3. La joven no prefería que...
   Los robots compitieron con ella.
   La computadora nos mintió.
   La sociedad sentía los efectos de sus descubrimientos.
4. ¡Ojalá que...!
   Te vestiste bien esta mañana.
   Ella incluyó un ejemplo en el examen.
   Ella durmió bien antes de la función.

C. Sometimes people don't do what you want. Tell about what happened yesterday by combining the sentences below with one of the introductory clauses.

No quería que...　　　　**Prefería que no...**
Le(s) dije que no...　　　**Insistí en que no...**

1. Juan leyó el periódico durante el desayuno.
2. María y Teresa durmieron hasta el mediodía.
3. Mi novio/a se vistió como músico «punk».
4. Carlos repitió todas las noticias del canal 4 durante la cena.
5. El camarero me sirvió hielo (*ice*) en el vino.
6. Jorge me pidió otro préstamo.
7. Mi hermana menor le mintió a su maestra.
8. Mi computadora se murió y se perdió mi composición.

D. From the perspective of the year 2050, tell about the world of the twentieth century by changing the following sentences to the past tense. Follow the model.

MODELO:　　Prefieren que la ciencia sirva al ser humano.　$\rightarrow$
　　　　　　Preferían que la ciencia sirviera al ser humano.

1. Nadie quiere que muera mucha gente en una guerra nuclear.
2. Algunos dicen que es importante que compitamos con los rusos.
3. Algunos piden que se construyan cada vez más armas.
4. Otros dudan que se requieran tantas armas nucleares.
5. Es importante que la gente crea en sus jefes.
6. Es mejor que los jefes no mientan.
7. Algunos esperan que prefieran descubrir nuevas medicinas.
8. Es imposible que la gente lea toda la información sobre el problema.

E. Yesterday you had a job interview with a high-technology company. Tell your friend about it by expressing the following in Spanish.

1. They wanted me to hear some things about the company.
2. They preferred that their employees believe in the company's goals.
3. They hoped I would have a good time at work.
4. They said it wasn't important that I dress well.
5. They didn't want me to lie about my ability.
6. They wanted me to build satellites for (**para**) communication.
7. They wanted the company to compete with AT&T.
8. I hoped they wouldn't require too much experience.
9. They preferred that my education include literature and art.
10. They didn't want me to read only about communication and space.

F. Create as many sentences as you can by using one word or phrase from each column. Use only past tenses and make any necessary changes.

el médico			el gobierno: eliminar las armas
el periodista			los médicos: descubrir nuevas medicinas
la profesora	esperar		el gobierno: construir satélites
los escritores	mandar	que	los pacientes: no morir
las jóvenes	querer		el público: leer sobre los peligros de la guerra
la gente	dudar		los estudiantes: no dormirse
los jefes			los camareros: servir la comida rápidamente
el político			la gente: preferir leer a mirar la tele

G. Certain things happened in Spanish class yesterday that you didn't believe would happen. Tell what some of those things were by combining this phrase with the cues that follow: **Yo no creía que...** Then continue to tell about yesterday's class by adding some additional items.

1. haber un examen
2. el profesor: leer el periódico
3. la profesora: servirnos cerveza
4. unos estudiantes: dormir durante la conferencia
5. nosotros: repetir unas frases
6. todos: divertirse mucho
7. algunos: aburrirse

Minidiálogo

POLÍTICO: Prometo eliminar la amenaza de la guerra nuclear.
VÍCTOR: ¡Qué bueno!
POLÍTICO: Prometo mejorar la salud de todos.
VÍCTOR: ¡Qué futuro más prometedor!
POLÍTICO: Prometo aliviar todos los problemas económicos.
VÍCTOR: ¡Qué buen orador! ¡Cómo habla!
PERIODISTA: Sí, es cierto. ¡Pero cuánto promete!

1. ¿Qué promete eliminar el político?
2. ¿Qué dice Víctor?
3. ¿Qué promete mejorar el político?
4. ¿Qué cree Víctor?
5. ¿Qué promete aliviar el político?
6. ¿Qué dice el periodista?

POLITICIAN: I promise to eliminate the threat of nuclear war. VÍCTOR: Great! POLITICIAN: I promise to improve the health of everyone. VÍCTOR: What a promising future! POLITICIAN: I promise to alleviate all economic problems. VÍCTOR: What a good speaker! How he talks! JOURNALIST: Yes, that's true. But how much he promises!

56. Exclamations

A. In Spanish, exclamations are commonly formed with **¡Qué ____!** Before nouns, **¡Qué ____!** means *what ____!* or *what a ____!* Before adjectives and adverbs, it expresses *how ____!*

¡Qué confianza!	*What confidence!*
¡Qué descubrimiento!	*What a discovery!*
¡Qué serio estás hoy!	*How serious you are today!*
¡Qué rápido hablan!	*How fast they talk!*

B. In exclamations, the words **tan** or **más** precede an adjective when it follows a noun. When the adjective precedes a noun, **tan** and **más** are not used.

¡Qué computadora tan (más) eficaz!	*What an efficient computer!*
¡Qué enfermedad tan seria!	*What a serious illness!*

BUT:

¡Qué buena escritora!	*What a good writer!*

C. The words **cuánto/a/os/as** + *noun* and **cómo** or **cuánto** + *verb* can also be used in exclamations.

¡Cuántos satélites tenemos!	*How many satellites we have!*
¡Cuánta sangre perdió!	*How much blood he lost!*
¡Cuánto avanza la tecnología!	*How technology advances!*
¡Cómo se quejan!	*How they complain!*

Práctica

A. Use the word in parentheses to express your reaction. Follow the model.

MODELO: Nunca estoy enfermo. (salud) → ¡Qué salud!

1. Descubrieron una montaña de oro (*gold*). (descubrimiento)
2. Vamos a tener una guerra. (pesimista)
3. Siempre salgo bien (*do well*) en los exámenes. (confianza)

Now follow this model.

MODELO: Esta medicina cura todo. (eficaz) →
         ¡Qué medicina más eficaz!

1. El tratamiento requiere tres medicinas diferentes. (complicado)
2. La computadora termina el trabajo en dos minutos. (rápido)
3. Esa enfermedad puede ser fatal. (serio)

B. Using the following adjectives, form exclamations that logically fit each of the drawings: **pobre, vacío, gordo, serio, complicado, lleno.**

C. Using exclamations, give your reaction to the following report from one of your friends. Follow the model.

MODELO: Estoy estudiando la historia de la ciencia.   →
                ¡Qué clase más interesante!

1. Ayer en clase el profesor habló sobre las computadoras.
2. El profesor dijo que las computadoras van a eliminar muchos trabajos.
3. También dijo que los robots compiten con los hombres en muchos campos (*fields*).
4. Pero va a haber muchos empleos en la fabricación (*manufacturing*) de computadoras.
5. Además se van a hacer armas más eficaces.
6. Se avanza cada vez más en las ciencias de la información.
7. También se avanza mucho en la exploración del espacio.
8. Se construyen satélites muy avanzados.
9. Todos los días se mejora la comunicación.
10. Tenemos computadoras en los relojes, en los autos y en los televisores.

D. Express in Spanish.

1. How technology advances!
2. How much work he requires!
3. How she takes care of herself!
4. How they compete!
5. What a good example!
6. How much he improved his abilities!

E. Invent as many exclamations as you can about these topics.

| las computadoras | la guerra nuclear | la medicina moderna |
| los satélites espías | la televisión | los vídeos musicales |

¿Cómo se dice?

- **The uses of *por***

    The prepositions **por** and **para** can both express English *for*. But although they are similar in meaning, these prepositions have specific functions and are never used interchangeably. Here are some of the uses of **por.**

    To indicate an exchange:

Gracias por la información.	*Thanks for the information.*
Pagó diez pesos por la medicina.	*He paid ten pesos for the medicine.*

    To express *through, by, along,* or *around* after verbs of motion:

Viajan por el espacio.	*They travel through space.*
Caminé por la Calle Corrientes.	*I walked along Corrientes Street.*

    To indicate cause or motivation (*on behalf of, for the sake of, because of*):

Lucharon por sus ideales.	*They fought for their ideals.*
Recibió el premio por el escritor.	*She received the prize for the writer.*

    To express the reason for an action or errand:

Prometimos ir por la cerveza.	*We promised to go for beer.*
Tenemos que ir al centro por las entradas.	*We have to go downtown for the tickets.*

    To indicate periods of time:

Siempre me alivio por la tarde.	*I always get better in the afternoon.*
Estuvo enfermo (por) dos años.	*He was sick for two years.*

    Note that the use of **por** with periods of time is optional for many native speakers of Spanish.

    To express the manner or means by which something is done:

Hoy hay mucha comunicación por satélite.	*Today there is a lot of communication by satellite.*
Se lo mandé por correo.	*I sent it to him by mail.*

A. Describe this drawing, answering the questions that accompany it and using **por** as many times as you can. Invent any additional information you need.

Norma necesita una computadora.

1. ¿Por dónde camina Norma?
2. ¿Por qué va allí?
3. ¿Cuándo va allí?
4. ¿Cuánto va a pagar?

B. Express these sentences in Spanish. Be particularly alert to cues for the preterite and the imperfect.

1. We walked through the downtown area.
2. He sold the newspapers for five pesos.
3. I wrote the letter for them (on their behalf).
4. She always watched TV in the afternoon.
5. They want to go to the pharmacy for medicine.
6. We're going by bus.
7. How much money did they receive for their suffering?
8. We can't compete with robots for a job.
9. They entered the city along the Calle de Independencia.
10. I'm ordering the tickets by mail.

C. Use these questions to interview a classmate.

1. ¿Qué haces por la mañana (tarde, noche)?
2. ¿Adónde vas por aspirinas (libros, vino, pescado, entradas)?
3. ¿Por dónde pasas para llegar a la clase (a casa, a la universidad)?

D. Imagine that you are the hero or heroine in a romantic play. How many different ways can you pledge your undying love?

Por ti, yo _____ .

Vocabulario

VERBOS

aliviar(se)   *to alleviate, relieve*
avanzar   *to advance*
competir (i)   *to compete*
descubrir   *to discover*
eliminar   *to eliminate*
enfermarse   *to become ill*
mejorar   *to better, improve*
preguntarse   *to wonder, ask oneself*
prometer   *to promise*
quejarse (de)   *to complain (about)*
requerir (ie)   *to require*

SUSTANTIVOS

el **arma** (f.)   *arm, weapon*
el **campo**   *field*
la **capacidad**   *ability*
la **computadora**   *computer**
la **comunicación**   *communication*
la **confianza**   *confidence*
el **descubrimiento**   *discovery*
el **ejemplo**   *example*
la **enfermedad**   *sickness*
el/la **escritor(a)**   *writer*
el **espacio**   *space*
la **guerra**   *war*
el **hielo**   *ice*
la **información**   *information*
la **medicina**   *medicine*
el **medio**   *means*
la **meta**   *goal*
el **peligro**   *danger*
el/la **periodista**   *journalist, reporter*
el/la **pesimista**   *pessimist*
el **robot**   *robot*
la **salud**   *health*
la **sangre**   *blood*
el **satélite**   *satellite*
el **ser humano**   *human being*
la **sociedad**   *society*
el **sufrimiento**   *suffering*
la **tecnología**   *technology*
el **tratamiento**   *treatment, procedure (medical)*
el **vídeo**   *videotape**

ADJETIVOS

avanzado   *advanced*
lleno   *full*
serio   *serious*
vacío   *empty*

OTRAS PALABRAS Y EXPRESIONES

cada vez más   *more and more*
lentamente   *slowly*
tener cuidado   *to be careful*

---

*OBSERVACIÓN: En los nuevos campos tecnológicos el vocabulario tiene cierta variedad al principio (*in the beginning*). Por ejemplo, **computadora** es la palabra común en Hispanoamérica, pero **ordenador** es más común en España para *computer*. También en España la palabra **vídeo** se refiere al medio mientras que en Hispanoamérica usan palabras como **cinta vídeo** (*videotape*), **grabadora vídeo** (*videotape recorder*) y **cassete vídeo** (*video cassette*). La mayoría de las palabras, como la mayoría de la tecnología, viene del inglés.

Universidad de Guadalajara, México

Durante los años 60 y 70, mucha atención se ponía en los viajes a la luna, pero después la atención se centró (*centered*) en las computadoras. Hoy día las computadoras forman la base de casi todos los cambios tecnológicos del futuro.

Sin embargo, como pasa con la mayoría de los adelantos tecnológicos, el uso cada vez más extensivo de las computadoras crea cambios y controversias. Por un lado están los optimistas que predicen (*predict*) un futuro en que el hombre se va a sentir libre de las tareas rutinarias y en el que tendrá (*will have*) más tiempo para las actividades recreativas. Por otro lado, se plantean problemas serios con el uso excesivo de las computadoras. Los países en vías de desarrollo (*developing*) antes se sentían lejos de este problema, pero hoy el uso de las computadoras se ha extendido (*has spread*) a todos los lugares del planeta y es común encontrarlas junto a puentes de madera y molinos de viento (*wooden bridges and windmills*).

¿Usa Ud. una computadora? ¿Tiene así más tiempo para las actividades recreativas? ¿Va a aprender a usar las computadoras? ¿Por qué sí o por qué no?

Nueva York

Se calcula que en el año 2000, en la mayor parte del mundo occidental (*western*), va a haber una computadora en cada casa. Su uso equivaldrá (*will be equivalent*) al uso del teléfono en nuestros días.

En las escuelas, las computadoras se están convirtiendo en un factor clave (*key*) para la investigación y métodos de enseñanza (*teaching*). En la casa, se estudia la aplicación de las computadoras a las telecomunicaciones domésticas con la unión del teléfono, la televisión y la computadora.

En el campo de las ciencias, como por ejemplo la astronomía, mucho del progreso notable requiere la ayuda de las computadoras. Los millones de operaciones matemáticas necesarias para calcular los constantes cambios llevarían (*would take*) siglos sin las computadoras.

¿Cree Ud. que va a haber computadoras en todas las casas? ¿Qué usos van a tener? ¿Qué cambios van a traer a la vida diaria?

En la medicina las computadoras son magníficos auxiliares (*aids*) en la diagnosis y el tratamiento de las enfermedades. Las computadoras llegan a todo el mundo con el uso de los videojuegos. Incluso (*Even*) hay programas que crean pinturas (*paintings*), canciones y hasta escriben poemas. Algunos piensan que los productos de estos programas son nuevas formas de arte y otros piensan que son solamente expresiones muy avanzadas de la tecnología moderna.

¿Le gustan a Ud. los videojuegos? ¿Jugaba mucho con ellos cuando iba a la escuela? ¿Cree Ud. que son buenos o malos para los niños? ¿Por qué?

Unos jóvenes se concentran en un videojuego en Lima, Perú. Se divierten y se escapan de las preocupaciones de la vida sin gastar un dineral.

San Juan, Puerto Rico

Algún aspecto que les pone (*makes*) nerviosas a algunas personas es el campo de la inteligencia artificial de los robots. Estas máquinas se usan para resolver problemas matemáticos, interpretar datos geológicos y también para leer, asimilar y contestar cartas. En vez de hacer cálculos matemáticos consecutivos como las computadoras sin inteligencia artificial, tienen la capacidad de hacer inferencias lógicas.

¿Le ponen a Ud. nervioso/a los robots? ¿Cree que se van a perfeccionar cada vez más? ¿Implican la muerte del trabajo físico humano? ¿Cree que su inteligencia tiene límite? ¿Cuál es?

La Compañía Telefónica Nacional de España ya comenzó a distribuir sistemas de videotex (un sistema de transmisión de datos por teléfono) a los hogares (*homes*) españoles. Esta unión del teléfono, el televisor y un teclado (*keyboard*) hace posible que los españoles tengan acceso a miles de páginas de datos de Ibertex, la versión española de videotex. En el futuro va a ser posible el acceso a los bancos de datos de los demás países europeos. Además se puede usar para hacer compras y operaciones bancarias personales.

¿Cree Ud. que la gente va a preferir hacer las compras por videotex? ¿Cuáles son las ventajas y desventajas de ese método? ¿Cree Ud. que necesitamos más datos en la vida diaria? ¿Quién los necesita?

Estructura

Minidiálogo

ESPOSO: ¡Qué absurdo! Pedí que la computadora me mandara el
suéter que vi en el videotex el otro día.

ESPOSA: Y, ¿qué pasó? ¿No te gusta?

ESPOSO: Pues, mujer, mira. Mide sólo diez pulgadas de ancho. Ni
que fuera para el bebé.

ESPOSA: Ah, ¡qué tonto eres! La computadora te mandó exactamente
lo que viste. Te dije que no usaras el televisor portátil
para eso. Tiene una pantalla muy pequeña. Es necesario
que uses el televisor de proyección de la sala si quieres
que las cosas salgan de tamaño natural.

1. *¿Qué pidió el esposo?*
2. *¿Cómo lo pidió?*
3. *¿Por qué no le gustó?*
4. *¿Qué le dijo la esposa que no hiciera?*
5. *¿Qué es necesario que haga?*

57. The Sequence of Tenses in Noun Clauses

The use of the present or imperfect subjunctive in dependent noun clauses is generally determined
by the tense of the verb in the main clause.

MAIN CLAUSE	NOUN CLAUSE
present indicative	present subjunctive
imperfect indicative }	imperfect subjunctive
preterite indicative }	

HUSBAND: How absurd! I asked the computer to send me the sweater I saw on the videotext the other day. WIFE: And what
happened? Don't you like it? HUSBAND: Well, woman, look. It's only ten inches wide. It wouldn't even fit the baby. WIFE:
Ah, how silly you are! The computer sent you exactly what you saw. I told you not to use the portable TV for that. It has
a very small screen. It's necessary that you use the projection TV in the living room if you want things to come out
life-size.

Insisten en* que resolvamos el problema hoy.	*They insist that we solve the problem today.*
No me gusta que contestes así.	*I don't like you to answer that way.*
Espero que haya viajes a la luna antes de mi muerte.	*I hope there will be trips to the moon before my death.*
Era necesario que usáramos la computadora para los cálculos.	*It was necessary that we use the computer for the calculations.*
El jefe mandó que formaran un equipo para resolverlo hoy.	*The boss ordered them to form a team to solve it today.*
Querían que la compañía mandara más datos.	*They wanted the company to provide more data.*

Práctica

A. You are a boss who's hard to please. Describe some of the things you want your assistant and her research team to do. Combine the clauses and sentences below, making any necessary changes. Follow the model.

MODELO: Mando que Uds....
Siguen la investigación. → Mando que Uds. sigan la investigación.

1. Quiero que Uds....
Calculan el tiempo necesario para terminar el trabajo.
Aprenden a usar hoy la nueva computadora.
Resuelven la controversia sobre los sueldos.
2. Insisto en que tu equipo...
Interpreta todos los datos esta mañana.
Asimila los nuevos métodos de investigación.
Hace los cálculos rutinarios inmediatamente.
3. ¡Ojalá que yo...
No tengo que repetir la tarea.
No me pongo nervioso.
Me siento optimista al final del día.
4. Es necesario que tus trabajadores...
Se quedan aquí hasta terminarlo todo.
Compiten con el equipo de Rodríguez.
Descubren nuevos usos para el banco de datos.

B. Now you are the assistant. Tell your friend about your problems today by substituting the following clauses for the clauses in Exercise A.

---

*In addition to the verbs you have already learned that take the subjunctive in dependent noun clauses, there are many other common verbs that also do. One is the expression of willing **insistir en**, as in the first example above. Another common one is the verb of emotion **gustar**, when followed by a clause: **Me gusta que estés aquí** (*I like for you to be here*).

1. Era imposible que nosotros...
2. Yo no quería que mi equipo...
3. Esperábamos que el jefe...
4. Era muy difícil que ellos...

C. Yesterday your computer science instructor wanted you to do some things, but today he has changed his mind. Express this situation, following the model.

MODELO: calcular los datos   →   El profesor García quería que yo calculara
los datos. Hoy no quiere que los calcule.

1. repetir la investigación
2. hacer las tareas rutinarias
3. poner los datos en la computadora
4. contestar todas las preguntas
5. leer dos libros sobre la tecnología
6. resolver muchos problemas difíciles
7. formar un equipo de investigación
8. darle mi ayuda

D. When you were younger, there were probably certain things you wished your family would do. Some day, your children may want you to do some of the same things. Express this situation, following the models.

MODELOS: mis padres / darme dulces   →   Quería que mis padres me dieran dulces. Algún
día, mis hijos van a querer que yo les dé dulces.

mi familia / hacer un viaje a México   →   Quería que mi familia hiciera un viaje a
México. Algún día, mis hijos van a
querer que nuestra familia haga un viaje
a México.

1. mi padre / llevarme a la playa
2. mis padres / comprarme una bicicleta
3. mis padres / permitirme mirar la tele todos los días
4. mi familia / darme muchas fiestas
5. mi padre / leerme unos cuentos (*stories*)
6. mi familia / escuchar música
7. mi madre / servirme mucho helado
8. mi familia / vivir en una casa muy grande

E. The world is often contrary and you can't do things you want to do. Following the model, change the sentences below to tell about some of these frustrations. Watch for clues to the sequence of tenses.

MODELO: Pensaba repetir la clase pero el profesor no lo permitió.   →
El profesor no permitió que repitiera la clase.

1. Quiero ir al centro hoy pero mi amigo no quiere.
2. Esperaba tener más tiempo para las actividades recreativas pero los estudios no lo permitían.
3. Iba a convertirme a otra religión pero mis padres me dijeron que no.
4. Quiero ser optimista pero el mundo no me lo permite.
5. Dije que podía resolver el problema pero el jefe no lo creía.
6. Tengo que pasar la noche con la computadora pero a mi novio/a no le gusta eso.
7. No quiero hacer tareas rutinarias pero mi jefe insiste.
8. No me alegro de estar en la clase ahora pero es necesario.
9. Pensé contestar la pregunta en inglés pero el profesor no lo permitió.
10. Iba a resolver la controversia pero mi hermana no quería.
11. Prefiero sentarme afuera pero el tiempo no lo permite.
12. No quería darle mi ayuda pero mi mejor amigo me la pidió.
13. Siempre iba a jugar a los videojuegos pero a mis padres no les gustaba.
14. No quería leer cuando era niño/a pero mi madre insistía.

Minidiálogo

1. ¿Con qué está obsesionado el hombre?
2. Además de su pipa (pipe), *¿dónde se ven hongos atómicos* (mushroom clouds)?
3. ¿Quién está sorprendido (surprised)? *¿Por qué?*

WIFE: You're a little obsessed with missiles. HUSBAND: Who, me?

58. The Past Participle Used as an Adjective

A. The past participle is formed by adding **-ado** to the stem of all **-ar** verbs and **-ido** to the stem of most **-er** and **-ir** verbs.

comprar:	**comprado**	*bought*
aprender:	**aprendido**	*learned*
vivir:	**vivido**	*lived*

B. When the stem of an **-er** or **-ir** verb ends in a strong vowel (**a, e, o**), the past participle will have a written accent.

traer:	**traído**	*brought*
oír:	**oído**	*heard*
creer:	**creído**	*believed*

Other verbs with accents in the past participle are **leer, sonreír,** and **traer.**

C. Some **-er** and **-ir** verbs have irregular past participles.*

abrir:	**abierto**	*opened*	poner:	**puesto**	*put, placed*
cubrir:	**cubierto**	*covered*	resolver:	**resuelto**	*resolved*
decir:	**dicho**	*said; told*	romper:	**roto**	*broken*
escribir:	**escrito**	*written*	ver:	**visto**	*seen*
hacer:	**hecho**	*done; made*	volver:	**vuelto**	*returned*
morir:	**muerto**	*dead*			

D. The past participle is often used as an adjective, agreeing in gender and number with the noun it modifies.

Tenemos una carta **escrita** en español.   *We have a letter written in Spanish.*
Me gustan más las casas **hechas** de madera.   *I prefer houses made of wood.*

E. The verb **estar** is often used with a past participle that functions as an adjective. Note that **estar** + *past participle* often describes the result of an action.

Es una lástima que papá **esté** tan **cansado.**   *It's a shame that Papa is so tired.*
La tienda **está cerrada** hoy.   *The shop is closed today.*
                                  (Action: the owners closed it.)

Práctica

A. Students away at school have to write their parents. Tell some of the things you might say by completing these sentences with the past participle of the verb in parentheses.

---

*Compound forms of such verbs also reflect the irregularities: **descubrir** → **descubierto**; **describir** → **descrito.**

1. El problema de la «F» que saqué ya está _____ . (resolver)
2. Es que mi examen final estaba _____ entre los otros papeles del profesor. (perder)
3. El estudiante en el periódico _____ de «punk» no era yo. (vestir)
4. Tampoco estaba yo entre los estudiantes _____ en la televisión durante esa discusión en la cafetería. (entrevistar [*to interview*])
5. Ni era yo el estudiante _____ en la oficina de un profesor por la noche. (descubrir)
6. Mi cuenta en la librería ya está _____ . (pagar)
7. Voy a un baile mañana. Viene un conjunto muy _____ . (conocer)
8. Espero que estén _____ en este momento. (sentar)
9. Saqué una «A» en mi composición _____ en español. (escribir)
10. Uds. están _____ , ¿no? (encantar)
11. Es cierto que la ropa _____ es más cómoda. (usar)
12. Ya estoy _____ a esa ropa. (acostumbrar)
13. Mi chaqueta está _____ otra vez. (romper)
14. Mi mesa está _____ de libros que voy a leer. (cubrir)
15. Bueno, ya casi estoy _____ . (dormir)
16. Mi compañero/a de cuarto ya está _____ . (acostar)
17. Hasta luego, mis _____ padres. (querer)
18. Su hijo/a _____ . (adorar)

B. A candidate for reelection always has to point to his or her achievements. Here are some things one presidential candidate claimed. Restate his alleged achievements according to the model.

MODELO: Terminamos la guerra.   →   La guerra está terminada.

1. No murieron nuestros hijos.
2. Escribí una constitución nueva.
3. Resolví la controversia sobre la corrupción.
4. Formé un gobierno muy eficaz.
5. Establecí un sistema de comunicaciones.
6. Construimos casas para el pueblo.
7. Eliminé todas las enfermedades.
8. Rompí el ciclo (*cycle*) de pobreza.
9. Reconocí los derechos (*rights*) humanos.
10. Abrí un nuevo centro de investigaciones.
11. Convertí el país en un paraíso (*paradise*).
12. El problema es que aburrí al pueblo.

C. How many persons, places, or things can you name that fit the following descriptions?

1. una persona hispánica muy conocida
2. un vídeo visto por muchas personas
3. una computadora hecha en los Estados Unidos
4. una frase dicha muchas veces todos los días
5. un adelanto tecnológico creado en los Estados Unidos
6. una medicina nueva descubierta recientemente
7. una controversia resuelta el año pasado
8. un comercio cerrado el año pasado donde Ud. vive
9. un peligro eliminado recientemente
10. un campo tecnológico muy avanzado

Repaso

A. Using the preposition **por**, describe some things you do or did by completing these sentences with one of the items from the list below or with any other words you know.

1. Pagué mucho...
2. Viajo con frecuencia...
3. Siempre duermo...
4. Frecuentemente camino...

5. Fui a la tienda ayer...
6. Me comunico con mis padres...
7. A veces trabajo...

PALABRAS ÚTILES

la mañana, la tarde, la noche, los libros, avión, el parque, un amigo, teléfono, mi auto, mi esposo/a, dulces, mi hermano, correo, la matrícula (*tuition*), cerveza, tren, leche, autobús, el centro, mi casa, la calle Génova

B. People are always wanting to know why you did things. With a classmate, complete these dialogues to explain your actions. Use a past participle in the third line of each dialogue. Follow the model.

MODELO: ESTUDIANTE A: ¿por qué / hablar / con tu amigo?
           ESTUDIANTE B: pedir / comprar / la cerveza para la fiesta
           ESTUDIANTE A: Y, ¿... ?
           ESTUDIANTE B: sí / amigo simpático / ¿verdad?   →

           ESTUDIANTE A: ¿Por qué hablaste con tu amigo?
           ESTUDIANTE B: Le pedí que comprara la cerveza para la fiesta.
           ESTUDIANTE A: Y, ¿está comprada?
           ESTUDIANTE B: Sí. ¡Qué amigo más simpático!, ¿verdad?

1. A: ¿por qué / hablar / con el profesor?
   B: querer / incluirme / en su clase de ciencia
   A: Y, ¿... ?
   B: sí / profesor amable / ¿no?
2. A: ¿por qué / quejarse / de tu amiga?
   B: decirle / colgar / su ropa
   A: Y, ¿... ?
   B: no / amiga floja (*lazy*) / ¿no?
3. A: ¿por qué / usar / la computadora?
   B: querer / calcular / la respuesta a este problema
   A: Y, ¿... ?
   B: sí / computadora rápida / ¿no?
4. A: ¿por qué / hablar / con la profesora de español?
   B: querer / escribirme / una carta a España
   A: Y, ¿... ?
   B: sí / profesora simpática / ¿no?

5. A: ¿por qué / llamar / Tomás?
   B: querer / conseguirme / un conjunto para el baile
   A: Y, ¿... ?
   B: no / suerte mala / ¿verdad?

6. A: ¿por qué / traer / un robot a la fiesta?
   B: esperar / servir / las bebidas
   A: Y, ¿... ?
   B: no / tecnología falsa / ¿verdad?

7. A: ¿qué / decirle / al encargado (*boss*) de la cafetería?
   B: pedir / arreglar / el videojuego roto
   A: Y, ¿... ?
   B: no / hombre desagradable / ¿verdad?

8. A: ¿por qué / ir al banco?
   B: querer / cambiar / unos dólares a pesetas
   A: Y, ¿... ?
   B: sí / banco eficaz / ¿no?

Intercambios

A. Titulares (*Headlines*). Los periódicos quieren producir una reacción en el lector (*reader*) con los titulares. Usando una exclamación de la lista a continuación (*below*) o una propia, exprese su reacción a estos titulares de *El País* de Madrid.

¡Qué controversia más difícil!   ¡Qué problema más serio!
¡Qué descubrimiento tan importante!   ¡Qué peligro!
¡Qué terrible!   ¡Qué tecnología!   ¡Qué excelente!

GRAVES PROBLEMAS DE CONTAMINACIÓN EN LOS RÍOS YUGOSLAVOS	
DESCUBIERTA UNA FUENTE° DE ENERGÍA EN EL CENTRO DE LA VÍA LÁCTEA°	*source* Vía... *Milky Way*
ATENTADOS° CONTRA CIENTÍFICOS INGLESES QUE EXPERIMENTAN CON ANIMALES	*Attacks*
BÉLGICA° VA A INSTALAR 48 EUROMISILES EN SU TERRITORIO	*Belgium*
ESPAÑA RATIFICA LA ABOLICIÓN DE LA PENA° DE MUERTE	*penalty*
EE. UU.° PRESIONA A ESPAÑA PARA QUE FIRME° UN ACUERDO DE CONTROL DE TECNOLOGÍAS DE DOBLE USO (CIVIL Y MILITAR)	Estados Unidos / *sign*
ESPAÑA PARTICIPA EN UN PROGRAMA DE LA OTAN° PARA PERFECCIONAR 12 SISTEMAS DE ARMAS	*NATO* (Organización del Tratado del Atlántico Norte)
CIENTÍFICOS CATALANES° CREAN UNA MÁQUINA PARA «LEER» DIARIOS	*from Cataluña*
EL ACCESO ILEGAL A LOS ORDENADORES,° UNA NUEVA FORMA DE DELINCUENCIA QUE PREOCUPA EN ESTADOS UNIDOS	*computers (Sp.)*

B. Cambios. As we grow older we change in many ways. Using the verbs in the list, describe some ways in which you have changed. Follow the model.

MODELO: Cuando era menor siempre quería que mis amigos…
           Ahora ya no me importa que ellos… →
           Cuando era menor siempre quería que mis amigos sonrieran mucho.
           Ahora ya no me importa que sonrían mucho.

creer	incluir	dormir	pedir	servir	(con)seguir
leer	requerir	construir	competir	preferir	sonreír
repetir	sentir(se)	vestirse	mentir	oír	divertirse

1. Cuando era menor siempre prefería que mi hermano/a…
   Ahora no es importante que…
2. Cuando era menor esperaba que mis profesores (no)…
   Ahora no espero que…
3. Cuando era menor dudaba que mis amigos…
   Ahora no dudo que…
4. Cuando era menor quería que mis padres…
   Ahora no me importa que…
5. Cuando era menor no me gustaba que mi amigo/a…
   Ahora me gusta que mi amigo/a…

Now continue expressing some more ways in which you've changed, using any verbs you know.

C. Fue un error de computadora. Las computadoras hacen muchos cálculos rápidos, pero por la misma razón pueden hacer muchos errores también rápidos. Puede resultar chistoso (*funny*), por ejemplo, que alguien recibe 2,000 ejemplares (*copies*) de la misma revista o alguien hace un depósito de cien dólares en el banco y la computadora cree que es un millón de dólares. A veces, sin embargo, pueden ser serios y pueden provocar problemas de vida o muerte. Con un compañero (una compañera) de clase, presente un diálogo sobre un posible error de computadora. (Puede ser verdadero o producto de la imaginación, serio o chistoso.)

Vocabulario

VERBOS

asimilar   *to assimilate*
calcular   *to calculate; to estimate*
convertirse (ie)   *to convert*
cubrir   *to cover*
formar   *to form*
insistir (en)   *to insist (on)*
interpretar   *to interpret*
plantear   *to pose (a question)*
resolver (ue)   *to resolve; to solve*

SUSTANTIVOS

el **adelanto**   *advance*
la **ayuda**   *help, aid*
la **base**   *base, basis*
la **controversia**   *controversy*
el **dato**   *datum (pl. data)*
la **investigación**   *research; investigation*
la **luna**   *moon*
el **método**   *method*
la **muerte**   *death*
el/la **optimista**   *optimist*
la **tarea**   *task*
el **uso**   *use*
el **videojuego**   *video game*

ADJETIVOS

demás   *other, remaining*
nervioso   *nervous*
recreativo   *recreational*
rutinario   *routine*

OTRAS PALABRAS Y EXPRESIONES

así   *thus, in this way*
por un (otro) lado   *on one (the other) hand, side*
va a haber   *there is/are going to be*

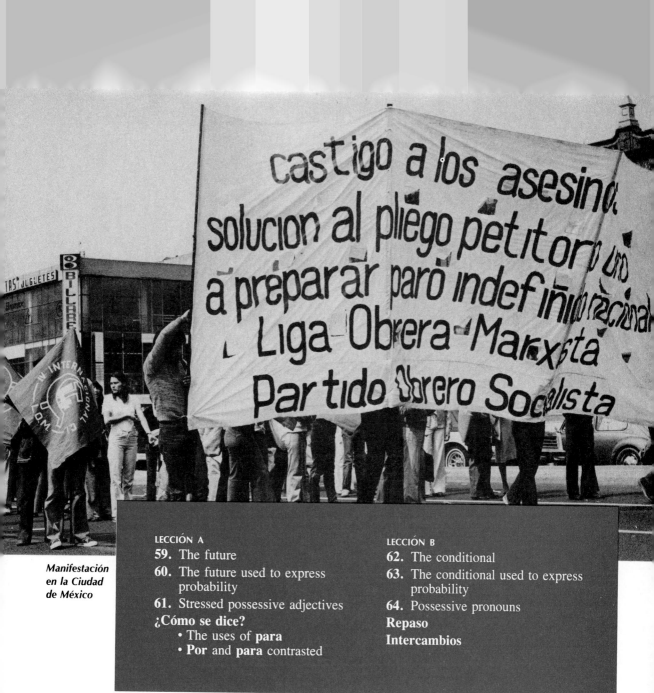

Manifestación en la Ciudad de México

In this unit you will discuss politics and systems of government, and you will learn about some Hispanic attitudes toward the United States.

267

*Los hispanoamericanos tienen una visión de los estadounidenses que
proviene° de sus fuentes disponibles°—el cine, los turistas, las grandes
compañías que están presentes en sus países. Esta actitud es básicamente
negativa. Además, hay una tradición de conflictos entre los Estados Unidos
y sus vecinos del sur, quienes dan a los Estados Unidos el siguiente nombre:
«El coloso° del norte». Pero esta actitud negativa no se dirige al pueblo
estadounidense sino al gobierno y a los grandes negocios. A veces esta dis-
tinción se pierde, sin embargo, como vemos en esta discusión.*

comes / *fuentes…
available sources*

Colossus

FERNANDO:	¿Oíste las noticias? Mi hermano acaba de tener una entrevista con la compañía Jackson. Buscan gerente.
SALVADOR:	Pero, hombre, es un negocio estadounidense, ¿no?
FERNANDO:	Sí. Querían que fuera a los Estados Unidos para el entrenamiento.° Pagan muy bien.
SALVADOR:	Claro. Explotando a nuestros trabajadores en sus fábricas, los jefes pueden recibir sueldos magníficos. ¿Qué pasó con los principios° políticos de tu hermano?
FERNANDO:	Bueno, tiene una familia que mantener.° Eso puede ser un principio también.
SALVADOR:	Ya sé. Pero si va a los Estados Unidos va a volver convertido en un perfecto materialista.
FERNANDO:	Ah, Salvador, déjate de eso.° No creo que toda la gente estadounidense sea así. Ya conozco tus opiniones políticas—odias a los Estados Unidos.
SALVADOR:	Porque estamos dominados económicamente. Y ese dominio conduce al dominio político. ¿No viste que nuestro presidente le pidió al Congreso que les diera a los Estados Unidos permiso para construir otra base aérea°?
FERNANDO:	Sí, pero, ¿qué importa eso? No nos hace ningún daño.°
SALVADOR:	Es humillante° tener que someternos° a la voluntad de otra nación. Pero parece que los políticos no aguantan la pérdida de ingresos° estadounidenses.
FERNANDO:	Pero es la realidad del mundo. Tenemos que conseguir la independencia económica con nuestros propios esfuerzos.° Eso no quiere decir que el pueblo estadounidense nos quiera dominar. Sus tradiciones democráticas son muy poderosas.°
SALVADOR:	¿Democracia? ¡Qué hipocresía! En Hispanoamérica apoyan a los dictadores° más opresivos. Así aseguran sus inversiones. No quieren que tengamos democracia.

training

principles
to support

déjate… cut that out

base… air force base
ningún… any harm
humiliating / to submit

income

efforts

powerful

dictators

FERNANDO: Es cierto que a veces apoyan a los tiranos. Pero también apoyan a los gobiernos democráticos si son estables. Yo lo veo como una política muy pragmática. ¿No tienen el derecho de proteger sus intereses?

SALVADOR: No, si es a expensas de nuestro pueblo.

FERNANDO: Pero, ¡qué discusión tan inútil! Ni tú ni yo conocemos al pueblo estadounidense. ¿Qué te parece si planeamos un viaje a los Estados Unidos?

Preguntas

A. Haga este ejercicio sobre el diálogo.

1. Haga Ud. una lista de las críticas (*criticisms*) de Salvador a los Estados Unidos.
2. ¿Cuál es la respuesta de Fernando a cada crítica?
3. ¿Puede Ud. describir la diferencia básica entre las actitudes de los dos jóvenes?
4. ¿Cuál es la idea de Fernando para resolver el conflicto?

B. Conteste estas preguntas personales.

1. ¿Quiere Ud. trabajar de político/a? ¿Por qué sí o por qué no? ¿Cree que los políticos sean generalmente honestos o deshonestos? ¿Cuál es la opinión general del pueblo estadounidense sobre ellos?
2. ¿Qué imagen de los Estados Unidos se forma la gente en el extranjero (*abroad*) si sólo ven los programas de televisión y las películas estadounidenses? ¿Puede Ud. dar ejemplos de programas o películas que dan una idea exagerada de la vida aquí?
3. ¿Es Ud. materialista? ¿Cree que la sociedad estadounidense sea generalmente materialista? ¿Qué aspectos materialistas puede Ud. mencionar? ¿Qué aspectos antimaterialistas?
4. ¿Le interesa a Ud. la política internacional? ¿Por qué sí o por qué no? ¿Cuáles son hoy las noticias más importantes del mundo? ¿Puede Ud. describir en general la historia de un conflicto internacional de hoy?

Estructura

Minidiálogo

1. *¿Cuántas noticias les da el capataz* (overseer) *a los esclavos* (slaves)?
2. *¿Cuál es la noticia buena?*
3. *¿Y la mala?*

OVERSEER: I'm going to give you two pieces of news, one good and one bad. Which do you want to hear first? SLAVES: The good one first! OVERSEER: Okay! Tomorrow you'll have a double food ration... And the bad (news) is that the captain wants to ski!

59. The Future

A. The future of most Spanish verbs is formed by adding the future endings (**-é, -ás, -á, -emos, -éis, -án**) to the infinitive. Note that the same set of endings is used for **-ar, -er,** and **-ir** verbs, and that all of the future endings (except for the first person plural) require a written accent mark.

aceptar		convencer		permitir	
SINGULAR	PLURAL	SINGULAR	PLURAL	SINGULAR	PLURAL
aceptaré	aceptaremos	convenceré	convenceremos	permitiré	permitiremos
aceptarás	aceptaréis	convencerás	convenceréis	permitirás	permitiréis
aceptará	aceptarán	convencerá	convencerán	permitirá	permitirán

B. Some verbs use an irregular stem with the future endings.

decir: dir-	
diré	diremos
dirás	diréis
dirá	dirán

hacer:	**har-**	saber:	**sabr-**	poner:	**pondr-**	tener:	**tendr-**
poder:	**podr-**	salir:	**saldr-**	querer:	**querr-**	venir:	**vendr-**

The future of **hay (haber)** is **habrá** (*there will be*).

C. The Spanish future—usually expressed in English with *will* or *shall*—is used to describe an action or state of being that will take place or exist at some future time.

Apoyaremos a ese político en las elecciones.   *We will support that politician in the election.*

No tratará de explotar a la gente.   *He will not try to exploit the people.*

D. Remember that the future can also be expressed in Spanish with the **ir a** + *infinitive* construction or with the present indicative.

Eso conducirá al dominio político.
Eso va a conducir al dominio político.   *That will lead to political domination.*
Eso conduce al dominio político.

The present subjunctive expresses the future in dependent clauses that require the subjunctive.

Espero que eso no conduzca al dominio   *I hope that that will not lead to*
  político.   *political domination.*

Práctica

A. Substitute the new subjects and make other necessary changes.

1. *Ellos* apoyarán el gobierno.
   (tú, yo, nosotros)
2. *Aprenderemos* los nombres de los partidos políticos.
   (Fernando, Uds., vosotros)
3. *Yo* tendré una entrevista con la política.
   (ellos, tú, Salvador y Alicia)

B. Change the italicized verbs in the following sentences from the present to the future.

1. Sergio y Cecilia *hablan* de sus inversiones.
2. El periodista *escribe* la entrevista.
3. *Leo* un artículo sobre los derechos de los campesinos.
4. ¿Les *dices* que es una política pragmática?
5. Los pobres no *participan* en las elecciones.
6. Los trabajadores *salen* de la fábrica a las cinco.
7. Los políticos *vienen* a la fiesta también.
8. No *podemos* oír la entrevista.

C. You and your friends plan to work in the political campaign of your favorite candidate in the next election. Tell what each one of you will do for her campaign.

MODELO: Yo / trabajar en la campaña   →   Yo trabajaré en la campaña.

1. Ernesto / hacer investigaciones
2. Juana y Susana / llamar por teléfono a muchas personas
3. nosotros / apoyar a la candidata y sus ideas
4. Roberto / poner anuncios en los periódicos
5. tú / pedirles dinero a los miembros de su partido (*party*) político
6. yo / tratar de arreglar un debate entre ella y el otro candidato
7. Uds. / decirle al público que ella es una política honesta
8. nosotros / votar por ella en las elecciones

D. Your candidate has to keep a very tight schedule during the campaign. You are in charge of planning each day for her. Tell what she will do tomorrow, using the suggested verbs.

MODELO: despertarse (¿a qué hora?)   →   Se despertará a las siete.

1. levantarse (¿a qué hora?)
2. desayunar (¿a qué hora?)
3. salir de la oficina (¿a qué hora?) (¿para qué?)
4. tener una entrevista (¿dónde?) (¿con quién?)
5. hablar (¿con quién?)

6. almorzar (¿dónde?) (¿con quién?)
7. visitar (¿qué?)
8. preparar un discurso (*speech*) (¿para cuándo?)
9. volver a casa (¿a qué hora?)
10. acostarse (¿a qué hora?)

E. What will the following people do this weekend? Follow the model.

MODELO: yo / ponerse ropa vieja para ir a las montañas   →
Me pondré ropa vieja para ir a las montañas.

1. mis amigos / venir a mi casa
2. nosotros / salir para visitar un museo
3. Marisa / tener que estudiar
4. tú / hacer un viaje a la playa
5. Estela y Diego / querer ver una película
6. yo / poder estudiar cómo funciona mi nueva computadora

F. Indicate whether you will or will not do the following things after graduating. Use the suggestions provided or supply your own ideas.

MODELO: viajar por (el mundo hispánico, Europa, ?)   →
Después de graduarme, (no) viajaré por el suroeste de los Estados Unidos.

1. buscar (empleo en el gobierno, un trabajo fascinante, ?)
2. ganar mucho dinero / no importarme el dinero
3. hacer muchas cosas (interesantes, para otras personas, ?)
4. ser muy (rico, feliz [*happy*], ?)
5. participar en (algunas huelgas, la política, ?)
6. tener una familia grande/pequeña
7. vivir en (Colorado, California, ?)
8. divertirme mucho

G. Repeat Exercise F, asking a classmate what he or she will do after graduating.

MODELO: viajar por (el mundo hispánico, Europa, ?)   →
—Después de graduarte, ¿viajarás por Europa?
—No, no viajaré por Europa.   *or:* Sí, viajaré por Europa.

Minidiálogo

ÁNGEL: ¿Quién será ese tipo? Es la primera vez que lo veo
por aquí.
MARTÍN: No lo conozco tampoco. ¿Será el político que es
amigo de Pepe?

1. ¿Qué se pregunta Ángel?   *2. ¿En qué trabajará el amigo de Pepe?*

ÁNGEL: I wonder who that guy is. It's the first time I've seen him around here. MARTÍN: I don't know him either. Do you think he's the politician who's a friend of Pepe?

60. The Future Used to Express Probability

The future may be used to express uncertainty or probability about a present situation.

—¿Dónde estará el candidato?   *"I wonder where the candidate is." ("Where do you suppose the candidate can be?")*

—Estará en su oficina.   *"He's probably in his office."*

—¿A qué hora empezará el debate?   *"I wonder when the debate begins."*
—Empezará a las ocho.   *"It probably begins at 8:00."*

Práctica

A. You don't know the exact answer to the following questions, but make a guess, using the cues in parentheses.

MODELO: ¿Cuándo llega el candidato? (a las ocho)   →   Llegará a las ocho.

1. ¿Adónde viajan los políticos? (a Washington)
2. ¿Dónde está la trabajadora? (en la fábrica)
3. ¿A qué hora es el mitin del partido? (las nueve)
4. ¿Dónde están los jefes? (la fábrica)
5. ¿Qué está haciendo el gobierno para aliviar el problema? (nada)
6. ¿Dónde están comiendo los trabajadores? (en la cafetería)
7. ¿A qué hora tiene entrevista el señor Pérez? (las dos)

B. You are speculating about what some of your friends with whom you have lost contact are currently doing. Express your suppositions, following the model.

MODELO: Rafael / ser político   →   Rafael será político.

1. Alfonso / trabajar en una universidad
2. los Gómez / formar una compañía internacional
3. Paula y Laura / ser escritoras
4. Tomás / ayudar a los pobres
5. Enrique y Vicente / viajar por todas partes del mundo
6. Xavier / vivir en las montañas

C. Express in Spanish.

1. He's probably reading the newspaper.
2. What do you suppose they're doing?
3. You (*fam. sing.*) probably support that candidate, right?
4. She's probably coming at three o'clock.
5. I wonder when he has the interview.
6. I wonder what the weather is like in Buenos Aires.

D. Tell where the following people probably are.

1. Mi mejor amigo/a…
2. Mis padres…
3. El profesor (La profesora)…
4. El presidente…
5. Mis abuelos…

61. Stressed Possessive Adjectives

In Unit 3A you learned the short forms of the possessive adjectives: **mi, tu, su, nuestro, vuestro, su.** Here are the stressed forms of the possessive adjectives.

mío/a/os/as	(*of*) *mine*	nuestro/a/os/as	(*of*) *ours*
tuyo/a/os/as	(*of*) *yours* (fam.)	vuestro/a/os/as	(*of*) *yours* (fam.)
suyo/a/os/as	(*of*) *his, hers, yours*	suyo/a/os/as	(*of*) *theirs, yours*

Unlike the short possessive adjective forms, the stressed possessive adjectives follow the nouns they modify. They agree with nouns in gender and number; they do *not* agree with the possessor.

Pablo es un buen amigo mío.	*Pablo is a good friend of mine.*
Unas amigas nuestras vendrán hoy.	*Some friends of ours will come today.*
Ayer se vendió una casa suya.	*A house of his was sold yesterday.*

Since **suyo/a/os/as** can have a variety of meanings, for greater clarity a prepositional phrase with **de** may be used instead of a possessive adjective.

Son unos primos de él (de ella, de Ud., de Uds., de ellos, de ellas).	*They are cousins of his (of hers, of yours, of theirs).*

Práctica

A. You and your friends are all planning to watch a political debate on television this evening with various people. Describe everyone's plans, following the model.

MODELO: José / un amigo   →   José va a mirar el programa con un amigo suyo.

1. nosotros / una tía
2. Ramón y Pablo / unas amigas
3. Alicia / un primo
4. tú / unos amigos
5. Ud. / una hermana
6. yo / unos colegas

B. Tell some of the things that you think your friends and relatives will do in the future by completing the sentences in a logical manner.

1. Un tío mío…
2. Un amigo mío…
3. Una hermana mía…
4. Unos primos míos…
5. Un profesor mío (Una profesora mía)…
6. Un pariente mío…

C. Make the following political commentaries, using stressed possessive adjectives. Follow the model.

MODELO: Mi amigo prefiere leer las entrevistas políticas en el periódico. →
Un amigo mío prefiere leer las entrevistas políticas en el periódico.

1. Nuestra tía siempre mira los programas de política en la televisión.
2. Tus amigos asisten a todas las reuniones de ese partido político, ¿verdad?
3. Mi hermana quiere meterse (*get involved*) en la política.
4. Tus primos apoyan ese gobierno, ¿verdad?
5. Nuestros candidatos van a ganar en las elecciones.

¿Cómo se dice?

- **The uses of *para***

In Unit 10A, you learned some uses of the preposition **por**. Remember that although **por** and **para** have similar meanings, they are never used interchangeably. Here are some of the uses of **para**.

To indicate destination:

Salieron para la fábrica a las seis.   *They left for the factory at 6:00.*

To indicate an intended recipient:

El político dijo que el dinero fue para los   *The politician said that the money*
 pobres.   *was for the poor.*
Este regalo es para ti.   *This gift is for you.*

To indicate purpose, frequently expressing English *in order to:*

Trabajaron tanto para vivir bien.   *They worked so hard in order to live well.*
Los padres querían que su hija estudiara para   *The parents wanted their daughter*
 ser abogada.   *to study to be (come) a lawyer.*
Vinimos aquí para escuchar al candidato.   *We came here in order to listen to*
                                                                              the candidate.

To indicate the use for which something is intended:

Esa caja es para papeles.   *That box is for papers.*
Este vaso es para vino.   *This glass is for wine.*

To express *by* or *for* a certain time:

Pidieron que el periodista terminara el   *They asked the journalist to finish*
 artículo para las tres.   *the article by 3:00.*
Ésos son los ejercicios para mañana, ¿no?   *Those are the exercises for tomor-*
                                                                              row, aren't they?

To express an implied comparison:

Para político, es una persona muy honesta.   *For a politician, he's a very honest person.*

A. Describe this drawing, answering the questions that accompany it and using **para** as many times as you can. Invent any details that you need.

Norma salió de casa muy temprano esta mañana.

1. ¿Para dónde salió Norma?
2. ¿Para qué* fue al centro?
3. ¿Para quién tenía que comprar el regalo?
4. ¿Qué clase de vasos compró?
5. ¿Estaba en casa otra vez para las cinco?

B. Complete these sentences in a logical manner.

1. Estoy en esta clase para...
2. Siempre voy a la cafetería para...
3. Necesito comprar un regalo para...
4. Esta noche, voy a preparar la lección para...
5. Tengo un cuaderno especial para...
6. Todos los días, salgo de casa a las ocho de la mañana para...

● *Por* and *para* contrasted

As you do the exercises in this section, keep in mind the different uses of **para**, which you have just learned, and of **por**, which you learned in the **¿Cómo se dice?** section of Unit 10A.

A. ¿Por o para? Complete the following sentences with the appropriate choice.

1. Mi niña se enfermó _____ la mañana, pero el medico indicó que iba a sentirse mejor _____ las ocho de la tarde.
2. Los señores Alonso salieron _____ Chile ayer. Fueron _____ avión.
3. Ernesto me dio veinte dólares _____ comprar las entradas, pero sólo pagué diez dólares _____ ellas.
4. _____ llegar a la playa, los jóvenes tuvieron que andar _____ el parque.
5. El médico tenía la medicina _____ los pacientes.
6. Estos vasos son _____ vino, y son un regalo de cumpleaños _____ ti.
7. Ellos fueron a Colorado _____ ver las montañas y _____ esquiar.
8. Ella quería terminar el examen _____ las nueve.
9. Fueron a la tienda _____ leche y pan dulce.
10. Su hermano estudiaba _____ ser abogado.
11. Anita no está en clase hoy _____ el accidente.
12. _____ político, es muy inteligente.

_____

*Note that the phrase **¿para qué?** asks *for what purpose?*, in contrast to **¿por qué?** (*why?*).

13. No puedo hacerlo _____ falta (*lack*) de tiempo.
14. Ellos ahora son muy ricos _____ sus inversiones.
15. Ella tiene que salir de la oficina a las tres _____ llegar al aeropuerto a las cuatro.

B. Answer the following questions.

1. ¿Para cuándo piensa Ud. terminar sus estudios en la universidad? ¿Para qué estudia? ¿Cuándo prefiere estudiar? ¿por la mañana? ¿por la tarde?
2. ¿A qué hora sale Ud. para la universidad, generalmente? Si va a pie, ¿por dónde le gusta caminar?
3. ¿Va Ud. a comprar un regalo para un amigo esta semana? ¿Por qué? ¿por su cumpleaños?
4. ¿Cuánto pagó Ud. por la última comida que comió en un restaurante? ¿por el último regalo que compró? ¿por el libro de español?
5. Para norteamericano/a, ¿habla Ud. muy bien el español? ¿Para qué estudia Ud. el español? ¿Para poder hablar con la gente de habla española?

Vocabulario

VERBOS

aceptar *to accept*
aguantar *to stand, put up with*
apoyar *to support, lend support to*
asegurar *to assure*
conducir (zc) *to lead*
convencer (z) *to convince*
discutir *to discuss*
explotar *to exploit*
odiar *to hate*
votar (por) *to vote (for)*

SUSTANTIVOS

el **apoyo** *support*
la **campaña** *campaign*
el **debate** *debate*
el **derecho** *right*
la **discusión** *argument; discussion*
el **dominio** *domination*
la **entrevista** *interview*
la **esperanza** *hope*
la **fábrica** *factory*
la **inversión** *investment*
el **partido** *party (political)*
la **pérdida** *loss*
el **permiso** *permission*
la **política** *politics; policy*
el/la **político/a** *politician*
el **tirano** *tyrant*

ADJETIVOS

estadounidense *American (of the U.S.)*
político *political*

OTRAS PALABRAS Y EXPRESIONES

acabar de + inf. *to have just (done something)*
¿para qué? *for what purpose?*

Rodolfo Gonzales

César Chávez

Rodolfo Gonzales y Juan Carlos I... el uno, hijo de padres humildes, llegó a ser líder del movimiento a favor de los derechos del chicano urbano en los Estados Unidos. El otro, de noble abolengo (*lineage*), llegó a ser rey de España. Los dos representan el espíritu de la democracia.

Rodolfo Gonzales nació en Denver, Colorado, en 1928. Su padre era un inmigrante mexicano. Cuando era niño, Rodolfo trabajaba en los campos con su padre, y en el invierno se ganaba la vida trabajando, de noche y durante los fines de semana, en un matadero (*slaughterhouse*). Después de terminar sus estudios en el colegio, se hizo boxeador profesional, carrera en la que tuvo mucho éxito. A los treinta años (*When he was thirty*) tenía un puesto en un negocio en Denver y participaba en las actividades del Partido Demócrata.

La década de 1960 fue la época de los grandes movimientos a favor de los derechos civiles en los grupos minoritarios. Entre los chicanos, surgieron (*appeared*) varios líderes carismáticos. En 1962 César Chávez, líder del *United Farm Workers Organizing Committee,* empezó a organizar en California el primer sindicato de campesinos en los Estados Unidos. La huelga que organizó como arma económica rápidamente ganó el apoyo de muchos habitantes de las ciudades. Al año siguiente, 1963, Reies López Tijerina fundó la Alianza Federal de Mercedes, en Nuevo México. El propósito de la Alianza era restaurar a sus dueños (*owners*) originales las tierras que los anglosajones (*Anglo-Saxons*) tomaron de ellos. Así era el ambiente (*climate*) cuando en 1965 Gonzales estableció La Crusada para la Justicia.

Desconfiando (*Distrusting*) de los partidos políticos tradicionales, Gonzales buscó otro medio de cambiar la situación del chicano y de devolverle (*to return to him*) su dignidad como ser humano. Por eso, fundó La Crusada como medio de preservar la cultura chicana y, poco después, organizó La Raza Unida como partido político preocupado por los intereses del chicano. Las actividades de La Crusada son muchas y muy variadas. Hay programas culturales y servicios sociales. Buscan nuevas posibilidades para mejorar la educación y también para aumentar las oportunidades de trabajo para los chicanos. Han establecido (*They have established*) escuelas, un gimnasio y una galería de arte. Es decir, se interesan por todos los aspectos de su cultura y al

mismo tiempo tratan de resolver los problemas de la pobreza.

> ¿Cuáles son algunas de las actividades de La Crusada para la Justicia? ¿Hay una organización de esa clase en su comunidad? ¿Cómo se llama? ¿Qué contribuye (*does it contribute*) a la comunidad? ¿Cree Ud. que habrá más organizaciones de ese tipo en el futuro?

El rey Juan Carlos I, en el parlamento español

El mundo del Rey Juan Carlos de España es muy distinto al de (*that of*) Rodolfo Gonzales. Juan Carlos es descendiente de Luis XIV de Francia y de la Reina Victoria de Inglaterra.

La contribución de Juan Carlos a la democracia se entiende sólo al saber algo de la historia del país en las últimas décadas. Entre 1936 y 1939 España sufrió una de las guerras civiles más terribles de nuestro siglo. Como resultado de esa guerra el general Francisco Franco estableció una dictadura que duró (*lasted*) hasta su muerte en 1975. Durante esa larga época España estuvo aislada del resto de Europa y no tuvo prácticamente (*had virtually no*) instituciones democráticas. Aunque había cierto progreso en la industria, el país tenía dificultades para afrontar (*to face*) un cambio de régimen político, ya que la mayoría de los españoles sólo conocían la dictadura de Franco.

Juan Carlos I nació en Roma en 1938. Su abuelo fue el último rey de España, exiliado en 1931. Franco dirigió personalmente la educación del futuro rey, como Juan Carlos dirige ahora la de su hijo. En 1947 Franco declaró que España era una monarquía y que él actuaba de regente. En el 69 Franco proclamó que Juan Carlos iba a ser su sucesor y que debía subir al trono cuando él muriera. En 1975 Juan Carlos llegó a ser rey, después de la muerte de Franco.

Los problemas que el nuevo rey tuvo que afrontar fueron muchos. Varios movimientos regionalistas dividían el país. Muchos creían que los franquistas (*supporters of Franco*), que controlaban gran parte del ejército, no iban a aceptar las ideas liberales del rey. Se creía que el reino (*reign*) de Juan Carlos I iba a ser muy breve.

Sus críticos, sin embargo, no conocían la astucia (*cunning*) del rey. Aun antes de subir al trono, Juan Carlos invitó a los líderes de los partidos políticos de la oposición a participar en los procesos políticos del país. El rey apoyó la nueva constitución democrática, que se aprobó (*was approved*) en elecciones libres in 1978. Desde entonces mantiene buenas relaciones con la jerarquía militar y también con los partidos políticos. Por eso el rey es muy admirado hoy día.

> ¿Qué clase de gobierno estableció el general Franco? ¿Cuándo subió al trono Juan Carlos? ¿Cuáles son algunos de los problemas que existían en España cuando él llegó al trono?

Estructura

Minidiálogo

1. *Según Felipe, ¿por qué son dichosas las moscas?*
2. *¿Qué hace Mafalda?*
3. *¿Cómo sabemos que Felipe cambia su opinión sobre las moscas?*

62. The Conditional

A. The conditional of most Spanish verbs is formed by adding the conditional endings (**-ía, -ías, -ía, -íamos, -íais, -ían**) to the infinitive. Note that the same set of endings is used for **-ar, -er,** and **-ir** verbs, and that all of the conditional endings require a written accent mark.

fundar		hacer		saber	
SINGULAR	PLURAL	SINGULAR	PLURAL	SINGULAR	PLURAL
fundaría	fundaríamos	haría	haríamos	sabría	sabríamos
fundarías	fundaríais	harías	haríais	sabrías	sabríais
fundaría	fundarían	haría	harían	sabría	sabrían

FELIPE: Lucky flies, who don't have to go to school! I'd like to be a fly! And fly free! And not have to go over multiplication tables, or put up with the teacher, or . . . SWAT! Three times one, three. Three times two, six. Three times three, nine. Three times four, . . .

B. Note that the verbs that have an irregular stem in the future form the conditional with the same irregular stem (see Unit 11A): **haría, saldría,** and so on.

C. The conditional generally corresponds to the English auxiliary *would*.

Me dijeron que irían.	*They told me they would go.*
Era evidente que no podría ir.	*It was evident that she wouldn't be able to go.*

Note, however, that the imperfect tense is used to express English *would* when referring to habitual actions in the past, and that the imperfect subjunctive expresses *would* in dependent clauses that require the subjunctive.

Los veíamos todos los veranos.	*We would (used to) see them every summer.*
Esperaba que viniera.	*I hoped that he would come.*

D. Just as the future is used to describe future actions from the standpoint of the present, the conditional is used to describe future actions from the standpoint of the past.

Dijeron que apoyarían el gobierno.	*They said that they would support the government.*
El rey dijo que él restauraría la democracia en su país.	*The king said that he would restore democracy in his country.*
Le dije que lo haría mañana.	*I told him that I would do it tomorrow.*

Práctica

A. Restate the sentences, substituting the verbs in parentheses for the italicized verbs and making other necessary changes. Follow the model.

MODELO: *Creo* que vendrán a la fiesta.   (creía)   →   Creía que vendrían a la fiesta.

1. Carlos *dice* que nos llevará a la reunión.   (dijo)
2. *Es* evidente que su padre no apoyará sus ideas políticas.   (Era)
3. Les *dicen* que les darán permiso para restaurar el gobierno radical.   (dijeron)
4. Ellos *saben* que tendremos los mismos derechos.   (sabían)
5. *Creo* que tú lo cambiarás.   (Creía)
6. *Saben* que podrán fundar un nuevo partido político.   (Sabían)
7. *Es* cierto que ella sabrá hacerlo.   (Era)
8. *Creen* que podremos entender el propósito de la guerra.   (Creían)

B. Tell what the following people said they would do if they received a check for a million dollars.

MODELO: yo / dar dinero a los pobres   →   Dije que yo daría dinero a los pobres.

1. tú / querer visitar España
2. Uds. / dar una fiesta muy grande
3. mis padres / mejorar la casa
4. nosotros / poner mil dólares en el banco

5. mi amigo Juan / viajar en avión alrededor del mundo
6. Ud. / comprar una casa en la playa
7. yo / tener cuidado con el cheque
8. su novio/a / hacer un viaje a Europa

C. For the first time in many years a free election is being held in a country that was formerly ruled by a dictator. Indicate what one of the parties said it would do if its candidates were elected.

MODELO: crear más trabajos para los pobres   →
          Ese partido dijo que crearía más trabajos para los pobres.

1. promover la democracia en el país
2. hacer muchos cambios en el sistema judicial
3. permitir la fundación de los sindicatos
4. cambiar el ejército
5. establecer un sistema de escuelas públicas
6. apoyar las reformas sociales
7. tener elecciones libres cada tres años
8. ayudar a la población de las regiones aisladas del país

D. Tell what you would do in the following situations. Follow the model.

MODELO: Al entrar en la casa / sentarse en seguida   →
          Al entrar en la casa, me sentaría en seguida.

1. Al recibir un millón de pesos / comprar una casa enorme
2. Al terminar el trabajo / acostarme temprano
3. Al encontrar a un amigo / decirle «Buenos días»
4. Al entrar en un café / pedir una bebida
5. Al visitar México / ir a ver las pirámides de Teotihuacán
6. Al asistir a una boda (*wedding*) / dar un regalo a los novios
7. Al levantarme / vestirme pronto
8. Al entrar en la clase de español / empezar a hablar en español

E. Repeat Exercise D, asking a classmate what he or she would do in each of the numbered situations above. Your classmate can use the cues provided here for answers or invent new ones.

MODELO: Al entrar en la casa (leer el periódico)   →
          —¿Qué harías al entrar en la casa?
          —Leería el periódico.

1. (dar mucho dinero a mis padres)
2. (ir al cine)
3. (decirle «Hola»)
4. (buscar una mesa desocupada)
5. (probar muchos platos típicos)
6. (bailar con mi novio/a)
7. (salir a caminar por el parque)
8. (poner mis libros debajo de la silla)

Minidiálogo

ENRIQUE: ¿Qué le pasaría a Federico?
EUSEBIO: Perdió su puesto en el gobierno como consecuencia de las
           últimas elecciones.

1. ¿Por qué se preocupa Enrique por Federico?
2. ¿Dónde trabajaba Federico antes de perder su puesto?
*3. ¿Quién perdió las últimas elecciones presidenciales en los
    Estados Unidos?*

63. The Conditional Used to Express Probability

The conditional expresses uncertainty or probability about past situations.

¿Qué hora sería cuando ellos llegaron?	*I wonder what time it was when they arrived.* *(What time do you suppose it was when they arrived?)*
Serían las once.	*It was probably 11:00.*

Práctica

A. A friend of yours, knowing that you are a student of Spanish, asks you several questions about
the Hispanic world. You are not sure of your information, but you speculate about some of the
things that you are asked. Follow the model.

MODELO: ¿Cuándo cayeron (*fell*) los líderes del ejército? (después de la revolución)   →
          Caerían después de la revolución.

1. ¿Cuándo nació el rey de España?   (1938)
2. ¿Dónde vivían los reyes de España?   (en el Palacio Real)
3. ¿Cuándo se votó la constitución democrática en España?   (después de la muerte de Franco)
4. ¿Cuándo empezó el rey a apoyar la democracia en España?   (al subir al trono)
5. ¿Cuándo vino la reina a vivir a España?   (al casarse con [*upon marrying*] el rey)

B. Several people you invited to a party did not come. Speculate about why they didn't attend,
using the cues provided.

MODELO: Alicia / estar cansada   →   Alicia estaría cansada.

ENRIQUE: What could have happened to Federico? EUSEBIO: He lost his government job as a result of the last elections.

1. Enrique / no saber la hora de la fiesta
2. José / no recordar el número de la casa
3. Lupe y Paula / tener que estudiar para un examen importante
4. Felipe / estar enfermo
5. Roberto y Juan / tener que trabajar
6. Consuelo y Raúl / ir al concierto en la universidad

C. Express in Spanish.

1. I wonder where she was when I called her.
2. I wonder who promoted that political party.
3. He probably came at 9:00 last night.
4. I wonder what they were doing when you saw them.
5. They probably didn't know the name of the last king of France.

64. Possessive Pronouns

In Lesson A of this unit you learned how to form and use the stressed possessive adjectives. The stressed possessive adjectives, in combination with a definite article, may also be used as possessive pronouns, replacing nouns.

Este artículo es interesante, pero el tuyo es mejor.	*This article is interesting, but yours is better.*
Esta casa es tan pequeña. La nuestra es mucho más grande.	*This house is so small. Ours is much larger.*
Tus abuelos viven en España; los míos, aquí.	*Your grandparents live in Spain; mine, here.*

Note that with this construction the definite article is omitted after the verb **ser.**

—¿De quién es este libro?	*"Whose book is this?"*
—Es mío.	*"It's mine."*
Estos papeles no son nuestros. ¿Son tuyos?	*These papers aren't ours. Are they yours?*

Práctica

A. With a classmate, ask and answer the following questions. Follow the model.

MODELO: —Mi apartamento es muy pequeño. Y el tuyo, ¿cómo es?
                   —El mío es pequeño también.

1. Mi televisor es nuevo.
2. Mi clase de historia es interesante.
3. Mis inversiones son buenas.
4. Mi familia es grande.
5. Mis abuelos son simpáticos.
6. Mi salud es buena.

B. Now answer these questions in two ways, following the model.

MODELO: ¿De quién es este libro?   (Pablo)   →   Es de Pablo. Es suyo.

1. ¿De quién son estos periódicos?   (Anita)
2. ¿De quién es este televisor?   (ellos)
3. ¿De quién son estas medicinas?   (Uds.)
4. ¿De quién es aquella casa?   (los Gómez)

C. You and your friend Ramón are comparing notes about several things. He tells you something about himself, and you respond by telling something about yourself. Follow the model.

MODELO: Mi partido político es muy conservador (*conservative*).   (liberal)   →
El mío es muy liberal.

1. Mi casa es muy moderna.   (vieja)
2. Mis parientes son pobres.   (ricos)
3. Mi novia es muy alta.   (baja)
4. Mis clases son bastante interesantes.   (aburridas)
5. Mi puesto en el gobierno es muy bueno.   (malo)
6. Mi candidato/a preferido/a es muy inteligente.   (honesto/a)

D. The election is over and the campaign headquarters is being closed. Jaime thinks that the items left in the office belong to certain people, but Carlos says they're all his. With a classmate, play both roles.

MODELO: un suéter / Carmen   →
JAIME: El suéter será de Carmen, ¿verdad?
CARLOS: No, no es suyo. Es mío.

1. los lápices / Ramón
2. el bolígrafo / Clara
3. las tazas / Elisa y Felipe
4. los cuadernos / Raquel
5. las fotos / el candidato
6. la cerveza / el director de la campaña

Repaso

A. Form complete sentences, beginning each with **Él dice que...** and using the future of the italicized verbs.

Él dice que...
1. nos *decir* las noticias pronto
2. *hacer* la investigación más tarde
3. no *poder* venir con nosotros
4. no *querer* hablar con el jefe
5. *saber* la fecha de la reunión
6. *salir* a las ocho
7. no *tener* suficiente dinero
8. *venir* a la oficina con ella
9. *enfermarse*
10. *aprender* los nombres de los líderes
11. *llegar* a ser jefe del sindicato
12. no *haber* tiempo para formar un comité

B. Repeat Exercise A, beginning each sentence with **Él dijo que...** and using the conditional of the italicized verbs.

C. You are a journalist reporting the views of one of the candidates in the upcoming election. Express these views in Spanish.

   1. The candidate says that he will work in order to change the government.
   2. He believes that there will be many changes by next year.
   3. His political party says that it will support the unions.
   4. The people believe that a new government will create more jobs for the workers.
   5. The members of his party believe that they will win the election.

D. Repeat Exercise C, changing the verb in the main clause to a past tense and making all other necessary changes.

E. Complete each sentence with **por** or **para.**

   1. _____ joven, sabe mucho de política.
   2. Todavía no sabemos si votaremos _____ ese candidato.
   3. Dijo que nos vendería las entradas _____ treinta dólares.
   4. Mi padre fue miembro del sindicato _____ quince años.
   5. Necesito un cuaderno _____ mis papeles.
   6. Mi hermano saldrá mañana _____ el campamento militar.
   7. Traeré unas fotos del candidato _____ el periodista.
   8. Sus hijos harán el trabajo _____ la señora porque ella está enferma y no podrá hacerlo.
   9. Trataré de terminar el artículo _____ el viernes.
  10. Será necesario leer la entrevista con cuidado _____ entenderla.
  11. Viajarán a la capital _____ avión.
  12. Iremos al banco _____ dinero.

F. Complete each sentence with the appropriate form of the possessive pronoun.

   1. Mi amiga y yo compramos dos suéteres ayer. (*Mine*) _____ es azul y (*hers*) _____ es verde.
   2. Mis tíos y mis padres compraron casas nuevas. (*Ours*) _____ es pequeña y (*theirs*) _____ es grande.
   3. Mi tía nos dio muchos libros a mi hermano y a mí. (*His*) _____ son de España y (*mine*) _____ son de México.

Intercambios

A. El horóscopo. El hombre del dibujo (*drawing*) debe prestar atención (*to pay attention*) a su horóscopo de hoy. ¿Qué haría Ud. en su situación?

HOROSCOPO
—Hoy corre inminente riesgo de morir ahogado.°   *by drowning*

Ahora, imagine que Ud. lee los siguientes consejos en su horóscopo para hoy. ¿Qué hará?

1. FAMILIA: La relación entre padres e hijos será bastante cordial.
2. DINERO: Será un día propicio para resolver la situación financiera.
3. TRABAJO: Es un buen momento para tomar serias decisiones respecto al futuro laboral.
4. SALUD: Será una semana poco prometedora (*promising*) para el organismo. Trate de cuidarse más.
5. AMOR: Habrá una mayor tendencia a las complicaciones sentimentales.

B. Imagine que su médico acaba de decirle que Ud. va a morirse dentro de seis meses. ¿Cuál sería su reacción inicial? ¿Sentiría miedo, horror u otra emoción? ¿Cómo cambiaría sus planes para el futuro? ¿Qué haría? ¿Qué es lo que Ud. no haría más? ¿Qué cosas que Ud. pensaba hacer ya no haría?

C. A veces es difícil decidir por quién vamos a votar. En el dibujo siguiente, se ve cómo una persona resuelve ese problema.

¿Sabe el señor del dibujo por quién votará? ¿Cómo llega a esa decisión? Durante las elecciones, ¿tiene Ud. dificultad a veces en decidirse? ¿Vota Ud. según el candidato o según el partido? ¿Qué hace Ud. cuando no conoce a los candidatos?

el dedo... *your finger has landed (fallen)*

Vocabulario ——————————————————————————————

VERBOS

fundar   *to found*
hacerse   *to become*
nacer (zc)   *to be born*
promover (ue)   *to promote*
restaurar   *to restore*
subir   *to ascend, go up*

ADJETIVOS

aislado   *isolated*
humilde   *humble*
largo   *long*
unido   *united*

SUSTANTIVOS

la **década**   *decade*
la **democracia**   *democracy*
el **destierro**   *exile*
el **ejército**   *army*
las **elecciones**   *election(s)*
el **líder**   *leader*
el **propósito**   *purpose*
el **puesto**   *post, position, job*
la **raza, La Raza**   *race* (*of
        people*); phrase used to
        designate persons of
        Mexican-American descent
la **reina**   *queen*
el **rey**   *king*
el **sindicato**   *labor union*
el **trono**   *throne*

OTRAS PALABRAS
Y EXPRESIONES

a favor de   *in favor of*
bastante   *quite, rather*
el fin de semana   *weekend*
es decir   *that is* (*to say*)
ganarse la vida   *to earn a
        living*
llegar a ser   *to become* (*usually
        with professions*)
ya que   *since*

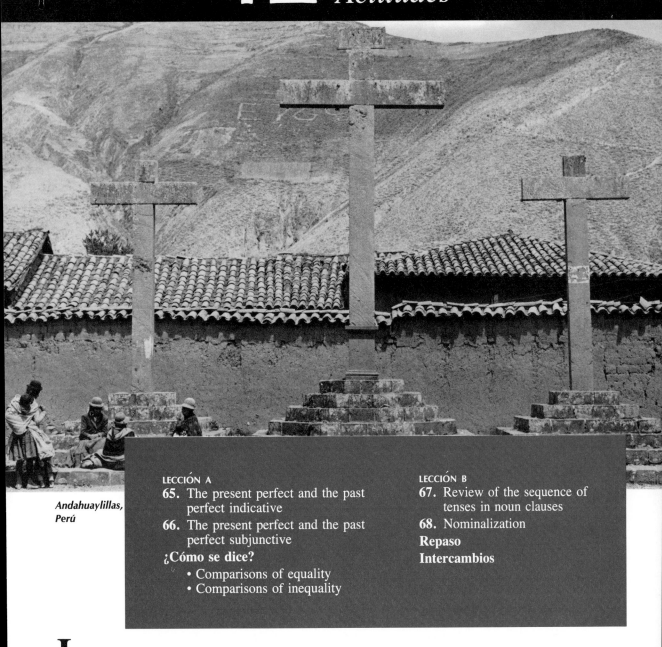

*Andahuaylillas,
Perú*

LECCIÓN A

65. The present perfect and the past
perfect indicative

66. The present perfect and the past
perfect subjunctive

¿Cómo se dice?

- Comparisons of equality
- Comparisons of inequality

LECCIÓN B

67. Review of the sequence of
tenses in noun clauses

68. Nominalization

Repaso

Intercambios

In this unit you will learn about the attitudes of some Hispanic people toward marriage and about the Mexican attitude toward death. You will also have the chance to express your attitudes and opinions about these and other topics.

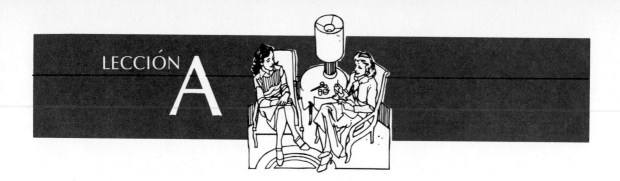

La religión es un aspecto importante de la vida diaria de muchas personas.
Pero la presencia de la religión es aun más notable en los países hispánicos
que en los Estados Unidos. La iglesia católica ha sido° durante años la   ha... *has been*
única religión importante, especialmente en el medio rural, donde el cura y
la iglesia son a veces el centro de la vida social. Los días festivos son casi
siempre religiosos y la iglesia está presente en algunos de los momentos más
importantes de la vida: el bautismo, el matrimonio y la muerte. Pero eso no
quiere decir que en el mundo hispánico todos tengan la misma actitud hacia
la religión, como vemos en este diálogo.

PILAR: Mamá, Carlos me pidió que me casara con él.

MAMÁ: ¡Ah, felicitaciones, hija! Después de dos años de ser novios, ya era
tiempo. ¿Aceptaste?

PILAR: ¡Claro que sí! Carlos hablará con papá mañana.

MAMÁ: Tu padre no pondrá ningún obstáculo. Considera a Carlos un joven
prometedor que gana un buen sueldo. Llamaré al padre Juan. ¿En
qué fecha están pensando?

PILAR: Bueno, para primeros de noviembre. Queremos casarnos en el otoño.
Pero... espere, mamá. Carlos no quiere que nos casemos por la
iglesia.

MAMÁ: ¿Cómo? ¿Qué me estás diciendo?

PILAR: ¡Ay, es lo que° yo pensaba! Carlos cree que la iglesia está aprovechán-   lo... *what*
dose° del pueblo. No es cuestión de fe. Cree en Dios pero no quiere   *taking advantage*
aceptar la autoridad de los curas. Insiste en que nos casemos sola-
mente por lo civil.° Tenía miedo de que esto causara un problema.   por... *in a civil ceremony*

MAMÁ: Claro que es un problema. No podemos permitir que rechaces así tu
religión. El padre Juan te bautizó, te confirmó y te casará. ¿No se
lo dijiste a Carlos?

PILAR: Pues, le dije que yo prefería que también nos casáramos por la iglesia,
pero rechazó totalmente la idea. En fin, yo tampoco creo que la religión sea tan importante como para destruir mi felicidad.°   *happiness*

MAMÁ: ¿No crees que sea importante? ¡No creo lo que estoy oyendo! ¿Qué
esperabas que hiciera yo cuando murió tu abuela el año pasado? Sin
el consuelo del padre Juan y de mi fe... Estaba muriéndome de
pena.° La religión me consoló mucho.   *grief*

PILAR: Sí, yo lo sé, mamá. Pero, ¿qué hago?

MAMÁ: Pues, mira, hija. Sé lo que yo haría. Convencería a Carlos. Se lo diría
         claramente. Es un chico decente. Al comprender la importancia que
         tiene esto para nosotros, se pondrá de acuerdo con nosotros.

PILAR: Bueno, mamá. Espero que tenga razón. Los dos queríamos tanto que
         usted y papá estuvieran de acuerdo.* Vamos a mirar el calendario.

MAMÁ: A ver… No puede ser el dos de noviembre—es el Día de los Muertos.[†]
         El cuatro es el día del santo de Carlos y no creo que él quiera
         casarse ese día.[‡] El día siete es el tuyo. ¿Qué te parece si tenemos
         la boda ese día? Ah, no, es martes— «ni te cases ni te embarques°».   te… *start a trip*

PILAR: Ay, mamá, para usted no hay nada que no traiga problemas.

Preguntas

A. Conteste según el diálogo.

1. ¿Cuál es la actitud de la mamá hacia la religión? ¿Cuál es la actitud de Pilar? ¿y la de
   (*that of*) Carlos?
2. ¿Por qué dice Pilar que la actitud de Carlos «no es cuestión de fe»?
3. ¿Para qué sirve la religión, según la mamá?
4. ¿Qué haría la mamá?
5. Para esta familia, ¿qué fechas especiales hay a primeros de noviembre?
6. ¿Cuál es un día de mala suerte, según la mamá?

B. Conteste estas preguntas personales.

1. ¿Es Ud. religioso/a? ¿Era más o menos religioso/a cuando era niño/a? ¿Iba a la iglesia o a
   la sinagoga todas las semanas? ¿Asiste a los servicios religiosos ahora? ¿Cree que sea necesario asistir para ser religioso/a? ¿Por qué sí o por qué no?
2. ¿Qué debe hacer Pilar si Carlos no quiere casarse por la iglesia? ¿Cree Ud. que Carlos deba
   acceder (*to give in*) a los deseos de la mamá de Pilar? ¿Por qué sí o por qué no? ¿Qué haría
   Ud.?
3. ¿Piensa Ud. tener hijos en el futuro? ¿Ya los tiene? ¿Cómo tratará la cuestión de la religión
   con sus hijos? ¿Insistirá en que practiquen alguna religión?
4. ¿Conoce Ud. alguno de los movimientos religiosos modernos? ¿En qué se diferencian de las
   religiones tradicionales? En su opinión, ¿por qué son tan populares hoy día?

---

*Note that the daughter uses the **usted** form with her mother in this dialogue, as commonly occurs in very traditional
families. The **tú** form is used by children with their parents in other families.

[†]**El Día de los Muertos** is *All Souls' Day*. It is celebrated as a religious holiday in most Hispanic countries.

[‡]**El día del santo** is the day of the saint for whom one is named. It is often celebrated instead of one's birthday.

Estructura

Minidiálogo

PILAR: Mi papá me ha dicho que no quiere que me case con Carlos.

ROSARIO: Pero, ¿no te había dicho antes que estaba totalmente de acuerdo con los planes de Uds.?

PILAR: Sí, pero eso fue antes de saber la actitud de Carlos hacia la iglesia. Él ni había pensado en la posibilidad de que Carlos no quisiera casarse por la iglesia.

1. *¿Qué le ha dicho su padre a Pilar?*
2. *¿Qué le había dicho antes?*
3. *¿Por qué cambió de opinión el padre?*

65. The Present Perfect and the Past Perfect Indicative

A. The present perfect indicative is formed with the present tense of **haber** plus a past participle. In this construction, the past participle is invariable in gender and number, always ending in **-o**. (**Haber** is the equivalent of the English auxiliary *to have*.)

comprar	
he comprado	hemos comprado
has comprado	habéis comprado
ha comprado	han comprado

English equivalent: *I have bought, you have bought, etc.*

B. In general, the use of the Spanish present perfect parallels that of the English present perfect.*

Siempre hemos apoyado ese partido.	*We have always supported that party.*
Raúl ha leído todas las noticias en el periódico.	*Raúl has read all the news in the newspaper.*
Este año han restaurado la iglesia.	*They've restored the church this year.*

PILAR: My father has told me that he doesn't want me to marry Carlos. ROSARIO: But hadn't he told you before that he was completely in agreement with your plans? PILAR: Yes, but that was before knowing about Carlos's attitude toward the church. He hadn't even thought of the possibility that Carlos wouldn't want to be married in a religious ceremony.

---

*Remember that **acabar de** + *infinitive* is used to express English *to have just* (*done something*): **Acaban de mirar ese programa** (*They've just watched that program*).

C. The past perfect indicative is formed with the imperfect tense of **haber** plus a past participle.

vender	
había vendido	habíamos vendido
habías vendido	habíais vendido
había vendido	habían vendido

English equivalent: *I had sold, you had sold, etc.*

D. The past perfect relates a past action that preceded another action in the past. The more recent action or event, if mentioned, is generally expressed with the preterite.

Ya habían oído las noticias cuando
 llegamos.
Dijo que ya habían discutido el problema.

Ella nos había prestado el dinero.

*They had already heard the news
 when we arrived.*
*He said that they had already
 discussed the problem.*
She had lent us the money.

Práctica

A. Restate the sentences using the present perfect. Follow the model.

MODELO: Rechazan la idea. → Han rechazado la idea.

1. El novio no acepta la autoridad de la iglesia.
2. El cura la bautiza.
3. Se casan por lo civil.
4. ¿Lo entiendes?
5. Les pido ayuda a mis parientes.
6. Celebramos el día de su santo.
7. Nunca pierdo la esperanza.
8. El ejército apoya la iglesia.
9. Mis amigos me consuelan.
10. Los novios se ponen de acuerdo.

B. Repeat Exercise A, changing the verbs to the past perfect. Follow the model.

MODELO: Rechazan la idea. → Habían rechazado la idea.

C. Ask a classmate if he or she has ever done some of the following things. Follow the model.

MODELO: estudiar diez horas seguidas (*straight*) → ¿Has estudiado diez horas seguidas?

1. publicar un artículo en un periódico
2. participar en una campaña electoral
3. ver un partido de fútbol europeo
4. votar en una elección
5. ganar mucho dinero en un concurso (*contest*)
6. participar en un bautismo
7. rechazar los consejos de otros
8. ser miembro de un sindicato

D. You and some friends have just returned from a summer in Mexico. Describe some of the things you did there that you or your friends had never done before. Follow the model.

MODELO: nosotros / vivir con una familia mexicana →
 Hemos vivido con una familia mexicana. Nunca habíamos vivido con una familia mexicana antes.

1. yo / comer tamales dulces
2. ellos / asistir a un bautismo
3. mis amigos y yo / participar en una corrida (*bullfight*)
4. todos / hablar con un cura de pueblo
5. Uds. / beber chocolate mexicano
6. tú / visitar las pirámides

E. Some other students are now visiting South America. Relate information from their cards and letters to a mutual friend by expressing the following sentences in Spanish.

1. They have already visited Argentina, Paraguay, and Bolivia.
2. They have spent a weekend in La Paz.
3. According to Chris, they have also spent a lot of money!
4. John had lost his traveler's checks (**cheques de viajero**) before leaving Miami.
5. The others have lent him money since then.
6. Tracey and Ellen had decided to travel alone to Chile.

F. What things have you done recently that you had never done before? Follow the model.

MODELO: ir a... → Ya he ido a Costa Rica dos veces. Antes de 1986, nunca había ido a Costa Rica.

1. estudiar...
2. ir a...
3. ver...
4. participar en...
5. aprender a...

Minidiálogo

PILAR: Pero, corazón, ya te he dicho que mi madre estaba escandalizada.

CARLOS: Espero que finalmente la hayas convencido de que no nos casaremos por la iglesia.

PILAR: Pues, no. Tienes que entender que la religión es una parte importantísima de su vida.

CARLOS: Sí que lo entiendo. Sé que para ella es muy importante que el padre Juan te haya bautizado y te haya confirmado, pero te repito que él no nos va a casar.

PILAR: ¡Ay, Carlos! ¡Ojalá tu familia hubiera sido más tradicional! Tendríamos menos problemas.

1. ¿Qué espera Carlos?
2. ¿Qué cosa es muy importante para la madre de Pilar?
3. ¿Por qué cree Pilar que tienen tantos problemas?
4. ¿Cómo es la familia de ella?

PILAR: But, dear, I've already told you that my mother was shocked. CARLOS: I hope you've finally convinced her that we will not be married in the church. PILAR: Well, no. You have to understand that religion is a very important part of her life. CARLOS: I do understand it. I know that for her it's very important that Father John has baptized you and confirmed you, but I repeat, he's not going to marry us. PILAR: Oh, Carlos! I wish your family had been more traditional! We'd have fewer problems.

66. The Present Perfect and the Past Perfect Subjunctive

A. The present perfect subjunctive is formed with the present subjunctive of **haber** plus a past participle.

ver	
haya visto	hayamos visto
hayas visto	hayáis visto
haya visto	hayan visto

English equivalent: *I have seen, you have seen, etc.*

B. The past perfect subjunctive is formed with the imperfect subjunctive of **haber** plus a past participle.

leer	
hubiera leído	hubiéramos leído
hubieras leído	hubierais leído
hubiera leído	hubieran leído

English equivalent: *I had read, you had read, etc.*

C. The present perfect and past perfect subjunctive are used in noun clauses according to the rules you have already learned: when there is a dependent clause introduced by **que**, a change of subject in the dependent clause, and a verb of willing, emotion, or doubt in the main clause.* The use of the present perfect or past perfect subjunctive usually parallels English usage.

When the subjunctive is required, the following sequence of tenses is observed:

- If the main clause verb is a present or future form, the present perfect subjunctive will be used in the dependent clause.

Espero que ya se hayan casado.	*I hope they have already gotten married.*
Se alegrarán de que haya rechazado la idea.	*They will be happy (that) he has rejected the idea.*

- If the main clause verb is a past or conditional form, the past perfect subjunctive will be used in the dependent clause.

Me alegraba de que la hubieran consolado.	*I was glad that they had consoled her.*
Nadie creería que Luis hubiera llegado tan tarde.	*No one would believe that Luis had arrived so late.*

---

*See **Unit 8A** for a review of the uses of the subjunctive in noun clauses.

Práctica

A. Create new sentences by combining these phrases with the sentences that follow them.

MODELO: Ojalá que...
          Han llegado.   →   Ojalá que hayan llegado.

1. Ojalá que...   2. Dudan que...
   La han consolado.   Hemos tenido cuidado.
   No lo has rechazado.   Le he convencido.
   Hemos mejorado la situación.   Ya has leído la entrevista.
   No se han quejado mucho.   Han nacido muchos niños este mes.
   Ud. se ha casado ya.   Se han descubierto tratamientos médicos nuevos.

B. Repeat Exercise A, using **Ojalá que...** and **Dudaban que...** with a past perfect form. Follow the model.

MODELO: Ojalá que...
          Han llegado.   →   Ojalá que hubieran llegado.

C. Your family is traveling through Latin America without you. Tell a friend about what you hope they have and have not done.

MODELO: Espero que...
          ellos / no enfermarse   →   Espero que no se hayan enfermado.

1. ellos / ver una boda en un pueblo   4. mi padre / probar unos platos
2. mi madre / tener cuidado con su salud   típicos
3. mis hermanas / visitar unas ruinas precolombinas   5. a todos / gustarles la comida

D. After your family has returned, you again discuss their trip with your friend. Express the following thoughts in Spanish.

1. I doubted that they had thought much about local politics.
2. I was happy that my mother had seen a baptism in Lima.
3. They told me that they hoped we had received all their letters.
4. I was afraid that they hadn't seen enough in Bolivia.
5. They told me that they were very happy that I had·written to them often.

E. You haven't seen several of your friends for some time. Tell what you hope has happened to them, using the following verbs and any others that are appropriate. Follow the model.

MODELO: casarse   →   Espero que se hayan casado.

1. pasar el fin de semana en:...   4. resolver sus problemas
2. llegar a ser...   5. hacer buenas inversiones
3. ganar dinero   6. ?

¿Cómo se dice?

- **Comparisons of equality**

  These comparisons are formed according to three patterns.

  With adjectives or adverbs: **tan** + *adjective/adverb* + **como** (*as . . . as*).

Ella es tan seria como su hermana.	*She is as serious as her sister.*
Jim habla español tan bien como sus padres.	*Jim speaks Spanish as well as his parents.*

  With nouns: **tanto/a/os/as** + *noun* + **como** (*as much/many . . . as*):

Su tío tiene tanto dinero como su padre.	*His uncle has as much money as his father.*
Tienen tantos satélites como nosotros.	*They have as many satellites as we do.*

  With verbs: *verb* + **tanto como** (*as much as*):

Trabajan tanto como nosotros, ¿no?	*They work as much as we do, right?*

A. Complete these sentences in a logical manner.

1. Yo soy tan alto/a como _____ .
2. En esta clase, no hay nadie tan inteligente como _____ .
3. Yo hablo español tan bien como _____ .
4. _____ habla español casi tan rápidamente como el profesor/la profesora.
5. Tengo tantas clases como _____ .
6. _____ tiene tanto dinero como los Rockefeller.
7. _____ estudia tanto como yo.
8. Yo me divierto tanto como _____ .

B. Express in Spanish.

1. His brother is probably as tall as he is.
2. Carlos runs (**correr**) as rapidly as Juan.
3. This exam has as many questions as the last one.
4. We don't have as much time as they do.
5. They study as much as we do.

- **Comparisons of inequality**

  These kinds of comparisons are formed according to two patterns.

  With adjectives, nouns, or adverbs: **más/menos** + *adjective/noun/adverb* + **que** (*more/less . . . than*):

Juan es más serio que Enrique.	*Juan is more serious than Enrique.*
Tengo menos tiempo libre que ellos.	*I have less free time than they do.*
Viven más económicamente que tú.	*They live more economically than you do.*

With verbs: *verb* + **más/menos que** (*more/less than*):

Pilar se queja menos que Elena.   *Pilar complains less than Elena.*

Note that **más/menos** *de* is used with numbers.

Tenemos menos de tres dólares.   *We have less than three dollars.*

Note these irregular comparative forms that are used alone, without **más** or **menos**: **mejor(es)** (*better*), **peor(es)** (*worse*), **mayor(es)** (*older*), and **menor(es)** (*younger*).

Ella es mayor que su esposo.   *She is older than her husband.*

A. Change the comparisons of equality in these statements to comparisons of inequality, according to the cues.

1. El abogado está tan ocupado como el médico. (más)
2. El guitarrista sabe tantas canciones como el pianista. (menos)
3. Somos tan pesimistas como ellos. (más)
4. Susana avanza tan rápidamente como Laura. (menos)
5. Su familia viaja tanto como la familia de Ernesto. (más)
6. Mi madre come tanto como mi padre. (menos)
7. Tienen tanta tecnología como nosotros. (más)

B. Compare the items in this drawing, according to the cues. Follow the model.

MODELO: café / grande / casa   →   El café es tan grande como la casa.

1. edificio moderno / alto / iglesia
2. casa / grande / edificio moderno
3. árbol (*tree*) / alto / casa
4. mujer / alta / hombre
5. árbol / alto / edificio moderno

C. Complete the following sentences with appropriate comparative forms.

1. Carlos y Rosa bailan muy bien, pero nosotros bailamos _____ .
2. Los pobres tienen _____ dinero _____ los ricos.
3. Esta película es buena, pero ésa es _____ . ¡Tienes que verla!
4. Oye, en esa clase las conferencias son malas, pero los exámenes son _____ .
5. Mi hermano Juan es _____ que yo—tiene quince años.
6. Generalmente los primos son _____ que los tíos.
7. Claro que mi abuelo tiene _____ cincuenta años.
8. Tengo _____ veinte mil dólares en el banco.

D. Look around at your classmates. Using the following words and phrases as a guide, compare your personal characteristics and habits to theirs.

MODELO: estudiar   →   Marcos estudia más que yo.

1. clases   3. alto   5. hablar español   7. serio
2. trabajar   4. hermanos   6. años   8. quejarse

Vocabulario

VERBOS

bautizar   *to baptize*
casarse (con)   *to get married*
  (to)
consolar (ue)   *to console*
destruir (y)   *to destroy*
rechazar   *to reject*

SUSTANTIVOS

el **árbol**   *tree*
el **bautismo**   *baptism*
la **boda**   *wedding*
el **consuelo**   *consolation*
el **cura**   *priest*
la **fe**   *faith*
el **matrimonio**   *marriage*
el **medio**   *environment*
el/la **novio/a**   *boyfriend/*
  girlfriend; fiancé (e)
el/la **santo/a**   *saint*

ADJETIVOS

decente   *decent; good*
parecido   *similar*
único   *only*

**OTRAS PALABRAS
Y EXPRESIONES**

a primeros de   *around the first*
  of, at the beginning of
¡claro que sí (no)!   *of course*
  (not)!
el día festivo   *holiday*
en fin   *in the end; finally*
estar/ponerse de acuerdo   *to*
  be in/to reach an agreement
¡felicitaciones!   *congratulations!*
peor   *worse*

La muerte es un tema universal, pero en México el tema tiene algunas características especiales que son el resultado de la herencia española e india del mexicano. De España, por ejemplo, llegó el concepto de que todos somos iguales en el momento de la muerte, concepto que se expresaba de forma visual en «la danza de la muerte» de la Edad Media. En la danza, hay igualdad entre el rey, el obispo (*bishop*) y el humilde peón: cada uno baila con un esqueleto, que representa la muerte.

Otra tradición que influye en el concepto mexicano de la muerte es la de (*that of*) los aztecas. Éstos entendían la vida y la muerte como un ciclo sin fin, y expresaron esa creencia visualmente. Así, hay cerámicas aztecas donde la mitad de la figura del ser humano tiene carne (*flesh*), mientras la otra mitad es esqueleto.

El resultado de esa herencia cultural es que el mexicano acepta la muerte como una cosa natural. Ya que la muerte no está divorciada de la vida, se puede jugar con la muerte, reírse de ella, desafiarla, celebrarla como se celebran otros aspectos de la vida. Esta actitud hacia la muerte se hace obvia el Día de los Muertos, el dos de noviembre. En este día se manifiesta el respeto por los muertos, pero también hay lugar para el humor y la alegría. Se prepara comida que se come en el cementerio al lado de las tumbas familiares, y para los niños hay dulces de azúcar con formas de esqueletos y calaveras. Así la comida, tan esencial a la vida, representa también la muerte.

Figura mexicana precolombina

¿Qué es la danza de la muerte? Para los aztecas, ¿qué relación existía entre la vida y la muerte? Normalmente, ¿nos reímos de la muerte en nuestra cultura? ¿La desafiamos? ¿Celebramos nosotros un día parecido al Día de los Muertos? ¿Cuándo? ¿Cómo se celebra?

Otra costumbre mexicana que se asocia con el Día de los Muertos es el vender panfletos en las calles de las ciudades o de los pueblos. Estos panfletos se llaman «calaveras», porque son grabados de esqueletos. A veces las calaveras representan escenas alegres o típicas del pueblo, como se ve en estas calaveras de José Guadalupe Posada.

Posada nació en el estado mexicano de Aguascalientes en 1851 y pasó su aprendizaje (*apprenticeship*) allí como artista. En 1888 se mudó a la capital, México, donde vivió hasta su muerte en 1913. Su obra es extensa—creó más de 20.000

jeres que acompañaban a los soldados durante la Revolución.

¿Qué quiere decir la palabra calavera? ¿Cuál es el propósito de las calaveras? Describa Ud. la «Calavera Revolucionaria». ¿Cómo son las proporciones anatómicas de las figuras? ¿Tiene una pistola la soldadera? ¿Tiene un lazo (*lasso*) en la mano? ¿Qué otras cosas puede Ud. identificar? En los Estados Unidos, ¿hay alguna forma de arte parecida a las calaveras? ¿Cuál es? ¿Dónde aparece?

grabados—y muy variada, pero Posada era más conocido por sus calaveras.

En éstas, Posada no se preocupaba de las proporciones anatómicas correctas y, a veces, exageraba una parte del esqueleto según el mensaje político o social de la calavera. El artista tampoco buscaba presentar esqueletos científicamente correctos: los esqueletos son producto de su imaginación, pero tienen vida y personalidad propia. A través de (*Through*) sus calaveras, Posada hablaba de las cosas del pueblo: de sus luchas, sus defectos, sus héroes reales o imaginarios, sus costumbres, sus líderes políticos, etcétera.

Posada fue testigo (*witness*) de una época muy importante de la historia de México: la Reforma, la intervención francesa, la dictadura de Porfirio Díaz y el triunfo inicial de la Revolución. Con sus calaveras, Posada satirizó a los líderes que favorecían a Díaz, y también nos dio una impresión de la violencia de la Revolución, como vemos en la «Calavera Revolucionaria», donde la figura principal es una soldadera, una de las mu-

Estructura

Minidiálogo

1. *Según su esposa, ¿cómo desearía Gumaro que lo enterraran?*
2. *Al volver la mujer y el encargado* (undertaker) *de la funeraria, ¿qué le pregunta la mujer?*
3. *¿Qué había hecho el encargado?*

67. Review of the Sequence of Tenses in Noun Clauses

A. When the subjunctive is required in a dependent noun clause,* the present subjunctive or present perfect subjunctive is normally used when the verb in the main clause is in the present, present progressive, present perfect, or future, or when it is a command.

MAIN CLAUSE (INDICATIVE)	NOUN CLAUSE (SUBJUNCTIVE)
present present progressive present perfect future command	present subjunctive *or* present perfect subjunctive

WOMAN: Oh, dear! My Gumaro adored blue and they put a green suit on him. I know that he would want them to bury him in blue. MAN: Sit down and wait for ten minutes. WOMAN: How fast! How did you do it? MAN: Efficiency, ma'am. The other man on display in the chapel had a blue suit. The only thing we did (that was done) was to switch heads.

*See **Unit 8A** for a review of the uses of the subjunctive in noun clauses.

Espero que no se muden hoy.
¿Será posible que ya se hayan ido?

Dígales que no salgan.
Dudo que ya hayan plantado el árbol.
Les he dicho que lo celebren juntos.
¿Me estás pidiendo que lo haga ahora mismo?

I hope they're not moving today.
Do you suppose it's possible that they've already gone away?
Tell them not to leave.
I doubt that they have planted the tree already.
I have told them to celebrate it together.
Are you asking me to do it right now?

B. At times, however, the sense of a sentence may require that the imperfect subjunctive or the past perfect subjunctive be used in a noun clause, even though the main verb is in the present indicative or the future.

¿Dudas que Tomás te escribiera ayer?
¿Será cierto que él lo hiciera tan rápido?
Carlos dice que es posible que ya hubieran salido.

Do you doubt that Tomás wrote you yesterday?
Can it be true that he did it so fast?
Carlos says that it's possible that they had already left.

C. If the imperfect, past progressive, past perfect, preterite, or conditional is used in the main clause, either the imperfect subjunctive or the past perfect subjunctive will be used in the noun clause.

MAIN CLAUSE (INDICATIVE)	NOUN CLAUSE (SUBJUNCTIVE)
imperfect past progressive past perfect preterite conditional	imperfect subjunctive *or* past perfect subjunctive

Rosa nos pidió que fuéramos a su casa.
Nadie creía que el soldado lo hubiera hecho.
¿Insistirías en que celebraran el cumpleaños de Marta en casa?
Les había dicho que vinieran a las tres.
Estábamos insistiendo en que nos acompañaran.

Rosa asked us to go to her house.
No one believed that the soldier had done it.
Would you insist that they celebrate Marta's birthday at home?
I had told them to come at three.
We were insisting that they accompany us.

Práctica

A. Indicate your attitude toward the following things by combining the main clause with the sentences that follow it and making other necessary changes. Follow the model.

MODELO: (No) Prefiero que...
          Mi novio/a es rico/a.   →   Prefiero que mi novia sea rica.

1. Todos sabemos usar las computadoras.
2. Mi novio/a y yo nos casamos por la iglesia.
3. Mis hijos son religiosos.
4. Nuestro gobierno apoya la religión.

5. Una mujer es presidente de la nación.
6. Gastamos más en la defensa del país.
7. Hay armas nucleares en el espacio.

B. Repeat Exercise A, using **Le dije a un amigo que yo (no) prefería que...** in the main clause. Follow the model.

MODELO: Le dije a un amigo que yo (no) prefería que...
          Mi novio/a es rico/a.   →   Le dije a un amigo que yo no prefería que mi novia
                                       fuera rica.

C. How do you think your father or mother might react to the statements in Exercise A? Indicate his or her probable responses by using **Mi padre (Mi madre) (no) querrá que...** in the main clause. Follow the model.

MODELO: Mi padre (mi madre) (no) querrá que...
          Mi novio/a es rico/a.   →   Mi padre querrá que mi novia sea rica.

D. Yesterday your instructor wanted you to do something, but today he or she has changed his or her mind. Express this situation, following the model.

MODELO: escribir los ejercicios   →   Ayer el profesor García quería que yo escribiera los
                                         ejercicios. Hoy no quiere que los escriba.

1. repetir las frases
2. traer mis libros a clase
3. poner los papeles en la mesa

4. traducir el diálogo
5. leer ese largo artículo
6. seguir estudiando el vocabulario

E. The following people said that they did certain things. No one believed that they had done them and you don't either. Express this, following the model.

MODELO: Carla dijo que se casó por la iglesia.   →
          Nadie creía que Carla se hubiera casado por la iglesia. Yo no creo tampoco que se
          casara por la iglesia.

1. Cecilia dijo que el cura la convenció.
2. Eduardo dijo que celebraron su santo la semana pasada.
3. Nicolás dijo que todos se pusieron de acuerdo.
4. Julio dijo que su padre plantó el árbol.
5. Úrsula dijo que la bautizaron en la calle.
6. Domingo dijo que ya lo hizo.

F. Using noun clauses, describe five things your parents wanted or insisted that you do at one time or another. Then indicate that you wish you had followed their advice. Follow the model.

MODELO: Mis padres deseaban que yo me casara por la iglesia. ¡Ojalá que me
          hubiera casado así!

Minidiálogo

MANUEL: Ese hombre tan gracioso es nuestro senador, ¿no?

FELIPE: No, no creo que el gracioso sea nuestro senador. Me parece que nuestro senador es el tipo alto que está hablando con él.

MANUEL: No, hombre. El alto es mi primo Jorge. No le interesa la política, pero sí que le gusta que los otros lo vean con personas importantes.

1. *Según Manuel, ¿cuál de los dos hombres es el senador, el gracioso o el que está hablando con él?*
2. *¿Qué le contesta Felipe?*
3. *¿Por qué está hablando Jorge con el senador?*

68. Nominalization

A. A word or phrase that modifies a noun may function as a noun when used with the definite article. The process of omitting the noun and using the *article* + *modifier* is called *nominalization*.

Simple adjective:

El hombre simpático es nuestro senador.   *The pleasant man is our senator.*

El simpático es nuestro senador.   *The pleasant one is our senator.*

La democracia nuestra es mejor.   *Our democracy is better.*

La nuestra es mejor.   *Ours is better.*

Noun + **de** phrase:

El sindicato de ellos es más fuerte.   *Their union is stronger.*

El de ellos es más fuerte.   *Theirs is stronger.*

La boda de Paco es mañana.   *Paco's wedding is tomorrow.*

La de Paco es mañana.   *Paco's is tomorrow.*

Adjective clause:

El cura que habla es muy joven.   *The priest who is talking is very young.*

El que habla es muy joven.   *The one who is talking is very young.*

Las mujeres que se casan lo compran.   *Women who get married buy it.*

Las que se casan lo compran.   *The ones* (f.) *who get married buy it.*

B. A related and very frequently used structure in Spanish is **lo** + *adjective* (*m. sing.*). Note that this construction can be expressed in various ways in English:

MANUEL: That amusing man is our senator, isn't he? FELIPE: No, I don't think that the amusing one is our senator. It seems to me that our senator is the tall guy who is talking to him. MANUEL: No, sir. The tall one is my cousin Jorge. He isn't interested in politics, but he does like other people to see him with important people.

$$\text{lo interesante} \begin{cases} \textit{the interesting thing} \\ \textit{what's interesting} \\ \textit{the things that are interesting} \end{cases}$$

Lo interesante es que nadie notó su ausencia.

The interesting thing is that no one noticed her absence.

Lo cómico es que no saben nada.

What's funny is that they don't know anything.

¿Te interesa más lo religioso o lo secular?

Are you more interested in the religious (things) or the secular (ones)?

Práctica

A. Create nominalized forms in the following sentences. Follow the model.

MODELO: El tipo alto es mi primo Jorge.   →
           El alto es mi primo Jorge.

1. Los sindicatos fuertes tienen mucha influencia política.
2. Las tradiciones mexicanas son muy interesantes.
3. Los árboles que están cerca de mi casa no son muy grandes.
4. Los curas de mi país son muy decentes.
5. Me encantan los grabados de Posada.
6. Lo curioso es que nadie vio a la mujer muerta que estaba allí.

B. Ask a classmate about his or her personal preferences. Follow the model. Use the verbs **gustar**, **interesar**, and **encantar**.

MODELO: las casas antiguas / modernas   →
           —¿Te gustan más las casas antiguas o las modernas?
           —Me gustan más las antiguas.

1. los políticos conservadores / liberales
2. la religión católica / protestante
3. las películas románticas / cómicas
4. las bodas simples / elegantes
5. los vinos de Francia / de California
6. los libros de Vonnegut / de Mailer
7. los (las) jóvenes que estudian mucho / que practican deportes
8. las vacaciones largas / cortas (*short*)

C. Express in Spanish.

1. The sad thing is that they are not married.
2. What's important is that they are happy.
3. The thing that is difficult is that their parents didn't want them to have children.
4. We will do what's possible.
5. Don't you believe in the supernatural (**sobrenatural**)?

D. You and a friend are looking at cars on a lot. Create a short dialogue in which you ask each other about your preferences, using as many nominalized expressions as you can. Use adjectives such as **grande, pequeño, elegante, práctico, barato, caro,** or any others you may know.

Repaso

A. Ask a classmate if he or she has already done certain things. Your classmate should state that he or she hasn't done them yet.

MODELO: llamar / tus padres   →   —¿**Ya** has llamado a tus padres?
          —No, **todavía no** (*not yet*) los he llamado.

1. escribir / la carta
2. leer / tu horóscopo
3. decir / algo al profesor
4. ver / esa película de Glenda Jackson
5. vender / tus libros
6. casarse / con tu novio/a

B. Ask a friend if his or her parents had done certain things by the time he or she reached their house. Follow the model.

MODELO: salir   →   —¿Habían salido tus padres cuando llegaste a su casa?
          —Sí, ya habían salido.

1. terminar de comer
2. mirar las noticias
3. celebrar su aniversario
4. leer el panfleto
5. poner (*set*) la mesa
6. levantarse

C. Ask a classmate what are two or three of the most interesting things he or she has done. Then report to the class what he or she tells you.

D. Tell a classmate about five things that you have done today. Then mention some things that you wish you had done but haven't yet.

MODELO: Hoy he estudiado la lección de español.
          ¡Ojalá que hubiera comprado un disco nuevo!

E. Read the following sentences and make additional comparisons of equality and inequality. Follow the model.

MODELO: Tengo más dinero que Pablo.   →
          Tengo tanto dinero como Pablo.
          Tengo menos dinero que Pablo.

1. Él ha estudiado más que Pablo.
2. No creo que ella haya cantado mejor que Natalia.
3. Nuestro jardín tiene más árboles que el de Carlos.
4. Es posible que yo tenga más de tres dólares.
5. Es posible que Amalia sea más guapa que su hermana.

F. Answer the following questions, following the model.

MODELO: ¿Te gustan más los esqueletos de azúcar o los de verdad?   →
              Me gustan más los de azúcar.

1. ¿Te gusta más la música clásica o la moderna?
2. ¿Prefieres el suéter azul o el blanco?
3. ¿Quieres colgar el grabado de Goya o el de Posada?
4. ¿Te interesan más los coches nuevos o los antiguos?
5. ¿Prefieres los exámenes escritos o los orales?
6. En arquitectura, ¿te gusta más lo moderno o lo antiguo?

Intercambios

A. The attitudes of men and women toward each other and toward marriage have undergone considerable change in recent years. What are your attitudes toward the opposite sex and toward marriage? Describe yourself and your attitudes by answering the following questions. Then ask a classmate the same questions and compare his or her answers to yours. If you wish, you may add some questions of your own.

1. ¿Es Ud. feminista? ¿Por qué sí o por qué no?
2. ¿Le gustaría mudarse de vez en cuando o preferiría vivir siempre con su familia en la misma ciudad? ¿Por qué?
3. ¿Quién debe tomar las decisiones en una familia? ¿Por qué?
4. ¿Han influido sus padres en la actitud de Ud. hacia el matrimonio? ¿Cómo?
5. ¿Qué cosa puede destruir un matrimonio feliz (*happy*)? ¿Por qué es tan destructiva?
6. ¿Cuál de las siguientes cosas es más importante para Ud.: el dinero, la familia, el trabajo, el tiempo libre o la religión? Defienda su respuesta.
7. ¿Cómo sería la relación ideal entre padres e hijos?

B. Es probable que Ud. haya hecho algunos planes para este año. Imagine que su médico acaba de decirle que Ud. va a morir antes del fin del año. ¿Qué planes había hecho Ud.? ¿Cómo cambiará ahora sus planes? ¿Por qué los cambiará?

C. ¿Con cuáles de las actitudes que se presentan en este dibujo (*cartoon*) está Ud. de acuerdo? Por ejemplo, ¿cree Ud. que sea necesario llegar a un consenso sobre cada cosa en el matrimonio o que uno de los individuos debe decidir ciertas cosas? ¿Cuáles? Describa sus propias actitudes y preferencias.

...EL MATRIMONIO NO TIENE POR QUÉ SER UNA RELACIÓN DESTRUCTIVA...HAY QUE BUSCAR EL CONSENSO...EN MI CASO, TU SABES, JULIO ES UN TIPO QUE ADORA Y SIENTE UN GRAN CARIÑO° POR LOS ANIMALES, EN CAMBIO° YO...SOY UNA MANIÁTICA DEL ORDEN Y LA LIMPIEZA°...TUVIMOS ALGUNOS PROBLEMAS. POR ESO MISMO°...LO DISCUTIMOS Y LLEGAMOS A UNA SOLUCIÓN COMPARTIDA!

affection
en... *on the other hand*
yo... *I have a mania for order*
cleanliness
por... *for that very reason*

Vocabulario

VERBOS

asociar   *to associate*
celebrar   *to celebrate*
desafiar   *to challenge*
mudarse   *to move (residence)*

SUSTANTIVOS

la **alegría**   *joy, happiness*
la **calavera**   *skull*
la **creencia**   *belief*
el **esqueleto**   *skeleton*
el **grabado**   *engraving*
la **herencia**   *heritage*
la **mitad**   *half*
el/la **muerto/a**   *dead person*
el **panfleto**   *pamphlet*
el **soldado**   *soldier*
la **tumba**   *tomb, grave*

OTRAS PALABRAS Y EXPRESIONES

lo + adj.   *the . . . thing*
no... todavía   *not . . . yet*
sin fin   *endless, without end*

Crónica social

VARELA-MESTRE

Guadalajara, México

Ayer, el 21 de junio, en el templo de San Diego, Avenida de los Virreyes 980, se efectuó (*was carried out*) el matrimonio de la señorita Claudia Varela y el señor Antonio Mestre.

Los padres de los novios, Fernando Varela y Elisa Moral de Varela, José Antonio Mestre y Angélica Pérez de Mestre, acompañaron a sus hijos en la ceremonia. Fueron testigos (*witnesses*) los señores Alberto Varela y Vicente Paz.

El sacerdote (cura) recibió a los novios en el atrio del templo y los acompañó hasta el altar, donde les dirigió consejos elocuentes para su vida espiritual. Al finalizar el acto religioso, los recién casados recibieron felicitaciones de sus amigos y parientes en las puertas del templo y, más tarde, presidieron el banquete que se ofreció en su honor en el Centro Artístico, Calle Mayor.

Informaciones útiles

Teléfonos de urgencia

Primeros auxilios *(First aid)*			204
Bomberos *(Fire Department)*	246	32	32
Policía	849	07	68
Hospital clínico	580	96	16
Cruz Roja	204	41	81
Agua	823	40	60
Luz *(Light)*	491	79	64

Fúnebres

SEPELIOS (*BURIALS*)

Salvador Vilar
(q.e.p.d.)
(*que en paz descanse*)

Falleció el 15 de junio. Su señora esposa Amalia Ledesma de Vilar, sus hijos Juan Carlos y Rosa, sus hijos políticos (*in-law*), sus sobrinos y otros familiares comunican su fallecimiento (*death*) e invitan a sus relaciones a acompañar sus restos al cementerio del General San Martín, hoy a las 15 horas desde la casa velatoria (*funeral home*) Melincue 2450, Sala «A», Capital.

Ex-combatiente de la
Guerra del Chaco
Federico Sandoval
(q.e.p.d.)

Falleció trágicamente el 14 de junio a las 17 horas. Su hijo Jorge Daniel Bordón y sus nietos Edgar, Pedro, Alicia y María Cristina participan con profundo dolor tan irreparable pér-

dida e invitan al sepelio de sus restos mortales hoy, a las 16 horas en el Cementerio de Lambaré.

HOMENAJES (*HOMAGES*)

Lorenzo López Rojas
(q.e.p.d.)

Falleció el 12 de mayo. Abuelo, sin consuelo por tu ausencia por primera vez en el día del padre, te recuerdan con cariño (*affection*) tu esposa, tus hijos y nietos (*grandchildren*), quienes asistirán a la ceremonia recordatoria que tendrá lugar (*will take place*) el 17 de junio a las 10 horas en el Panteón del Círculo Católico de Obreros del Cementerio de la Chacarita.

Natalia Benítez de Pérez
(q.e.p.d.)

Su esposo, sus hijos, sus hijos políticos, sus nietos y bisnietos (*great-grandchildren*) invitan a la inauguración del monumento a su memoria que tendrá lugar mañana, a las 11 horas, en el Cementerio de La Tablada.

Y ahora, ¿qué dice Ud. de...

- la crónica social?   ¿En qué clase de iglesia se casaron la señorita Claudia Varela y el señor Antonio Mestre? ¿De qué les habló el cura? ¿Adónde fueron después de la ceremonia religiosa?

- los fúnebres?   ¿Qué diferencias nota Ud. entre los anuncios de fallecimientos de los países hispánicos y los de los Estados Unidos? ¿Qué similaridades? ¿Qué conceptos culturales se reflejan en los anuncios de los sepelios y homenajes que Ud. ha visto aquí?

- los anuncios?   ¿Qué clase de máquina vende la compañía Panasonic en su anuncio en esta revista? ¿Podría conseguir una mujer el trabajo de programador anunciado aquí? ¿Qué datos necesita la compañía Supermicro para completar una carta natal?

*Clase bilingüe,
Nueva York*

In this unit you will learn about Hispanic influence in the United States, along with a number of words and expressions that will enable you to discuss cultural influences in general.

Una persona que no entiende la composición de los grupos hispánicos de los Estados Unidos puede equivocarse fácilmente al describirla. Si la persona vive en Nueva York, es posible que piense solamente en los puertorriqueños. Una persona en Florida pensaría primero en los cubanos. Y en el suroeste son los chicanos, de origen mexicano, el grupo hispánico más numeroso. Aunque tienen en común la lengua, estos grupos también muestran muchas diferencias. Su historia—su relación con la madre patria, su condición de inmigrantes o refugiados o ciudadanos—ha sido diferente. Componen una minoría étnica muy variada. En este diálogo, una española y una norteamericana, que está de visita en España, planean un viaje para ver algo de la riqueza° de estas tradiciones.   *richness*

TERESA: Bueno, Paula, mañana te vas. Ahora que has visto mi país, tengo ganas de visitar los Estados Unidos, sobre todo los lugares con población hispánica.

PAULA: Pues, ven primero a Denver, a mi casa. Después iremos de viaje por el suroeste. Podremos pasar por Nuevo México, Arizona y California, si quieres.

TERESA: Claro que sí. Las poblaciones hispánicas de esos estados son muy distintas, ¿no?

PAULA: Bueno, en los tres hay poblaciones muy variadas. ¿Te das cuenta de que en el norte de Nuevo México, por ejemplo, hay aldeas que se establecieron en el siglo XVII?

TERESA: Era cuando la región todavía era una colonia nuestra, ¿verdad?

PAULA: Sí, y se ha mantenido un sabor° muy español por allí, a pesar de haber sido después un territorio mexicano.   *flavor*

TERESA: ¿Cuándo llegó a ser parte de los Estados Unidos?

PAULA: En 1848, después de la guerra entre los Estados Unidos y México. Había también otros grupos de españoles en el sur de Nuevo México, en Arizona y en Texas. Se quedaron después de la guerra y enseñaron a los anglos a criar ganado.°   criar... *to raise cattle*

TERESA: ¿Hay otros grupos hispánicos?

PAULA: Claro. Muchos mexicanos han inmigrado en este siglo como campesinos.

TERESA: Parece que hay muchos hispanos en los Estados Unidos. Pero, ¿son todos principalmente de origen mexicano?

PAULA: Pues, así es en el suroeste. En California hay algunos grupos de
         inmigrantes de otros países, pero no muchos. Si tenemos tiempo y
         dinero suficientes podremos visitar también Nueva York y Miami.

TERESA: ¿Hay allí muchas personas de habla española?°   *de... Spanish-speaking*

PAULA: Claro que sí. Hay millones de puertorriqueños en Nueva York—¡más
         que en San Juan! Puerto Rico es parte de los Estados Unidos,
         ¿sabes? Tomamos la isla en una guerra —¿me lo perdonas?— con-
         tra España. Ahora los puertorriqueños son ciudadanos estadouni-
         denses y tienen libertad para mudarse a cualquier parte del país.

TERESA: ¿Y en Miami?

PAULA: Hay muchos cubanos. Son refugiados del gobierno de Fidel Castro.
         Viven en todos los estados, pero hay más cubanos en Miami que
         en cualquier otro lugar.

TERESA: ¿Cuántas personas de origen hispánico hay en total en tu país?

PAULA: Se calcula que son más de quince millones… hay más gente hispánica
         que en muchos países hispánicos.

TERESA: ¡Ay, Dios! Con seguridad me sentiré en casa allí. Yo no creía que
         fuéramos tantos. ¡Parece que poblamos° medio mundo!   *we populated*

Preguntas

A. Conteste según el diálogo.

1. ¿Cuáles son los tres grupos hispánicos más grandes de los Estados Unidos?
2. ¿Cuáles son algunas diferencias entre los tres grupos?
3. ¿Qué partes de los Estados Unidos han sido colonias españolas?
4. ¿Cómo han llegado a formar parte de los Estados Unidos?
5. ¿Por qué hay tantos puertorriqueños en Nueva York?
6. ¿Dónde se concentra la mayoría de la población cubana?
7. ¿Cuántas personas hispánicas hay en los Estados Unidos en total?

B. Conteste estas preguntas personales.

1. ¿Conoce Ud. sus propios antecedentes étnicos? ¿Cuáles son? ¿De dónde han venido sus
   antepasados (*ancestors*)?
2. ¿Viene Ud. de un lugar donde hay una concentración étnica? ¿Estaba Ud. dentro de la
   mayoría o de la minoría? ¿Cómo se sentía en esa situación? ¿Cómo se sentiría en la situación contraria?
3. En su opinión, ¿desaparecerán los prejuicios raciales algún día? ¿Cuál sería la mejor manera
   de promover una armonía racial?
4. ¿Es importante que una minoría étnica mantenga su propia cultura? ¿Por qué sí o por qué
   no? ¿Deben mantener su lengua? ¿conocer su historia? ¿o incorporarse a la cultura anglosajona de los Estados Unidos?

Estructura

Minidiálogo

JEFE: Necesito un ayudante nuevo que hable español y que conozca los gustos de nuestra población hispánica.

AGENTE: ¿Busca Ud. a alguien que sea de origen hispánico?

JEFE: De preferencia, sí, pero también daría oportunidad a alguien que haya vivido en una comunidad hispánica y que sepa bien el español.

1. *¿Qué clase de empleado busca el jefe?*
2. *¿Es necesario que sea de origen hispánico?*
3. *¿Daría el jefe una entrevista a una persona que no fuera de origen hispánico pero que supiera bien el español?*

69. The Subjunctive in Adjective Clauses Modifying Indefinite Antecedents

A. A noun or a pronoun may be modified by an adjective or by an adjective clause (a clause that functions as an adjective).

Queremos vivir en un país pequeño.	*We want to live in a small country.*
Queríamos vivir en un país pequeño.	*We wanted to live in a small country.*
Queremos vivir en un país **que sea pequeño**.	*We want to live in a country that is small.*
Queríamos vivir en un país **que fuera pequeño**.	*We wanted to live in a country that was small.*

In Spanish, adjective clauses are introduced by the word **que**, expressed in English as *that* or *who*. The noun modified by the adjective clause is called the antecedent; for example, **un país** in the preceding sentences.

B. The indicative is used in adjective clauses in Spanish if the clause modifies an antecedent that is certain or definite.

Conozco a un hombre que inmigró a los Estados Unidos.	*I know a man who immigrated to the United States.*
Tiene un trabajo que le gusta.	*He has a job that he likes.*

BOSS: I need a new assistant who speaks Spanish and knows the preferences of our Hispanic population. AGENT: Are you looking for someone of Hispanic origin? BOSS: Preferably, yes, but I would also consider someone who has lived in a Hispanic community and knows Spanish well.

C. The subjunctive is used in adjective clauses if the clause modifies an indefinite antecedent (a thing or a person that is not specific or that may or may not exist).

Quieren mudarse a un país que les ofrezca más libertad.	*They want to move to a country that offers them more freedom.*
Buscaría una persona que conociera la historia del suroeste.	*He would look for a person who knew the history of the Southwest.*

D. Since the personal **a** is used before direct objects that refer to specific persons, its presence or absence is often (but not always) an indication of whether the antecedent is specific or indefinite.

Busco **al** obrero que habla español.	*I am looking for the worker who speaks Spanish.*
Buscaré un obrero que hable español.	*I will look for a worker who speaks Spanish.*

Práctica

A. Teresa intends to learn as much as she can about the Southwest of the United States. Describe what she wants to do in order to accomplish this. Follow the model.

MODELO: Teresa quiere conocer una persona...
Tiene fotos de las aldeas de Nuevo México. →
Teresa quiere conocer una persona que tenga fotos de las aldeas de Nuevo México.

Teresa quiere conocer una persona...
1. Sabe mucho de la historia del suroeste.
2. Es de Arizona.
3. Ha vivido en California.
4. Ha estudiado la influencia hispánica en los Estados Unidos.
5. Puede explicarle los orígenes de las poblaciones hispánicas.
6. Se da cuenta de la importancia del suroeste.

B. Mr. and Mrs. Santana might move to Santa Fe, New Mexico. Tell what kind of house they would look for. Follow the model.

MODELO: Buscarían una casa...
Estaba cerca del parque. → Buscarían una casa que estuviera cerca del parque.

Los señores Santana buscarían una casa...
1. Tenía cinco dormitorios.
2. Estaba cerca de un buen colegio.
3. Se había construido durante la época colonial.
4. Era de adobe.
5. No costaba mucho.
6. Daba a (*It faced*) la plaza.

C. You and a friend are in the process of researching the origins of the Hispanic populations of the United States. Tell some of the things that you did, are doing, and will do to complete this project.

1. Buscábamos libros de historia que _____ unos capítulos sobre el desarrollo (*development*) del suroeste.   (tener)
2. Queríamos conocer personas que _____ descendientes de inmigrantes.   (ser)
3. Quiero encontrar a alguien que _____ algo de los refugiados políticos en la Florida.   (saber)
4. Mi amigo buscará unos señores que _____ bien los barrios puertorriqueños de Nueva York.   (conocer)
5. Queremos una secretaria que _____ bilingüe.   (ser)
6. Necesitaremos una secretaria que _____ traducir unos documentos al inglés.   (poder)
7. Necesito encontrar en México una biblioteca que _____ periódicos y revistas antiguos de la época colonial.   (tener)
8. Buscamos un oficial del gobierno que _____ bien los problemas de inmigración que hay entre este país y los países hispánicos.   (entender)

D. You need to find a new roommate. What kind of man or woman will you be looking for?

MODELO: tener paciencia   →
               Busco una mujer (un hombre) que tenga paciencia.

1. ser simpático/a
2. no hacer mucho ruido (*noise*)
3. necesitar estudiar mucho
4. ser una persona fascinante
5. saber cocinar bien

6. hablar español
7. practicar varios deportes
8. ser aficionado/a del cine
9. no tener prejuicios ridículos

E. Express the following pairs of sentences in Spanish.

1. I want to move to a city that is in the Southwest.
   I live in a city that is in the Southwest.
2. They needed to meet a man who could explain Chicano culture.
   They met (**conocer**) a man who could explain Chicano culture.
3. They would prefer a person who could talk about his Spanish heritage.
   They found a person who could talk about his Spanish heritage.
4. We will look for a book that describes the ethnic (**étnico**) cultures of the United States.
   We were reading a book that described the ethnic cultures of the United States.

F. Express some more of your preferences and desires (past and present) by completing these sentences in a logical manner.

1. El semestre/trimestre que viene, deseo seguir un curso que…
2. Este semestre/trimestre, estoy siguiendo cursos que…
3. Prefiero mudarme a una ciudad que…
4. Necesito un apartamento/una casa que…
5. Tengo ganas de viajar a un país que…

6. Prefiero ver películas que...
7. El mes pasado, vi una película que...
8. Me gustan las novelas que...
9. Recientemente leí una novela que...
10. Me gustaría tener un grabado que...

Minidiálogo

PERIODISTA: ¿No hay nadie aquí que me pueda ayudar?

BIBLIOTECARIO: Sí, cómo no, señorita. ¿Qué desea Ud.?

PERIODISTA: Estoy buscando libros que tengan las estadísticas más recientes sobre la población del suroeste.

BIBLIOTECARIO: Las encontrará Ud. en la tercera planta, señorita.

PERIODISTA: Ya he mirado allí y no encontré ningún libro que fuera de fecha reciente.

1. ¿Qué está buscando la periodista?
2. ¿Dónde se encuentra esa clase de libros en la biblioteca?
3. ¿Hay algún libro que sea de fecha reciente en esa sección?

70. The Subjunctive Following Negative Antecedents

The subjunctive is used in adjective clauses that modify negative antecedents, that is, a person or a thing that specifically does not exist, or whose existence is in question.

Hay alguien que puede calcularlo.	*There is someone who can estimate it.*
No hay nadie que pueda calcularlo.	*There isn't anyone who can estimate it.*
Había muchos libros que lo explicaban bien.	*There were many books that explained it well.*
No había ningún libro que lo explicara bien.	*There weren't any books that explained it well.*
Conoció a una señora que vivía allí.	*She met a lady who lived there.*
No conocía a nadie que viviera allí.	*She didn't know anyone who lived there.*

Remember that the personal **a** is used before words and phrases like **nadie** and **ninguna mujer** when they are used as direct objects, even though these words do not refer to specific persons.

JOURNALIST: Isn't there anyone here who can help me? LIBRARIAN: Yes, of course, miss. What do you want? JOURNALIST: I'm looking for books that have the most recent statistics on the population of the Southwest. LIBRARIAN: You'll find them on the third floor, miss. JOURNALIST: I've looked there already and I didn't find any book with a recent publication date.

Práctica

A. You are very pessimistic about some of the conditions that existed and still do exist in the world today. Express your concerns by completing the following exercise. Follow the model.

MODELO: No hay nadie...
          Puede mantener la paz.   →   No hay nadie que pueda mantener la paz.

1. No conozco a ningún político...
   Es humilde y sincero.
   Quiere escuchar los problemas de los inmigrantes.
   Hace buenas decisiones.
   Se acuerda siempre del principio de la igualdad.
2. No había nadie...
   Ayudaba a los pobres.
   Entendía bien la importancia de la libertad en nuestra patria.
   Trataba de mantener buenas relaciones entre México y los Estados Unidos.
   Escribió leyes para proteger a los obreros extranjeros.
3. No encontrarán a nadie...
   Ha vivido en un barrio hispánico.
   Conoce a muchos refugiados cubanos.
   Sabe mucho de las aldeas de Nuevo México.
   Entiende los problemas de los inmigrantes.
4. Les gustaría emplear a alguien...
   Se daba cuenta de la importancia de las diferentes culturas de este país.
   Había viajado a Centroamérica.
   Mantenía buenas relaciones con las minorías hispánicas.
   No tenía ningún prejuicio.

B. Complete the sentences with the correct form of the infinitive in parentheses. Then restate each sentence, substituting the phrase in parentheses for the italicized words and making other necessary changes.

1. (conocer)   *No hay nadie* aquí que _____ al hombre extranjero.   (Aquí hay alguien)
2. (querer)   *No había nadie* que _____ el puesto.   (Silvia era la persona)
3. (ser)   *No hay ningún libro* que _____ tan interesante como éste. (Juan tiene un libro)
4. (poder)   *No conocía a nadie* que _____ explicar la herencia hispánica. (Me presentaron a alguien)
5. (desafiar)   *No hay ningún* político que lo _____ .   (Aquí hay un)
6. (caracterizar) *No hay nada* que lo _____ perfectamente.   (Aquí hay algo)

C. Express the following pairs of sentences in Spanish.

1. There was no one who could translate the article.
   There was someone who could translate the article.
2. I have no friends who want to go.
   I have several friends who want to go.
3. There was no one who understood the problem.
   There was only one person who understood the problem.
4. Will there be someone who knows him?
   Yes, there will be several people who know him.

D. Complete these sentences in as many ways as you can.

1. En esta clase, no hay nadie que...
2. Hay muchas personas que...
3. No hay nada en esta lección que...
4. Hay solamente una persona que...
5. Necesitamos a alguien que...
6. No hay ninguna palabra que...
7. El profesor (La profesora) no dice nada que...
8. No hacemos ningunos ejercicios que...

¿Cómo se dice?

- **Superlatives**

    The superlative form of most Spanish adjectives (*tallest, best, prettiest,* and so on) consists of the definite article plus the comparative form. In the superlative construction, the word **de** expresses English *in* or *of*.

    Paula es la joven más inteligente de la clase.

    Paula is the most intelligent girl in the class.

    Los hispanos forman uno de los grupos étnicos más grandes del país.

    Hispanics form one of the largest ethnic groups in the country.

    Superlative constructions usually follow the noun; however, the superlative forms of **mejor** and **peor** tend to precede the nouns they modify.

    Ellos son los mejores estudiantes de la universidad.

    They are the best students in the university.

    Es la peor película del año.

    It's the worst film of the year.

--Mi profesor me ha dicho que, de los peores alumnos de mi clase, soy el mejor.

A. Restate the following sentences with the superlative. Follow the model.

MODELO: El español es una lengua muy importante.   (mundo)   →
          El español es la lengua más importante del mundo.

1. El Buen Retiro es un parque muy grande.   (Madrid)
2. Teresa es una joven muy inteligente.   (familia)
3. Es una aldea muy pequeña.   (México)
4. Es una ciudad muy importante.   (suroeste)
5. Nueva York es una ciudad muy grande.   (Estados Unidos)
6. Son unas lecciones muy difíciles.   (libro)

B. With a classmate, ask and answer the following questions.

1. ¿Quién es el hombre más importante del mundo? ¿la mujer?
2. ¿Cuál es la mejor clase de la universidad? ¿la peor?
3. ¿Quién es el/la estudiante más inteligente de la clase?
4. ¿Cuál es la lengua más útil de este país? ¿del mundo?
5. ¿Cuál es el peor restaurante de la ciudad? ¿el mejor?
6. ¿Cuál es el mejor programa de la televisión este año? ¿el peor?
7. ¿Quién es la persona mayor de tu familia? ¿la menor?
8. ¿Quién es la persona más liberal de tu familia? ¿la menos liberal?

Vocabulario

VERBOS

componer   *to constitute*
desaparecer (zc)   *to disappear*
equivocarse   *to make a mistake*
inmigrar   *to immigrate*
mantener (ie)   *to maintain*
planear   *to plan*

SUSTANTIVOS

la **aldea**   *village*
el/la **anglo**   *Anglo-Saxon*
el/la **ciudadano/a**   *citizen*
el/la **cubano/a**   *Cuban*
el/la **chicano/a**   *Chicano,
        Mexican-American*
el/la **inmigrante**   *immigrant*
la **lengua**   *language*
la **libertad**   *freedom*
la **minoría**   *minority*
el/la **obrero/a**   *worker*
la **patria**   *country, native land*
la **población**   *population*
el **prejuicio**   *prejudice*
el/la **puertorriqueño/a**   *Puerto
        Rican*
el/la **refugiado/a**   *refugee*
el **suroeste**   *southwest,
        Southwest (U.S.)*

ADJETIVOS

cualquier(a)   *any*
étnico   *ethnic*

OTRAS PALABRAS
Y EXPRESIONES

con seguridad   *surely*
darse cuenta (de)   *to realize*

Los primeros pueblos ingleses permanentes de la América del Norte se establecieron en los estuarios de algunos ríos en la costa del Atlántico. Los habitantes dependían de los barcos que cruzaban el océano para conseguir provisiones y comunicarse con los centros administrativos.

La colonización española del continente fue muy distinta. Pequeños grupos de soldados españoles cruzaron enormes distancias, a veces sin mapa ni guía que los ayudara. Empezando en 1540, se organizaron en México, capital de la Nueva España, varios viajes de exploración para investigar lo que hoy día es el suroeste de los Estados Unidos. Para hacerlo, tuvieron que cruzar montañas, desiertos y grandes llanuras (*plains*) sin el beneficio del transporte por barco. Los primeros colonizadores llegaron a Nuevo México en 1598, después de haber viajado más de 1.800 millas. En Nuevo México encontraron varios pueblos de indios de los que (*from whom*) recibieron —o a veces confiscaron— comida, ropa u* otras cosas que necesitaban. Ya para 1610 se fundó la ciudad de Sante Fe y después nuevos colonos se incorporaron al grupo original.

Es difícil imaginar las privaciones que los primeros colonos tuvieron que sufrir. Como estaban tan aislados de sus compatriotas en México, sólo las provisiones más esenciales se mandaban por la larga ruta que conectaba los pueblos con la capital. Pero a pesar de las dificultades, lograron cultivar la tierra con utensilios de madera y construir casas e* iglesias que decoraron con objetos hechos por ellos mismos, utilizando los materiales que tenían a mano (*on hand*).

Pueblo de Taos, Nuevo México

¿Cómo se puede comparar la colonización del noreste de la América del Norte con la (*that*) del suroeste? ¿Cuándo se fundó la ciudad de Santa Fe? ¿Cómo era la vida de los primeros colonos?

En los siglos XVII, XVIII y XIX, los habitantes de Nuevo México seguían viviendo en relativo aislamiento, y recibieron con indiferencia las noticias del éxito (*success*) de la rebelión de México

---

*Note that **o** becomes **u** before words starting with **o** or **ho**, and **y** becomes **e** before words beginning with **i** or **hi**. For example: **mujeres *u* hombres; padres *e* hijos.**

contra España en 1821. En 1848, no hubo gran resistencia cuando Nuevo México fue incorporado al territorio de los Estados Unidos, después de la guerra entre los Estados Unidos y México. Aunque la región se veía más unida a los Estados Unidos, muchos pueblos vivían en el mismo aislamiento que habían conocido los pobladores de 300 años antes.

En los siglos XVIII y XIX, debido a su aislamiento, los habitantes de los pequeños pueblos del norte de Nuevo México y del sur de Colorado sólo recibían visitas infrecuentes de los curas de la región. Para mantener la fe, ellos mismos formaban cofradías (*brotherhoods*) religiosas, cuyo (*whose*) propósito era ayudar a los pobres y ofrecer servicios religiosos. La cofradía se reunía en una casa religiosa que se llamaba «morada» (*dwelling place*) o en las pequeñas iglesias construidas por los habitantes. Tanto las moradas como las iglesias fueron fabricadas por la gente del pueblo. La gente también fabricaba los objetos religiosos —estatuas y pinturas (*paintings*)— que ponían en las casas religiosas. Estos objetos religiosos se llamaban «santos». Un santo es la imagen de una persona u objeto sagrado. Aunque los santos se fabricaban de varias maneras, los más conocidos son las tablas (*panels*) pintadas, que se llaman «retablos», y las estatuas talladas (*carved*) en madera, que se llaman «bultos». Para hacer un retablo, se cubría una tabla con yeso (*plaster*) y después se pintaba la imagen. Los bultos se tallaban en madera y después se les cubría (*they were covered*) de yeso antes de pintarlos. A veces los bultos eran articulados, es decir, se construían para que se les pudieran mover los brazos y las piernas.

Aunque su estilo refleja una fuerte influencia del arte religioso español, con el tiempo los santos llegaron a tener un marcado carácter propio, pues reflejaban las privaciones y el sufrimiento de la vida colonial y el aislamiento en que vivían los colonos. Los santos, en su técnica, son primitivos, pero hoy día nos llaman la atención por el fuerte elemento expresionista que contienen y que hace que se parezcan a muchas obras de arte muy modernas. Sin duda son el arte folklórico más origi-

Bulto típico del Suroeste

nal de los Estados Unidos.

¿Por qué eran importantes las cofradías religiosas? ¿Qué es una morada? ¿un santo? ¿un bulto?

Estructura

Minidiálogo

PAULA: No hay «peros» que valgan, Teresa. No me voy sin que tú
        aceptes mi invitación para visitarnos en Colorado.

TERESA: Mira, Paula, no es que no quiera ir. Es que no puedo a
        menos que tenga suficiente dinero para el viaje.

PAULA: No te preocupes en absoluto. En caso de que no puedas
        ganar el dinero necesario, te hacemos un préstamo y ya
        está.

TERESA: ¡Qué amabilidad! Acepto, pues, con tal que no sea
        inconveniente para tu familia tener una extranjera en
        casa.

PAULA: ¿Cómo extranjera? ¡Serás un miembro más de la familia!

1. *¿Qué quiere Paula que haga Teresa?* 4. *¿Qué condición pone Teresa?*
2. *¿Qué problema tiene Teresa?*   5. *Según Paula, ¿cómo va a sentirse Teresa en su*
3. *¿Cómo resuelve el problema Paula?*   *casa?*

71. The Subjunctive in Adverbial Clauses of Proviso and Purpose

A. An adverbial clause is a dependent clause that modifies a verb and therefore functions like an
adverb. Adverbial clauses are always introduced by conjunctions.

B. In Spanish, the subjunctive is always used in dependent adverbial clauses introduced by the
following conjunctions.

a fin de que	*so that, in order that*	en caso de que	*in case*
a menos que	*unless*	para que	*so that, in order that*
con tal (de) que	*provided that*	sin que	*without*

Note that these conjunctions express a sense of *proviso*—that is, contingency—or *purpose:* The
action of the main clause will lead to the dependent clause action or depends in some way on
the dependent clause action.

C. The use of the present or imperfect subjunctive in the adverbial clause is generally determined
by the tense of the verb in the main clause, according to the same sequence of tenses observed
with noun clauses.

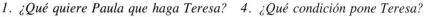

PAULA: There are no "buts" about it, Teresa. I'm not leaving until you accept my invitation to visit us in Colorado.
TERESA: Look, Paula, it's not that I don't want to go. It's just that I can't unless I have enough money for the trip. PAULA:
Don't even worry about it. If you can't earn the money you need, we'll make you a loan, and that will be that. TERESA:
How very nice! I accept, then, provided that it won't be inconvenient for your family to have a foreigner in their house.
PAULA: What foreigner? You'll be another member of the family!

MAIN CLAUSE (INDICATIVE)	ADVERBIAL CLAUSE (SUBJUNCTIVE)
present present progressive present perfect future command	present subjunctive *or* present perfect subjunctive
imperfect past progressive past perfect preterite conditional	imperfect subjunctive *or* past perfect subjunctive

Ella no puede hacer el viaje **a menos que** gane suficiente dinero.

She can't take the trip unless she earns enough money.

Estamos explicándole todo **para que** entienda la influencia española.

We're explaining everything to her so that she will understand the Spanish influence.

Te he mostrado todo **en caso de** que ellos no te ayuden.

I have shown you everything in case they don't help you.

Irán a Nuevo México **para que** ella vea el Pueblo de Taos.

They'll go to New Mexico so that she can see the Taos Pueblo.

Déme el dinero **para que** yo pueda pagar al guía.

Give me the money so that I can pay the guide.

Quería venir **con tal que** el viaje no costara mucho.

She wanted to come provided the trip didn't cost a lot.

Estaban planeando ir a Miami **para que** la abuela visitara a sus parientes.

They were planning to go to Miami so that their grandmother could visit her relatives.

Habían salido **sin que** Paula los viera.

They had left without Paula's seeing them.

Fuimos a la biblioteca **para que** Ana buscara un libro sobre el suroeste.

We went to the library so that Ana could look for a book about the Southwest.

Cruzarían el desierto **a menos que** hiciera mucho calor.

They would cross the desert unless it were very hot.

D. When there is no change of subject from the main clause to the dependent clause, a preposition is generally used with an infinitive: **Salieron para llegar a tiempo.**

Práctica

A. Create new sentences by combining the following phrases with the sentences that follow them and making other necessary changes. Follow the model.

MODELO: Mando el dinero hoy a fin de que...
    Lo reciben pronto. →
    Mando el dinero hoy a fin de que lo reciban pronto.

1. No van a hacerlo a menos que...
   Ella va con ellos también.
   Hace buen tiempo hoy.
   Los ayudamos.
   Yo lo planeo.
2. Quería ir a España con tal que...
   Los abuelos vinieron también.
   El viaje no costó mucho.
   Tú lo acompañaste.
   Le disteis el dinero.
3. Me quedo en casa esta tarde en caso de que...
   Raúl me llama.
   Los parientes llegan hoy de California.
   Cecilia me busca.
   El jefe necesita hablar conmigo.
4. Vamos a Arizona este verano para que...
   María aprende algo sobre la influencia mexicana en el suroeste.
   Los niños conocen a los parientes chicanos.
   Pasas tus vacaciones en el desierto.
   Pablo visita aquella región.
5. Tomás entró sin que...
   Nadie lo vio.
   Sus padres lo oyeron.
   Lo reconocimos.
   Podía hablarle.

B. Complete the sentences with the correct form of the infinitive in parentheses. Then restate each sentence, substituting the phrase in parentheses for the italicized words and making other necessary changes.

1. (pagar) Teresa *no va a venir* a Colorado a menos que alguien le _____ el viaje. (no podía venir)
2. (acompañar) Mis amigos no *irán* al cine a menos que yo los _____ . (querían ir)
3. (escuchar) Los estudiantes *quieren preparar* una solicitud (*petition*) a fin de que la administración _____ sus demandas. (prepararon)
4. (encontrar) Ellos *inmigraron* a los Estados Unidos para que el esposo _____ un trabajo mejor. (van a inmigrar)
5. (construir) *Dijeron que se mudarían* con tal que la compañía les _____ una casa nueva en la aldea. (Dicen que se mudarán)
6. (darse) Ella *salió* de la clase sin que nosotros _____ cuenta. (quiere salir)

C. The Soto family has decided to move to the city. Describe their move by completing the following sentences with the phrases given.

La familia Soto va a mudarse a la ciudad…

1. para que / el señor Soto / buscar empleo
2. a fin de que / los hijos / tener más oportunidades
3. con tal que / ellos / poder encontrar una casa mejor
4. sin que / sus vecinos / saberlo
5. a menos que / la abuela / no querer mudarse

D. You and a friend are planning to take a trip through the southwestern part of the United States. Describe your plans by completing these sentences with verbs from this list.

incluir   poder   tener   saber
entender   haber   ser

1. Vamos a Nuevo México para que mi amigo ———————— visitar las aldeas que hay cerca de Taos.
2. Mi amigo quiere salir mañana a menos que yo ———————— que trabajar.
3. Es necesario hacer el viaje para que (nosotros) ———————— mejor la influencia hispánica en aquella región.
4. Vamos a viajar por avión con tal que ———————— bastante dinero para comprar los billetes.
5. En caso de que no ———————— posible ir por avión, vamos en coche.
6. Queremos salir sin que nuestros amigos lo ———————— .
7. Sacaremos (*We will take*) muchas fotos a fin de que yo las ———————— en un artículo que voy a escribir sobre el suroeste para una revista de la universidad.

E. Paula is planning to visit some friends in Madrid. Relate her plans by expressing the following sentences in Spanish.

1. She will visit them provided she has the time and enough money.
2. She and her father went to the agency (**agencia**) so that he could calculate the cost (**costo**) of the trip.
3. She plans to make the trip unless it costs too much.
4. She wants to stay with her friends provided they have a room for her.
5. She will have to stay in a hotel in case they don't have one.
6. Her family wants her to go so that she will learn more about her Spanish heritage.
7. She should not leave the United States without her friends understanding her travel plans.

F. You're talking to a friend before leaving on a trip. Complete the following sentences in a logical way.

1. Voy a dejarte mi itinerario para que tú…
2. Pasaré tres noches en Nueva York con tal que el hotel…
3. Voy a comer antes de salir de Nueva York en caso de que en el avión…
4. No voy a pasearme por las calles por la noche sin que alguien…
5. No volveré hasta agosto a menos que…

Minidiálogo

TOMÁS: ¿Qué te parece si empezamos nuestro viaje por el suroeste en agosto?

RICARDO: De acuerdo.

TOMÁS: ¿Crees que debemos ir a hoteles de primera clase durante el viaje?

RICARDO: ¡Cómo no! Aunque cueste mucho, vamos a quedarnos en hoteles que tengan piscina y todas las comodidades.

TOMÁS: ¿Y cómo nos arreglamos para pagar las cuentas? Yo no tengo ni un centavo.

RICARDO: Pues... como decía yo el otro día, aunque me fascina la cultura del suroeste, puedo esperar hasta el verano próximo para hacer el viaje.

1. *¿Qué cosa están planeando Ricardo y Tomás?*
2. *¿A qué clase de hoteles irán durante el viaje?*
3. *¿De qué cosa importante se da cuenta Ricardo?*

4. *¿A qué decisión llega Ricardo?*

72. The Subjunctive and the Indicative with *aunque*

In adverbial clauses introduced by **aunque** (*although, even if, even though*), the subjunctive is used if the clause refers to an indefinite action or to information about which the speaker is uncertain. The indicative is used if the clause relates a definite action or a known fact. Note the differences between these pairs of sentences.

Voy a Nueva York, aunque cueste mucho.	*I'm going to New York, even if it costs (although it may cost) a lot.*
Voy a California, aunque cuesta mucho.	*I'm going to California, even though it costs (does cost) a lot.*
Ellos no entenderán la lección aunque estudien toda la noche.	*They will not understand the lesson even if they study all night.*
Ellos no entendieron la lección aunque estudiaron toda la noche.	*They didn't understand the lesson even though they studied all night.*
Queríamos visitar Miami aunque no estuvieran allí.	*We wanted to visit Miami even if they weren't (might not be) there.*
Queríamos visitar Miami aunque ellos no estaban allí.	*We wanted to visit Miami even though they weren't there.*

Práctica

A. Describe some of the thoughts and wishes of a family planning to immigrate to the United

TOMÁS: What do you think about starting our trip through the Southwest in August? RICARDO: Fine. TOMÁS: Do you think we should go to first-class hotels during the trip? RICARDO: Of course! Although it may cost a lot, let's stay in hotels that have a pool and all the luxuries. TOMÁS: And how are we going to work out paying the bills? I don't have a cent. RICARDO: Well . . . as I was saying the other day, although the culture of the Southwest fascinates me, I can wait until next summer to make the trip.

States. Complete the sentences with the correct form of the verb in parentheses to describe indefinite actions or uncertainty.

1. El padre quiere inmigrar aunque todavía no _____ trabajo.   (tener)
2. Su familia va a dejar su patria aunque las condiciones aquí no _____ mejores.   (ser)
3. Tienen ganas de lograr su meta aunque les _____ mucho tiempo y dinero.   (costar)
4. Ellos prefieren vivir en Texas aunque _____ pocos trabajos allí.   (haber)
5. Van a reunirse con otros parientes aunque por ahora no _____ dónde están.   (saber)
6. El hijo mayor quiere casarse aunque no _____ mantener una familia todavía. (poder)
7. Todos quieren viajar a Europa algún día aunque no _____ todas las lenguas que allí se hablan.   (hablar)
8. Quieren que todos sus hijos se gradúen aunque no siempre _____ buenas notas. (sacar)

B. Repeat Exercise A, using the correct form of the verb to describe definite actions or known facts.

C. An official of the U.S. Office of Immigration is talking about the refugees in this country during a national meeting addressing this issue. Relate his or her comments by expressing the following sentences in Spanish.

1. They can be citizens even though they may not be familiar with our customs.
2. Although freedom is important to them, they don't want to be refugees.
3. Although they are Cuban, they want to be citizens of the United States.
4. Although the workers help us a great deal, they still have to work under bad economic and social conditions.
5. Even though we may be talking with other countries, it will be difficult to solve this problem.

D. Express your own ideas on the following subjects by completing the following sentences in a logical manner.

1. Mis amigos y yo vamos a Puerto Rico aunque…
2. Voy a tomar el examen aunque…
3. Mis amigos y yo vamos al cine esta noche aunque…
4. Voy a estudiar la lección para mañana aunque…
5. Voy a graduarme aunque…
6. Aunque mi amiga Julia es mexicana,…
7. Aunque haga mal tiempo mañana,…
8. Aunque tengo mucha hambre,…
9. Aunque sea extranjero ese señor,…

Repaso

A. Tell about a trip that you and your family planned to take to the Southwest. Complete the sentences in the following story.

Durante nuestras vacaciones, mi familia y yo queríamos hacer un viaje a un lugar que no (1) _____ (*conocer*) bien. Decidimos ir a Nuevo México para que la familia (2) _____ (*aprender*) más sobre la historia de esa región.

Antes de planear el viaje, fui a la biblioteca para buscar un libro que (3) _____ (*tener*) información sobre la herencia hispánica del suroeste. No podía encontrar ningún libro que (4) _____ (*tratar*) este tema. Mi madre me había dicho que, en caso de que no (5) _____ (*haber*) tal libro en la biblioteca, yo debería ir a una librería para comprar uno. Sabía que sería difícil escoger (6) _____ (*the best one*).

Fui a una librería y entré pero no había nadie que me (7) _____ (*atender*). Decidí irme a menos que alguien me (8) _____ (*ayudar*) pronto. En ese momento, una mujer (9) _____ (*very tall*) apareció. Yo le dije que necesitaba comprar un libro que (10) _____ (*explicar*) los orígenes hispánicos de Nuevo México. Ella me mostró varios libros, y yo escogí uno sin saber que era (11) _____ (*the most expensive book*) de la tienda. Aunque (12) _____ (*costar*) mucho, lo compré.

Volví a casa. Durante los días siguientes, animé (*I encouraged*) a todos a leer el libro a fin de que (13) _____ (*saber*) más sobre los lugares que íbamos a visitar.

Decidimos que saldríamos para el suroeste el primer día de agosto, con tal que el coche (14) _____ (*funcionar*) bien y todos (15) _____ (*estar*) preparados.

B. You are reading a book that gives information about the southwestern part of the United States. Express this information in Spanish.

1. The Southwest has the largest Hispanic population in the United States.
2. Rancho de Chimayo is the best restaurant in the village.
3. A person does not have to be very rich in order to make the trip.
4. The trip by car between New York and Santa Fe is extremely long.
5. Santa Fe is one of the oldest cities in New Mexico.
6. Some of the isolated villages in the mountains of New Mexico and Arizona are extremely small.
7. It is said that the oldest church in the United States is in Santa Fe.
8. A trip through the Southwest can be one of the best experiences of your life.

Intercambios

A. Algunos norteamericanos de origen hispánico son muy famosos. ¿Cuántas personas hispanas puede Ud. nombrar que han llegado a ser famosas como políticos? ¿como personas activas en causas sociales? ¿como artistas de cine o de teatro? ¿como músicos? ¿como deportistas?

Ahora, presente Ud. a la clase una biografía breve de una de las personas famosas. La clase debe adivinar (*to guess*) quién es.

B. Aunque la presencia hispánica se siente más en ciertas regiones de los Estados Unidos — Miami, Nueva York, el suroeste y California— muchas palabras españolas son parte del vocabulario de todo (*every*) norteamericano.

1. ¿Puede Ud. dar algunas palabras de origen español que se refieran al campo? ¿a la comida?
2. ¿Conoce Ud. algunos nombres geográficos de origen español? ¿Cuáles se refieren a ciudades? ¿a ríos? ¿a montañas?
3. ¿Puede Ud. dar algunos nombres de calles, de avenidas, de centros comerciales, etcétera, que sean de origen español?
4. ¿Cuáles son otras palabras de origen español que se usan con frecuencia en inglés? ¿Qué quieren decir? ¿Cuándo y cómo se usan?

C. En el dibujo (*drawing*) siguiente, un personaje famoso se escapa —por un momento— de los límites que le impone (*imposes on him*) su imagen.

—Aprovecharé° ahora que no hay nadie por aquí cerca. Póngame un vaso de leche.

I'll take advantage

¿Cuál es la imagen que todos tienen de «Superman»? ¿Cómo es que su actitud en el dibujo contradice (*contradicts*) esa imagen?

¿Es verdad que a veces nuestra imagen de una persona determina nuestra relación con él o con ella? ¿Pensamos que se va a comportar (*to behave*) de cierta manera o tener ciertas características sólo porque es hombre o mujer o profesor o… ?

Imagine que Ud. acaba de conocer a un hombre que se llama Juan Rodríguez. Por su nombre, ¿cómo espera Ud. que sea él? Use Ud. estas palabras como guía.

1. su nacionalidad
2. su lengua materna
3. el número de personas en su familia
4. su religión
5. el tipo de comida que se come en su casa
6. su música preferida
7. su personalidad y carácter

¿Corresponde a (*is a result of*) un estereotipo su imagen de Juan Rodríguez?

Vocabulario

VERBOS

cruzar   *to cross*
fabricar   *to build; to construct*
graduarse   *to graduate*
incorporarse   *to join*
lograr   *to manage (to do something); to achieve*
pintar   *to paint*

SUSTANTIVOS

el **aislamiento**   *isolation*
el **barco**   *boat*
el **brazo**   *arm*
el **colono**   *settler*
la **estatua**   *statue*
el/la **guía**   *guide*
la **imagen**   *image*
la **pierna**   *leg*
la **privación**   *deprivation*

CONJUNCIONES

a fin de que   *so that, in order that*
a menos que   *unless*
con tal (de) que   *provided that*
debido a   *due to, owing to .*
e   *and (before words beginning with i or hi)*
en caso de que   *in case*
para que   *so that, in order that*
sin que   *without*
u   *or (before words beginning with o or ho)*

Cali, Colombia

In this unit you will learn to talk about the communications media—newspapers and television.

333

LECCIÓN A

Hoy día hay mucha controversia sobre la influencia de la televisión en la sociedad. Algunos creen que es una invención muy mala; sólo sirve para difundir idioteces° entre un público hipnotizado. Otros la ven como un medio de comunicación que ofrece muchas posibilidades para la educación de las masas. Dicen que la tele puede dar a conocer° a todo el mundo los acontecimientos culturales y políticos más importantes. Así, todos pueden participar en la vida cultural y política de la nación y tomar mejores decisiones en el momento de votar. Las dos actitudes parecen ser irreconciliables, como se ve en esta discusión entre dos estudiantes hispánicos.

difundir... *to propagate inanities*

dar... *make known*

RAÚL: ¿Me haces el favor de bajar el sonido de la tele? Estoy tratando de leer el periódico.

PABLO: Bueno, bueno, perdóname. No sabía que te molestaba. Miraba las noticias.

RAÚL: ¿Las noticias? ¿Por qué no lees el periódico? Dan las noticias con más detalle.

PABLO: Sí, pero con menos vitalidad que en la tele. Quiero ver y oír una entrevista con el presidente cuando ocurre en vez de leer la interpretación de otra persona al día siguiente.

RAÚL: No estoy de acuerdo. La prensa publica el texto completo de los discursos. Así uno puede leerlo con cuidado y reflexionar sobre los puntos importantes.

PABLO: Bueno, es cuestión de preferencias personales en nuestro caso. Pero para la sociedad en general creo que la tele es un medio muy importante. Antes de tener un televisor muchos sencillamente no sabían lo que pasaba en el mundo.

RAÚL: De acuerdo. Pero al mismo tiempo si los niños se acostumbran a mirar la tele todo el día, no puede haber campaña de alfabetización° que tenga efecto.

literacy

PABLO: Pero algunas personas nunca van a leer mucho. Los periódicos cuestan dinero; la tele es gratis. Los pobres no van a gastar dinero en libros, que, por lo general, son caros.

RAÚL: Bueno, la tele sólo es gratis después de comprar el televisor. Uno podría comprar muchos libros con el dinero que paga por un televisor a color.

PABLO: Tú sabes que no es una comparación justa. Hay que incluir que las diversiones también cuestan mucho si se consiguen fuera de casa.

RAÚL: Eso es otra cosa. No se ve nada que no sea de un nivel intelectual bajo. Las telenovelas, los programas norteamericanos, todos dan una impresión falsa del mundo.

PABLO: Bueno, ¿para qué sirve la diversión si no es para escaparse del mundo diario?

RAÚL: Es cierto. La fantasía está bien si se presenta como fantasía. Pero cuando presentan a una familia perfecta en una casa perfecta en un pueblo perfecto, el telespectador° no lo mira como fantasía sino como algo real. Si su vida no es perfecta, se siente frustrado.   *viewer*

PABLO: Ah, Raúl... Nunca vamos a ponernos de acuerdo sobre este tema.

RAÚL: Tienes razón y... oye, mira la pantalla. Están poniendo un partido de fútbol. ¿Quieres subir el sonido un poco para que yo lo pueda oír?

PABLO: ¿Eh? ¡Qué diablos°! ¡Perdí las noticias por estar discutiendo contigo!   *¡Qué... What the devil!*

Preguntas

A. Conteste según el diálogo.

1. ¿Cuáles son las razones presentadas a favor de la televisión?
2. ¿Cuáles son las razones presentadas en contra de la televisión?
3. ¿Cuáles son las posiciones de Raúl y Pablo sobre las noticias en la tele y en la prensa?
4. ¿Cuáles son sus posiciones sobre el precio de la televisión para los pobres?
5. ¿Cuál es la actitud de los dos sobre la fantasía en la tele?

B. Conteste estas preguntas personales.

1. ¿Dónde consigue Ud. su información sobre los últimos acontecimientos? ¿Prefiere Ud. las noticias de la tele, del periódico, de la radio o de las revistas? ¿Por qué? ¿Cuánto tiempo a la semana pasa Ud. con cada medio?
2. ¿Cree Ud. que el reportaje (*reporting*) en la tele es objetivo? ¿en los periódicos? En su opinión, ¿debe ser objetivo o es mejor que cada periódico tenga su propia posición? ¿Por qué? ¿Se debe permitir que los locutores (*newscasters*) expresen sus opiniones personales, o tienen la obligación de ser objetivos? ¿Por qué?
3. En su opinión, ¿lee menos la gente ahora que cuando no había televisión? Hoy día, ¿se sabe más o menos sobre el mundo que antes? ¿Por qué? Sin la televisión, ¿sabría Ud. más o sabría menos? ¿Cree Ud. que los libros son cosa del pasado?
4. ¿Cómo ve Ud. el futuro de los medios de comunicación? ¿Qué inventos nuevos cree Ud. que habrá?

Estructura

Minidiálogo

(Jorge y Laura son estudiantes de la Facultad de Periodismo.)

JORGE: Bueno, nos graduamos en mayo. ¿Qué piensas hacer?

LAURA: En cuanto pueda voy a ver si me dan un trabajo en un periódico o en una revista. ¿Y tú?

JORGE: Mis padres me han regalado un viaje a Europa. Cuando vuelva buscaré empleo también. Mientras mi padre trabaje en el Canal 8, no tendré que buscar mucho.

LAURA: ¡Qué suerte tienes! Después de que consigas trabajo en el Canal 8... ¡puedes contratarme a mí para las noticias!

1. ¿En qué facultad estudian Jorge y Laura?
2. ¿Cuándo se van a graduar?
3. ¿Qué piensa hacer Laura?
4. ¿Qué va a hacer Jorge cuando vuelva?

73. The Subjunctive in Adverbial Clauses of Time

A. The following adverbial conjunctions—all related to time—introduce dependent adverbial clauses in which either the indicative or the subjunctive is used.

cuando	*when*	hasta que	*until*
después (de) que	*after*	mientras (que)	*while*
en cuanto	*as soon as*	tan pronto como	*as soon as*

B. The subjunctive is used in the dependent clause when the time referred to is in the future relative to the main clause, or when there is uncertainty or doubt about whether or not an action will take place.

Me voy a acostar en cuanto termine este programa.

I'm going to bed as soon as this program ends.

Teresa me llamará cuando llegue al hotel.

Teresa will call me when she gets to the hotel.

Pensaba estudiar después de que mis amigos salieran.

I was planning to study after my friends left.

C. The indicative is used when the dependent clause refers to a fact or a definite event or to something that has already happened, is currently happening, or usually happens.

(*Jorge and Laura are students at the School of Journalism.*) JORGE: Well, we graduate in May. What are your plans? LAURA: As soon as I can I'm going to see if I can get (if they will give me) a job with a newspaper or magazine. And you? JORGE: My parents have given me a trip to Europe. When I get back, I'll look for a job too. As long as my father works at Channel 8, I won't have to look long. LAURA: How lucky you are! After you get a job at Channel 8 . . . you can hire me for the news!

Nos acostamos en cuanto terminó el programa.

We went to bed as soon as the program was over.

Siempre miramos la tele después de que los niños se duermen.

We always watch TV after the children fall asleep.

Leo el periódico mientras desayuno.

I read the newspaper while I eat breakfast.

Práctica

A. Lucía always has a lot of plans. Express some of them by combining the phrases and sentences. Follow the model.

MODELO: Voy a mirar la tele cuando...
          Comienza el programa.   →   Voy a mirar la tele cuando comience el programa.

1. Buscaré trabajo en cuanto...
   Se termina el semestre.
   Llega el verano.
   Estoy lista.
2. Me casaré cuando...
   Comienzo mi carrera en la televisión.
   Tengo un buen trabajo.
   Encuentro un hombre perfecto.
3. Voy a viajar mucho después de que...
   Soy una actriz famosa.
   Consigo un papel (*role*) en una telenovela.
   Publico mi primera novela.
4. Pero en la universidad estudiaré hasta que...
   Recibo mi título (*degree*).
   Me gradúo.
   Soy una persona muy culta.

B. When she is older, Lucía looks back with satisfaction at her life. Repeat Exercise A, using these phrases and making other necessary changes, to tell what she would say at that time. Follow the model.

MODELO: Miré la tele cuando...
          Termino la lección.   →   Miré la tele cuando terminé la lección.

1. Busqué trabajo en cuanto...
2. Me casé cuando...
3. Viajé mucho después de que...
4. En la universidad estudié hasta que...

C. Tell what these people are going to do when school's out. Replace the italicized words with the words in parentheses and make other necessary changes.

1. Teresa *busca* empleo cuando termina el semestre.   (buscará)
2. Tomás y Elena *viajan* en cuanto mejora el tiempo.   (viajarán)
3. Juan *vuelve* al Canal 5 cuando llega el verano.   (volverá)
4. María *se queda* aquí hasta que se le acaba (*runs out*) el dinero.   (se quedará)
5. El profesor *se va* después de que lee los exámenes finales.   (se irá)
6. Luis *se divierte* en la playa mientras tiene dinero.   (va a divertirse)
7. Carlos y José *van* a casa tan pronto como salen de las clases.   (irán)
8. Yo *duermo* hasta que comienza el próximo semestre.   (dormiré)

D. It's September now. Tell what everyone did when they got out of school last summer. Change the italicized verbs in Exercise A to the preterite and make other necessary changes.

E. Children always ask a lot of questions. With a classmate, ask and answer the questions Carlos asks his father.

1. Papá, ¿cuándo puedo mirar la televisión?
    en cuanto / terminar / las noticias
2. ¿Hasta cuándo puedo mirarla?
    hasta que / cenar / nosotros
3. ¿Cuándo vamos a cenar?
    cuando / venir / tu mamá
4. ¿Cuándo va a llegar mi mamá?
    tan pronto como / salir / del trabajo
5. ¿Cuándo va a salir del trabajo?
    después de que / dar (ella) / todas las noticias en la tele
6. ¿Cómo voy a saber que ha dado todas las noticias?
    mientras / verla / en la pantalla, no haber terminado
7. No la veo en la pantalla.
    pues entonces ya / venir

F. Television directors have to explain everything to the cast. Tell what one director of a **telenovela** might say by expressing the following sentences in Spanish.

1. As soon as the Indians (**indios**) are painted we'll start.
2. Now, when you hear the army, go up this mountain.
3. Stay at the highest level until the explosion occurs.
4. While the army is destroying the building, you and the guide will escape.
5. While you're crossing the river, we'll hear the sounds of the battle (**batalla**).
6. You will be afraid until you see the village.
7. After you arrive in the village, María will give her speech.
8. When I say "action," you will begin. Action!
9. No, no. Cut! (**¡Corten!**) When you went up the mountain, we couldn't see your face.
10. Everyone return to his place until I say "action" again.

Minidiálogo

LOCUTOR: ¡Qué suerte tiene Ud.! Antes de que se abriera la
           nueva tienda de electrodomésticos Navarro, todo
           el mundo pagaba demasiado. Antes de que Ud.
           pague demasiado otra vez, venga a vernos en la
           esquina de Alarcón y Quevedo. ¡Nuestros
           precios son baratísimos!

1. *¿Qué vende el locutor?*
2. *¿Qué ocurría antes de que se abriera la tienda Navarro?*
3. *¿Dónde está la tienda?*   4. *¿Cómo son los precios allí?*

74. The Subjunctive with *antes (de) que*

The subjunctive is always used after the adverbial conjunction of time **antes (de) que,** since it
implies that an action has not yet taken place.

Ramón siempre se duerme antes (de) que comience el discurso.	*Ramón always goes to sleep before the speech starts.*
Ramón se durmió antes (de) que comenzara el discurso.	*Ramón fell asleep before the speech started.*
Voy a leer este artículo antes (de) que votemos.	*I'm going to read this article before we vote.*
Iba a leer ese artículo antes (de) que votáramos.	*I was going to read that article before we voted.*

Práctica

A. The Ocampo triplets, Elena, Azucena, and Mairena, want to be TV stars, but they are realistic
about their prospects. Tell how they might view their future by combining the main clauses with
the sentences that follow them.

ELENA: Practicaré mucho la guitarra antes de que…
         Me aceptan como guitarrista profesional.
         Me pagan un buen sueldo.
         Me dan mi propio «show».

AZUCENA: Tendré que estudiar y practicar mucho el baile antes de que…
           Me permiten aparecer en el programa de televisión «300 millones».
           Me llaman los directores famosos.
           Me ofrecen un programa regular en el Canal 4.

ANNOUNCER: How lucky you are! Before the new Navarro appliance store was opened, everyone paid too much. Before
you pay too much again, come and see us at the corner of Alarcón and Quevedo. Our prices are very economical!

MAIRENA: Cantaré en muchos anuncios antes de que…
            Me ponen en un programa con Julio Iglesias.
            Me oye alguien importante.
            Me llevan directamente a Hollywood.

B. Now repeat Exercise A to tell about the advice they might give to aspiring newcomers, as they look back over their careers. Change the verbs in the main clauses to the preterite and make other necessary changes.

C. Carlitos' mother is always telling him what to do. Complete the sentences, using one of the cues from the list to tell about some of the things she tells him.

llegar tu papá	venir la policía	salir (tú) a jugar
acostarse (él)	mirar (tú) la tele	morirse (él) de hambre
dormirte (tú)	ir (tú) a la escuela	

1. Pon el abrigo antes de que…
2. Ve a limpiar tu cuarto antes de que…
3. Voy a lavarte la cara antes de que…
4. Baja el sonido de la tele antes de que…
5. Haz tu tarea antes de que…
6. Dale comida al perro (*dog*) antes de que…
7. Juega un poco con tu hermanito antes de que…
8. Voy a llevarte a la cama antes de que…

¿Cómo se dice?

- **Absolute superlatives**

    The absolute superlative is usually formed with **muy** plus an adjective or an adverb.

Este programa es muy aburrido.	*This program is very boring.*
Ella habla muy bien el español.	*She speaks Spanish very well.*

    To express a superlative that is even more emphatic, drop the final vowel of the adjective or adverb and add **-ísimo (-a/-os/-as)** for adjectives.* Note that only this form of the absolute superlative is possible with **mucho**.

Este periódico es interesantísimo.	*This newspaper is very interesting.*
Me gusta muchísimo esa revista.	*I like that magazine very much.*
Fue un acontecimiento importantísimo.	*It was a very important event.*

---

*An accent on the adjective or adverb is dropped when **-ísimo** is added: **fácil → facilísimo.**

Words that end in **-co, -go,** and **-z** have a spelling change in the absolute superlative:
rico → **ri*qu*ísimo; largo** → **lar*gu*ísimo; feliz** → **feli*c*ísimo.**

A. Your friend is always bragging. With a classmate, tell some of the things he might say in response to the following statements, using the **-ísimo** ending.

1. Mi padre es rico. —Pues, mi padre es _____ .
2. Mi clase es difícil. —Pues, mi clase es _____ .
3. Mi casa es grande. —Pues, mi casa es _____ .
4. Mi profesor es interesante. —Pues, mi profesor es _____ .
5. Mis notas son altas. —Pues, mis notas son _____ .
6. Yo estudio mucho. —Pues, yo estudio _____ .
7. Mi auto es rápido. —Pues, mi auto es _____ .
8. Mi amigo es inteligente. —Pues, mi amigo es _____ .

B. Find out your classmates' opinions about the current TV season. Using the model as an example, ask your classmates' opinions of your favorite shows.

MODELO:　—¿Qué te parece «Dallas»?
　　　　　—«Dallas» es interesantísimo.

Vocabulario

VERBOS

bajar *to lower; to descend*
dormirse (ue) *to fall asleep*
escaparse *to escape*
ocurrir *to occur, happen*
publicar *to publish*
reflexionar (sobre) *to reflect (upon)*

ADJETIVOS

gratis *free (of charge)*
justo *fair, just*

SUSTANTIVOS

el acontecimiento *event*
el artículo *article*
el detalle *detail*
el discurso *speech*
el nivel *level*
la pantalla *screen*
la prensa *press*
el sonido *sound*
la telenovela *soap opera*

**OTRAS PALABRAS
Y EXPRESIONES**

a color *color, in color*
antes (de) que *before*
después (de) que *after*
en cuanto *as soon as*
hasta que *until*
mientras (que) *while*
tan pronto como *as soon as*

Ciudad de México

Es casi imposible escaparnos de la televisión hoy día. Esto es verdad en el mundo hispánico y también en los demás países del mundo. Hay pocas diferencias entre los programas que se ofrecen en la televisión de cualquier país, y además, las quejas de los telespectadores (*viewers*) son también bastante parecidas. Una diferencia es que en algunos países hispánicos los canales son del estado y no particulares como aquí. Otra diferencia es que en algunos países no comienzan a emitir programas hasta las diez de la mañana y en otros hasta las dos de la tarde. Tampoco se ha instalado (*installed*) la televisión por cable de la misma manera como se ha hecho en los Estados Unidos. Pero si descontamos (*we discount*) esas diferencias, encontramos que hay semejanzas (*similarities*) notables. En la mayoría de los países hispánicos presentan series norteamericanas, las noticias, programas de cocina (*cooking*), telenovelas y programas deportivos (*sports*). Aquí sigue una muestra (*sample*) de una teleguía.

¿Cree Ud. que es mejor la televisión privada o la televisión pública? ¿Es mejor tener ambos sistemas? ¿Cree Ud. que la televisión por cable va a cambiar la calidad (*quality*) de los programas?

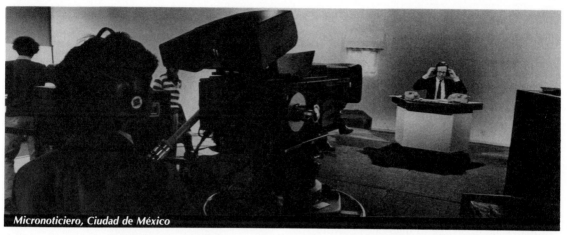

Micronoticiero, Ciudad de México

Teleguía
Viernes 24/Canal 4

10.00 PLAZA SÉSAMO: Producción mexicana dedicada a los niños en edad de aprendizaje (*preschool age*).

11.00 MICRONOTICIERO DEL CANAL 4

11.05 ESPERANZA (telenovela): En cuanto María la visite, Esperanza va a contarle toda la verdad sobre Carlos.

11.30 JUANA LA COCINERA (*cook*): Hoy Juana prepara una salsa (*sauce*) española llamada «sofrito».

Telenovela, San Juan, Puerto Rico

12.00 JULIA (telenovela): Rebeca descubre que el dinero robado a Corina está en el dormitorio (*bedroom*) de Walter. Mientras tanto (*Meanwhile*), Julia lee detenidamente (*carefully*) el diario de la ex-esposa de Eduardo.

¿Le gustan a Ud. los programas que enseñan a cocinar? ¿Tenemos un programa como el programa de las 10.00? ¿Le gustan a Ud. las telenovelas? ¿Cuál es su favorita?

13.00 CON OCHO BASTA: El montaje de un «show» de caridad (*charity*) tiene ocupada a toda la familia.

14.00 EL CRUCERO (*cruise ship*) DEL AMOR: «Un romance encantador», «Oh, Dale», y «El gran acontecimiento».

15.00 DALLAS: J. R. tiene que llegar a Southfork antes de que Bobby descubra la verdad. J. R. realiza un proyecto que acaba en la ruina económica de su mejor amigo.

16.00 MICRONOTICIERO DEL CANAL 4

16.05 TEMAS DE ACTUALIDAD: Paco Luján y otros periodistas discuten los temas políticos del día.

¿Sabe Ud. cómo se llama el programa de las 13.00 en inglés? ¿el de las 14.00? ¿Le gusta a Ud. «Dallas»?

17.00 PROFESIÓN SEÑORA (telenovela): Juancho pretende convencer a su mamá de que vivan en la casa de su padre muerto.

17.30 VÍDEO MÚSICA: Ray Conniff, «Kiss», The Police, Billy Joel, Sergio Méndez y los vídeos de la actualidad y del pasado.

18.30 DIGA LO QUE (*what*) VALE: Concurso (*Contest*) y diversión con su presentadora, Mónica de la Puente.

¿Le gustan a Ud. los concursos en la tele? ¿Cuál es el equivalente en nuestra televisión de «Diga lo que vale»? ¿Mira Ud. mucho la MTV?

Vídeo música, Ciudad de México

19.00 LA HORMIGA (*ant*) ATÓMICA: Relato para niños. Nuestro héroe suele esperar hasta que llegan los amigos para comer. Pero hoy no vienen.

19.30 DIBUJOS ANIMADOS (*cartoons*): El Pato Donald cuenta a sus sobrinos la historia del mundo. El Coyote y el Correcaminos (*Roadrunner*) siguen sus aventuras.

20.00 NOTICIERO DE LA TARDE: Presentan María Peláez y Germán Herculano.

20.30 VIVIR PARA TI (telenovela): Alberto promete casarse con Elena cuando ella vuelva de Alaska.

21.00 Aprovechamos este espacio para estrenar un nuevo programa que monta José Galván. A partir de hoy presentamos una serie cuyo (*whose*) enfoque será la investigación de los sueños y preocupaciones (*worries*) del hombre medio. El señor Galván va a grabar entrevistas en los despachos o lugares de trabajo de sus vecinos. A través de éstas pretende tomar el pulso (*pulse*) de la nación.

22.00 FILMOTECA: «Historias de Filadelfia», 1940. B/N (*black-and-white*). Dirigida por George Cukor. Con Katherine Hepburn, Cary Grant y James Stewart. Una

Noticiero, Ciudad de México

revista decide publicar un reportaje sobre la boda de un miembro inaccesible de la alta sociedad.

00.05 ÚLTIMAS NOTICIAS

00.20 DESPEDIDA Y CIERRE (*Sign off*)

¿Miraba Ud. los dibujos animados cuando era niño/a? ¿Los mira ahora? ¿Cuáles eran sus personajes favoritos? ¿Mira el noticiero todos los días? ¿Le gustan a Ud. las películas antiguas y clásicas? ¿Cuáles de ellas le gustan más?

Estructura

Minidiálogo

PRESENTADOR: Aquí seguimos hablando con Jorge Vásquez, director de televisión de gran éxito. Jorge… si te dieran el dinero y el espacio necesarios para montar la serie de tus sueños, ¿cómo sería? ¿Qué harías?

JORGE: Pues, mi sueño ha sido montar una serie para niños, y parece que el año que viene este sueño se va a realizar. Si Dios quiere, y si tengo tiempo, voy a montar una serie sobre animales.

1. ¿Qué hace Jorge Vásquez?   *3. ¿Qué tipo de serie quiere montar?*

2. ¿Qué le pregunta el presentador?   *4. ¿Cuándo lo va a hacer?*

75. The Indicative and the Subjunctive with *si* Clauses

A. A dependent clause introduced by **si** (*if, whether*) takes a past subjunctive verb form when it relates something that is contrary to fact or unlikely to happen. In these cases, the main clause verb is usually in the conditional and expresses what one would do if the conditions in the dependent clause existed. The order of the main and dependent clauses is interchangeable.

Si ella tuviera tiempo, escribiría el relato.	*If she had the time (but she doesn't), she would write the story.*
Yo iría al cine con ellos si me invitaran.	*I would go to the movies with them if they invited me (but they may not).*
Si él no hubiera recibido la cuenta, me habría prestado el dinero.	*If he hadn't received the bill (but he did), he would have lent me the money.*

In the last sentence, note the use of the conditional perfect, which is formed with the conditional of **haber** plus a past participle: for example, **habría contado** (*I would have told*).

B. In all other circumstances, **si** is followed by the indicative. If the sentence describes a present situation, the present indicative is generally used after **si.** The imperfect indicative is used after **si** to describe habitual or repeated situations.

HOST: We're still talking here with Jorge Vásquez, the very successful TV director. Jorge . . . if they gave you the necessary money and air time to produce the series of your dreams, what would it be like? What would you do? JORGE: Well, my dream has been to produce a children's series, and it seems that next year that dream will become a reality. God willing and if I have the time, I'm going to produce a series about animals.

Si tenemos bastante tiempo, grabaremos el programa hoy.	*If we have enough time, we'll tape the program today.*
Si miras ese programa, no te espero.	*If you watch that program, I won't wait for you.*
Si él tenía tiempo, leía el periódico.	*If he had time, he would (used to) read the newspaper.*

Práctica

A. What would these people do if they had a million dollars? Follow the model.

MODELO:　Raúl　→　Si Raúl tuviera un millón de dólares, viajaría alrededor del mundo.

1. yo
2. Ud.
3. mi mejor amigo/a
4. mis padres
5. tú
6. nosotros

B. TV shows require a lot of planning. Following the model, restate these sentences to describe some plans being made for a new series.

MODELO:　Si estrenamos el programa piloto el domingo, se emitirá después del partido de fútbol.　→
　　　　　Si estrenáramos el programa piloto el domingo, se emitiría después del partido de fútbol.

1. Si conseguimos a María Velázquez como presentadora, tendremos mucho éxito.
2. Si nos dan el espacio de las 10:00, tendremos un público grandísimo.
3. Si encuentras el enfoque correcto, acabarás el montaje más rápido.
4. Si aprovechamos la presencia del presidente, recibiremos mucha publicidad.
5. Si grabamos unas escenas en Tahití, el programa será diferente.
6. Si realizamos el proyecto pronto, ganaremos a la competencia.

C. Change the sentences in Exercise A according to this model to describe the discussion when the show didn't get good ratings.

MODELO:　Si estrenamos el programa piloto el domingo, se emitirá después del partido de fútbol.　→
　　　　　Si hubiéramos estrenado el programa piloto el domingo, se habría emitido después del partido de fútbol.

D. Laura and Tomás are discussing their summer plans. Express some of their ideas by completing the following sentences with the proper form of the verb in parentheses.

1. Si _____ , vamos a España.　(poder)
2. Si yo _____ más tiempo, también iría a Francia.　(tener)
3. Si (tú) _____ que trabajar, no podrás ir.　(tener)
4. Si _____ , podemos pedir un préstamo en el banco.　(querer)
5. Si _____ la lotería, no nos preocuparíamos.　(ganar)
6. Si _____ la importancia del dinero, habría nacido rico.　(saber)
7. Si _____ todos mis libros, tendré dinero para una semana y media.　(vender)

8. Si _____ dos meses. podríamos viajar un mes.   (trabajar)
9. Si no _____ el auto, habríamos ahorrado (*saved*) más dinero.   (comprar)
10. Si _____ este plan, tendremos que venderlo.   (realizar)

E. Getting ideas for a TV show isn't easy. Express these sentences in Spanish and show how a meeting between a producer and a writer might go, from the producer's point of view.

1. If you come to my office, we'll discuss your project.
2. If I like the approach, I'll produce the series.
3. If I knew the story, I could give you an answer sooner.
4. If we produced the programs, Channel 6 would broadcast them.
5. If we had decided to start last month, we could have finished by the summer.

F. What would you do if you were one of these people? Be creative.

MODELO: profesor(a)   →   Si yo fuera profesor, nunca daría exámenes.

1. presidente   3. millonario/a   5. viejo/a   7. presentador(a) de la tele
2. padre/madre   4. camarero/a   6. director(a) de cine 8. muy famoso/a

G. Complete these sentences in a logical manner to tell what you would do in the following situations.

1. Si estuviera en un buen restaurante y tuviera mucho dinero, yo...
2. Si no pudiera pagar la cuenta en un restaurante...
3. Si estuviera en España en este momento...
4. Si tuviera que casarme mañana...
5. Si pudiera leer sólo un libro...

Minidiálogo

JUANA: Este periodista escribe como si lo supiera todo. Dice que en el futuro los ciudadanos de este país van a tener menos dinero que nunca.

MIGUEL: ¡Imposible! ¿Cómo puedo tener menos dinero en el futuro cuando no tengo ningún dinero ahora?

JUANA: No te hagas el pobre. Sé que recibiste un cheque de tus padres hoy.

MIGUEL: Sí, es verdad. Pero es como si no lo tuviera. ¡Tengo que pagar la matrícula para el próximo semestre!

1. ¿Cómo escribe el periodista?   *3. ¿Qué reacción tiene Miguel?*
2. ¿Qué opinión tiene el periodista?   *4. ¿Por qué no debe hablar Miguel como si fuera pobre?*

JUANA: This journalist writes as if he knew it all. He says that in the future the citizens of this country are going to have less money than ever. MIGUEL: Impossible! How can I have less money in the future when I don't have any money now? JUANA: Don't act poor. I know that you got a check from your parents today. MIGUEL: Yes, that's true. But it's as if I didn't have it. I have to pay next semester's tuition!

76. The Subjunctive with *como si*

An imperfect or past perfect subjunctive verb form is always used in a clause introduced by **como si** (*as if*), because **como si** always implies a hypothetical or untrue situation.

Discute como si supiera más que los demás.	*He argues as if he knew more than the others.*
Ambos suelen vivir como si fueran ricos.	*They both are used to living as if they were rich.*
Habla como si hubiera montado muchas series populares.	*She talks as if she had produced many popular series.*

Práctica

A. We all know some pretentious people. Complete the following sentences with the proper form of the verb in parentheses to tell some of the things you might say about such people.

1. Tomás siempre habla como si _____ ocupadísimo.   (estar)
2. Los señores Gómez se visten como si _____ muy ricos.   (ser)
3. Susana suele discutir como si _____ más que nadie.   (saber)
4. Carlos acaba los exámenes pronto, como si _____ fáciles.   (ser)
5. El presentador habla como si sus opiniones _____ muchísima importancia. (tener)
6. Teresa gasta el dinero como si _____ más que los demás.   (ganar)
7. El señor Peláez siempre habla como si _____ al presidente personalmente. (conocer)

B. Roberto and Julio are minor TV actors. Describe their gripes by expressing these sentences in Spanish.

1. The director talked as if he had understood the story.
2. He makes us work as if he wanted to broadcast it tomorrow.
3. The star (**la estrella**) argues with him as if her job didn't matter to her.
4. She read the dialogue as if she had learned it by heart (**de memoria**).
5. She does our scene as if I weren't there.
6. He directs as if there were only one approach.

C. Complete these sentences in a logical manner.

1. Pam habla español estupendamente. Siempre sabe el vocabulario. Habla español como si...
2. Carlos está estudiando en la biblioteca. Tiene todos sus libros de español y sus diccionarios también. Estudia como si...
3. El Sr. Pérez ha comprado un coche (*car*) hoy. Vive en un apartamento grande y elegante en el centro. Yo no sé cómo se gana la vida, pero vive como si...

Create a situation like the preceding ones and present it to the class.

Repaso

Combinando dos frases de las que siguen o dos frases originales, y haciendo los cambios necesarios...

A. Diga algo sobre sus costumbres comenzando la frase con **Siempre cuando...**

MODELO: Siempre cuando voy a México, aprendo más español.

B. Ahora diga algo sobre sus planes para el futuro, comenzando con **En cuanto...**

MODELO: En cuanto aprenda más español, iré a México.

C. Ahora comience con **Antes de que...,** para decir otra cosa sobre el futuro.

MODELO: Antes de que vaya a México, voy a aprender más español.

D. Ahora diga algo sobre una posibilidad para el futuro comenzando con **Si yo...**

MODELO: Si yo voy a México, aprenderé más español.

E. Ahora diga algo sobre un acontecimiento o un sueño comenzando con **Si yo...** Use las siguientes frases.

MODELO: Si yo fuera a México, aprendería más español.

ir a México	trabajar para un periódico
aprender más español	acabar el semestre
hacer un viaje a España	poder
tener tiempo	casarme
recibir una beca	descansar en la playa
escaparme de la universidad	tener hijos
ganar la lotería	buscar trabajo
encontrar trabajo	quedarme en casa
asistir a la escuela de verano	mirar la tele
graduarme	ir al cine
montar una serie de televisión	pasar el verano con (mis padres)
vivir solo/a en las montañas	escribir una novela

Intercambios

A. A veces se usan frases que comienzan con **si** para expresar algo imaginario. Use Ud. una frase de ese tipo para describir cómo sería Ud. si fuera otra cosa. Luego explique su selección. Un compañero (Una compañera) le puede hacer preguntas sobre las categorías siguientes para empezar.

CATEGORÍAS: un día de la semana   la comida   un número
un mes del año   un color   un libro

MODELO: —Si fueras un color, ¿qué color serías?
          —Si yo fuera un color, sería el color verde, porque representa para mí la naturaleza (*nature*) y las cosas vivas.

Inventen Uds. otras categorías si quieren.

B. Con otra persona, discuta las buenas y malas cualidades de la televisión. Aquí hay unos temas posibles. Cada uno de Uds. debe dar por lo menos dos cualidades para el tema escogido.

1. la televisión pública
2. la violencia y el sexo en la tele
3. la tele y los niños

4. la tele y las noticias
5. la tele y las campañas electorales

Vocabulario

VERBOS

acabar   *to end up; to finish*
aprovechar   *to make use of*
contar (ue)   *to tell, relate*
discutir   *to argue*
emitir   *to broadcast; to televise*
estrenar   *to debut*
grabar   *to tape, record*
montar   *to produce, put together*
pretender   *to seek; to try*
realizar   *to carry out*
soler (ue)   *to be accustomed to (doing something)*

ADJETIVOS

ambos   *both*
medio   *average*
ocupado   *busy*

SUSTANTIVOS

la **actualidad**   *present time*
el **despacho**   *office*
el **enfoque**   *focus; approach*
el **espacio**   *time slot; space*
el **montaje**   *production*
el **noticiero**   *newscast*
el/la **presentador(a)**   *host/hostess (of a TV show)*
el **proyecto**   *project*
el **relato**   *story*
el **reportaje**   *news report*
la **serie**   *series*
el **sueño**   *dream*

OTRAS PALABRAS Y EXPRESIONES

a partir de   *after; starting with*
a través de   *through; by means of*
como si   *as if*
últimamente   *lately*

Agencia de viajes, Ciudad de México

In this unit you will learn vocabulary and expressions to help you talk about travel. You will also review the major structural concepts you have learned in the book.

Guadalajara● MÉXICO ● Mérida
Manzanillo● ●Oaxaca
●Oaxaca

Existen muchos motivos para viajar. Se puede aprender cosas nuevas, practicar un idioma extranjero, conocer gente y ver lugares nuevos. También un viaje puede ser una manera de escaparse de los problemas, pero es famosa la frase que dice; «Siempre cuando viajo llevo conmigo a mi peor enemigo°—a mí mismo°». También, si uno no planea bien el viaje, puede encontrar más problemas en el viaje que en casa. Veamos cómo ha resuelto el señor Enríquez esta situación. Lo encontramos en una agencia de viajes en Sevilla.

enemy / a… myself

ENRÍQUEZ: Buenos días, señorita. Quiero planear un viaje a México. ¿Me puede ayudar?

AGENTE: Cómo no, señor. Estamos aquí para servirle. ¿Para cuándo es el viaje?

ENRÍQUEZ: Para el mes de julio. Me gustaría ver todo el país. Nunca he estado en México. ¿Puede Ud. sugerirme algunos lugares interesantes?

AGENTE: Sí, claro. ¿Prefiere Ud. un itinerario fijo o flexible?

ENRÍQUEZ: Quiero planearlo todo. Quiero escoger los hoteles, las ciudades, los vuelos, todo.

AGENTE: Bueno…. Por ejemplo, Ud. puede comenzar por la península de Yucatán, donde están las bellas ruinas indias de Palenque y Chichén Itzá. ¿Le parece bien?

ENRÍQUEZ: Muy bien. ¡Qué nombres más exóticos! ¡Me encantan!

AGENTE: Puede escoger un hotel en Mérida. ¿Qué categoría de hotel prefiere—económico, mediano o de lujo?

ENRÍQUEZ: No importa la tarifa. Escojamos° hoteles de lujo en cada ciudad.

Let's pick

AGENTE: Muy bien. ¿Habitación doble o sencilla?

ENRÍQUEZ: Sencilla. No estoy casado. Pero sí la quiero con baño.

AGENTE: ¡Claro! Después de Mérida puede Ud. pasar a la capital. México es una ciudad enorme, muy cosmopolita.

ENRÍQUEZ: ¡Perfecto! Me parece muy bien. Quiero visitar el Museo de Antropología. Este folleto dice que es el más grande del mundo. ¡Qué interesante será!

AGENTE: Dentro del país, ¿prefiere Ud. viajar por avión o por tren?

ENRÍQUEZ: Siempre he preferido el avión. Y primera clase en todos los vuelos.

AGENTE: Yo también. Si tuviera bastante dinero, siempre iría en avión. A ver… ¿le gustan a Ud. las playas con arena blanca° y el mar azul?

arena… *white sand*

ENRÍQUEZ: Claro que sí.

AGENTE: He visto unas playas hermosas por la costa del Pacífico. Acapulco es la ciudad más conocida, pero hay otras más bonitas. Los hoteles de lujo allí tienen piscinas fantásticas y restaurantes magníficos. Le sugiero que se quede en Manzanillo. El hotel Las Hadas es un sitio° magnífico.   *place*

ENRÍQUEZ: Está bien… ¡casi lo puedo ver ahora!

AGENTE: A mí me encantó Oaxaca. Es una ciudad pequeña y típica en el sur.

ENRÍQUEZ: Sí, sí, muy bien. ¡Qué emocionado me pongo cuando planeo un viaje!

AGENTE: Yo también. He trabajado como agente durante tres años sin cansarme° de hacerlo.   *growing tired*

ENRÍQUEZ: Ah, ¿verdad? Pues, ¿qué otros lugares en México le gustan a Ud.?

AGENTE: Pues, Guadalajara es una bella ciudad provinciana. Y Ud. podría alquilar un automóvil y viajar de Guadalajara a la capital. Pasaría por ciudades y paisajes muy hermosos.

ENRÍQUEZ: ¡Excelente idea! Incluya eso.

AGENTE: Ahora que Ud. ha decidido adónde va, puede hacer las maletas. Sólo nos queda arreglar los detalles, como las horas de salida, pagar el pasaje,° comprar los cheques de viajero y reservar las   *tickets* habitaciones. Sencillas, ¿no?

ENRÍQUEZ: Ah, no… Ud. no tiene que preocuparse de eso.

AGENTE: Pero… ¿no había dicho Ud. que quería todo planeado?

ENRÍQUEZ: Sí. Y Ud. lo ha hecho muy bien. Creo que todo está planeado.

AGENTE: ¿Pero cómo va Ud. a viajar sin pasajes y sin reservaciones?

ENRÍQUEZ: ¿Viajar? No creo que Ud. me haya entendido bien. Dije que quería planear un viaje. Nunca me ha gustado viajar—presenta muchos problemas y cuesta demasiado. Pero me encanta planear viajes. Muchas gracias, señorita. Adiós.

Preguntas

A. Conteste según el diálogo.

  1. ¿Cuáles son algunas razones para viajar?
  2. ¿Qué quiere hacer el señor Enríquez en la agencia?
  3. ¿Cómo prefiere viajar?
  4. ¿Qué lugares sugiere la agente?
  5. ¿Por qué sugiere Yucatán? ¿la capital? ¿Manzanillo? ¿Oaxaca? ¿Guadalajara?
  6. ¿Por qué no tiene la agente que hacer nada?

B. Conteste estas preguntas personales.

  1. ¿Ha viajado Ud. mucho? ¿Adónde? ¿Le gusta viajar? ¿Le gustaría viajar más? ¿Qué lugar le gustaría visitar? ¿Por qué?

2. ¿Prefiere Ud. viajar con itinerario fijo o no? ¿Por qué?

3. ¿Ha tenido Ud. problemas en algún viaje? ¿Cuáles? ¿Ha perdido su dinero? ¿Ha perdido un vuelo? ¿Cuál fue la causa?

4. ¿Piensa Ud. buscar un trabajo que incluya la oportunidad de viajar? ¿Qué trabajos ofrecen esa oportunidad? ¿O prefiere Ud. viajar sólo por gusto? ¿Cuáles serían algunas diferencias entre los viajes de negocios y las vacaciones?

Repaso: Unidades 1–7

Aquí tiene Ud. el relato de una joven, Gloria Noriega, que está planeando un viaje por el mundo hispánico. Cada sección del relato contiene un repaso de algunas de las estructuras más importantes de la lengua española que se han presentado en este libro. Complete cada sección con la(s) forma(s) correcta(s) del elemento gramatical indicado.

1. Definite Articles

_____¹_____ señorita Gloria Noriega, estudiante de español, planea un viaje por _____²_____ mundo hispánico durante _____³_____ año próximo. Al visitar _____⁴_____ países hispánicos, ella va a poder entender mejor _____⁵_____ varias culturas y _____⁶_____ costumbres de cada país. Quiere empezar su viaje pronto, durante _____⁷_____ primavera, _____⁸_____ miércoles, tres de marzo. Para evitar (*to avoid*) todos _____⁹_____ problemas comunes a un viajero, quiere arreglar de antemano (*ahead of time*) _____¹⁰_____ vuelos, _____¹¹_____ boletos (*tickets*) para _____¹²_____ tren y _____¹³_____ reservaciones en los hoteles, y va a conseguir _____¹⁴_____ pasaporte y _____¹⁵_____ cheques de viajero antes de salir.

2. Indefinite Articles

_____¹_____ día, Gloria decide ir a _____²_____ agencia de turismo para hablar con _____³_____ de los agentes de viajes. Después de hablar _____⁴_____ horas, ellos arreglan _____⁵_____ plan de viaje. Primero, ella va a hacer _____⁶_____ visita a España, y después va a continuar su viaje por varios países latinoamericanos. El agente la ayuda mucho; le da _____⁷_____ folleto que contiene información sobre muchos lugares interesantes en cada país. También, ella hace _____⁸_____ lista de las cosas que necesita. Decide comprar _____⁹_____ maletas nuevas, _____¹⁰_____ cámara y _____¹¹_____ buena selección de ropa para su viaje.

3. The Present Indicative

Al día siguiente, Gloria (*levantarse*) _____1_____ temprano. (*Lavarse*) _____2_____ , (*vestirse*) _____3_____ y (*salir*) _____4_____ de casa para ir de compras. (*Caminar*) _____5_____ rápidamente porque (*tener*) _____6_____ muchas cosas que hacer. (*Llegar*) _____7_____ a la primera tienda. (*Entrar*) _____8_____ y (*empezar*) _____9_____ a buscar las cosas que hay en su lista. No (*poder*) _____10_____ encontrar todas las cosas que (*necesitar*) _____11_____ . Por eso (*ir*) _____12_____ a otra tienda. Allí le (*preguntar*) _____13_____ a una empleada si en la tienda se (*vender*) _____14_____ cámaras alemanas. La empleada (*contestar*) _____15_____ que sí y que (*encontrarse*) _____16_____ en la segunda planta. Gloria las examina con cuidado y luego (*hablar*) _____17_____ con otra empleada.

EMPLEADA: Buenos días, señorita, ¿en qué (*poder*) _____18_____ servirla?

GLORIA: (*Buscar*) _____19_____ una cámara alemana.

EMPLEADA: Pues, nosotros (*tener*) _____20_____ muchos modelos. ¿Cuánto (*querer*) _____21_____ usted pagar?

GLORIA: No mucho. ¿(*Tener*) _____22_____ usted una barata pero buena?

EMPLEADA: (*Creer*) _____23_____ que sí. Aquí (*haber*) _____24_____ una que (*costar*) _____25_____ poco.

GLORIA: (*Estar*) _____26_____ bien, pero (*preferir*) _____27_____ una completamente automática.

EMPLEADA: Entonces, éste (*ser*) _____28_____ el modelo para usted.

GLORIA: Sí, eso es. Me (*gustar*) _____29_____ mucho y me la (*ir*) _____30_____ a comprar.

(*Ser*) _____31_____ las cuatro. (*Ser*) _____32_____ tarde y Gloria (*deber*) _____33_____ estar en casa a las cinco porque unos amigos (*ir*) _____34_____ a pasar por allí para verla. (*Volver*) _____35_____ a casa en taxi. Sus amigos la (*esperar*) _____36_____ . Todos (*charlar*) _____37_____ animadamente durante unas horas. A las siete y media, sus amigos (*decidir*) _____38_____ irse. Gloria (*tener*) _____39_____ mucho sueño y (*acostarse*) _____40_____ temprano.

4. The Present Indicative of *ser* and *estar*

_____1_____ domingo. _____2_____ las diez y media de la mañana. Gloria todavía _____3_____ en la cama porque _____4_____ muy cansada. _____5_____ pensando en su viaje. Sabe que _____6_____ tarde, pero quiere descansar un poco más. El miércoles _____7_____ el día de la salida. Sus maletas ya _____8_____ hechas y _____9_____ al lado de la puerta. La cámara _____10_____ en la mesa. Su pasaporte y los cheques de viajero _____11_____ en su bolsa (*purse*). Todo _____12_____ preparado para el viaje. Gloria _____13_____ contenta. Su viaje ya no _____14_____ un sueño. ¡Ella va a _____15_____ en España en cuatro días!

5. The Present Indicative and the Present Subjunctive

Los amigos de Gloria quieren que ella (*ir*) _____1_____ a una fiesta de despedida (*farewell*) el martes. Gloria espera que todos sus amigos (*estar*) _____2_____ allí, pero duda que (*ser*) _____3_____ posible porque (*ser*) _____4_____ probable que algunos (*tener*) _____5_____ que trabajar.

(*Llegar*) _____6_____ el día de la fiesta. Todos los amigos de Gloria (*asistir*) _____7_____ a la fiesta, y en la fiesta se (*oír*) _____8_____ el siguiente diálogo.

ANA: Nos (*alegrar*) _____9_____ de que (*tú: poder*) _____10_____ hacer este viaje, pero (*sentir*) _____11_____ que no (*ir*) _____12_____ a estar con nosotros durante el año que viene.

GLORIA: Gracias, Ana. (*Ser*) _____13_____ muy amable (*kind*). Yo (*ir*) _____14_____ a pensar en Uds. también.

ROBERTO: ¡Tanto sentimentalismo! Yo (*esperar*) _____15_____ que te (*divertir*) _____16_____ mucho.

ELENA: Solamente te (*pedir*) _____17_____ que nos (*escribir*) _____18_____ con frecuencia. Aquí tienes una lista de las direcciones (*addresses*).

JOSÉ: Y también (*querer*) _____19_____ que nos (*traer*) _____20_____ algunos recuerdos (*souvenirs*).

GLORIA: ¡Ojalá que (*tener*) _____21_____ suficiente tiempo y dinero para hacer todo eso!

Cuando (*terminarse*) _____22_____ la fiesta, Gloria (*decir*) _____23_____ que no (*querer*) _____24_____ despedirse de (*to say goodbye to*) sus amigos esa noche. Prefiere que ellos la (*acompañar*) _____25_____ al aeropuerto el miércoles. Todos (*aceptar*) _____26_____ su invitación. ¡Ojalá que todos (*llegar*) _____27_____ antes de la salida de su vuelo!

6. Possessive Adjectives; Direct and Indirect Object Pronouns

Es miércoles, día de la salida de Gloria. Antes de salir para el aeropuerto, algunos de sus amigos le hacen preguntas.

JOSÉ: ¿Tienes (*your*) _____1_____ boletos?

GLORIA: Sí, (*them*) _____2_____ tengo.

ANA: ¿Tienes (*our*) _____3_____ direcciones?

GLORIA: Aquí (*them*) _____4_____ tengo. ¡Y (*to you*) _____5_____ voy a escribir a todos!

ELENA: ¿Tienes (*your*) _____6_____ pasaporte?

GLORIA: Sí, aquí (*it*) _____7_____ tengo.

ROBERTO: ¿Tienes el número de teléfono de (*your*) _____8_____ tía en Madrid?

GLORIA: Sí, (*it*) _____⁹ tengo apuntado (*noted*) en un papel que
está con mi pasaporte. Estoy segura de que lo tengo todo.
¡Vamos al aeropuerto!

7. Formal Commands

Al llegar al aeropuerto, Gloria y sus amigos entran. Un oficial les dice:
— (*Esperar*) _____¹ ustedes allí, y, señorita, (*poner*)
_____² sus maletas aquí, por favor.
Después de algún tiempo, el oficial vuelve y le dice a Gloria:
— Señorita, (*mostrarme*) _____³ su boleto y su pasaporte,
por favor.

Los examina y luego les dice:
— Está bien. (*Pasar*) _____⁴ ustedes por esa entrada.

8. Informal Commands

Llega el momento de embarcarse (*to board*). Gloria se despide de sus amigos, y cuando empieza a salir, sus amigos le recomiendan lo siguiente:

ELENA: (*Pensar*) _____¹ en nosotros y no (*casarte*)
_____² con un extranjero.
JOSÉ: (*Comprarnos*) _____³ algunos regalos y no
(*perder*) _____⁴ el pasaporte.
ANA: (*Escribirnos*) _____⁵ con frecuencia y no
(*beber*) _____⁶ demasiado vino.
RAMÓN: ¡(*Divertirte*) _____⁷ mucho!

Y Gloria les contesta:
— ¡No se preocupen Uds.! Ya soy mayor, tengo buena memoria y
voy a hacer todo con cuidado.

9. Direct and Indirect Object Pronouns Together

En el avión, Gloria está muy emocionada y piensa en varias cosas. «¡Ojalá que los españoles sean tan simpáticos como dicen y que tenga la oportunidad de conocerlos mejor! Bueno, ¿qué hago cuando llegue? Ah, a mi profesor le gustan los libros antiguos. Voy a comprarle unos y (*send them to him*) _____¹. En Madrid, voy a buscar una chaqueta de cuero (*leather*) para mi hermano y (*send it to him*) _____² pronto para que llegue para el día de su cumpleaños. Debo escribir pronto a mis padres. Tan pronto como llegue, voy a comprar unas tarjetas postales (*post cards*) y (*send them to them*) _____³.»

Vocabulario

VERBOS

alquilar   *to rent*
arreglar   *to arrange*
despedirse (i) (de)   *to say goodbye (to)*
sugerir (ie)   *to suggest*

SUSTANTIVOS

el **avión**   *airplane*
el **baño**   *bathroom*
el **boleto**   *ticket (transportation)*
el **cheque de viajero**   *traveler's check*
la **entrada**   *entrance*
el **folleto**   *brochure*
la **habitación**   *room*
el **paisaje**   *landscape, countryside*
la **piscina**   *swimming pool*
la **salida**   *exit; departure*
la **tarifa**   *rate*
el **tren**   *train*
el/la **viajero/a**   *traveler*
el **vuelo**   *flight*

ADJETIVOS

bello   *beautiful*
emocionado   *excited*
fijo   *fixed*
hermoso   *beautiful*
mediano   *medium; average*
sencillo   *single (of a room)*

OTRAS PALABRAS Y EXPRESIONES

de lujo   *luxury* (adj.)
hacer la maleta   *to pack one's suitcase*

En la actualidad unos treinta castillos, monasterios y otros edificios históricos situados en diversas partes de España se han convertido en Paradores Nacionales y forman parte de un extraordinario sistema de hoteles dirigidos por el gobierno español. Son impresionantes edificios históricos pero al mismo tiempo en ellos se encuentran todas las comodidades (*comforts*): grandes habitaciones y comedores espaciosos donde la comida y los vinos son excelentes y donde el personal es simpático y amistoso. Visitando estos Paradores se puede disfrutar de (*enjoy*) las comodidades (*comforts*) modernas rodeado de la historia, la tradición y la belleza artística de cada región del país.

¿Qué es un Parador? ¿Qué ventajas tiene este tipo de hotel? ¿Conoce Ud. algún edificio histórico en nuestro país que se haya restaurado y que se use de esta manera?

Parador El Emperador

El Parador El Emperador está situado en el pequeño pueblo de Fuenterrabía, cerca de la frontera entre España y Francia. Fuenterrabía fue fundada en el siglo X y el castillo que se construyó allí sirvió de fortaleza (*fortress*) durante varios siglos. El emperador Carlos V hizo reconstruir el castillo en el siglo XVI y en esa época el castillo sirvió no sólo de fortaleza sino de palacio real. Varios reyes y nobles lo frecuentaron posteriormente (*afterwards*). El gobierno español decidió hacerlo Parador en 1968, después de realizar un gran proyecto de renovación.

Al llegar, el huésped se siente impresionado por las gruesas paredes del castillo; éstas y las bóvedas (*vaults*) del interior son parte del castillo original y fueron conservadas durante la reconstrucción. Las habitaciones —espaciosas y modernas— están en lo que (*what*) antes era el palacio del gobernador. El resto del castillo ha sido dividido en varias galerías y salas donde el decorado, con sus escaleras tortuosas (*winding*) y bóvedas góticas, capta el ambiente de un castillo de los tiempos de Carlos V. En el comedor se puede

359

probar platos típicos del país vasco, incluso pescado y mariscos de la Bahía de Vizcaya (*Bay of Biscay*). Después de comer se puede visitar el patio del castillo, donde hay una cisterna (*well*) que se usaba para proveer agua durante los sitios (*sieges*) en los tiempos medievales. También vale la pena subir desde el patio hasta las murallas almenadas (*battlements*) donde hay una vista bellísima de la ciudad de Hendaya, que está situada al otro lado del estuario del río Bidasoa.

¿Cuándo se construyó el castillo? ¿Para qué sirvió? ¿Cómo es el ambiente del castillo? ¿Qué tipo de comida se puede probar en el comedor? ¿Qué se puede ver desde las murallas almenadas?

Parador San Francisco

La Alhambra, Granada, España

El monasterio de San Francisco en Granada fue fundado por la reina Isabel, que había prometido fundarlo cuando se rindieran (*surrendered*) los árabes de Granada. Boabdil, el desafortunado rey moro, tuvo que rendirse en 1492. Isabel cumplió su promesa e hizo construir el monasterio dentro del recinto (*enclave*) de la Alhambra, el palacio de los reyes árabes. La capilla del monasterio combina las bellas bóvedas y el hermoso enyesado (*plasterwork*) de la mezquita (*mosque*). Fernando e Isabel estuvieron enterrados (*buried*) en el monasterio hasta 1521, fecha en que se les enterró de nuevo (*they were reburied*) en la catedral de Granada.

El monasterio tuvo varias funciones en los siglos siguientes y en 1945 llegó a ser el Parador de San Francisco. Se ha separado la capilla del resto del edificio, pero todavía se pueden ver indicios de la arquitectura original. El comedor del parador es excelente y se especializa en varios platos regionales del sur. Pero para el visitante lo más notable es el lugar donde está situado el parador: desde allí se puede caminar fácilmente por la Alhambra y por los frescos jardines del Generalife, uno de los lugares más hermosos del mundo. Como dice el famoso poema de Francisco de Icaza:

Dale limosna (*alms*), mujer.
Que no hay en la vida nada
Como la pena de ser ciego en Granada.

¿Cómo llegó a fundarse el monasterio de San Francisco? ¿Qué está al lado del monasterio? ¿Por qué es tan notable este Parador? ¿Por qué es una lástima ser ciego en Granada?

Repaso: Unidades 8–14

10. Commands (*continued*)

El avión está para aterrizar (*about to land*) en Barajas, el aeropuerto internacional de Madrid. La aeromoza hace unos anuncios a los pasajeros:

—Señores pasajeros, (*prestar*) _____¹ atención, por favor. Llegamos a Madrid en diez minutos.

—(*Sentarse*) _____² todos.

—(*Quedarse*) _____³ en sus asientos (*seats*), por favor.

—(*Abrocharse* [*fasten*]) _____⁴ el cinturón de seguridad (*safety belts*).

—No (*fumar*) _____⁵ hasta entrar en el edificio del aeropuerto.

—Si tienen paquetes o maletas, (*ponerlos*) _____⁶ debajo del asiento delantero (*in front of you*).

—Al entrar en el aeropuerto, (*tener*) _____⁷ preparados sus pasaportes para la aduana (*customs*).

—¡(*Divertirse*) _____⁸ mucho durante su estancia (*stay*) en España! Muchas gracias por haber volado (*flown*) con nosotros.

Gloria y los otros pasajeros empiezan a pasar por la aduana después de recoger su equipaje (*baggage*). Un oficial le dice a Glora:

—Buenos días señorita, por favor (*poner*) _____⁹ sus maletas aquí. (*Abrirlas*) _____¹⁰, por favor. (Cerrarlas) _____¹¹ ahora. (*Mostrarme*) _____¹² su pasaporte. Todo está en orden. (*Pasar*) _____¹³ usted por allá, señorita.

11. Prepositions

(*Upon*) _____¹ salir de la aduana, Gloria anduvo (*toward*) _____² una salida del aeropuerto (*in order to*) _____³ buscar transporte para ir al centro de la ciudad. Había muchos taxis (*near*) _____⁴ la salida. (*In spite of*) _____⁵ eso, ella decidió tomar un autobús porque le costaría menos. Ella tenía reservaciones (*in*) _____⁶ el hotel Lope de Vega, y el chófer le dijo que la estación de autobuses no estaba muy (*far from*) _____⁷ ese hotel. Subió (*with*) _____⁸ todo su equipaje y se sentó (*behind*) _____⁹ el chófer. Puso sus maletas (*on top of*) _____¹⁰ el asiento que estaba (*next to*) _____¹¹ al suyo. Pagó ciento veinticinco pesetas (*for*) _____¹² el boleto. (*After*) _____¹³ unos minutos, el autobús empezó a moverse. Su aventura ya había empezado.

12. The Preterite and the Imperfect Indicative

(*Hacer*) _____¹ muy buen tiempo. No (*haber*) _____² ni una nube (*cloud*). Gloria (*mirar*) _____³ el paisaje por la ventanilla (*little window*) del autobús. (*Ver*)

_____4_____ varios edificios por el camino, unos modernos, otros antiguos. Muy lejos (*poder*) _____5_____ ver la Torre (*Tower*) de Madrid, uno de los edificios más altos de la ciudad. La (*reconocer*) _____6_____ por las fotos de un folleto que el agente de turismo le (*dar*) _____7_____ antes de su salida. El autobús (*llegar*) _____8_____ al centro de la ciudad. (*Haber*) _____9_____ mucho tráfico. Por la variedad de las calles y de la arquitectura (*ser*) _____10_____ evidente que Madrid (*consistir*) _____11_____ en una mezcla (*mixture*) de lo moderno y lo antiguo. Después de treinta minutos, el autobús (*parar*) _____12_____ en la estación. Gloria (*bajar*) _____13_____ y (*empezar*) _____14_____ a andar hacia la calle Gran Vía y el Hotel Lope de Vega.

   Al llegar al hotel (*estar*) _____15_____ cansada pero entusiasmada. (*Tocar*) _____16_____ el botón para llamar el ascensor (*elevator*). En unos minutos, la puerta del ascensor se (*abrir*) _____17_____ y un mozo (*bellhop*) (*salir*) _____18_____ . (*Venir*) _____19_____ a ayudarla con su equipaje. Los dos (*entrar*) _____20_____ en el ascensor. No (*funcionar*) _____21_____ muy bien, pero por fin ellos (*poder*) _____22_____ llegar al décimo piso, donde (*estar*) _____23_____ situado el hotel y su habitación. (*Ser*) _____24_____ un cuarto simpatiquísimo, antiguo pero muy agradable. Desde su balcón (*haber*) _____25_____ una vista magnífica del Palacio Real y de las torres y los techos (*roofs*) de varios edificios e iglesias. La vista le (*encantar*) _____26_____ a Gloria. Al mirar esta escena, ella se (*sentir*) _____27_____ muy alegre. ¡Qué bienvenida (*welcome*) tan perfecta a la capital de España!

   Al día siguiente, Gloria (*ir*) _____28_____ al Museo del Prado. (*Entrar*) _____29_____ por la entrada principal. Como ella no (*conocer*) _____30_____ el museo, (*comprar*) _____31_____ una guía del museo. La (*mirar*) _____32_____ con cuidado pero (*darse*) _____33_____ cuenta de que no (*saber*) _____34_____ dónde (*estar*) _____35_____ las distintas salas. Gloria (*encontrar*) _____36_____ a un guardia del museo cerca de la entrada y le (*hacer*) _____37_____ varias preguntas. (*Ella: tener*) _____38_____ muchas ganas de ver las obras de Goya; por eso le (*preguntar*) _____39_____ al guardia si (*haber*) _____40_____ alguna sala en la que (*estar*) _____41_____ las obras de ese pintor. Él le (*decir*) _____42_____ que sí, y que esas salas (*estar*) _____43_____ a la izquierda cerca de la escalera. Gloria le (*dar*) _____44_____ la gracias y (*irse*) _____45_____ a buscarlas.

   Después de una hora y media, Gloria (*salir*) _____46_____ del museo y (*volver*) _____47_____ al hotel. Cuando (*llegar*) _____48_____ , (*haber*) _____49_____ allí una carta de su tía. Gloria la (*abrir*) _____50_____ y la (*leer*) _____51_____ .

13. The Imperfect Subjunctive

Mi querida sobrina:

   Tu tío y yo queríamos que tú (*venir*) _____1_____ a nuestra casa para quedarte unos días con nosotros. Pero, desgraciadamente, la semana pasada el jefe de tu tío le pidió que (*irse*) _____2_____ con él en viaje de negocios a Francia. Tu tío insistió en que yo los (*acompañar*) _____3_____ también. Yo no quería salir sin verte pero tuvimos que salir un día antes de que tú (*llegar*) _____4_____ a Madrid. Es una lástima que no (*nosotros: poder*) _____5_____ estar en el aeropuerto para recibirte. Ojalá que (*llegar*) _____6_____ al hotel sin problemas. Pensamos estar en casa el lunes de la semana que viene. Te llamaremos tan pronto como llegue-mos. Recibe un abrazo (*hug*) muy fuerte de los dos.

14. The Present Perfect

   Gloria pasó una semana fascinante en Madrid. El lunes siguiente por la tarde, cuando estaba en su cuarto, el teléfono sonó (*rang*) y Gloria contestó. Era su tía.

JUANA: ¡Hola, Gloria! Ya (*nosotros: volver*) _____1_____ de Francia. ¿Cómo (*pasar*) _____2_____ tus primeros días en Madrid?

GLORIA: Ay, todo (*ser*) _____3_____ magnífico. (*Yo: visitar*) _____4_____ el Prado, (*ir*) _____5_____ de compras, (*comer*) _____6_____ en buenos restaurantes, y unos amigos y yo (*pasearse*) _____7_____ por toda la ciudad. Yo (*divertirse*) _____8_____ mucho.

JUANA: ¡Cuánto me alegro! ¿Y (*ver*) _____9_____ también algunos de los monumentos y edificios históricos?

GLORIA: Claro que sí. (*Ver*) _____10_____ muchos... el Palacio Real, el monumento dedicado a Cervantes y muchos más.

JUANA: Bueno, ahora que estamos aquí nosotros, va a empezar la parte familiar de tu viaje. Quiero que vengas a casa mañana por la tarde. Yo (*planear*) _____11_____ una gran fiesta para ti. Quiero que conozcas a unos amigos nuestros. ¿Puedes venir?

GLORIA: ¡Cómo no! No (*hacer*) _____12_____ ningún plan para mañana.

15. The Future and the Conditional

JUANA: La fiesta (*empezar*) _____1_____ a las nueve y (*nosotros: comer*) _____2_____ a las diez. Tu tío (*pasar*) _____3_____ por el hotel por ti a las ocho. Yo también (*ir*) _____4_____ pero (*tener*) _____5_____ que arreglar la casa. Los invitados (*llegar*) _____6_____ entre las ocho y media y las nueve. Creo que algunos ya (*estar*) _____7_____ aquí cuando tú llegues con el tío.

GLORIA: ¡Creo que (*ser*) _____8_____ una fiesta fantástica! (*Yo: esperar*) _____9_____ al tío Ramón en la recepción del hotel. Me (*gustar*) _____10_____ mucho veros por fin. Casi pensaba que no os (*ver*) _____11_____ durante mi visita.

JUANA: ¡Ay, hija, tú sabes que si hubiéramos podido, te (*haber*) _____12_____ esperado en el aeropuerto! Pero (*verse*) _____13_____ mañana, ¿verdad? Hasta luego.

GLORIA: Hasta mañana, tía, y muchísimas gracias.

16. The Imperfect Subjunctive (*continued*)

Después de la fiesta, la tía Juana y Gloria hablaban.

JUANA: Tú hablas como si nunca (*querer*) _____1_____ salir de España.

GLORIA: Pues, es verdad—si yo (*tener*) _____2_____ más tiempo y más dinero, me quedaría aquí unas semanas más.

JUANA: No debes hablar como si eso (*ser*) _____3_____ imposible. Podrías vivir con nosotros.

GLORIA: Si yo (*poder*) _____4_____ cambiar mi itinerario, aceptaría con gusto tu invitación.

JUANA: Sí, sí, lo entiendo, querida. Pero es como si (*llegar*) _____5_____ ayer.

GLORIA: Lo sé. Pero si yo (*cambiar*) _____6_____ mis planes, no podría ver los demás lugares del mundo hispánico que quiero ver...

Vocabulario

VERBOS

cumplir   *to keep (a promise)*
proveer   *to provide*
situarse *to be located*

SUSTANTIVOS

la **aduana**   *customs*
el **asiento**   *seat*
la **capilla**   *chapel*
el **castillo**   *castle*
el **comedor**   *dining room*
el **equipaje**   *luggage*
la **escalera**   *staircase*
la **frontera**   *border; frontier*
el/la **huésped(a)**   *guest (in a hotel)*
el **parador**   *inn*
la **pared**   *wall*

ADJETIVOS

amistoso   *friendly*
ciego   *blind*
(des)afortunado   *(un)fortunate, (un)lucky*
grueso   *thick*
real   *royal*

OTRAS PALABRAS Y EXPRESIONES

valer la pena   *to be worthwhile*

¡Número extraordinario de vacaciones!

Tolox, España

¡Ya llega el verano! ¡Y la liberación del trabajo o de los estudios! Bueno, la mayoría de nosotros tendremos, si no libertad total, por lo menos dos o tres semanas de vacaciones. Y usted, ¿cómo piensa pasar esas semanas?

¿Ha considerado usted alguna vez el evitar (*avoiding*) los lugares típicos turísticos —las playas famosas, las grandes capitales del mundo, los cruceros (*cruises*) del Caribe— y gozar de (*enjoying*) unas vacaciones tranquilas y originales? Si es así, tal vez le interese a usted saber de un viaje a caballo (*on horseback*) por el sur de España.

Una organización que se llama «Rutas a Caballo» ha preparado unos viajes por el extremo oeste de Sierra Nevada que duran (*last*) de una a dos semanas. Pequeños grupos de entusiastas, montados en caballos excelentes, salen de una hacienda cerca de Arcos de la Frontera, al sur de Sevilla. Aprovechan los días soleados (*sunny*) para viajar de un pueblo a otro, y por la noche duermen en hostales y a veces en casas de campo.

Esta región de pueblos blancos tiene relativamente pocos habitantes y se puede pasar horas enteras admirando los paisajes montañosos, la naturaleza (*nature*) y, de vez en cuando, algunas ruinas árabes o romanas, sin que otro ser humano aparezca. Como se ve en la foto, estos pueblos están muy aislados. Apenas (*Scarcely*) aparecen autos, ni aviones, ni trenes ni cables de teléfono. Las rutas de las giras (*tours*) son similares a las que se seguían hace quinientos años (*500 years ago*) en tiempos de los Reyes Católicos, Fernando e Isabel. Con excepción de la costa, esta parte de Andalucía ha cambiado poco desde entonces.

Novillero en Salamanca, España

El punto más distante del itinerario es la ciudad de Ronda, de fama mundial por la descripción que de ella aparece en las novelas de Hemingway. Aquí se encuentra la plaza de toros (*bullring*) más antigua de España. Es una ciudad interesantísima.

El explorar una pequeña parte de España así, a caballo, le da al viajero la oportunidad de conocer a los campesinos y de «ver» algo de la historia del país mientras se escapa del siglo XX.

Pero si a usted no le atrae nada el pasar de seis a ocho horas diarias a caballo, tal vez prefiera una excursión a una ciudad «perdida» en el Perú. Una visita a las misteriosas ruinas de Machu Picchu, situadas en un elevado lugar de los Andes, es también una visita a otra época. Algunos dicen que fue la última capital del imperio inca. Entre dos picos (*peaks*) que se pierden frecuentemente entre las nubes (*clouds*), esta ciudad tiene un encanto (*charm*) muy característico. Cuando uno está entre estas ruinas de magníficas construcciones de piedra (*stone*) que casi parecen ser parte del paisaje, se siente deslumbrado (*dazzled*) por la grandeza (*grandeur*) de la naturaleza y lo que unos hombres desconocidos de hace quinientos años pudieron construir sin la ayuda de máquinas. Con gran precisión trabajaron con bloques de piedra de gran tamaño. No usaron mortero, pero trabajaron las piedras con tanta exactitud que han quedado bien ajustadas hasta nuestros días. La ciudad antigua cubría más de trece kilómetros cuadrados (*square*) de terrazas, unidas por unos 3.000 escalones (*stairs*) de piedra. Las ruinas incluyen casas, altares y templos relacionados con la adoración al sol, fuentes (*fountains*), canales de irrigación, tumbas y áreas especiales para las mujeres, los militares y los intelectuales. No se ha podido descubrir por qué fundaron los incas una ciudad en un lugar tan aislado e inaccesible, a 2.450 metros sobre el nivel del mar, ni qué acontecimientos les hicieron abandonarla. ¿Sería una instalación militar? ¿Un lugar sagrado (*sacred*)? No se sabe.

Hoy día es una aventura llegar a Machu Picchu. Un pequeño tren lleva a los turistas desde la ciudad colonial de Cuzco hasta la aldea de Urubamba—un viaje espectacular de tres horas al lado del río Urubamba. Entonces es necesario subir 610 metros en minibús por un camino vertiginoso (*dizzying*) para llegar a las ruinas. Al lado de ellas se encuentra un hotel moderno donde se puede pasar la noche en vez de volver

Machu Picchu, Perú

a Cuzco el mismo día. El que (*he who*) se quede a pasar la noche nunca se arrepentirá (*will repent*) de haberlo hecho. Por la mañana, los picos parecen moverse entre la niebla (*mist*) y es fácil imaginar que tienen la personalidad y los poderes (*powers*) que los incas les atribuían. El ver este lugar mágico así, silencioso, es una experiencia única.

Y ahora, ¿qué dice Ud. de…

- las dos vacaciones descritas: ¿Cuál le atrae más a Ud.? ¿Puede explicar por qué?

- unas vacaciones de fantasía: Si no tuviera límites ni de tiempo ni de dinero, ¿dónde, cómo y con quién pasaría Ud. las vacaciones?

- los anuncios: Si fuera Ud. al Hotel Los Marqueses, en Cuzco, ¿qué clase de edificio encontraría? De los viajes en avión que anuncian, ¿cuál saldría más barato? ¿Cuál sería el más caro?

367

APPENDIX 1 *Verbs*

A. **Regular Verbs: Simple Tenses**
B. **Regular Verbs: Perfect Tenses**
C. **Irregular Verbs**
D. **Stem-changing Verbs**
E. **Verbs with Spelling Changes**

A. Regular Verbs: Simple Tenses

INFINITIVE PRESENT PARTICIPLE PAST PARTICIPLE	INDICATIVE					SUBJUNCTIVE		IMPERATIVE
	PRESENT	IMPERFECT	PRETERITE	FUTURE	CONDITIONAL	PRESENT	IMPERFECT	
hablar hablando hablado	hablo hablas habla hablamos habláis hablan	hablaba hablabas hablaba hablábamos hablabais hablaban	hablé hablaste habló hablamos hablasteis hablaron	hablaré hablarás hablará hablaremos hablaréis hablarán	hablaría hablarías hablaría hablaríamos hablaríais hablarían	hable hables hable hablemos habléis hablen	hablara hablaras hablara habláramos hablarais hablaran	habla (tú), no hables hable Ud. hablemos hablad (vosotros), no habléis hablen Uds.
comer comiendo comido	como comes come comemos coméis comen	comía comías comía comíamos comíais comían	comí comiste comió comimos comisteis comieron	comeré comerás comerá comeremos comeréis comerán	comería comerías comería comeríamos comeríais comerían	coma comas coma comamos comáis coman	comiera comieras comiera comiéramos comierais comieran	come (tú), no comas coma Ud. comamos comed (vosotros), no comáis coman Uds.
vivir viviendo vivido	vivo vives vive vivimos vivís viven	vivía vivías vivía vivíamos vivíais vivían	viví viviste vivió vivimos vivisteis vivieron	viviré vivirás vivirá viviremos viviréis vivirán	viviría vivirías viviría viviríamos viviríais vivirían	viva vivas viva vivamos viváis vivan	viviera vivieras viviera viviéramos vivierais vivieran	vive (tú), no vivas viva Ud. vivamos vivid (vosotros), no viváis vivan Uds.

B. Regular Verbs: Perfect Tenses

INDICATIVE										SUBJUNCTIVE			
PRESENT PERFECT		PAST PERFECT		PRETERITE PERFECT		FUTURE PERFECT		CONDITIONAL PERFECT		PRESENT PERFECT		PAST PERFECT	
he has ha hemos habéis han	hablado comido vivido	había habías había habíamos habíais habían	hablado comido vivido	hube hubiste hubo hubimos hubisteis hubieron	hablado comido vivido	habré habrás habrá habremos habréis habrán	hablado comido vivido	habría habrías habría habríamos habríais habrían	hablado comido vivido	haya hayas haya hayamos hayáis hayan	hablado comido vivido	hubiera hubieras hubiera hubiéramos hubierais hubieran	hablado comido vivido

C. Irregular Verbs

INFINITIVE / PRESENT PARTICIPLE / PAST PARTICIPLE	INDICATIVE					SUBJUNCTIVE		IMPERATIVE
	PRESENT	IMPERFECT	PRETERITE	FUTURE	CONDITIONAL	PRESENT	IMPERFECT	
andar andando andado	ando andas anda andamos andáis andan	andaba andabas andaba andábamos andabais andaban	anduve anduviste anduvo anduvimos anduvisteis anduvieron	andaré andarás andará andaremos andaréis andarán	andaría andarías andaría andaríamos andaríais andarían	ande andes ande andemos andéis anden	anduviera anduvieras anduviera anduviéramos anduvierais anduvieran	anda (tú), no andes ande Ud. andemos andad (vosotros), no andéis anden Uds.
caer cayendo caído	caigo caes cae caemos caéis caen	caía caías caía caíamos caíais caían	caí caíste cayó caímos caísteis cayeron	caeré caerás caerá caeremos caeréis caerán	caería caerías caería caeríamos caeríais caerían	caiga caigas caiga caigamos caigáis caigan	cayera cayeras cayera cayéramos cayerais cayeran	cae (tú), no caigas caiga Ud. caigamos caed (vosotros), no caigáis caigan Uds.
dar dando dado	doy das da damos dais dan	daba dabas daba dábamos dabais daban	di diste dio dimos disteis dieron	daré darás dará daremos daréis darán	daría darías daría daríamos daríais darían	dé des dé demos deis den	diera dieras diera diéramos dierais dieran	da (tú), no des dé Ud. demos dad (vosotros), no deis den Uds.
decir diciendo dicho	digo dices dice decimos decís dicen	decía decías decía decíamos decíais decían	dije dijiste dijo dijimos dijisteis dijeron	diré dirás dirá diremos diréis dirán	diría dirías diría diríamos diríais dirían	diga digas diga digamos digáis digan	dijera dijeras dijera dijéramos dijerais dijeran	di (tú), no digas diga Ud. digamos decid (vosotros), no digáis digan Uds.
estar estando estado	estoy estás está estamos estáis están	estaba estabas estaba estábamos estabais estaban	estuve estuviste estuvo estuvimos estuvisteis estuvieron	estaré estarás estará estaremos estaréis estarán	estaría estarías estaría estaríamos estaríais estarían	esté estés esté estemos estéis estén	estuviera estuvieras estuviera estuviéramos estuvierais estuvieran	está (tú), no estés esté Ud. estemos estad (vosotros), no estéis estén Uds.
haber habiendo habido	he has ha hemos habéis han	había habías había habíamos habíais habían	hube hubiste hubo hubimos hubisteis hubieron	habré habrás habrá habremos habréis habrán	habría habrías habría habríamos habríais habrían	haya hayas haya hayamos hayáis hayan	hubiera hubieras hubiera hubiéramos hubierais hubieran	
hacer haciendo hecho	hago haces hace hacemos hacéis hacen	hacía hacías hacía hacíamos hacíais hacían	hice hiciste hizo hicimos hicisteis hicieron	haré harás hará haremos haréis harán	haría harías haría haríamos haríais harían	haga hagas haga hagamos hagáis hagan	hiciera hicieras hiciera hiciéramos hicierais hicieran	haz (tú), no hagas haga Ud. hagamos haced (vosotros), no hagáis hagan Uds.

C. Irregular Verbs (continued)

INFINITIVE / PRESENT PARTICIPLE / PAST PARTICIPLE	INDICATIVE					SUBJUNCTIVE		IMPERATIVE
	PRESENT	IMPERFECT	PRETERITE	FUTURE	CONDITIONAL	PRESENT	IMPERFECT	
ir yendo ido	voy vas va vamos vais van	iba ibas iba íbamos ibais iban	fui fuiste fue fuimos fuisteis fueron	iré irás irá iremos iréis irán	iría irías iría iríamos iríais irían	vaya vayas vaya vayamos vayáis vayan	fuera fueras fuera fuéramos fuerais fueran	ve (tú), no vayas vaya Ud. vayamos id (vosotros), no vayáis vayan Uds.
oír oyendo oído	oigo oyes oye oímos oís oyen	oía oías oía oíamos oíais oían	oí oíste oyó oímos oísteis oyeron	oiré oirás oirá oiremos oiréis oirán	oiría oirías oiría oiríamos oiríais oirían	oiga oigas oiga oigamos oigáis oigan	oyera oyeras oyera oyéramos oyerais oyeran	oye (tú), no oigas oiga Ud. oigamos oíd (vosotros), no oigáis oigan Uds.
poder pudiendo podido	puedo puedes puede podemos podéis pueden	podía podías podía podíamos podíais podían	pude pudiste pudo pudimos pudisteis pudieron	podré podrás podrá podremos podréis podrán	podría podrías podría podríamos podríais podrían	pueda puedas pueda podamos podáis puedan	pudiera pudieras pudiera pudiéramos pudierais pudieran	
poner poniendo puesto	pongo pones pone ponemos ponéis ponen	ponía ponías ponía poníamos poníais ponían	puse pusiste puso pusimos pusisteis pusieron	pondré pondrás pondrá pondremos pondréis pondrán	pondría pondrías pondría pondríamos pondríais pondrían	ponga pongas ponga pongamos pongáis pongan	pusiera pusieras pusiera pusiéramos pusierais pusieran	pon (tú), no pongas ponga Ud. pongamos poned (vosotros), no pongáis pongan Uds.
querer queriendo querido	quiero quieres quiere queremos queréis quieren	quería querías quería queríamos queríais querían	quise quisiste quiso quisimos quisisteis quisieron	querré querrás querrá querremos querréis querrán	querría querrías querría querríamos querríais querrían	quiera quieras quiera queramos queráis quieran	quisiera quisieras quisiera quisiéramos quisierais quisieran	quiere (tú), no quieras quiera Ud. queramos quered (vosotros), no queráis quieran Uds.
saber sabiendo sabido	sé sabes sabe sabemos sabéis saben	sabía sabías sabía sabíamos sabíais sabían	supe supiste supo supimos supisteis supieron	sabré sabrás sabrá sabremos sabréis sabrán	sabría sabrías sabría sabríamos sabríais sabrían	sepa sepas sepa sepamos sepáis sepan	supiera supieras supiera supiéramos supierais supieran	sabe (tú), no sepas sepa Ud. sepamos sabed (vosotros), no sepáis sepan Uds.

C. Irregular Verbs (continued)

INFINITIVE PRESENT PARTICIPLE PAST PARTICIPLE	INDICATIVE					SUBJUNCTIVE		IMPERATIVE
	PRESENT	IMPERFECT	PRETERITE	FUTURE	CONDITIONAL	PRESENT	IMPERFECT	
salir saliendo salido	salgo sales sale salimos salís salen	salía salías salía salíamos salíais salían	salí saliste salió salimos salisteis salieron	saldré saldrás saldrá saldremos saldréis saldrán	saldría saldrías saldría saldríamos saldríais saldrían	salga salgas salga salgamos salgáis salgan	saliera salieras saliera saliéramos salierais salieran	sal (tú), no salgas salga Ud. salgamos salid (vosotros), no salgáis salgan Uds.
ser siendo sido	soy eres es somos sois son	era eras era éramos erais eran	fui fuiste fue fuimos fuisteis fueron	seré serás será seremos seréis serán	sería serías sería seríamos seríais serían	sea seas sea seamos seáis sean	fuera fueras fuera fuéramos fuerais fueran	sé (tú), no seas sea Ud. seamos sed (vosotros), no seáis sean Uds.
tener teniendo tenido	tengo tienes tiene tenemos tenéis tienen	tenía tenías tenía teníamos teníais tenían	tuve tuviste tuvo tuvimos tuvisteis tuvieron	tendré tendrás tendrá tendremos tendréis tendrán	tendría tendrías tendría tendríamos tendríais tendrían	tenga tengas tenga tengamos tengáis tengan	tuviera tuvieras tuviera tuviéramos tuvierais tuvieran	ten (tú), no tengas tenga Ud. tengamos tened (vosotros), no tengáis tengan Uds.
traer trayendo traído	traigo traes trae traemos traéis traen	traía traías traía traíamos traíais traían	traje trajiste trajo trajimos trajisteis trajeron	traeré traerás traerá traeremos traeréis traerán	traería traerías traería traeríamos traeríais traerían	traiga traigas traiga traigamos traigáis traigan	trajera trajeras trajera trajéramos trajerais trajeran	trae (tú), no traigas traiga Ud. traigamos traed (vosotros), no traigáis traigan Uds.
venir viniendo venido	vengo vienes viene venimos venís vienen	venía venías venía veníamos veníais venían	vine viniste vino vinimos vinisteis vinieron	vendré vendrás vendrá vendremos vendréis vendrán	vendría vendrías vendría vendríamos vendríais vendrían	venga vengas venga vengamos vengáis vengan	viniera vinieras viniera viniéramos vinierais vinieran	ven (tú), no vengas venga Ud. vengamos venid (vosotros), no vengáis vengan Uds.
ver viendo visto	veo ves ve vemos veis ven	veía veías veía veíamos veíais veían	vi viste vio vimos visteis vieron	veré verás verá veremos veréis verán	vería verías vería veríamos veríais verían	vea veas vea veamos veáis vean	viera vieras viera viéramos vierais vieran	ve (tú), no veas vea Ud. veamos ved (vosotros), no veáis vean Uds.

D. Stem-Changing Verbs

INFINITIVE PRESENT PARTICIPLE PAST PARTICIPLE	INDICATIVE					SUBJUNCTIVE		IMPERATIVE
	PRESENT	IMPERFECT	PRETERITE	FUTURE	CONDITIONAL	PRESENT	IMPERFECT	
pensar (ie) pensando pensado	pienso piensas piensa pensamos pensáis piensan	pensaba pensabas pensaba pensábamos pensabais pensaban	pensé pensaste pensó pensamos pensasteis pensaron	pensaré pensarás pensará pensaremos pensaréis pensarán	pensaría pensarías pensaría pensaríamos pensaríais pensarían	piense pienses piense pensemos penséis piensen	pensara pensaras pensara pensáramos pensarais pensaran	piensa (tú), no pienses piense Ud. pensemos pensad (vosotros), no penséis piensen Uds.
volver (ue) volviendo vuelto	vuelvo vuelves vuelve volvemos volvéis vuelven	volvía volvías volvía volvíamos volvíais volvían	volví volviste volvió volvimos volvisteis volvieron	volveré volverás volverá volveremos volveréis volverán	volvería volverías volvería volveríamos volveríais volverían	vuelva vuelvas vuelva volvamos volváis vuelvan	volviera volvieras volviera volviéramos volvierais volvieran	vuelve (tú), no vuelvas vuelva Ud. volvamos volved (vosotros), no volváis vuelvan Uds.
dormir (ue,u) durmiendo dormido	duermo duermes duerme dormimos dormís duermen	dormía dormías dormía dormíamos dormíais dormían	dormí dormiste durmió dormimos dormisteis durmieron	dormiré dormirás dormirá dormiremos dormiréis dormirán	dormiría dormirías dormiría dormiríamos dormiríais dormirían	duerma duermas duerma durmamos durmáis duerman	durmiera durmieras durmiera durmiéramos durmierais durmieran	duerme (tú), no duermas duerma Ud. durmamos dormid (vosotros), no durmáis duerman Uds.
sentir (ie, i) sintiendo sentido	siento sientes siente sentimos sentís sienten	sentía sentías sentía sentíamos sentíais sentían	sentí sentiste sintió sentimos sentisteis sintieron	sentiré sentirás sentirá sentiremos sentiréis sentirán	sentiría sentirías sentiría sentiríamos sentiríais sentirían	sienta sientas sienta sintamos sintáis sientan	sintiera sintieras sintiera sintiéramos sintierais sintieran	siente (tú), no sientas sienta Ud. sintamos sentid (vosotros), no sintáis sientan Uds.
pedir (i, i) pidiendo pedido	pido pides pide pedimos pedís piden	pedía pedías pedía pedíamos pedíais pedían	pedí pediste pidió pedimos pedisteis pidieron	pediré pedirás pedirá pediremos pediréis pedirán	pediría pedirías pediría pediríamos pediríais pedirían	pida pidas pida pidamos pidáis pidan	pidiera pidieras pidiera pidiéramos pidierais pidieran	pide (tú), no pidas pida Ud. pidamos pedid (vosotros), no pidáis pidan Uds.
reír (i, i) riendo reído	río ríes ríe reímos reís ríen	reía reías reía reíamos reíais reían	reí reíste rió reímos reísteis rieron	reiré reirás reirá reiremos reiréis reirán	reiría reirías reiría reiríamos reiríais reirían	ría rías ría riamos riáis rían	riera rieras riera riéramos rierais rieran	ríe (tú), no rías ría Ud. riamos reíd (vosotros), no riáis rían Uds.
seguir (i, i) (ga) siguiendo seguido	sigo sigues sigue seguimos seguís siguen	seguía seguías seguía seguíamos seguíais seguían	seguí seguiste siguió seguimos seguisteis siguieron	seguiré seguirás seguirá seguiremos seguiréis seguirán	seguiría seguirías seguiría seguiríamos seguiríais seguirían	siga sigas siga sigamos sigáis sigan	siguiera siguieras siguiera siguiéramos siguierais siguieran	sigue (tú), no sigas siga Ud. sigamos seguid (vosotros), no sigáis sigan Uds.

E. Verbs with Spelling Changes

INFINITIVE PRESENT PARTICIPLE PAST PARTICIPLE	INDICATIVE					SUBJUNCTIVE		IMPERATIVE
	PRESENT	IMPERFECT	PRETERITE	FUTURE	CONDITIONAL	PRESENT	IMPERFECT	
sacar (qu) sacando sacado	saco sacas saca sacamos sacáis sacan	sacaba sacabas sacaba sacábamos sacabais sacaban	saqué sacaste sacó sacamos sacasteis sacaron	sacaré sacarás sacará sacaremos sacaréis sacarán	sacaría sacarías sacaría sacaríamos sacaríais sacarían	saque saques saque saquemos saquéis saquen	sacara sacaras sacara sacáramos sacarais sacaran	saca (tú), no saques saque Ud. saquemos sacad (vosotros), no saquéis saquen Uds.
llegar (gu) llegando llegado	llego llegas llega llegamos llegáis llegan	llegaba llegabas llegaba llegábamos llegabais llegaban	llegué llegaste llegó llegamos llegasteis llegaron	llegaré llegarás llegará llegaremos llegaréis llegarán	llegaría llegarías llegaría llegaríamos llegaríais llegarían	llegue llegues llegue lleguemos lleguéis lleguen	llegara llegaras llegara llegáramos llegarais llegaran	llega (tú), no llegues llegue Ud. lleguemos llegad (vosotros), no lleguéis lleguen Uds.
empezar (ie) (c) empezando empezado	empiezo empiezas empieza empezamos empezáis empiezan	empezaba empezabas empezaba empezábamos empezabais empezaban	empecé empezaste empezó empezamos empezasteis empezaron	empezaré empezarás empezará empezaremos empezaréis empezarán	empezaría empezarías empezaría empezaríamos empezaríais empezarían	empiece empieces empiece empecemos empecéis empiecen	empezara empezaras empezara empezáramos empezarais empezaran	empieza (tú), no empieces empiece Ud. empecemos empezad (vosotros), no empecéis empiecen Uds.
conocer (zc) conociendo conocido	conozco conoces conoce conocemos conocéis conocen	conocía conocías conocía conocíamos conocíais conocían	conocí conociste conoció conocimos conocisteis conocieron	conoceré conocerás conocerá conoceremos conoceréis conocerán	conocería conocerías conocería conoceríamos conoceríais conocerían	conozca conozcas conozca conozcamos conozcáis conozcan	conociera conocieras conociera conociéramos conocierais conocieran	conoce (tú), no conozcas conozca Ud. conozcamos conoced (vosotros), no conozcáis conozcan Uds.
proteger (j) protegiendo protegido	protejo proteges protege protegemos protegéis protegen	protegía protegías protegía protegíamos protegíais protegían	protegí protegiste protegió protegimos protegisteis protegieron	protegeré protegerás protegerá protegeremos protegeréis protegerán	protegería protegerías protegería protegeríamos protegeríais protegerían	proteja protejas proteja protejamos protejáis protejan	protegiera protegieras protegiera protegiéramos protegierais protegieran	protege (tú), no protejas proteja Ud. protejamos proteged (vosotros), no protejáis protejan Uds.
creer (y) creyendo creído	creo crees cree creemos creéis creen	creía creías creía creíamos creíais creían	creí creíste creyó creímos creísteis creyeron	creeré creerás creerá creeremos creeréis creerán	creería creerías creería creeríamos creeríais creerían	crea creas crea creamos creáis crean	creyera creyeras creyera creyéramos creyerais creyeran	cree (tú), no creas crea Ud. creamos creed (vosotros), no creáis crean Uds.
construir (y) construyendo construido	construyo construyes construye construimos construís construyen	construía construías construía construíamos construíais construían	construí construiste construyó construimos construisteis construyeron	construiré construirás construirá construiremos construiréis construirán	construiría construirías construiría construiríamos construiríais construirían	construya construyas construya construyamos construyáis construyan	construyera construyeras construyera construyéramos construyerais construyeran	construye (tú), no construyas construya Ud. construyamos construid (vosotros), no construyáis construyan Uds.

E. Verbs With Spelling Changes (continued)

INFINITIVE PRESENT PARTICIPLE PAST PARTICIPLE	INDICATIVE					SUBJUNCTIVE		IMPERATIVE
	PRESENT	IMPERFECT	PRETERITE	FUTURE	CONDITIONAL	PRESENT	IMPERFECT	
confiar confiando confiado	confío confías confía confiamos confiáis confían	confiaba confiabas confiaba confiábamos confiabais confiaban	confié confiaste confió confiamos confiasteis confiaron	confiaré confiarás confiará confiaremos confiaréis confiarán	confiaría confiarías confiaría confiaríamos confiaríais confiarían	confíe confíes confíe confiemos confiéis confíen	confiara confiaras confiara confiáramos confiarais confiaran	confía (tú), no confíes confíe Ud. confiemos confiad (vosotros), no confiéis confíen Uds.
continuar continuando continuado	continúo continúas continúa continuamos continuáis continúan	continuaba continuabas continuaba continuábamos continuabais continuaban	continué continuaste continuó continuamos continuasteis continuaron	continuaré continuarás continuará continuaremos continuaréis continuarán	continuaría continuarías continuaría continuaríamos continuaríais continuarían	continúe continúes continúe continuemos continuéis continúen	continuara continuaras continuara continuáramos continuarais continuaran	continúa (tú), no continúes continúe Ud. continuemos continuad (vosotros), no continuéis continúen Uds.

2 *Grammatical terms*

ADJECTIVE (adjetivo): a word that describes, modifies, or limits a noun or pronoun. In Spanish, the adjective must agree in gender and number with the noun or pronoun it modifies.

Descriptive adjectives (**adjetivos calificativos**): indicate a quality or characteristic of the noun or pronoun. They usually follow the noun in Spanish (**la muchacha *bonita*, el libro *rojo*, los edificios *modernos***).

Limiting adjectives (**adjetivos determinativos**): narrow the scope of a noun. They usually precede the noun in Spanish. They are of the following types:

Demonstrative adjectives (**adjetivos demostrativos**): *este* **país,** *esa* **tienda,** *aquel* **hombre**

Adjectives of quantity (**adjetivos que indican cantidad**): *dos* **libros,** *mucho* **dinero**

Possessive adjectives (**adjetivos posesivos**): *mi* **amigo,** *nuestra* **casa,** *su* **familia**

Predicate adjectives (**adjetivos predicados**): are linked to the noun they modify. (**El auto *es nuevo*.**)

ADVERB (adverbio): a word that modifies a verb, an adjective, or another adverb. (**El profesor habla *rápidamente*. *¿Cuándo* empieza la clase?**)

AGREEMENT (concordancia): the correspondence of one word to another in person, number, and/or gender. A verb must agree with its subject. (***El* jefe está aquí. *Los* buen*os* estudiant*es* estudi*an* mucho.**)

ANTECEDENT (antecedente): the word, phrase, or clause to which a pronoun, phrase, or clause refers. (**¿El *libro*? Aquí lo tienes. No hay *nadie* que lo sepa.**)

ARTICLE (artículo): usually treated as an adjective, but also called a determiner, because it indicates that a noun will follow. In Spanish, articles agree in gender and number with the nouns they precede.

Definite articles (**artículos definidos**): *el* **curso,** *los* **lápices,** *la* **clase,** *las* **señoras**

Indefinite articles (**artículos indefinidos**): *un* **pueblo,** *unos* **papeles,** *una* **escuela,** *unas* **revistas**

AUXILIARY (auxiliar): a verb or verb form used in conjunction with another verb to indicate tense, voice, person, number, and mood. (**Elena *está* leyendo. Ramón *ha* salido.**)

CLAUSE (cláusula): A group of related words containing a subject and predicate. Clauses are either main (independent) or subordinate (dependent). A main clause can stand by itself as a sentence; a subordinate clause cannot.

Main clause (**cláusula principal**): *Comemos en la cafetería.*

Subordinate clause (**cláusula subordinada**): **Iré a México,** *si tengo suficiente dinero.*

Subordinate clauses may function as adjectives, adverbs, or nouns.

Adjective clause (**cláusula adjetival**): **Conoce a una mujer** *que vive en Madrid.*

Adverbial clause (**cláusula adverbial**): **Van a la tienda** *para que él pueda comprar una guitarra.*

Noun clause (**cláusula sustantiva**): **Queremos** *que ellos nos acompañen.*

COGNATE (**cognado**): a word of similar appearance in two languages that is derived from the same root and is related in origin and meaning (English: *profession*; Spanish: **profesión**).

COMMAND (**mandato**): a verb form used to tell someone to do something. (***Lea* Ud. el libro. *No comas* (tú) tanto.**)

COMPARATIVE (**comparativo**): a structure used to indicate comparison of quantity or quality between two items. (**Esta novela es *menos* interesante *que* ésa. Roberto tiene *más* dinero *que* yo.**)

COMPARISON (**comparación**): a change in the form of an adjective or adverb that shows degrees of quality or quantity.
   Positive (**positivo**): **Esa revista es *cara*.**
   Comparative (**comparativo**): **Esa revista es *más cara que* aquélla.**
   Superlative (**superlativo**): **Esa revista es *la más cara de* la tienda.**

CONJUGATION (**conjugación**): the changes of form in verbs showing tense, mood, person, number, and voice (present tense, indicative mood of **hablar: habl*o*, habl*as*, habl*a*, habl*amos*, habl*áis*, habl*an***).

CONTRACTION (**contracción**): a shortened form of a word or group of words (**a + el = *al*; de + el = *del***).

DIMINUTIVE (**diminutivo**): a form of a word with certain suffixes that convey smallness, youth, familiarity, or affection (**libr*ito*; herman*ita*; amigu*ito***).

GENDER (**género**): a designated class of a noun or pronoun based upon either its biological or grammatical properties. In Spanish, all nouns are either masculine or feminine, based on their grammatical properties or their spelling (***el* libro, *la* casa, *los* lápices, *las* maletas**).

IDIOM (**modismo**): an expression peculiar to a specific language that may not make sense if translated literally. (**Tengo mucho calor. Hace viento hoy. ¡Claro!**)

INFINITIVE (**infinitivo**): the basic form of a verb; it expresses general meaning, but does not indicate person or number. In English, it is usually preceded by the word *to*. In Spanish, it is composed of the STEM (**raíz**) and the infinitive ENDINGS (**terminaciones**) **-ar, -er,** or **-ir.**

MOOD (**modo**): the form of the verb showing the manner in which the speaker views an action.
   Indicative mood (**modo indicativo**): relates factual information and expresses certainty.
      (**Me gusta bailar. El televisor cuesta mucho.**)
   Subjunctive mood (**modo subjuntivo**): expresses a wish, possibility, uncertainty, concession, or a hypothetical situation. (**Esperan que ella toque el piano. Es posible que Juan lo sepa.**)

NOUN (**sustantivo**): a word that names a person, place, thing, quality, or idea (**Elena, España, pan, ventaja, democracia**).

NUMBER (**número**): the form of a noun, pronoun, adjective, or verb that indicates whether it is singular or plural. (**El muchach*o* alt*o* jueg*a* al tenis. *Los* muchach*os* alt*os* jueg*an* al tenis.**)

OBJECT (**complemento**): a word, phrase, or clause that receives the action of the verb and completes the predicate.
   Direct object (**complemento directo**): receives the direct action of the verb. (**El camarero sirvió *la comida*.**)

Indirect object (**complemento indirecto**): indicates to or for whom the action was done. (*Le* **dieron el dinero a** *Juan.*)

PARTICIPLE (**participio**): a verb form used as an adjective or adverb or for forming other tenses.

Past participle (**participio pasado**): a verb form used with the auxiliary verb **haber** to form a perfect tense (**he llegado, habías estudiado, hubieran encontrado**). The past participle may also function as an adjective. In Spanish, it must then agree in gender and number with the noun it modifies. (**La puert***a* **está cerrad***a.* **Los libros usad***os* **cuestan menos.**)

Present participle (**participio presente**): a verb form used with the auxiliary verb **estar** to form a progressive tense (**estoy cantando, estabas bailando, estará esperando**).

PERSON (**persona**): the form of a verb or pronoun that indicates whether the subject is the speaker, the person spoken to, or the person spoken to or about.

First person (**primera persona**): the speaker (**trabajo, trabajamos**).

Second person (**segunda persona**): the person spoken to (**trabajas, trabajáis**).

Third person (**tercera persona**): the person spoken to or about (**él trabaja, ellos trabajan**).

PREDICATE (**predicado**): the part of the sentence that contains the verb (simple predicate) or the verb and its modifiers (complete predicate) and makes a statement about the subject.

Simple predicate (**predicado simple**): **Ellos** *salieron.*

Complete predicate (**predicado completo**): **Ellos** *salieron de la clase a las ocho.*

PREDICATE NOMINATIVE (**predicado nominal**): a word or group of words that follows a verb and identifies the subject by renaming it. (**Ella fue** *profesora.*)

PREFIX (**prefijo**): a letter or group of letters that may be added to the beginning of a root or word to form a new word (**paso,** *re***paso; tener,** *con***tener**).

PREPOSITION (**preposición**): a word that connects a noun, a pronoun, or a word or word group acting as a noun to another part of the sentence. (**El hombre puso el periódico** *en* **la mesa. Salieron** *para* **la biblioteca** *después de* **comer.**)

PRONOUN (**pronombre**): a word used in place of a noun.

Demonstrative pronouns (**pronombres demostrativos**): refer back to a previously mentioned noun. (**El Teatro Colón es más grande que** *éste.*)

Interrogative pronouns (**pronombres interrogativos**): introduce questions. (¿*Quién* **es aquella mujer?**)

Direct object pronouns (**pronombres del complemento directo**): receive the action of the verb directly. (*Los* **miramos.** *La* **vimos en la calle.**)

Indirect object pronouns (**pronombres del complemento indirecto**): indicate to or for whom the action was done. (*Me* **dio la carta. Ella** *nos* **preparó unos platos típicos.**)

Prepositional object pronouns (**pronombres del complemento preposicional**): a pronoun that functions as the object of the preposition. (**Deseamos que él venga con** *nosotros.* **No puedo hacerlo para** *ti.*)

Reflexive pronouns (**pronombres reflexivos**): refer back to the subject. (*Me* **levanto temprano.** *Se* **sientan cerca de la mesa.**)

Subject pronouns (**pronombres sujetos**): words that function as the subject of a sentence or clause. (*Ella* **baila bien. Uds. no entienden la pregunta.**)

SUBJECT (**sujeto**): the noun or word group functioning as a noun that acts as the agent of the action in the sentence. (*El vendedor* **vende helado.** *Pedro y María* **juegan.**)

SENTENCE (**oración**): a complete unit of thought, consisting of at least a subject and a predicate. (**Él enseña. Nosotros lo creemos.**)

SUFFIX (**sufijo**): a letter or group of letters attached to the end of a word to alter its function or meaning (**lógico, lógicamente; silla, sillón**).

TENSE (**tiempo**): the form of a verb that expresses the time of its action.

Compound tenses (**tiempos compuestos**); use the auxiliary verb **haber** to form the perfect tenses: present, past, future and conditional perfect indicative, present and past perfect subjunctive (**he comido, había comido, habré comido, habría comido, hube comido, haya comido, hubiera comido**).

Conditional (**condicional**): describes future action from the standpoint of the past, and functions like the English *would*. (**Dijeron que él *vendría* el jueves.**)

Future (**futuro**): relates an action that is yet to take place. (**Se *casarán* en abril.**)

Past: preterite and imperfect (**pretérito e imperfecto**): relates an action that took place or was taking place in the past. (Preterite: **Ella *asistió* a la conferencia anoche.** Imperfect: **Ella siempre *asistía* a las conferencias.**)

Present (**presente**): used in speaking of actions in the present time. (**Estudian** español este año. **Aprendemos** mucho hoy.**)

Present and past perfect (**presente perfecto y pluscuamperfecto**): correspond to their English counterparts in usage. (He has/had read the article. = **Él *ha/había* leído el artículo.**)

Progressive (**progresivo**): expresses an action that is, was, or will be in progress at a given time. (**Estoy/Estaba/Estaré leyendo** el periódico.**)

Simple tenses (**tiempos simples**): forms that are based on the infinitive, without the use of an auxiliary verb: present, preterite, imperfect, conditional, and future indicative and present and imperfect subjunctive (**como, comí, comía, comeré, comería, coma, comiera**).

VERB (**verbo**): a word that expresses an action or a state of being.

Intransitive verbs (**verbos intransitivos**): do not require an object to complete their sense. (**El muchacho *corre*. Los señores *viajan*.**)

Spelling-change verbs (**verbos con cambios ortográficos**): undergo a spelling change in one of their consonants in some or all of their conjugations. (**Conozco a la abogada. Busqué a la madre del niño.**)

Stem-changing verbs (**verbos que cambian de raíz**): have a change in the vowel of their stem in certain of their conjugations. (**Piensan ir a Bolivia. Ella repite la palabra.**)

Transitive verbs (**verbos transitivos**): require an object or receiver of their action and make no sense without one. (**Los obreros *construyeron las casas*. Ella *encontró el dinero*.**)

VOICE (**voz**): the active or passive aspect of a transitive verb.

Active voice (**voz activa**): indicates that the subject is the agent, or doer, of the action. (*El muchacho* **vende periódicos.**)

Passive voice (**voz pasiva**): indicates that the subject is the receiver of the action. (**Se venden *periódicos* aquí.**)

3 *Syllabication*

Syllabication

In Spanish, a new syllable begins after a vowel or a diphthong. A single consonant between two vowels is placed with the second vowel to form a new syllable. Remember that **ch**, **ll**, and **rr** are considered to be single consonants in Spanish.

plu-**ma**	ca-**s**a	chi-**c**o	mu-**cha-cho**	ca-**mi-n**o	nue-ve
va-**ll**e	pe-**rr**o	mu-**ch**o	cla-se	ci-**n**e	cui-**da-d**o

When two consonants occur between two vowels, the syllable is usually formed by dividing the two consonants.

es-**pa**-ñol   u-ni-ver-si-dad   **ar**-tis-ta   vis-ta   col-**ch**ón

However, the consonants **l** and **r** are not separated from a preceding consonant; the combination begins a new syllable.

im-**pro**-ba-**bl**e   con-**tr**ol   po-**br**e-za   an-**cl**a   en-**fr**en-tar

Diphthongs are not divided into separate syllables. A stressed weak vowel that occurs with a strong vowel carries a written accent, however, and separate syllables are formed.

sie-te	**nue**-ve	en-**tien**-do	cien-to
te-o-**rí-a**	dí-**a**	pa-**ís**	Ra-**úl**

A combination of two strong vowels does not form a diphthong; it is divided to form a new syllable.

re-**al**   pa-se-**o**   Ma-te-**o**   ca-**o**s

The Spanish-English Vocabulary contains all of the Spanish words and expressions used in this text, with their meanings as used in the text, with the following exceptions: (1) identical cognates; (2) close cognates that are guessable in context; (3) words glossed each time they appear in the text; (4) verb forms; (5) diminutives ending in **-ito/a**; (6) absolute superlatives ending in **-ísimo/a**; (7) the definite articles; (8) adverbs formed from adjectives that appear in the Vocabulary or that are identical cognates or that appear in a chapter vocabulary list as active vocabulary;

(9) regular past participles of verbs appearing in the Vocabulary; and (10) most cardinal numbers. Gender is indicated for all nouns not ending in **-o/a**, and stem and spelling changes are indicated after the appropriate verbs. The conjugation of verbs marked *irreg.* may be found in Appendix I.

The English-Spanish Vocabulary includes all words and expressions in the lesson vocabularies, plus all vocabulary necessary to do translation exercises in the text.

The following abbreviations are used:

adj. adjective	*inf.* infinitive	*poss.* possessive
adv. adverb	*irreg.* irregular	*prep.* preposition
conj. conjunction	*L. A.* Latin America	*pret.* preterite
cont. contraction	*m.* masculine	*pron.* pronoun
d. o. direct object	*n.* noun	*refl. pron.* reflexive pronoun
f. feminine	*obj. of prep.* object of preposition	*s.* singular
fam. familiar	*p. p.* past participle	*Sp.* Spain
form. formal	*pl.* plural	*subj. pron.* subject pronoun
i. o. indirect object		

SPANISH-ENGLISH VOCABULARY

A

a to; at (*with time*)
abierto/a *p. p.* (**abrir**) opened
abogado/a lawyer
abrigo (over)coat
abril *m.* April
abrir to open
abuelo/a grandfather/grandmother
aburrirse to become bored; **estar aburrido/a** to be bored
acabar to end up; to finish; **acabar de** + *inf.* to have just (*done something*)

aceptar to accept
acercarse (qu) (a) to approach
acompañar to accompany, go with
acontecimiento event
acordarse (ue) to remember
acostarse (ue) to go to bed
acostumbrarse (a) to be (become) accustomed (to)
actitud *f.* attitude
activador *m.* activator
activo/a active
acto act, ceremony
actor *m.* actor

actualidad *f.* present time
acuerdo agreement; **estar de acuerdo** to be in agreement; **ponerse de acuerdo** to reach an agreement; **de acuerdo** I agree; **¿de acuerdo?** right?, okay?
adelanto advance
además (de) besides; in addition (to)
adicional extra
adiós good-bye
adjetivo adjective
admirador(a) admirer
adonde to where
¿adónde? where (to)?

aduana customs (*border*)
aéreo/a *adj.* air
aeromozo/a steward/stewardess
aeropuerto airport
aficionado/a fan; amateur
afortunado/a fortunate, lucky
afuera *adv.* outside
agente *m./f.* agent
agosto August
agradable pleasant
agradecer (zc) to thank for
agricultor(a) farmer
agua *f.* (*but:* **el agua**) water
aguantar to stand; to put up with
ahora now; **ahora mismo** right now
ahorrar to save
aire *m.* air; **al aire libre** outdoors, in the open air
aislado/a isolated
aislamiento isolation
al (*cont. of* **a** + **el**) to the; **al** + *inf.* upon, while, when (*doing something*)
alcaldé *m.* mayor
aldea village
alegrarse (de/de que) to be glad (about)
alegre happy
alegría joy, happiness
alemán, alemana *n. and adj.* German; *n.* **alemán** *m.* German (*language*)
Alemania Germany
algo something
alguien someone, somebody; anyone
algún, alguno/a/os/as some; any
aliviar(se) to alleviate; to relieve
almacén *m.* department store
almorzar (ue) (c) to have lunch
almuerzo lunch
alquilar to rent
alrededor de around
alto/a tall, high; upper
allá there
allí there
amable kind, nice
ambiente *m.* environment, atmosphere
ambos/as both
amenizado/a made pleasant
americano/a *n. and adj.* American
amigo/a friend
amistoso/a friendly
amor *m.* love
amplificador *m.* amplifier
andar to walk
anglo/a *n. and adj.* Anglo-Saxon
anglosajón, anglosajona *n. and adj.* Anglo-Saxon
anillo ring
anoche last night
ante before, in the face (presence) of
antes *adv.* before; **antes de** *prep.* before; **antes (de) que** *conj.* before
antiguo/a ancient, antique
antropología anthropology
anunciar to announce
anuncio ad(vertisement)
año year; **tener... años** to be . . . years old
aparecer (zc) to appear
apellido surname

apoyar to support; to lend support to
apoyo support
aprender to learn
aprendizaje *m.* learning, apprenticeship
aprovechar(se) (de) to make use of; to take advantage of
aquél, aquella *adj.* that (over there); **aquél, aquélla** *pron.* that one (over there)
aquello that. that thing, that fact
aquellos, aquellas *adj.* those (over there); **aquéllos, aquéllas,** *pron.* those (ones) (over there)
aquí here
árabe *m.* Arabic (language)
árbol *m.* tree
área *f.* (*but:* **el área**) area
arena sand
arma *f.* (*but:* **el arma**) arm, weapon
arquitecto/a architect
arreglar to arrange
arte *m.* art (*but:* **las artes**)
artículo article
artista *m./f.* artist, performer
ascensor *m.* elevator
asegurar to ensure
así in this (that) way, thus; **así que** so
asiento seat
asimilar to assimilate
asistir (a) to attend (*class, a social function*)
asociar to associate
astronomía astronomy
atención *f.* attention
atleta *m./f.* athlete
atraer *irreg.* (*like* **traer**) to attract
atrio atrium (*terrace in front of church*)
aumentar to increase
aun even; **aun más** even more
aún still
aunque although
ausencia absence
auto(móvil) *m.* car, automobile
autobús *m. s.* bus
autor(a) author
autoridad *f.* authority
avanzar (c) to advance
avenida avenue
avión *m.* plane
avisar to inform; to warn
ayer yesterday
ayuda help
ayudar to help
azteca *m./f.* Aztec
azúcar *m.* sugar
azul blue

B

bailar to dance
baile *m.* dance
bajar to lower; to descend
bajo/a *adj.* short (*in height*); low; **bajo** *prep.* beneath, under
banco bank
banda band

banquete *m.* banquet
bañarse to take a bath
baño bath; bathroom
bar *m.* bar
barato/a inexpensive
barco boat
barrio neighborhood; **barrio periférico** suburb
base *f.* base; basis
bastante enough; quite, rather
bastar to be enough
bautismo baptism
bautizar (c) to baptize
beber to drink
bebida drink
beca scholarship
béisbol *m.* baseball
belleza beauty
bello/a beautiful
biblioteca library
bien well; **está bien** okay, fine
bienvenida *f.* welcome
bienvenido/a *adj.* welcome
bilingüe bilingual
bisabuelo/a great-grandfather/grandmother
blanco/a white
boda wedding
boleto ticket
bolígrafo (ballpoint) pen
boliviano/a *n. and adj.* Bolivian
bolsa bag; purse
bonito/a pretty
botella bottle
boxeador *m.* boxer
Brasil *m.* Brazil
brazo arm
breve brief, short
buen (bueno/a) good
bueno... well . . .
buscar (qu) to look for
butaca seat (*in a theater*)

C

caballo horse
cabeza head
cada *invariable* each, every
caer *irreg.* to fall
café *m.* café; coffee
cafetería cafeteria
caja box
calavera skull
calcular to estimate; to calculate
cálculo calculation
caliente hot
calor *m.* heat; **hace calor** it's hot (*weather*); **tener calor** to be (feel) warm/hot
calle *f.* street
cama bed
camarero/a waiter/waitress
cambiar to change; to exchange
cambio change; exchange
caminar to walk
camino road
camisa shirt

camisería shirt store
campaña campaign
campesino/a *n.* farmworker; **campesino/a** *adj.* (of the) farmworker
campo country; field; area of study
canal *m.* channel
canción *f.* song
candidato/a candidate
cansado/a tired
cantante *m./f.* singer
cantar to sing
capacidad *f.* capacity
capacitación *f.* training
capilla chapel
capital *f.* capital (*city*)
cara face; **Caracortada** Scarface
caracol *m.* snail; *pl.* nonsense name of a game
carácter *m.* (*pl.* **caracteres**) character
característica *n.* characteristic
caramelo caramel; candy
cargo: a cargo de under the direction of
cariño affection
carne *f.* meat
carnicería meat market
caro/a expensive
carrera career
carro car, automobile
carta letter; menu; chart
casa house, home; **(ir) a casa** (to go) home; **(estar) en casa** (to be) at home
casar to marry
casarse (con) to get married (to)
casero/a homemade
casi almost
caso case; **en caso de que** *conj.* in case
castillo castle
catedral *f.* cathedral
causa cause; **a causa de** because of
causar to cause
celebrar to celebrate
cementerio cemetery
cena dinner, supper
cenar to have dinner (supper)
centavo cent
centro center; downtown
Centroamérica Central America
cerca (de) near (to)
cerrar (ie) to close, shut; to lock up
cerveza beer
ciclismo cycling
ciego/a blind
cien (ciento) one hundred
ciencia science
científico/a scientist
cierto/a certain; a certain; true
cine *m.* movies; movie theater
cinta (*recording*) tape; ribbon
cinturón *m.* belt; **cinturón de seguridad** safety belt
cirujano/a surgeon
ciudad *f.* city
ciudadano/a citizen
claro of course; **claro que sí/no** of course (*not*)
claro/a clear
clase *f.* class; kind, type

cliente *m./f.* client, customer
clima *m.* climate
cocinar to cook
coche *m.* car, automobile
colega *m./f.* colleague
colegio high school
colgar (ue) (gu) to hang (up)
colombiano/a *n. and adj.* Colombian
colono settler
color *m.* color; **a color** in color
combatiente *m.* fighter
combinar to combine
comedor *m.* dining room
comenzar (ie) (c) to begin
comer to eat
comercio business
comestibles *m. pl.* groceries, food
cómico/a comic, amusing
comida main meal; food
como as, as a; like; since; **como si** as if
¿cómo? how?; how's that again?; **¿cómo es?** what's it like?; **¿cómo está?** how are you?; **¿cómo te llamas (se llama)?** what is your name?; **¡cómo no!** of course!
comodidad *f.* comfort
cómodo/la comfortable
compañero/a companion, friend; **compañero/a de clase** classmate
compañía company
compartir to share
competencia competition
competir (i, i) to compete
completo/a complete, complete; full
complicado/a complicated
componer *irreg.* (*like* **poner**) to constitute; to compose
composición *f.* composition
compositor/a composer
compra purchase; **hacer la compra, ir de compras** to go shopping
comprar to buy
comprender to understand; to comprehend
computadora computer
comunicación *f.* communication
comunicar(se) (qu) to communicate
con *prep.* with; **con tal (de) que** *conj.* provided that
concertar: concertar cita to make an appointment
concierto concert
conducir (zc) to lead; to conduct
conferencia lecture
confianza confidence
confiar *irreg.* to trust
confirmar to confirm
confundido/a confused
confuso/a confused
conjunto (*musical*) group; totality; complex (*apartments*)
conmigo with me
conocer (zc) to know; to be acquainted with
conocimiento knowledge
conseguir (i, i) (g) to obtain; to get
consejo piece of advice; *pl.* advice
consenso consensus

conservador(a) conservative
consistir (en) to consist (of)
consolar (ue) to console
construir (y) to construct
consuelo consolation
contacto contact
contar (ue) to count; to tell; to relate
contento/a happy, content
contestación *f.* answer
contestador *m.* answering machine
contestar to answer
contigo with you (*fam. s.*)
contra against
controversia controversy
convencer (z) to convince
conversar to talk; to converse
convertir(se) (ie, i) (en) to change; to convert
correo mail; post office
correr to run
cortar to cut
cosa thing
costa coast
costar (ue) to cost
costoso/a expensive, costly
costumbre *f.* custom; **de costumbre** as usual
cráneo skull
crear to create
crédito credit
creencia belief
creer (y) (en) to think; to believe (in)
crema cream
cristiano/a *n. and adj.* Christian
Cristo Christ
crónica chronicle; newspaper column
crusada (cruzada) crusade
cruz *f.* (*pl.* **cruces**) cross
cruzar (c) to cross
cuaderno notebook
cuadra (*city*) block
¿cuál? what?, which?; **¿cuál(es)?** which one (ones)?
cualquier(a) any
cuando when
¿cuándo? when?
cuanto how much; **en cuanto** *conj.* as soon as
¿cuánto/a? how much?
¿cuántos/as? how many?
cuarto room
cuarto/a fourth; **(las dos) y/menos cuarto** (two) fifteen, quarter after/'til (two) (*with time*)
cubano/a *n. and adj.* Cuban
cubierto/a *p. p.* (**cubrir**) covered
cubrir to cover
cuchara spoon
cuchillero knife-sharpener
cuchillo knife
cuenta bill; **darse cuenta de** to realize
cuento story
cuerda string
cuerpo body; corps
cuestión *f.* matter, subject
cuidado care; **con cuidado** carefully; **tener cuidado** to be careful

cuidar (a) to take care (of); **cuidarse** to take care of oneself
cultura culture
cumpleaños *m. s.* birthday
cumplir to keep (*a promise*)
cura *m.* priest
curso course (*of studies*)

CH

chaqueta jacket
charlar to chat
cheque *m.* check; **cheque no a la orden** blank check
chicano/a *n. and adj.* **Chicano/a**
chico/a boy/girl; kid
chino/a *n. and adj.* Chinese; *n.* **chino** Chinese (*language*)
chiste *m.* joke
chistoso/a funny
chófer *m.* chauffeur; driver

D

danza dance
dar *irreg.* to give; **darse cuenta (de)** to realize
dato datum; *pl.* data
de *prep.* of, from; **de lujo** *adj.* luxury; **de habla española** *adj.* Spanish-speaking
debajo (de) under
debate *m.* debate
deber should, ought to; to owe
debido/a a due to, owing to
década decade
decente decent, good
decidir(se) to decide
décimo/a tenth
decir *irreg.* to say; to tell; **es decir** that is to say; **querer (ie) decir** to mean
dedicar (qu) to dedicate
degradante degrading
dejar to leave (*something or someone behind*); to let
del (*cont. of* **de** + **el**) of/from the
delante (de) in front (of); before (*location*)
delgado/a thin
demás *adj.* other, remaining
demasiado *adv.* too; too much
democracia democracy
dentro (de) inside; in; within
departamento department
dependiente *m./f.* clerk
deporte *m.* sport
deportista *m./f.* sportsperson
deportivo/a sporting, sports
derecho right, privilege; law
desafiar to challenge
desafortunado/a unfortunate, unlucky
desaparecer (zc) to disappear
desarrollar to develop
desarrollo development
desayunar to eat breakfast
desayuno breakfast

descansar to rest
desconocido/a unknown
describir to describe
descubierto/a *p. p.* (**descubrir**) discovered
descubrimiento discovery
descubrir to discover
desde *prep.* from; since
desear to want; to desire
desgraciadamente unfortunately
desierto desert
desocupado/a unoccupied, vacant
despacho office
despedirse (i, i) (de) to say good-bye (to)
despertarse (ie) to wake up
después (de) *prep.* after; **después de que** *conj.* after
destierro exile
destruir (y) to destroy
desventaja disadvantage
detalle *m.* detail
detrás (de) behind; after (*location*)
día *m.* day; **día festivo** holiday; **al día siguiente** the next day; **hoy día** nowadays; **buenos días** good morning; **todos los días** every day
diadema crown
diálogo dialogue
diario *n.* newspaper
diario/a daily
dibujo drawing; cartoon
diciembre *m.* December
dictadura dictatorship
dictar to dictate
dicho/a *p. p.* (**decir**) said
difícil difficult
dificultad *f.* difficulty
dineral: un dineral a lot of money
dinero money
Dios *m. s.* God
dirección *f.* address; direction
dirigir (j) to direct
disco record
discoteca disco(thèque)
discurso speech
discusión *f.* discussion
discutir to discuss; to argue
disponibilidad *f.* availability
distancia distance
distinguir (g) to distinguish, tell apart
distinto/a different
diversión *f.* amusement, entertainment
divertirse (ie, i) to enjoy oneself; to have a good time
doble double
dólar *m.* dollar
dolor *m.* pain
domicilio residence
dominar to dominate
domingo Sunday
dominio domination
don *title of respect used with man's first name*
donde where
¿dónde? where?; **¿de dónde?** where . . . from?; **¿adónde?** where (to)?
doña *title of respect used with woman's first name*

dormir (ue, u) to sleep; **dormirse** to fall asleep
dormitorio bedroom
drama *m.* drama
dramaturgo dramatist
droguería drugstore
duda doubt
dudar to doubt
duende *m.* "soul"
dueño/a owner
dulce *adj.* sweet; *n. m.* candy
dulcería candy store
duodécimo/a twelfth
durante during

E

e and (*used instead of* **y** *before words beginning with* **i** *or* **hi**)
económico/a economic(al)
edad *f.* age
edificio building
educación *f.* education; upbringing
educar (qu) to educate
eficacia efficiency
eficaz (*pl.* **eficaces**) efficient
ejemplo example
ejercicio exercise
ejército army
él *subj. pron.* he; *obj. of prep.* him
elección *f.* election
elegante elegant
eliminar to eliminate
ella *subj. pron.* she; *obj. of prep.* her
ellos *subj. pron.* they; *obj. of prep.* them
embargo: sin embargo however, nevertheless
emitir to broadcast; to televise
emocionado/a excited
emperador *m.* emperor
empezar (ie) (c) to begin; **empezar a** + *inf.* to begin to (*do something*)
empleado/a employee
empleo job
empresa company, firm
en in; on; at; **en fin** in the end, finally; **en seguida** immediately; **en vez de** instead of
encantador(a) charming
encantar to delight, charm; **me (le, nos, etc.) encanta(n)** I (he, we, etc.) love
encargado/a one in charge, manager
encima (de) on top (of)
encontrar (ue) to find; **encontrarse con** to meet
energía energy
enérgico/a energetic
enero January
enfermarse to become ill
enfermedad *f.* illness
enfermero/a nurse
enfermo/a sick, ill
enfoque *m.* focus; approach
enfrente de in front of
engordar to get fat
enorme enormous

ensayar to practice, rehearse
enseñar to teach; to show
entender (ie) to understand
entonces then; therefore; in that case
entrada entrance; ticket (*to a theater, movie, game, etc.*)
entrar (en) to enter; to go in
entre between; among
entrega delivery
entrenador(a) trainer, coach
entrevista interview
enviar to send
envidia envy
envío delivery
época era, epoch, time
equipaje *m.* baggage
equipo team
equivocarse (qu) to make a mistake
escalera staircase
escandalizarse (c) to be (become) scandalized
escaparse to escape
escena scene
escoger (j) to choose
escribir to write; **escribir a máquina** to type
escrito/a *p. p.* (**escribir**) written
escritor(a) writer
escuchar to listen (to)
escuela school
ese, esa *adj.* that; **ése, ésa** *pron.* that (one)
esmeralda emerald
eso that (*general*); **por eso** for that reason; **eso es** that's right
esos, esas *adj.* those; **ésos, ésas** *pron.* those (ones)
espacio space; time slot
España Spain
español(a) *n. and adj.* Spanish; *n.* **español** *m.* Spanish (*language*)
especialidad *f.* specialty
especialización *f.* specialization
especializarse (c) to specialize
espectáculo show; event
espectador(a) spectator
esperanza hope
esperar to hope; to wish; to wait (for)
espíritu *m.* spirit
esposo/a husband/wife
esq. (esquina) corner
esqueleto skeleton
esquí *m.* skiing
esquiar to ski
establecer (zc) to establish
estación *f.* station; season
estadio stadium
estado state, government
Estados Unidos United States
estadounidense *n. and adj.* American (*of the United States*)
estampilla stamp
estar *irreg.* to be; **está bien** it's okay; **está claro** it's clear, obvious
estatua statue
este *m.* east
este, esta *adj.* this; **éste, ésta** *pron.* this (one)
esto this (*general*)

estos, estas *adj.* these; **éstos, éstas** *pron.* these (ones)
estrella star
estrenar to present for the first time, début
estructura structure
estuario estuary
estudiante *m./f.* student
estudiar to study
estudio study
estupendo/a great, stupendous
étnico/a ethnic
Europa Europe
evidente evident
exagerar to exaggerate
examen *m.* examination, test
excelente excellent
existir to exist
éxito success; **tener éxito** to be successful
experiencia experience
experto/a *adj.* expert
explicar (qu) to explain
exploración *f.* exploration
explotar to exploit
expresar to express
expresión *f.* expression
extenso/a extended
extranjero/a *adj.* foreign; *n.* foreigner; **en el extranjero** abroad

F

fábrica factory
fabricación *f.* manufacture
fabricar (qu) to build, construct
fácil easy
facilidad *f.* facility, ease
facilitar to facilitate
facultad *f.* school or college of a university
falta lack
faltar to be lacking; to need
familia family
familiar *adj.* of the family
famoso/a famous
farmacia pharmacy
fascinante fascinating
favor *m.* favor; **por favor** please; **a favor de** in favor of; **favor de** + *inf.* please (*do something*)
favorecer (zc) to favor
fe *f.* faith
febrero February
fecha date
¡felicitaciones! *f. pl.* congratulations!
feliz (*pl.* **felices**) happy
femenino/a feminine
fenomenal phenomenal
feo/a ugly
feria *n.* fair
ferretería hardware store
festivo/a festive; **día** (*m.*) **festivo** festive holiday
fiesta party
fijo/a fixed, set
filosofía philosophy
fin *m.* end; **fin de semana** weekend; **a fin de que** *conj.* so that, in order that; **en fin** in the end, finally; **sin fin** endless, without end

final *n. m.* end; *adj.* final
físico/a physical
flamenco *n.* music typical of southern Spain
flamenco/a *adj.* flamenco, related to flamenco music
flan *m.* custard
folleto pamphlet
footing *m.* jogging
formación *f.* formation
formar to form
foto(grafía) *f.* photo(graph)
fraile *m.* friar; priest; cleric
francés, francesa *n. and adj.* French; *n.* **francés** *m.* French (*language*)
Francia France
frase *f.* phrase; sentence
frecuencia: con frecuencia frequently
frecuentar to visit often
frecuentemente frequently
frente: frente a in front of; facing
fresco/a cool; **hace fresco** it's cool (*weather*)
frío *n.* cold; **hace frío** it's cold (*weather*); **tener frío** to be (feel) cold
frío/a *adj.* cold
frontera border; frontier
fruta fruit
frutería fruit store
fuente *f.* source; fountain
fuera (de) outside (of); away from
fuerte strong; heavy (*of food*)
fumar to smoke
función *f.* performance; function
funcionar to function; to work
fundar to found
fúnebre related to funerals and death
fútbol *m.* soccer
futuro *n.* future
futuro/a *adj.* future

G

gafas *f. pl.* eyeglasses
ganancia earning
ganar to earn; to win; **ganarse la vida** to earn a living
ganas: tener ganas de + *inf.* to want to, feel like (*doing something*)
garantizar (c) to guarantee
gastar to spend (*money*); to use
gasto expense
general *m.* general; **en general, por lo general** generally
gente *f. s.* people
geografía geography
geográfico/a geographic
geólogo/a geologist
gerente *m./f.* manager
ginecólogo/a gynecologist
giro: giro postal money order
gitano/a gypsy
gobernador(a) governor
gobierno government
gordo/a fat
grabado engraving
grabar to tape; to record

gracias thank you; **muchas gracias** thank you very much, many thanks
gracioso/a funny
graduarse to graduate
gran (grande) large, big; great
gratis free
grueso/a thick
grupo group
guapo/a handsome, good-looking
guardia *m./f.* guard; **farmacia de guardia** all-night pharmacy
guerra war
guía *m./f.* guide
guitarra guitar
gustar to please; to be pleasing
gusto pleasure; taste

H

haber *irreg.* to have (*auxiliary*)
habilitado/a competent
habitación *f.* room
habitante *m./f.* inhabitant
hablar to talk; to speak
hacer *irreg.* to do; to make; **hace buen/mal tiempo** it's good/bad weather; **hace calor (fresco, frío, sol, viento)** it's hot (cool, cold, sunny, windy); **hacer preguntas** to ask questions; **hacer un viaje** to take a trip; **hacer la maleta** to pack a suitcase; **hacerse** to become
hacia toward
hambre *f.* (*but:* **el hambre**) hunger; **tener hambre** to be hungry
hamburguesa hamburger
hasta *prep.* until, as far as, even; **hasta que** *conj.* until; **hasta luego** see you later; **hasta mañana** until tomorrow, see you tomorrow
hay there is, there are
hecho fact; deed
hecho/a *p. p.* **(hacer)** done
helado ice cream
herencia heritage
hermano/a brother/sister
hermoso/a beautiful
hielo ice
hijo/a son/daughter
hijos *m. pl.* children
hispánico/a *adj.* Hispanic
hispano/a *n.* Hispanic (*person*)
Hispanoamérica Latin America
hispanoamericano/a *n. and adj.* Latin American
historia history
hola hi
hombre *m.* man; **hombre de negocios** businessman
honesto/a honest
hora hour; **¿qué hora es?** what time is it? **¿a qué hora?** (at) what time?
horario schedule
hospital *m.* hospital
hotel *m.* hotel
hoy today; **hoy día** nowadays
huelga strike
huésped(a) guest (*in a hotel*)

huevo egg
humanidades *f. pl.* humanities
humano/a *adj.* human
humilde humble

I

idioma *m.* language
iglesia church
igual equal, same; **igual a** like
igualdad *f.* equality
imagen *f.* image
impartido/a taught
implicar (qu) to imply; to mean
importante important
importar to be important; to mind; **no importa** it doesn't matter; **¿te (le) importa?** do you mind?
imposible impossible
impresionante impressive
inaugurar to inaugurate
incluir (y) to include
incluso/a including; even
incomunicación *f.* lack of communication
incorporar to incorporate
incorporarse to join (*a group*)
increíble incredible
indicar (qu) to indicate
indicio indication, evidence
indio/a *n. and adj.* Indian
indiscutiblemente unquestionably
individuo individual
influir (y) to influence
información *f.* information
ingeniería engineering
ingeniero/a engineer
Inglaterra England
inglés, inglesa *n. and adj.* English; *n.* **inglés** *m.* English (*language*)
inicial *adj.* initial; **pago inicial** *m.* down payment
inmediato/a immediate
inmigrante *m./f.* immigrant
inmigrar to immigrate
insistir en + *inf.* to insist on (*doing something*)
inteligente intelligent
intercambio exchange
interés *m. s.* interest
interesante interesting
interesar to interest
interpretar to interpret
íntimamente intimately
intrépido/a intrepid, fearless
inútil useless
inversión *f.* investment
investigación *f.* investigation; research
investigar (gu) to investigate; to do research
invierno winter
invitado/a guest
invitar to invite
ir *irreg.* to go; **ir de compras** to go shopping
irse to go away; to leave
isla island

italiano/a *n. and adj.* Italian; *n.* **italiano** *m.* Italian (*language*)
izquierda *n.* left (*direction*)
izquierdo/a *adj.* left

J

jamás never
japonés, japonesa *n. and adj.* Japanese; *n.* **japonés** *m.* Japanese (*language*)
jardín *m.* garden
jefe *m./f.* boss, chief
jerarquía hierarchy
jornada working day
joven *adj.* young; *m./f.* young person
joya jewel; *pl.* jewelry
joyería jewelry store
juego game
jueves *m. s.* Thursday
jugador(a) player
jugar (ue) (gu) (a) to play
juguete *m.* toy
julio July
junio June
junto: junto a next to; **junto con** along with; **juntos/as** together
justo/a just, fair

K

kilo(grama) *m.* kilo(gram) (*approx. 2.2 lbs.*)
kilómetro kilometer (*approx. .62 miles*)

L

la *d. o.* you (*form. f.*), her, it (*f.*)
laboral related to work, working
lado: al lado de beside, alongside of; **por un (otro) lado** on one (the other) hand, side
lápiz *m.* (*pl.* **lápices**) pencil
largo/a long
las *d. o.* you (*form. f. pl.*), them (*f.*)
lástima shame, pity; **es una lástima** it's a shame
lavar(se) to wash (oneself)
le *i. o.* to/for you (*form. s.*), him, her, it
lección *f.* lesson
leche *f.* milk
lechería dairy store
leer (y) to read
lejos *adv.* far; **lejos de** *prep.* far from
lengua tongue; language
lentamente slowly
les *i. o.* to/for you (*form. pl.*), them
letra letter (*of the alphabet*); **Facultad** (*f.*) **de Filosofía y Letras** School of Liberal Arts
letrero sign
levantarse to get up
ley *f.* law
libertad *f.* liberty
libertino/a *n.* libertine
libre free; **al aire libre** outdoors, in the open air

librería bookstore
libro book
líder *m.* leader
ligero/a light (*of food*)
limpiar to clean
lista list
literatura literature
lo *d. o.* you (*form. m.*), him, it (*m.*); **lo que** what, that which; **lo** + *adj.* the . . . part/thing
lograr to manage (*to do something*); to achieve
los *d.o.* you (*form. pl.*), them (*m.*)
lucha struggle
luchar to struggle
luego then, next; later; **hasta luego** see you later
lugar *m.* place
lujo: de lujo luxury, deluxe
luna moon
lunes *m. s.* Monday
luz *f.* (*pl.* **luces**) light

LL

llamar to call
llamarse to be named/called
llegar (gu) to arrive; **llegar a ser** to become
lleno/a full
llevar to take; to carry; to wear
llover (ue) to rain

M

madera wood
madre *f.* mother
maestro/a teacher
magnífico/a great
mal *adv.* badly; ill; not well
mal (malo/a) *adj.* bad
maleta suitcase; **hacer la maleta** to pack a suitcase
mamá mother
mandar to order; to command; to send; **mandar hacer** to have made
manera manner, way
mano *f.* hand
mantener *irreg.* (*like* **tener**) to maintain
mantequilla butter
mañana *adv.* tomorrow; **mañana** *n.* morning
mapa *m.* map
máquina machine; **escribir a máquina** to type
mar *m.* sea
marcador *m.* dialer
marcar (qu) to dial
mariscos *pl.* shellfish
martes *m. s.* Tuesday
marzo March
más more; most; **más... que** more . . . than
masculino/a masculine

matemática(s) *s. or pl.* mathematics
matrícula tuition
matrimonio matrimony, marriage
mayo May
mayor larger; older; greater
mayoría majority
me *d. o.* me; *i. o.* to/for me; *refl. pron.* myself
mecánico/a mechanic
mediano/a medium, average
medianoche *f.* midnight
medicina medicine
médico/a *n.* doctor, physician; *adj.* medical
medio *n.* means; medium; environment; ... **y media** thirty, half-past (*with time*)
medio/a *adj.* half, middle, average
mediodía *m.* noon, midday
mejor better; best
mejorar to improve, better
memoria memory
menor smaller; younger
menos less; minus; least; **menos... que** less . . . than; **a menos que** *conj.* unless
mensaje m. message
mentir (ie, i) to lie
mercado market
merienda afternoon snack
mes *m. s.* month
mesa table
meta goal
método method
metro subway
mexicano/a *n. and adj.* Mexican
mi *poss.* my
mí *obj. of prep.* me
micronoticiero brief newscast
miedo fear; **tener miedo (de)** to be afraid (of)
miembro member
mientras (que) while
miércoles *m. s.* Wednesday
mil *n. m. and adj.* thousand
militar military
millón *m.* million
minidiálogo minidialogue
minoría minority
minuto minute
mío/a *poss.* my, (of) mine
mirar to look (at); to watch
misa mass (*Catholic*)
mismo/a self; same
mitad *f.* half
mito myth
modelo model, example
moderno/a modern
molestar to bother (*someone*)
moneda coin
montaje *m.* production
montaña mountain
montar to produce, put together
morir (ue, u) to die
mostrar (ue) to show
mozo/a waiter/waitress; bellhop
muchacho/a boy/girl
mucho *adv.* much, a great deal

mucho/a *adj.* a lot, many; *pl.* many
mudarse to move (*residence*)
muerte *f.* death
muerto/a *p. p.* (**morir**) dead, died; *n. m./f.* dead person
mujer *f.* woman; **mujer de negocios** businesswoman
mundial *adj.* world
mundo world
museo museum
música music
músico/a musician
muy very

N

nacer (zc) to be born
nacimiento birth
nada nothing
nadie no one, nobody, not anybody
natación *f.* swimming
natal *adj.* birth
necesario/a necessary
necesitar to need
negocio business; **hombre/mujer de negocios** businessman/businesswoman
nervioso/a nervous
nevar (ie) to snow
ni neither, nor; **ni... ni** neither . . . nor
nieto/a grandson/granddaughter
ningún, ninguno/a/os/as not one, none, not any
niño/a boy/girl
nivel *m.* level
no no; not; ¿**no?** right? okay?
nocturno/a *adj.* night
noche *f.* night; **de/por la noche** in the evening, at night; **buenas noches** good evening
nombre *m.* (first) name
norte *m.* north
norteamericano/a *n. and adj.* North American
nos *d. o.* us; *i. o.* to/for us; *refl. pron.* ourselves
nosotros/as we; us
nota grade (*academic*)
notar to notice
noticias *pl.* news
noticiero newscast
novela novel
noveno/a ninth
noviembre *m.* November
novio/a boyfriend/girlfriend; **fiancé(e)**; groom/bride
nuestro/a *poss.* our, (of) ours
nuevo/a new
número number
nunca never

O

o or; **o... o** either . . . or
obedecer (zc) to obey
obra work (*of art*)

obrero/a worker
observar to observe
obsesionado/a obsessed
obvio/a obvious
octavo/a eighth
octubre *m.* October
ocupado/a busy, occupied
ocupar to occupy
ocurrir to occur
odiar to hate
oeste *m.* west
oferta offer
oficina office; **oficina de cambio** exchange office; **oficina de correos** post office
ofrecer (zc) to offer
oír *irreg.* to hear
ojalá (que) I hope (that)
Olimpíada Olympic Games
opinar to think; to have an opinion
oportunidad *f.* opportunity
optimista *n. m./f. and adj.* optimist(ic)
orden *m.* order; **en orden** in order
ordenador *m.* computer (*Sp.*)
orquesta orchestra
os *d. o.* you (*fam. pl. Sp.*); *i. o.* to/for you; *refl. pron.* yourselves
otoño autumn
otro/a other, another; **otra vez** again

P

paciencia patience
paciente *n. m./f.* patient (*hospital*); *adj.* patient
padre *m.* father; priest; *pl.* parents
pagar (gu) to pay
país *m. s.* country; **del país** domestic
paisaje *m.* landscape
palabra word
palacio palace
pan *m.* bread; **pan dulce** sweet roll
panadería bread store; bakery
panfleto pamphlet; folder
pantalones *m. pl.* pants
pantalla screen
papa potato (*L. A.*)
papá *m.* father
papel *m.* paper; role (*theatrical*)
papelería stationery store
para *prep.* for, in order to; **para que** *conj.* so that; **¿para qué?** for what purpose?
parador *m.* inn
parar to stop
parecer (zc) to appear, seem; **parecerse (a)** to resemble
parecido/a similar
pared *f.* wall
pariente/a *n.* relative
parque *m.* park
participación *f.* participation
participar to participate
particular private
partido game, match; (*political*) party
partir: a partir de after; starting with
pasado *n.* past

pasado/a past; last
pasaje *m.* passage; ticket (*travel*)
pasajero/a passenger
pasar to happen; to come in; to spend (*time*); **pasar por** to pass by/through; **pasar lista** to take roll
pasearse to take a walk
pastel *m.* pastry
pastelería pastry shop
patata potato (*Sp.*)
patria country, native land
paz *f.* (*pl.* **paces**) peace
pedir (i, i) to request; to ask for; to order (*in a restaurant*)
película film, movie
peligro danger
pelo hair
pelota ball
pena sorrow, pain; penalty; **valer la pena** to be worthwhile
pensar (ie) to think; to plan to, intend (*to do something*)
peor worse, worst
pequeño/a small
perder (ie) to lose; to waste (*time*)
pérdida loss
perfeccionar to perfect
perfecto/a complete; perfect
periférico/a suburban
periódico newspaper
periodista *m./f.* journalist, reporter
permiso permission
permitir to permit
pero but
persona person
personaje *m.* character (*literature*)
personal *m.* personnel
Perú *m.* Peru
pesar: a pesar de in spite of
pescado fish
pesimista *n. m./f. and adj.* pessimist(ic)
peso monetary unit
pie *m.* foot; **a pie** on foot; **de pie** standing
pierna leg
pieza piece (*musical*)
piloto/a pilot
pimienta pepper
pintar to paint
pintura painting
piscina pool
piso floor
pizarra chalkboard
planear to plan
planeta *m.* planet
planta floor, story (*of a building*); plant
plantear to pose (*a question*)
plástico plastic
plata silver
plato dish, plate; course
playa beach
población *f.* population
poblador(a) settler
pobre poor
pobreza poverty
poco *adv.* little, a little bit; **poco a poco** little by little

poco/a *adj..* little; *pl.* few
poder *irreg.* to be able, can; *n. m.* power
policía *m./f.* policeman/policewoman
política politics; policy
político/a *n.* politician; *adj.* political
poner *irreg.* to put; to place; **ponerse** to put on (*clothing*); **ponerse + *adj.*** to become; **ponerse de acuerdo** to reach an agreement
por for; per; by; through; along: during; on account of; for the sake of; **por eso** therefore; **por favor** please; **¿por qué?** why; **por lo general** generally, in general
porque because
portal *m.* entrance; gate
portugués, portuguesa *n. and adj.* Portuguese; *n.* **portugués** *m.* Portuguese (*language*)
posible possible
postal: tarjeta postal postcard
postre *m.* dessert
práctica practice
practicar (qu) to practice (play) sports
precepto precept
precio price
precolombino/a pre-Columbian
preferir (ie, i) to prefer
pregunta question
preguntar to ask; **preguntarse** to wonder; to ask oneself
prejuicio prejudice
preliminar preliminary
premio prize, award
prensa press
preocuparse (de) to worry (about)
preparar to prepare
preparatoria high school
presentador(a) host/hostess (*of a TV show*)
presidente *m./f.* president
presionar to urge
préstamo loan
prestar to lend
pretender to seek; to try
primavera spring
primer (primero/a) first; **a primeros de** at the beginning of, around the first of
primo/a cousin
príncipe *m.* prince
principio beginning; principle
prisa haste, hurry; **tener prisa** to be in a hurry
privación *f.* deprivation
probar (ue) to try; to test; to taste
problema *m.* problem
profesor(a) professor; instructor
profundo/a profound, deep
programa *m.* program
programador(a) programmer
prohibir to prohibit
prometer to promise
promover (ue) to promote
pronto *adv.* soon; **tan pronto como** *conj.* as soon as
propietario/a proprietor, owner
propio/a own, of one's own
proporcionar to provide

propósito purpose
prostituido/a prostituted
proteger (j) to protect
proveer (y) to provide
provisión *f.* provision
provocar (qu) to cause
próximo/a next
proyecto project
publicar (qu) to publish
público *n.* public
pueblo village, town; townsfolk, common people
puerta door
puertorriqueño/a *n. and adj.* Puerto Rican
pues... well . . .
puesto post, job, position
puesto/a *p. p.* **(poner)** put, placed
punto point; **en punto** on the dot (*with time*); **punto de vista** point of view
puntuación *f.* punctuation

Q

que that; who; whom; than; **que viene** coming; **lo que** what, that which
¿qué? what?, which?
quedar to stay, remain; to have left (over); **quedarse** to remain, stay
quejarse to complain
querer *irreg.* to want; to love (*with persons*); **querer decir** to mean
querido/a *n. and adj.* dear, darling
¿quién(es)? who?, whom?; **¿de quién(es)?** whose?; **¿a quién(es)?** (to) whom?
química chemistry
químico/a *n.* chemist; *adj.* chemical
quinto/a fifth
quiosco bandstand; kiosk, newsstand
quitarse to take off (*clothing*)

R

ramo branch, field (*of knowledge*)
rápido/a rapid, fast
rato while
raza race (*of people*); **la Raza** *phrase used to designate people of Mexican-American descent;* **Día** (*m.*) **de la Raza** Columbus Day
razón *f.* reason; **tener razón** to be right
real royal; real
realizar (c) to carry out; to accomplish
recibir to receive
recién *adv.* recent
reciente *adj.* recent
recoger (j) to pick up
reconocer (zc) to recognize
recordar (ue) to remember
recreativo/a recreational
rechazar (c) to reject
referirse (ie, i) (a) to refer (to)
reflejar to reflect
reflexionar (sobre) to reflect (on, upon)
reforma reform

refugiado/a refugee
regalar to give (*as a gift*)
regalo gift
región *f.* region
regla rule
regresar to return
regular so-so
reina queen
reírse (i, i) (de) to laugh (at)
relación *f.* relation; relationship
relacionado/a (con) associated (with), related (to)
relacionar to relate
relato story
reloj *m.* watch; clock
repaso review
repetir (i, i) to repeat
reportaje *m.* news report; reporting
representación *f.* production, representation
representante *m./f.* representative
representar to represent; to perform (*a role*)
requerir (ie, i) to require
reservar to reserve
resolver (ue) to resolve; to settle
respetar to respect
respuesta answer
restaurar to restore
resto rest; *pl.* remains
resuelto/a *p. p.* **(resolver)** resolved
resultado result
reunión *f.* meeting
reunir to assemble; **reunirse con** to get together with
revista magazine; review
rey *m.* king
rico/a rich; tasty
ridículo/a ridiculous
río river
robot *m.* robot
rodeado/a surrounded
rojo/a red
romper to break
ropa clothing, clothes
roto/a *p. p.* **(romper)** broken
ruido noise
ruina ruin
ruso/a *n. and adj.* Russian; *n.* **ruso** *m.* Russian (*language*)
rutinario/a *adj.* routine

S

sábado Saturday
saber *irreg.* to know; to know how to (*do something*)
sacar (qu) to take out; to get (*grades*)
sagrado/a sacred
sal *f.* salt
sala room; hall
salida exit; departure
salir (de) *irreg.* to leave; to come/go out (of)
salud *f.* health

saludo greeting
sangre *f.* blood
santo/a saint
satélite *m.* satellite
se one; *refl. pron.* yourself (*form.*), himself, herself, yourselves, themselves
secretario/a secretary
secreto secret
sed *f.* thirst; **tener sed** to be thirsty
seguida: en seguida immediately
seguir (i, i) (g) to continue; to follow
según according to
segundo *n.* second (*time*)
segundo/a *adj.* second
seguridad *f.* security; **con seguridad** surely
seguro/a sure, certain
semana week; **fin** (*m.*) **de semana** weekend
sencillo/a simple; **habitación** (*f.*) **sencilla** single room
sentado/a seated
sentarse (ie) to sit down
sentir (ie, i) to regret; to feel sorry; **sentirse** to feel
señor (Sr.) *m.* Mr.; sir; gentleman; **señores (Sres.)** Mr. and Mrs.; gentlemen
señora (Sra.) Mrs.; madam; woman; wife
señorita (Srta.) Miss; young woman
se(p)tiembre *m.* September
séptimo/a seventh
ser *irreg.* to be; *n. m.* being
serie *f.* series
serio/a serious
servilleta napkin
servir (i, i) to serve; **servir (de)** to serve (as), act (as)
sexto/a sixth
si if
sí yes
siempre always
siesta nap
siglo century
significar (qu) to mean, signify
siguiente following, next; **al día siguiente** the next day
silencioso/a silent
silla chair
simpático/a nice
sin *prep.* without; **sin duda** without doubt; **sin embargo** nevertheless; **sin fin** endless, without end
sindicato union (*labor*)
sino but, but rather
sistema *m.* system
sitio place: siege
situarse to be located
sobre *prep.* about; on, over; *n. m.* envelope
sobrino/a nephew/niece
sociedad *f.* society
sol *m.* sun; monetary unit (Peru); **hace sol** it's sunny; **al sol** in the sun
solamente only
soldado soldier
soler (ue) to be accustomed to (*doing something*); to usually (*do something*)

sólo only
solo/a alone; single
soltero/a bachelor/single woman
sombra shade; **a la sombra** in the shade
sombrero hat
someter to subject, submit
sonido sound
sonreír (i, i) to smile
su *poss.* his, her, its, your (*form. s. and pl.*), their
suave soft
subir to ascend; to go up; to mount; to climb; to get up into (*a car, etc.*)
suceso event
Sudamérica South America
sueldo salary
sueño dream; **tener sueño** to be sleepy
suerte *f.* luck; **tener suerte** to be lucky
suéter *m.* sweater
sufrimiento suffering
sufrir to suffer
sugerir (ie, i) to suggest
supermercado supermarket
sur *m.* south
suroeste *m.* southwest; Southwest (U.S.)
sustantivo noun
suyo/a *poss.* your, (of) yours (*form. s. and pl.*); his, (of) his; her, (of) hers; its; their, (of) theirs

T

tal (*pl.* **tales**) such, such a; **tal vez** perhaps, maybe; **con tal (de) que** *conj.* provided that; **¿qué tal?** how are you (doing)?
tamaño size
también also
tampoco neither, not either; nor
tan as, so; **tan... como** as . . . as; **tan pronto como** as soon as
tanto *adv.* so much
tanto/a *adj.* as/so much; **tanto/a... como** as much . . . as
tantos/as *adj.* as/so many; **tantos/as... como** as many . . . as
taquilla ticket office
tarde *adv.* late; **más tarde** later; *n. f.* afternoon; **por la tarde** in the afternoon
tarea task; homework
tarifa rate; tariff
taxista *m./f.* cab driver
taza cup
te *do. o.* you (*fam. s.*); *i. o.* to/for you (*fam. s.*); *refl. pron.* yourself (*fam.*)
teatral theatrical
teatro theater
técnica technique
técnico/a technical
tecnología technology
tecnológico/a technological
techo roof
tele(visión) *f.* television
telefónico/a *adj.* telephone

teleguía television guide
telenovela soap opera
televisor *m.* television set
tema *m.* theme
templo temple
temprano early
tenedor *m.* fork
tener *irreg.* to have; **tener calor** to be (feel) warm/hot; **tener cuidado** to be careful; **tener frío** to be (feel) cold; **tener hambre** to be hungry; **tener miedo (de)** to be afraid (of); **tener prisa** to be in a hurry; **tener razón** to be right; **tener sed** to be thirsty; **tener sueño** to be sleepy; **tener suerte** to be lucky; **tener... años** to be . . . years old; **tener ganas (de)** + *inf.* to feel like (*doing something*); **tener que** + *inf.* to have to (*do something*)
tenis *m. s.* tennis
tercer (tercero/a) third
terminación *f.* end, ending
terminar to finish
terrible awful, terrible
ti *obj. of prep.* you (*fam. s.*)
tiempo time; weather; **a tiempo** on time
tienda store, shop
tierra land, ground, earth
tío/a uncle/aunt
típico/a typical
tipo type, kind
tirano tyrant
título title; degree
tocar (qu) to play (*an instrument*); to touch
todavía still; **no... todavía** not yet
todo/a all, every; everything; **todo el mundo** everyone
tomar to take; to drink; to eat
tornillo screw
tortilla flat, thin bread (*Mexico*); omelette (*Sp.*)
trabajador(a) *n.* worker; *adj.* hardworking
trabajar to work
trabajo work, job
tradicional traditional
traducir (zc) to translate
traer *irreg.* to bring
tráfico traffic
trama plot
transmitir to transmit
transporte *m.* transportation
trasnoche *m.* nightwatch
tratamiento treatment; procedure (*medical*)
tratar (de) to deal (with); **tratar de** + *inf.* to try to (*do something*)
través: a través de through
tren *m.* train
trimestre *m.* quarter (*academic*)
triplicar (qu) to triplicate
triste sad
trono throne
trovador *m.* troubador
tu *poss. adj.* your (*fam. s.*)
tú *subj. pron.* (*fam. s.*) you
tumba tomb

turista *m./f.* tourist
tuyo/a *poss.* your, (of) yours (*fam. s.*)

U

u or (*before words starting with* **o** *or* **ho**)
últimamente lately, recently
último/a last
un (uno/a) one; a, an
undécimo/a eleventh
único/a only; unique
unidad *f.* unit
unido/a united
universidad *f.* university
unos/as some, several, a few
usar to use
uso *n.* use
usted (Ud., Vd.) *subj. pron.* you (*form. s.*); *obj. of prep.* you (*form. s.*)
ustedes (Uds., Vds.) *subj. pron.* you (*form. pl.*); *obj. of prep.* you (*form. pl.*)
útil useful

V

vacaciones *f. pl.* vacation
vacío/a empty
¿vale? okay?; **vale** okay
valer to be worth; **valer la pena** to be worthwhile
valor *m.* value
variado/a varied
variedad *f.* variety
varios/as several, some; various
vasco/a Basque
vaso (drinking) glass
vecindad *f.* neighborhood
vecino/a neighbor
vendedor(a) (street) vendor
vender to sell
venir *irreg.* to come
ventaja advantage
ver *irreg.* to see; **a ver** let's see
verano summer
veras: de veras real, really
verbo verb
verdad *f.* truth; **¿verdad?** right?, okay?; **es verdad** it's true
verdadero/a true
verde green
vestirse (i, i) to get dressed
vez *f.* (*pl.* **veces**) time, occasion; **a veces** sometimes; **otra vez** again; **tal vez** perhaps; **de vez en cuando** from time to time; **en vez de** instead of; **cada vez más** more and more
viajar to travel
viaje *m.* trip; **de viaje** on a trip
viajero/a traveler; **cheque** (*m.*) **de viajero** traveler's check
vida life
vídeo video; **cinta vídeo** videotape; **vídeojuego** video game

viejo/a *adj.* old; *n.* old person
viento wind; **hace viento** it's windy
viernes *m. s.* Friday
vino wine
visita visit; **de visita** visiting, on a visit
visitante *m./f.* visitor
visitar to visit
vista view
visto/a *p. p.* (**ver**) seen
vivir to live
vivo/a alive
voluntad *f.* will
volver (**ue**) to return
vos *subj. pron.* you (*fam. s. Argentina*)
vosotros/as *subj. pron.* you (*fam. pl. Sp.*);
  obj. of prep. you (*fam. pl. Sp.*)

votar to vote
vuelo flight
vuelto/a *p. p.* (**volver**) returned; **a vuelta
  de correo** by return mail
vuestro/a *poss.* your (*fam. pl. Sp.*) (of)
  yours (*fam. pl. Sp.*)

Y

y and; plus
ya already; **ya no** no longer; **ya que** *conj.*
  since

yerba grass
yo *subj. pron.* I

Z

zapato shoe

ENGLISH-SPANISH VOCABULARY

A

ability **capacidad** f.
able: to be able **poder** irreg.
about **sobre**
above **sobre**
accept **aceptar**
accompany **acompañar**
according: according to **según**
accustomed; to be (become) accustomed (to) **acostumbrarse (a), soler (ue)**
ache **dolor** m.
achieve **lograr**
acquainted: to be acquainted with **conocer (zc)**
action **acción** f.
addition: in addition **además**
admirer **admirador(a)**
advance n. **avance** m.; v. **avanzar (c)**
advantage **ventaja**
advertisement **anuncio**
advice **consejos** m. pl.; piece of advice **consejo**
afraid: to be afraid **tener miedo**
after prep. **después de; detrás de; a partir de**; conj. **después (de) que**
afternoon **tarde** f.; in the afternoon **por la tarde**; good afternoon **buenas tardes**
again **otra vez**
against **contra**
agreement **acuerdo**; to be in agreement **estar de acuerdo**; to reach an agreement **ponerse de acuerdo**
aid **ayuda**
air **aire** m.
airplane **avión** m.
airport **aeropuerto**
alive **vivo/a**
all **todo/a**; (not) at all **en absoluto**
alleviate **aliviar**
almost **casi**
alone **solo/a**
along **por**
alongside of **al lado de**
already **ya**
also **también**
although **aunque**
always **siempre**
A.M. **de la mañana**
amateur **aficionado/a**
American (of the U.S.) n. and adj. **estadounidense**
amusing **cómico/a**
ancient **antiguo/a**
and **y; e** (before words beginning with **i** or **hi**)
Anglo-Saxon n. and adj. **anglo/a**
another **otro/a**
answer v. **contestar**; n. **respuesta**
antique **antiguo/a**
any **algún, alguno/a/os/as; cualquier(a)**
anyone **alguien**; not anyone **nadie**

anything **algo**; not anything **nada**
apartment **apartamento**
appear **parecer (zc)**
approach n. **enfoque** m.; v. **acercarse (qu)**
April **abril** m.
argue **discutir**
argument **discusión** f.
arm **brazo**; (weapon) **arma** f. (but: **el arma**)
army **ejército**
around **alrededor de**; around the first of **a primeros de**
arrange **arreglar**
arrival **llegada**
arrive **llegar (gu)**
art **arte** m.
article **artículo**
as **como**; as . . . as **tan... como**; as much/many . . . as **tanto/a/os/as... como**; as if, as though **como si**; as soon as **en cuanto, tan pronto como**
ask **preguntar**; to ask questions **hacer preguntas**; to ask for **pedir (i, i)**
asleep: to fall asleep **dormirse (ue, u)**
aspirin **aspirina**
assemble **reunir**
assimilate **asimilar**
associate **asociar**
assure **asegurar**
at **en, a**; at least **por lo menos**; at times **a veces**
atmosphere **ambiente** m.
attend **asistir (a)**
attention **atención** f.
attitude **actitud** f.
August **agosto**
aunt **tía**
auto(mobile) **auto(móvil)** m.
average adj. **medio/a; mediano/a**
awful **terrible**

B

bad **mal (malo/a)**
bakery **panadería**
ball **pelota**
ballpoint (pen) **bolígrafo**
band **banda**
bandstand **quiosco**
bank **banco**
baptism **bautizo**
baptize **bautizar (c)**
bar **bar** m.
base **base** f.
basis **base** f.
bath: to take a bath **bañarse**
bathroom **baño**
be **ser** irreg.; **estar** irreg.; to be (feel) hot, cold, thirsty, hungry, afraid, right, lucky, in a hurry, sleepy **tener calor, frío, sed, hambre, miedo, razón,**

suerte, prisa, sueño; to be . . . years old **tener... años**; to be born **nacer (zc)**; to be careful **tener cuidado**; to be successful **tener éxito**; to be (become) accustomed (to) **acostumbrarse (a)**; to be in agreement **estar de acuerdo**; to be worthwhile **valer la pena**; there is/are going to be **va a haber**
beach **playa**
beautiful **hermoso/a, bello/a**
because **porque**; because of **a causa de**
become **hacerse, llegar a ser, ponerse** + adj.; to become ill **enfermarse**
beer **cerveza**
before prep. **antes de, ante** (in the face of), **delante de**; conj. **antes (de) que**; adv. **antes**
begin **empezar (ie) (c), comenzar (ie) (c)**
beginning; at the beginning of **a primeros de**
behind **detrás de**
belief **creencia**
believe (in) **creer (y) (en)**
beneath **bajo**
beside **al lado de**
besides **además**
best **mejor**; the best thing **lo mejor**
better adj. **mejor**; v. to better, improve **mejorar**
between **entre**
big **gran (grande)**
bill **cuenta**
birthday **cumpleaños** m. s.
bit: a little bit **un poco**
blind **ciego/a**
blood **sangre** f.
blue **azul**
boat **barco**
book **libro**
bookstore **librería**
border (between countries) **frontera**
bored **aburrido/a** (with **estar**); to become bored **aburrirse**
boring **aburrido/a** (with **ser**)
born; to be born **nacer (zc)**
boss **jefe** m./f.
both **ambos/as**
bother **molestar**
bottle **botella**
boy **niño, chico**
boyfriend **novio**
bread **pan** m.
break **romper**
breakfast n. **desayuno**; v. to eat breakfast **desayunar**
brief **breve**
bring **traer** irreg.
broadcast **emitir**
brochure **folleto**
brother **hermano**
build **construir (y), fabricar (qu)**

building **edificio**
bus **autobús** *m. s.*
business **negocio;** businessman **hombre**
  (m.) **de negocios;** businesswoman **mujer**
  (f.) **de negocios;** business establishment
  comercio
busy **ocupado/a**
but **pero;** but (rather) **sino**
butter **mantequilla**
buy **comprar**
by **por;** by means of **a través de**

C

cab **taxi** *m.;* cab driver **taxista** *m./f.*
café **café** *m.*
cafeteria **cafetería**
calculate **calcular**
call **llamar**
called: to be called **llamarse**
campaign **campaña**
can **poder** *irreg.*
candy **dulce** *m.*
car **auto(móvil)** *m.,* **carro, coche** *m.*
care: to take care of (oneself) **cuidar(se)**
career **carrera**
careful: to be careful **tener cuidado;** carefully **con cuidado**
carry **llevar;** to carry (take) up **subir;** to
  carry out **realizar (c)**
case: in that case **entonces;** in case *conj.*
  en caso de que
castle **castillo**
celebrate **celebrar**
center **centro**
century **siglo**
certain **cierto/a;** a certain **cierto/a**
chair **silla**
challenge **desafiar**
change *v.* **cambiar;** to change (*jobs,*
  clothes, and so on) **cambiar de... ;** *n.*
  cambio
channel **canal** *m.*
chapel **capilla**
character (*in work of literature*) **per-**
  sonaje *m.*
charm **encantar**
chat **charlar**
check **cuenta;** traveler's check **cheque** *(m.)*
  de viajero
chemist **químico/a**
Chicano *n. and adj.* **chicano/a**
Chinese *n. and adj.* **chino/a;** (*language*) *n.*
  chino
choose **escoger (j)**
church **iglesia**
citizen **ciudadano/a**
city **ciudad** *f.*
class **clase** *f.*
clean **limpiar**
clear **claro/a**
cleric **fraile** *m.*
clerk **dependiente** *m./f.*
client **cliente** *m./f.*
climate **clima** *m.*
close *v.* **cerrar (ie);** *adv.* **cerca;** close to
  cerca de
clothes **ropa**

clothing **ropa**
coast **costa**
coat **abrigo**
coffee **café** *m.*
cold **frío;** (*illness*) **resfriado;** to be (feel)
  cold **tener frío;** it's cold (*weather*)
  hace frío
color **color** *m.;* in color **a color**
come **venir** *irreg.;* to come out **salir (de)**
  irreg.
comic **cómico/a**
coming **que viene**
communication **comunicación** *f.*
companion **compañero/a**
company **compañía**
compete **competir (i, i)**
competition **competencia**
complain (about) **quejarse (de)**
complicated **complicado/a**
composer **compositor(a)**
composition **composición** *f.*
computer **computadora** *(L. A.),* **ordenador**
  m. (Sp.)
concert **concierto**
confidence **confianza**
congratulations **felicitaciones** *f. pl.*
consist (of) **consistir (en)**
consolation **consuelo**
console **consolar (ue)**
constitute **componer** *irreg. (like* **poner***)*
construct **construir (y), fabricar (qu)**
contact **contacto**
content **contento/a**
continue **seguir (i, i) (g), continuar**
controversy **controversia**
converse **conversar**
convert **convertirse, (ie, i)**
convince **convencer (z)**
cook **cocinar**
cool: it's cool (*weather*) **hace fresco**
coolness **fresco**
cost **costar (ue)**
country **país** *m.,* **nación** *f.,* **patria; campo**
  (*opposite of city*)
countryside (*landscape*) **paisaje** *m.*
course (*of study*) **curso;** course (*of a meal*)
  plato; of course **claro, claro que sí**
cousin **primo/a**
cover **cubrir** (*p. p.* **cubierto**)
cream **crema**
create **crear**
cross **cruzar (c)**
Cuban *n. and adj.* **cubano/a**
culture **cultura**
cup **taza**
custard **flan** *m.*
custom **costumbre** *f.*
customer **cliente** *m./f.*
customs (*border*) **aduana**
cycling **ciclismo**

D

daily **diario/a**
dairy store **lechería**
dance *v.* **bailar;** *n.* **baile** *m.*
danger **peligro**
data **datos**

date (*calendar*) **fecha**
datum **dato**
daughter **hija**
day **día** *m.;* the next day **al día siguiente**
dead **muerto/a**
deal (with) **tratar (de)**
death **muerte** *f.*
debate **debate** *m.*
début **estrenar**
decade **década**
December **diciembre** *m.*
decent **decente**
decide **decidir**
delight **encantar**
democracy **democracia**
departure **salida**
deprivation **privación** *f.*
descend **bajar**
describe **describir** (*p. p.* **descrito**)
desert **desierto**
desk **escritorio**
dessert **postre** *m.*
destroy **destruir (y)**
detail **detalle** *m.*
develop **desarrollar**
dial **marcar (qu)**
die **morir (ue, u)**
different **diferente, distinto/a**
difficult **difícil**
dining room **comedor** *m.*
dinner **cena;** to have dinner **cenar**
direct **dirigir (j)**
disadvantage **desventaja**
disappear **desaparecer (zc)**
discover **descubrir** (*p. p.* **descubierto**)
discovery **descubrimiento**
discuss **discutir**
discussion **discusión** *f.*
dish **plato**
do **hacer** *irreg.*
doctor **médico/a, doctor(a)**
domination **dominio**
door **puerta**
dot: on the dot **en punto**
doubt **dudar**
downtown **centro**
drama **drama** *m.*
dream **sueño**
dress (oneself) **vestir(se), (i, i)**
drink *v.* **beber, tomar;** *n.* **bebida,** (*soft*
  drink) **refresco**
due to **debido/a a**
during **durante**

E

each **cada**
early **temprano**
earn **ganar;** to earn a living **ganarse**
  la vida
earth **tierra**
east **este** *m.*
easy **fácil**
eat **comer, tomar;** to eat breakfast
  desayunar
economic(al) **económico/a**
education **educación** *f.*
efficiency **eficacia**

efficient **eficaz** (*pl.* **eficaces**)
egg **huevo**
either; either . . . or **o... o;** not either
  tampoco
election(s) **elecciones** *f. pl.*
elegant **elegante**
eliminate **eliminar**
employee **empleado/a**
employment **empleo, trabajo**
empty **vacío/a**
end **fin** *m.;* **final** *m.;* in the end **en fin;**
  without end, endless **sin fin;** to end up
  acabar
endless **sin fin**
energy **energía**
engineer **ingeniero/a**
English *n. and adj.* **inglés, inglesa;**
  (*language*) *n.* **inglés** *m.*
engraving **grabado**
enjoy (oneself) **divertirse (ie, i)**
enormous **enorme**
enough **bastante**
enter **entrar (en)**
enthusiasm **entusiasmo**
entrance **entrada**
envelope **sobre** *m.*
environment **medio** (*m.*) **ambiente**
epoch **época**
equality **igualdad** *f.*
era **época**
escape **escaparse**
establish **establecer (zc)**
estimate **calcular**
ethnic **étnico/a**
even **aun, hasta;** even if, even though
  aunque
evening (*until about 8 P.M.*) **tarde** *f.;* good
  evening **buenas noches**
event **acontecimiento**
every **cada, todo/a;** every day **todos**
  los días
everything **todo**
evident **evidente**
examination **examen** *m.*
example **ejemplo**
excellent **excelente**
excited **emocionado/a**
exercise **ejercicio**
exile **destierro**
exit **salida**
expect **esperar**
expense **gasto**
expensive **caro/a**
experience **experiencia**
explain **explicar (qu)**
exploit **explotar**
explosion **explosión** *f.*
extended **extenso/a**

F

face **cara**
factory **fábrica**
failure **fracaso**
fair *adj.* **justo/a;** *n.* **feria**
faith **fe** *f.*
fall (autumn) *n.* **otoño;** *v.* **caer** *irreg.;* to
  fall asleep **dormirse (ue, u)**

fame **fama**
family *n.* **familia;** of the family *adj.*
  familiar
fan **aficionado/a**
far *adj.* **lejos;** far from *prep.* **lejos de**
farmworker **campesino/a**
fast **rápido/a**
fat **gordo/a;** to get fat **engordar**
father **padre** *m.;* **papá** *m.*
favor *n.* **favor** *m.;* in favor of **a favor de**
  v. **favorecer (zc)**
fear **temer**
February **febrero**
feel **sentirse (ie, i);** to feel sorry **sentir**
  (ie, i); to feel cold, warm/hot **tener frío,**
  calor; to feel like (*doing something*)
  tener ganas de + *inf.*
feminine **femenino/a**
fever **fiebre** *f.*
few **pocos/as**
fiancé(e) **novio/a**
field **campo**
fifth **quinto/a**
film **película**
finally **por fin; en fin**
find **encontrar (ue);** to find out **saber**
  (*pret.*) *irreg.*
finish **terminar, acabar**
first *adj.* **primer (primero/a);** *adv.* **pri-**
  mero; around the first of **a primeros de**
fish **pescado**
fixed **fijo/a**
flight **vuelo**
floor (*of a building*) **planta, piso**
flower **flor** *f.*
focus **enfoque** *m.*
folk healer **curandero/a**
follow **seguir (i, i) (g)**
following **siguiente**
food **comida;** (*groceries*) **comestibles**
  m. pl.
foot **pie** *m.*
football **fútbol** *m.*
for **para; por;** for what purpose? **¿para**
  qué?
forbid **prohibir**
foreign **extranjero/a**
foreigner **extranjero/a**
fork **tenedor** *m.*
form **formar**
formerly **antes**
fortunate **afortunado/a**
fortuneteller **adivino/a**
found **fundar**
fourth **cuarto/a**
free **libre;** (*of charge*) **gratis**
freedom **libertad** *f.*
French *n. and adj.* **francés, francesa;**
  (*language*) *n.* **francés** *m.*
frequently **con frecuencia**
friar **fraile** *m.*
Friday **viernes** *m. s.*
friend **amigo/a, compañero/a**
friendly **amistoso/a**
from **de, desde**
front; in front of **delante de, enfrente de**
frontier **frontera**
fruit **fruta;** fruit store **frutería**

full **lleno/a**
furniture **muebles** *m. pl.*
future **futuro**

G

game **juego;** game (*of tennis, football*),
  match **partido**
garden **jardín** *m.*
gathering **reunión** *f.*
generally **generalmente, por lo general**
gentleman **señor** *m.*
geographic **geográfico/a**
geography **geografía**
geologist **geólogo/a**
German *n. and adj.* **alemán, alemana;**
  (*language*) *n.* **alemán** *m.*
get **conseguir (i, i) (g);** to get better **mejo-**
  rarse; to get fat **engordar;** to get
  (*grades*) **sacar (qu);** to get married (to)
  casarse (con); to get together (with)
  reunirse (con); to get up **levantarse;**
  to get up into (*a car, etc.*) **subir;** to
  get washed **lavarse**
gift **regalo**
girl **niña, chica**
girlfriend **novia**
give **dar** *irreg.*
glad; to be glad (that) **alegrarse**
  (de/de que)
glass **vaso**
go **ir** *irreg.,* **andar** *irreg.;* to go away **irse;**
  to go out (of) **salir (de)** *irreg.;* to go to
  bed **acostarse (ue);** to go with **acom-**
  pañar; to go shopping **ir de compras;**
  to go up **subir**
goal **meta**
good **buen (bueno/a); decente**
good-bye **adiós;** to say good-bye (to)
  despedirse (i, i) (de)
government **gobierno**
grade (*in a class*) **nota**
graduate **graduarse**
grandfather **abuelo;** great-grandfather
  bisabuelo
grandmother **abuela;** great-grandmother
  bisabuela
grandparents **abuelos** *m. pl.*
grave **tumba**
great **gran, (grande); fenomenal**
green **verde**
greeting **saludo**
groceries **comestibles** *m. pl.*
group **grupo;** (*musical*) **conjunto**
guest (*in a hotel*) **huésped(a)**
guide **guía** *m./f.*
guitar **guitarra**
gypsy *n. and adj.* **gitano/a**

H

hair **pelo**
half *adj.* **medio/a;** (one, two, *etc.*) thirty,
  half-past (**la una, las dos, etc.) y**
  media; *n.* **mitad** *f.*
hall (room) **sala**

hand **mano** *f.*; on one (the other) hand **por un (otro) lado**
handsome **guapo/a**
hang (up) **colgar (ue) (gu)**
happen **pasar, ocurrir**
happiness **felicidad** *f.*
happy **alegre, contento/a, feliz** (*pl.* **felices**); to be happy about **alegrarse (de/de que)**
hardware store **ferretería**
hardworking **trabajador(a)**
hat **sombrero**
hate **odiar**
have **tener** *irreg.*; to have to (*do something*) **tener que** + *inf.*; to have a good time **divertirse (ie, i)**; to have dinner **cenar**; to have just (*done something*) **acabar de** + *inf.*; to have something done **mandar** + *inf.*
he **él**
head **cabeza**
health **salud** *f.*
hear **oír** *irreg.*
help *v.* **ayudar**; *n.* **ayuda**
her *poss.* **su**; *obj. of prep.* **ella**; *d. o.* **la**; to/for her *i. o.* **le**
here **aquí**
heritage **herencia**
hi **hola**
high **alto/a**; high school **colegio**
him *obj. of prep.* **él**; *d. o.* **lo**; to/for him *i. o.* **le**
his *poss.* **su**
Hispanic *adj.* **hispánico/a**; *n.* **hispano/a**
history **historia**
holiday **día** (*m.*) **festivo**
home **casa**; (to) home **a casa**; (at) home **en casa**
homemade **casero/a**
homework **tarea**
hope *n.* **esperanza**; *v.* **esperar**; I hope (that) **ojalá (que)**
hospital **hospital** *m.*
host **presentador** *m.*
hostess **presentadora**
hot: to be (feel) hot **tener calor**; it's hot (*weather*) **hace calor**
hotel **hotel** *m.*
house **casa**
how **¿cómo?**; how much **¿cuánto/a?**; how many **¿cuántos/as?**; how are you? **¿cómo está(s)?**; how's the weather? **¿qué tiempo hace?**
human *adj.* **humano/a**; human being **ser** (*m.*) **humano**
humble **humilde**
hundred **cien (ciento/a)**
hungry: to be hungry **tener hambre**
hurry **prisa**; to be in a hurry **tener prisa**
husband **esposo, marido**

I

I **yo**
ice **hielo**
ice cream **helado**

if **si**; as if **como si**
ill: to become ill **enfermarse**
illness **enfermedad** *f.*
image **imagen** *f.*
immediately **inmediatamente, en seguida**
immigrate **inmigrar**
important **importante**; to be important **importar**
impossible **imposible**
improve **mejorar**
in **en**; in general **por lo general**
include **incluir (y)**
inform **avisar**
information **información** *f.*
inhabitant **habitante** *m./f.*
inn **parador** *m.*
inside **dentro de**
insist (on) **insistir (en)**
instead of **en vez de**
intelligent **inteligente**
intend (*to do something*) **pensar (ie)** + *inf.*
interest *v.* **interesar**; *n.* **interés** *m.*
interesting **interesante**
interpret **interpretar**
interview **entrevista**
investigation **investigación** *f.*
investment **inversión** *f.*
invite **invitar**
isolated **aislado/a**
isolation **aislamiento**
it *obj. of prep.* **él/ella**; *d. o.* **lo/la**
its *poss.* **su**

J

jacket **chaqueta**
January **enero**
jewel **joya**
jewelry **joyas** *f. pl.*
job **empleo, trabajo, puesto**
jogging **footing** *m.*
join **incorporarse**
journalist **periodista** *m./f.*
joy **felicidad** *f.*
July **julio**
June **junio**

K

keep (*a promise*) **complir**; keep on **seguir (i, i) (g)**
kind **clase** *f.*
king **rey** *m.*
knife **cuchillo**
know (*information, how to*) **saber** *irreg.*; to know (*someone*), to be acquainted with **conocer (zc)**

L

lacking; to be lacking **faltar**
lady **señora**
land **tierra**; native land **patria**
landscape **paisaje** *m.*
language **lengua, idioma** *m.*

large **gran (grande)**
last **último/a; pasado/a**; last name **apellido**; last night **anoche**
late *adv.* **tarde**
lately **últimamente**
later **más tarde**
laugh **reírse (i, i)**
law **ley** *f.*
lawyer **abogado/a**
lead **conducir (zc)**
leader **líder** *m.*
learn **aprender**
leave **salir (de)**, *irreg.*; to leave (*something or someone behind*) **dejar**
lecture **conferencia**
left **izquierdo/a**; to the left (of) **a la izquierda (de)**; to have (be) left (over) **quedar**
leg **pierna**
lend **prestar**; to lend support to **apoyar**
less **menos**
lesson **lección** *f.*
let **dejar**
letter **carta**
level **nivel** *m.*
library **biblioteca**
lie **mentir (ie, i)**
life **vida**
light (*of food*) **ligero/a**
like **gustar**; I like **me gusta(n)...** ; do you like? **¿te gusta(n)...** ?, **¿a Ud. le gusta(n)...** ?; *adv.* **como; igual a**
list **lista**
listen (to) **escuchar**
literature **literatura**
little **pequeño/a**; a little (bit) **un poco**; little by little **poco a poco**
live **vivir**
loan **préstamo**
located **situado/a**; to be located **situarse**
lock up **cerrar (ie)**
long **largo/a**
look (at) **mirar**; to look for **buscar (qu)**
lose **perder (ie)**
loss **pérdida**
lot: *adv.* a lot **mucho**; *adj.* a lot of **mucho/a**
love *n.* **amor** *m.*; *v.* **querer** *irreg.*, **encantar (me encanta** = I love**)**
low **bajo/a**
lower **bajar**
luck **suerte** *f.*
lucky **afortunado/a**; to be lucky **tener suerte**
luggage **equipaje** *m.*
lunch **almuerzo**
luxury *adj.* **de lujo**

M

machine **máquina**
magazine **revista**
maintain **mantener** *irreg.* (*like* **tener**)
majority **mayoría**
make **hacer** *irreg.*; to make a mistake **equivocar(se) (qu)**; to make use of **aprovechar**

man **hombre** *m.*
manage (*to do something*) **lograr**
manager **gerente** *m./f.*
many **muchos/as;** how many?
 ¿cuántos/as?
March **marzo**
market **mercado**
marriage **matrimonio**
married: to get married (to) **casarse (con)**
masculine **masculino/a**
match (*sports*) **partido**
matter *v.* **importar;** *n.* **cuestión** *f.*
May **mayo**
me *obj. of prep.* **mí;** *d. o.* **me;** to/for me
 i. o. **me**
meal (main meal) **comida**
mean **significar (qu); querer** (*irreg.*) **decir**
means **medio;** by means of **a través de**
meat **carne** *f.;* meat market **carnicería**
mechanic **mecánico/a**
medicine **medicina**
medium *n.* (*of communication*) **medio;** *adj.*
 medio/a, mediano/a
meet **conocer (zc)** (*pret.*); **encontrar (ue);**
 reunirse (con)
meeting **reunión** *f.*
member **miembro**
menu **carta**
message **mensaje** *m.*
method **método**
Mexican *n. and adj.* **mexicano/a;**
 Mexican-American *n. and adj.*
 chicano/a
midday **mediodía** *m.*
middle **medio/a**
midnight **medianoche** *f.*
milk **leche** *f.*
million **millón** *m.*
mind **importar**
minority **minoría**
Miss **señorita (Srta.)**
mistake: to make a mistake
 equivocarse (qu)
modern **moderno/a**
Monday **lunes** *m. s.*
money **dinero;** a lot of money
 un dineral
month **mes** *m.*
moon **luna**
more **más;** more/less . . . than
 más/menos... que; more and more **cada**
 vez más
morning **mañana;** good morning **buenos**
 días; in the morning **de/por la**
 mañana
mother **madre** *f.,* **mamá**
mountain **montaña**
move (*residence*) **mudarse**
movie **película;** (movies) movie theater
 cine *m.*
Mr. **señor (Sr.)**
Mrs. **señora (Sra.)**
museum **museo**
music **música**
musician **músico/a**
must (*do something*) **deber** (+ *inf.*)
my *poss.* **mi**
myself **yo mismo/a**

N

name: first name **nombre** *m.;* last name
 apellido; my name is . . . **me llamo... ;**
 What is your name? **¿Cómo te llamas?**
 ¿Cómo se llama Ud.?
nap **siesta;** to take a nap **dormir (ue, u) la**
 siesta
napkin **servilleta**
near *adv.* **cerca;** *prep.* **cerca de**
nearby **cerca**
necessary **necesario/a**
need **necesitar, faltar**
neighbor **vecino/a**
neighborhood **barrio, vecindad** *f.*
neither **tampoco;** neither . . . nor **ni... ni**
nephew **sobrino**
nervous **nervioso/a**
never **jamás, nunca**
nevertheless **sin embargo**
new **nuevo/a**
news **noticias** *f. pl.;* news report
 reportaje *m.*
newscast **noticiero**
newspaper **periódico, diario**
next *adj.* **próximo/a;** *adv.* **luego;** the next
 day **al día siguiente;** next to **junto a**
nice **simpático/a**
niece **sobrina**
night **noche** *f.;* good night **buenas noches;**
 last night **anoche;** at (during the) night
 por la noche
no *adv.* **no;** *adj.* **ningún (ninguno/a);** no
 one **nadie;** no longer **ya no**
north **norte** *m.*
not one; not any **ningún (ninguno/a);** not
 anybody **nadie;** not anything **nada;** not
 either **tampoco**
notebook **cuaderno**
nothing **nada**
notice **notar**
novel **novela**
November **noviembre** *m.*
now **ahora;** right now **ahora mismo**
nowadays **hoy día**
number **número**
nurse **enfermero/a**

O

obey **obedecer (zc)**
obtain **conseguir (i, i) (g)**
obvious **obvio/a**
occasion **vez** *f.* (*pl.* **veces**)
occupy **ocupar**
occur **ocurrir**
ocean **mar** *m.*
o'clock: It's one (two) o'clock **Es la una**
 (Son las dos); at one (two) o'clock **a la**
 una (las dos)
October **octubre** *m.*
of **de;** of course **claro, claro que sí;** of
 course not **claro que no**
offer **ofrecer (zc)**
office **oficina, despacho;** doctor's office
 consultorio; exchange office **oficina de**

cambios; post office **correo, oficina de**
 correos; ticket office **taquilla**
O.K. (okay) **de acuerdo, está bien, vale;**
 okay? **¿de acuerdo?, ¿no?, ¿verdad?,**
 ¿está bien?, ¿vale?
old **viejo/a, antiguo/a;** to be . . . years
 old **tener... años**
older **mayor**
omelette **tortilla** (*Sp.*)
on **en, sobre;** to get on (to) **subir a;** on top
 of **encima de**
only *adv.* **solamente, sólo;** *adj.* **único/a**
open *v.* **abrir** (*p. p.* **abierto**); in the open air
 al aire libre
opinion **opinión** *f.;* to have an opinion
 opinar
opportunity **oportunidad** *f.*
optimist **optimista** *m./f.*
or **o, u** (*before words beginning with o or*
 ho); either . . . or **o... o**
orchestra **orquesta**
order **mandar;** to order, ask for (*as in a*
 restaurant) **pedir (i, i);** in order to *prep.*
 para; *conj.* in order that **para que, a fin**
 de que
other **otro/a; demás** *m./f., pl.*
ought to (*do something*) **deber** + *inf.*
our *poss.* **nuestro/a**
out(side) *adv.* **(a)fuera;** *prep.* **fuera de**
over **sobre**
overcoat **abrigo**
owing to **debido/a a**
own *adj.* **propio/a**
owner **propietario/a**

P

pack (*a suitcase*) **hacer la maleta**
pain **dolor** *m.;* to have a . . . pain (ache)
 tener dolor de...
paint **pintar**
pamphlet **panfleto**
pants **pantalones** *m. pl.*
paper **papel** *m.*
parents **padres** *m. pl.*
park **parque** *m.*
participate **participar;** (*in sports*)
 practicar (qu)
participation **participación** *f.*
party **fiesta;** (*political*) **partido**
pass (by, through) **pasar (por)**
past **pasado/a**
pastry **pastel** *m.*
patience **paciencia**
pay (for) **pagar (gu)**
pen (ballpoint) **bolígrafo**
pencil **lápiz** *m.* (*pl.* **lápices**)
people **gente** *f. s.;* group of people (*towns-*
 folk) **pueblo**
pepper **pimienta**
perform **representar**
performance **función** *f.*
perhaps **tal vez**
permission **permiso**
permit **permitir**
person **persona**

pessimist **pesimista** *m./f.*
pharmacy **farmacia**
photo(graph) **foto(grafía)** *f.*
physical **físico/a**
physician **médico/a**
pick up **recoger (j)**
piece (*of music*) **pieza**
pilot **piloto/a**
place *v.* **poner** *irreg.;* *n.* **lugar** *m.*
plan **pensar (ie)** + *inf.;* **planear**
plastic **plástico**
plate **plato**
play (*instrument*) **tocar (qu)**; (*sports*) **jugar (ue) (gu)**; *n.* **drama** *m.*
player **jugador(a)**
playwright **dramaturgo/a**
please **por favor**; *v.* **gustar**
pleasing: to be pleasing **gustar**
plot **trama**
P.M. **de la tarde**
policeman/woman **policía** *m./f.*
policy **política**
political **político/a**
politician **político/a**
politics **política**
pool: swimming pool **piscina**
poor **pobre**
population **población** *f.*
Portuguese *n. and adj.* **portugués, portuguesa**; (*language*) *n.* **portugués** *m. s.*
pose (*a question*) **plantear**
position (*job*) **empleo, puesto**
possible **posible**
post **puesto**
post office **correo, oficina de correos**
potato **papa** (*L. A.*), **patata** (*Sp.*)
poverty **pobreza**
practice *n.* **práctica**; *v.* (*sports*) **practicar (qu)**; rehearse **ensayar**
prefer **preferir (ie, i)**
prejudice **prejuicio**
prepare **preparar**
present (*time*) **actualidad** *f.*
press **prensa**
pretty **bonito/a**
priest **padre** *m.,* **cura** *m.*
private **particular**
problem **problema** *m.*
procedure (*medical*) **tratamiento**
produce **montar**
production **montaje** *m.*
professional **profesional**
professor **profesor(a)**
profoundly **profundamente**
program **programa** *m.*
prohibit **prohibir**
project **proyecto**
promise **prometer**; to keep (*a promise*) **cumplir**
promote **promover (ue)**
proprietor **propietario/a**
provide **proveer (y)**
provided that *conj.* **con tal (de) que**
public **público/a**
publish **publicar (qu)**
Puerto Rican *n. and adj.* **puertorriqueño/a**
punctuation **puntuación** *f.*
purchase *n.* **compra**; *v.* **comprar**

purpose **propósito**; for what purpose? **¿para qué?**
put **poner** *irreg.;* to put on (*clothing*) **ponerse**; to put up with something **aguantar**; to put together **montar**

Q

quarter (measurement) **cuarto**; a quarter after/'til (one, two, etc.) **(la una, las dos, etc.) y/menos cuarto**
queen **reina**
question **pregunta**; (*matter*) **cuestión** *f.*
quickly **rápido, rápidamente**
quite **bastante**

R

race **carrera**; (*of people*) **raza**
rain **llover (ue)**
rate **tarifa**
rather **bastante**; but rather **sino**
reach: to reach an agreement **ponerse de acuerdo**
read **leer (y)**
realize **darse cuenta (de)**
reason **razón** *f.*
receive **recibir**
record *v.* **grabar**; *n.* **disco**
recreational **recreativo/a**
red **rojo/a**
refer (to) **referirse (ie, i) (a)**
reflect **reflejar**; reflect (upon) **reflexionar**
refugee **refugiado/a**
region **región** *f.*
regional **típico/a**
regret **sentir (ie, i)**
rehearse **ensayar**
reject **rechazar (c)**
relate (tell) **contar (ue)**
relative *n.* **pariente/a**
relieve **aliviar**
remain **quedar(se)**
remaining **demás** *m./f. pl.*
remember **recordar (ue), acordarse (ue) (de)**
rent **alquilar**
repeat **repetir (i, i)**
reporter **periodista** *m./f.*
represent **representar**
request **pedir (i, i)**
research **investigación** *f.*
resemble **parecerse (zc) (a)**
reserve **reservar**
resolve **resolver (ue)**
respect *v.* **respetar**; *n.* **respeto**
response **respuesta**
rest **descansar**
restore **restaurar**
result **resultar**
return **volver (ue), regresar**
rich **rico/a**
right *n.* (*legal*) **derecho**; *adj.* **derecho/a**; on/to the right (of) **a la derecha (de)**; to be right **tener razón**; right? **¿de**

acuerdo?, ¿no?, ¿verdad?; right now **ahora mismo**
ring *n.* **anillo**; *v.* **sonar (ue)**
river **río**
robot **robot** *m.*
roll (sweet) **pan** *m.* **dulce**
room **cuarto, habitación** *f.,* **sala**
routine **rutinario/a**
royal **real**
Russian *n. and adj.* **ruso/a**; (*language*) *n.* **ruso**

S

sad **triste**
saint **santo/a**
salary **sueldo**
salt **sal** *f.*
same **mismo/a**
satellite **satélite** *m.*
Saturday **sábado**
say **decir** *irreg.;* that is to say **es decir**
schedule **horario**
scholarship **beca**
school **escuela**; school or college of a university **facultad** *f.*
science **ciencia**
screen (TV) **pantalla**
screw **tornillo**
sea **mar** *m.*
season **estación** *f.*
seat (*in a theater*) **butaca, asiento**
seated **sentado/a**
secretary **secretario/a**
see **ver** *irreg.;* let's see **a ver**
seek **pretender**
seem **parecer (zc)**
self **mismo/a**
sell **vender**
send **mandar**
sentence **frase** *f.*
September **se(p)tiembre** *m.*
series **serie** *f.*
serious **serio/a**
settler **colono**
shade: in the shade **a la sombra**
shame **lástima**
shape: in good shape **en buenas condiciones**
share **compartir**
she **ella**
shellfish **mariscos** *m. pl.*
shirt **camisa**; shirt store **camisería**
shoe **zapato**
shop **tienda**
short (*in height*) **bajo/a**; short (*in length*) **corto/a**
should (*do something*) **deber** + *inf.*
show **enseñar, mostrar (ue)**
shut **cerrar (ie)**
sickness **enfermedad** *f.*
side: on one (the other) hand (side) **por un (otro) lado**
sign **letrero**
silver **plata**
similar **parecido/a**
since *prep.* **desde**, *conj.* **ya que**

sing **cantar**
singer **cantante** *m./f.*
single **solo/a**; *(of a room)* **sencillo**; not married **soltero/a**
sister **hermana**
sit down **sentarse (ie)**
size **tamaño**
skeleton **esqueleto**
ski **esquiar**
skull **calavera**
sleep **dormir (ue, u)**
sleepy: to be sleepy **tener sueño**
slowly **lentamente**
small **pequeño/a**
smile **sonreír (i, i)**
smoke **fumar**
snack *(afternoon)* **merienda**
snow **nevar (ie)**
so **así, tan**; so that *conj.* **a fin de que, para que**; so-so **regular**; so much *adj.* **tanto/a**; so many **tantos/as**
soap opera **telenovela**
soccer **fútbol** *m.*
society **sociedad** *f.*
soldier **soldado**
solve **resolver (ue)**
some **algún (alguno/a/os/as)**
someday **algún día**
someone **alguien**
something **algo**
sometimes **a veces**
son **hijo**
song **canción** *f.*
soon **pronto**; as soon as *conj.* **tan pronto como, en cuanto**
sorry: to feel sorry **sentir (ie, i)**
"soul" **duende** *m.*
sound **sonido**
south **sur** *m.*
South America **Sudamérica**
southwest **suroeste** *m.*
space **espacio**
Spanish *n. and adj.* **español(a)**; *(language) n.* **español** *m.*
speak **hablar**
spectator **espectador(a)**
speech **discurso**
spend **gastar**; to spend time **pasar**
spite: in spite of **a pesar de**
spoon **cuchara**
sport **deporte** *m.*
sportsperson **deportista** *m./f.*
spring **primavera**
stadium **estadio**
staircase **escalera**
stamp **estampilla**
stand (put up with) **aguantar**
standing **de pie**
starting with **a partir de**
station **estación** *f.*
stationery store **papelería**
statue **estatua**
stay **quedarse**
steward **aeromozo**
stewardess **aeromoza**
still **todavía**
stop **parar**
store **tienda**; department store **almacén** *m.*

story **cuento, relato**
street **calle** *f.*
strike **huelga**
strong **fuerte**
struggle **lucha**
student **estudiante** *m./f.*
study **estudiar**
suburb **barrio periférico**
subway **metro**
success **éxito**
successful: to be successful **tener éxito**
such (a) **tal** *(pl. tales)*
suffer **sufrir**
suffering *n.* **sufrimiento**
sugar **azúcar** *m.*
suggest **sugerir (ie, i)**
suitcase **maleta**
summer **verano**
sun **sol** *m.*; in the sun **al sol**; it's sunny **hace sol**
Sunday **domingo**
supermarket **supermercado**
supper **cena**; to have supper **cenar**
support *v.* **apoyar**; *n.* **apoyo**
sure **cierto/a**
surely **con seguridad**
surgeon **cirujano/a**
surgery **cirugía**
surname **apellido**
sweater **suéter** *m.*
swimming **natación** *f.*; swimming pool **piscina**
system **sistema** *m.*

T

table **mesa**
take **tomar, llevar**; to take a walk **pasearse**; to take care of (oneself) **cuidar(se)**; to take off **quitarse**; to take out **sacar (qu)**
talk **hablar, conversar**
tall **alto/a**
tape **grabar**
task **tarea**
taste **probar (ue)**
tasty **rico/a**
teach **enseñar**
teacher **maestro/a**
team **equipo**
technological **tecnológico/a**
technology **tecnología**
televise **emitir**
television **tele(visión)** *f.*; *(set)* **televisor** *m.*
tell **decir** *irreg.*; to tell (about) **contar (ue)**
tennis **tenis** *m. s.*
terrific **fenomenal**
test **examen** *m.*
than **que**
thank for **agradecer (zc)**
thanks (thank you) **gracias**
that *adj.* **ese, esa; aquel, aquella**; *pron.* **eso, ése, ésa**; *conj.* **que**; that way **así**; that which **lo que**
theater **teatro**; movie theater **cine** *m.*
theatrical **teatral**
their *poss.* **su**

theme **tema** *m.*
then **entonces; luego**
there **allí, allá; ahí**; there is/are **hay**; there was/were **había** *(imperfect)*, **hubo** *(preterite)*; there will be **habrá**
therefore **por eso; entonces**
they **ellos/as**
thick **grueso/a**
thin **delgado/a**
thing **cosa**; the . . . thing **lo** + *adj.*
think **creer (y), pensar (ie), opinar**; what do you think? **¿qué te parece?**
thirsty: to be thirsty **tener sed** *f.*
this *adj.* **este, esta**; *pron.* **esto, éste, ésta**
thousand **mil** *m.*
throne **trono**
through **por, a través de**
Thursday **jueves** *m. s.*
thus **así**
ticket **entrada**, *(transportation)* **boleto**; ticket office **taquilla**
time **hora; vez** *f. (pl. veces)*; **tiempo**; on time **a tiempo**; from time to time **de vez en cuando**; time slot **espacio**
tired **cansado/a**; to get tired **cansarse**
title **título**
to **a**; (in order) to **para**
today **hoy**
together **junto**
tomb **tumba**
tomorrow **mañana**; until tomorrow **hasta mañana**
tonight **esta noche**
too **demasiado**; too much *adv.* **demasiado**; *adj.* too much **demasiado/a**; too many **demasiados/as**
top: on top of **encima de**
tourist *n.* **turista** *m./f.*; *adj.* **turístico/a**
town **pueblo**
townsfolk **pueblo**
traditional **tradicional**
train **tren** *m.*
trainer **entrenador/a**
translate **traducir (zc)**
transportation **transporte** *m.*
travel **viajar**
traveler **viajero/a**; traveler's check **cheque** *(m.)* **de viajero**
treatment **tratamiento**
tree **árbol** *m.*
trip **viaje** *m.*; to take a trip **hacer un viaje**
true **verdadero/a, cierto/a**; it's true **es verdad**
truth **verdad** *f.*
try *(taste)* **probar (ue)**; to try to *(do something)* **tratar de** + *inf.*, **pretender**
Tuesday **martes** *m. s.*
TV guide **teleguía**
type *v.* **escribir a máquina**; *n.* **tipo, clase** *f.*
typical **típico/a**
tyrant **tirano/a**

U

ugly **feo/a**
uncle **tío**

under **bajo, debajo (de)**
understand **comprender, entender (ie)**
unfortunate **desafortunado/a**
unfortunately **desgraciadamente**
union: labor union **sindicato**
united **unido/a**
United States **Estados Unidos** *m. pl.*
university **universidad** *f.*
unknown **desconocido/a**
unless *conj.* **a menos que**
unoccupied **desocupado/a**
until *prep.* **hasta;** *conj.* **hasta que**
upper **alto/a**
use *v.* **usar;** to make use of **aprovechar(se) (de);** *n.* **uso**
usual: as usual **de costumbre**
usually **de costumbre, usualmente**

V

value **valor** *m.*
varied **variado/a**
variety **variedad** *f.*
various **varios/as**
vendor (*street*) **vendedor(a)**
very **muy**
video cassette **casete** (*m.*) **vídeo**
videotape **vídeo** (*Sp.*), **cinta vídeo** (*L. A.*);
   video tape recorder **grabadora vídeo;**
   video game **vídeojuego**
village **pueblo, aldea**
visit **visitar**
vote **votar**

W

wait (for) **esperar**
waiter **camarero, mozo**

waitress **camarera, moza**
wake: to wake up **despertarse (ie)**
walk **andar** *irreg.,* **caminar;** to take a
   walk **pasearse**
wall **pared** *f.*
want **desear, querer** *irreg.*
war **guerra**
warm: to be (feel) warm **tener calor;** it's
   warm (*weather*) **hace color**
warn **avisar**
wash (oneself) **lavar(se)**
waste **perder (ie), gastar**
watch *n.* **reloj** *m.;* *v.* **mirar**
water **agua** *f.* (*but:* **el agua**)
way: (in) that way **así**
we **nosotros/as**
weather **tiempo;** it's good/bad weather
   hace buen/mal tiempo
wedding **boda**
Wednesday **miércoles** *m. s.*
week **semana**
weekend **fin** (*m.*) **de semana**
well *adv.* **bien;** *conj.* **pues, bueno**
west **oeste** *m.*
what? **¿qué?, ¿cuál?;** what's it like?
   ¿cómo es?; what (that which) **lo que**
where **donde;** where? **¿dónde?;** (to)
   where? **¿adónde?;** where . . . from? **¿de
   dónde?**
while *adv.* **mientras (que);** *n.* **rato**
white **blanco/a**
who **quien(es);** que; who? **¿quién(es)?**
whom **quien(es), que**
whom? **¿quién(es)?**
whose? **¿de quién(es)?**
why? **¿por qué?**
wife **esposa**
win **ganar**
wine **vino**
winter **invierno**
wish *v.* **desear;** *n.* **deseo**

with **con;** with me **conmigo;** with you
   contigo
without *prep.* **sin;** *conj.* **sin que;** without a
   doubt **sin duda**
woman **mujer** *f.;* young woman **señorita**
wonder **preguntarse**
wood **madera**
word **palabra**
work *v.* **trabajar;** (*with machines*)
   funcionar; *n.* **trabajo;** (*of art*) **obra**
worker **trabajador(a), obrero/a**
world *n.* **mundo;** *adj.* **mundial**
worry (about) **preocuparse (por/de)**
worse **peor**
worth: to be worth **valer**
worthwhile: to be worthwhile **valer la pena**
write **escribir** (*p. p.* **escrito**)
writer **escritor(a)**

Y

yard **jardín** *m.*
year **año;** to be . . . years old **tener...
   años**
yes **sí**
yesterday **ayer;** the day before yesterday
   anteayer
yet **todavía;** not . . . yet **no... todavía**
you *subj. pron.* **tú** (*fam. s.*), **vosotros/as**
   (*fam. pl.*); **usted (Ud.)** (*form. s.*),
   ustedes (Uds.) (*form pl.*); *obj. of prep.*
   ti, vosotros/as; Ud., Uds.; *d. o.* **te, os;**
   lo/la, los/las; to/for you *i. o.* **te, os;**
   le, les
young **joven;** young woman **señorita**
younger **menor**
your *poss.* **tu** (*fam. s.*), **vuestro/a** (*fam.
   pl.*); **su** (*form.*)
yourself **tú mismo/a, Ud. mismo/a**

INDEX

City; **p. 164 (top right)** Budget Rent-A-Car Corp., Chicago; **p. 170** *Ser Padres,* Madrid; **pp. 178, 180** © Joaquín Salvador Lavado (Quino), Ediciones de la Flor, Buenos Aires; **p. 193** César Robles (Cero) and *La Prensa,* Buenos Aires; **pp. 197, 208** © Joaquín Salvador Lavado (Quino), Ediciones de la Flor, Buenos Aires; **p. 261** *Cambio 16,* Madrid; **p. 269** Editorial Nueva Imagen, Mexico City; **p. 280** © Joaquín Salvador Lavado (Quino), Ediciones de la Flor, Buenos Aires; **p. 287 (top)** *Hola,* Madrid; **p. 287 (bottom)** *Prensa Española,* Madrid; **p. 301 (top left and bottom right)** *José Guadalupe Posada,* Universidad Nacional Autónoma de Mexico, México City, 1964; **pp. 302, 309** Editorial Nueva Imagen, Mexico City; **p. 321** © King Features Syndicate, Inc.; **p. 332** *Lecturas,* Barcelona.